Pause!

Die vorliegende Arbeit wurde von der Philosophischen Fakultät der Universität Zürich im Sommersemester 2003 auf Antrag von Prof. Dr. Ueli Gyr als Dissertation angenommen.

Gabriela Muri, Dr. phil., Dipl. Arch. ETH, ist Oberassistentin am Volkskundlichen Seminar der Universität Zürich.

Gabriela Muri

Pause!

Zeitordnung und Auszeiten
aus alltagskultureller Sicht

Campus Verlag
Frankfurt/New York

Bibliografische Information der Deutschen Bibliothek
Die Deutsche Bibliothek verzeichnet diese Publikation in der Deutschen Nationalbibliografie.
Detaillierte bibliografische Daten sind im Internet über http://dnb.ddb.de abrufbar.
ISBN 3-593-37607-5

Das Werk einschließlich aller seiner Teile ist urheberrechtlich geschützt. Jede Verwertung ist ohne
Zustimmung des Verlags unzulässig. Das gilt insbesondere für Vervielfältigungen, Übersetzungen,
Mikroverfilmungen und die Einspeicherung und Verarbeitung in elektronischen Systemen.
Copyright © 2004 Campus Verlag GmbH, Frankfurt/Main
Umschlaggestaltung: Guido Klütsch, Köln
Umschlagmotiv: Angestelltenfürsorge © ullstein bild, Berlin
Satz: Gerold Ritter, Zürich
Druck und Bindung: KM-Druck, Groß-Umstadt
Gedruckt auf säurefreiem und chlorfrei gebleichtem Papier.
Printed in Germany

Besuchen Sie uns im Internet: www.campus.de

»Pause
Einmal ausruhen, nichts aufnehmen, nichts annehmen, nichts gutheißen, schlechtheißen, in Zusammenhang bringen. Vielmehr nur dasein, wie am lateinischen Ufer, wenn auch ohne Sand zwischen den Fingern, ohne Wellen im Blick. Oder doch Wellen, die alten Gezeiten, das immer Gleiche, nicht gerade Heutige, die schöne lange Weile, sie mißlingt und mißlingt und mißlingt.«

Marie Luise Kaschnitz
STEHT NOCH DAHIN
1970

Inhalt

Einleitung 9
Kultur und Alltag als forschungsleitende Kategorien 13
Phänomenologische Analyse als Mittel im Verstehensprozess 14

1. Zeitdebatte: Theorien und Forschungsstand 21
Zeit als Gegenstand der Sozial- und Kulturwissenschaften 22
Zeitvorstellungen und Zeitsemantiken 26
Zeit als Ordnungsprinzip (Martina Schöps) 29
Zeit als Institution sozialer Kontrolle (Norbert Elias/Michel Foucault) 36
Das protestantische Zeitmuster als kulturelle Norm (Max Weber) 42
Zeit und Alltag (Alfred Schütz/Thomas Luckmann) 48
   Die zeitliche Aufschichtung der Lebenswelt 50
   Zeitnutzung als Alltagstechnik 57
   »Eigenzeit« (Helga Nowotny) 59
   Pause und Alltagszeit 64

2. Die Entstehung der modernen Zeitordnung 69
Die Zeitordnung der Klöster 69
Die Uhr als Zeichen städtischer Innovation und Autonomie 70
Die Verbreitung normativer Zeitordnungen im Alltag 75

3. Die Pause in Zeitstrukturen der Arbeitswelt 81
Neue Zeitnormen vor dem Hintergrund traditioneller Bedürfnismuster 82
Zur Moralisierung und Verwissenschaftlichung der Zeitdiskurse 87
Pausen als Zeitraum für eine »Sprache der Bedürfnisse« 99
   Vom politischen zum symbolischen (Zeit-)Kapital von Pausen 107
   Pausenernährung und Pausenräume 115
   Die Schulpause 122
Nachmoderne: Zur Dialektik von Zeitfreiheit und Zeitzwang 125
   Lebensweltliche Kategorien von Pausenfunktionen 139
   Arbeit als konstituierendes Sinnsystem unserer Gesellschaft 148

4. Freizeit als konstituierendes Element von Alltagszeit 155
  Zu Begriff und Genese der Freizeit 155
  Zur Popularisierung der Freizeit als Bestandteil der Massenkultur 160
  Der Kalender als Ordnungsinstrument und Symbolsystem 172
  Zum Funktionsverlust traditioneller Wochenhöhepunkte 180
  Wege zu einer kontinuierlichen Gesellschaft 183

5. Pausen im Jahreslauf: Urlaub und Festbräuche 196
  Der Urlaub als Zeitraum für eine »Sprache der erweiterten Bedürfnisse« 197
  Zur Dialektik von Fest, Feier und Alltag 205
  Das moderne Fest als Teil einer konsumorientierten Eventkultur 210

6. Pausen im Lebenslauf und ihre kulturellen Bewältigungsmuster 216
  Alltags- und Lebenszeit 216
  Pausen und Brüche im Lebenslauf 221
  Zur lebensgeschichtlichen Rekonstruktion des »Selbst« 224
  Geschlechterspezifische Pausendeutungen im Lebenslauf 241

7. Zeit und Raum als Erfahrungskategorien von Welt und Lebenswelt 247
  Orte und Räume des Wartens 252
  Übergänge als Elemente von Zeit- und Raumstruktur 256
  Die Theater- und Konzertpause als »Bühne zwischen der Bühne« 260

8. Knappheit als Zeiterfahrung der Gegenwart 262
  Freiheit und Zwang als zeitliches und alltagskulturelles Konstrukt 267
  Gesichtsloser Alltag – pausenlose Alltagszeit? 273
  Das Glück der freien Zeit 275
    Temporalität als Teil einer kulturellen Ordnung des Alltags 278
    Zusammenfassung: Zur Funktionslogik von Pausenfiguren im Alltag 281

Literatur 289

Einleitung

Raum und Zeit gehören zu den unmittelbarsten und fundamentalsten Erfahrungen unseres Alltags. Im Vergleich zur räumlichen Umwelt bleibt Zeiterfahrung in unserer Alltagswahrnehmung jedoch eigentümlich flüchtig, während wir uns voll und ganz auf Ziele, Erwartungen und Enttäuschungen, auf die konkreten Anläße konzentrieren. Noch weniger fassbar bleiben unsere Versuche, aus gewohnten Zeitordnungen auszubrechen, Pausen einzuschalten und Zeit als »freie« zu erfahren: Das Stillstehen der Zeit, das Heraustreten aus dem als gewohnt erfahrenen Zeitrhythmus wird subjektiv unterschiedlich erlebt und interpretiert. Die Pause als individuelle Erfahrung wiederum ist eingebettet in historisch, lebensweltlich und situativ bedingte gesellschaftliche Zeitkategorien, in entsprechende Wertsetzungen, Handlungsmodelle und strukturell-ökonomische Bedingungen. Es gibt willkommene Pausen im Tages- und Jahreslauf wie Arbeitspausen, Wochenende, Urlaub und Feste. Durch Arbeitslosigkeit bedingte Pausen werden hingegen oft als unfreiwillige Brüche im Lebenslauf wahrgenommen und mit unterschiedlichen Handlungs- und Deutungsmustern bewältigt. Es gibt kurze Pausen wie das gezielt eingesetzte Räuspern während einer Rede oder nicht enden wollende Pausen bei einer chronischen Erkrankung.

Die Pause ist ein Teilphänomen der Zeit. Zeiten gliedern unser Alltagsleben. Überindividuelle Prozesse in Natur und Gesellschaft, sozial festgelegte Zeitordnungen, Rhythmen und Takte bestimmen individuelle wie kollektive Erfahrungen, Handlungen und Interaktionen. Es gibt festgelegte Zeiten oder Stunden für Einkaufen, Arbeiten, Schalterauskünfte usw. So legt die Arbeitszeit unsere Sphären des Zeitvertreibs wie der Freizeit fest. Die subjektive Erfahrung des Zeitlichen ist eingebettet in ein sozial vorgegebenes System von Regelungen und Strukturen, innerhalb derer wir unsere persönliche Zeit gestalten und unseren Alltagsrhythmus den kollektiv vorgegebenen Zeiteinteilungen mehr oder weniger freiwillig anpassen. Und in einem übergeordneten Zusammenhang sind Zeitvorstellungen Teil der individuellen und kollektiven Sinngebung im jeweiligen historisch bedingten sozio-kulturellen Kontext.

Kulturell bedingte Zeitordnungen, Zeitzwänge und darin eingeschriebene Pausenfiguren stehen im Mittelpunkt dieses Buches. Damit ist gleichzeitig eine grundsätzliche Problematik der untersuchten Fragestellung angedeutet. Zeit als sozial und kulturell konstruierte Größe und damit auch ihr Teilphänomen Pause ist nicht als unabhängige Einheit definierbar und ist stets in Verbindung mit weiterem zu denken.[1] Die Komplexität des Themas verlangt nach Einschränkungen und verweist auf verschiedene Differenzierungsprobleme.

Die »Pause« ist ein vorwiegend alltagssprachlich genutzter Begriff: Die Abgrenzungsschwierigkeiten beginnen daher bereits bei der Benennung des Phänomens und den unterschiedlichen damit verbundenen Bedeutungszuschreibungen und Kontextualisierungen. *Begriffsherleitung und Sprachgebrauch* des Wortes »Pause« unterscheiden sich und erfordern eine präzise definitorische Umschreibung. Das griechische Verb *paúein* wird in der deutschen Sprache mit ›aufhören‹ und als gr. *pausis* mit der substantivierten Form »Aufhören« übersetzt. Damit verwandt sind lateinisch *pausa* und altfranzösisch *pose*, die beide mit »Zwischenzeit, Rast« übersetzt werden.[2] Die etymologische Herleitung des Begriffes Pause als Aufhören, als Unterbrechung [einer Tätigkeit] bzw. als kurze Zeit des Ausruhens, Rastens weist auf eine vielschichtige, von kollektiven, subjektiven wie situativen Deutungsmustern gleichermaßen beeinflusste Bedeutungszuschreibung hin.

Selbst innerhalb der für das von mir ausgewählte Untersuchungsgebiet vorherrschenden deutschen Sprache wird beispielsweise beim medizinisch definierten Begriff »Menopause« das von mir untersuchte Phänomen explizit angesprochen. Hingegen ist es vorstellbar, dass in einer entsprechenden qualitativ ausgerichteten Untersuchung eine Interviewpartnerin die Menopause zwar als medizinisch-biologisch determinierte Veränderung zur Kenntnis nimmt, jedoch subjektiv gar nicht als Pause bzw. als zeitlichen Unterbruch erlebt. In einem anderen Fall erfährt sie die Menopause vielleicht als unwiderruflichen Verlust der Möglichkeit, Mutterschaft zu erleben, also als endgültiges Verlassen eines bestimmten Lebensabschnittes. Noch schwieriger wird die begriffliche Eingrenzung, wenn wir das Phänomen in anderen sprachlichen Kontexten zu erfassen versuchen. So bedeutet beispielsweise das französische Wort »récréation« Erholung, Entspannung, während das englische Wort »break« ganz einfach Bruch bzw. Unterbrechung heißt.

---

1 Elias 1984: Über die Zeit, 79.
2 Vgl. Kluge 1975: Etymologisches Wörterbuch, 536.

Schließlich stehen hinter den sprachlichen Unterschieden zusätzlich soziokulturelle Kontexte, die eine divergierende Erschließung des Phänomens Pause notwendig machen. So sind beispielsweise in den USA die historisch bedingten religiösen Hintergründe des europäischen Festkalenders weniger bedeutsam. Damit sind auch dessen Funktionen, u.a. die Phasen von Arbeits- und Festzeit bzw. von Disziplinierung und anarchisch kompensativer Gegenwelt zu regeln, anders zu interpretieren.

Die am Beispiel der Menopause vorgeführten Abgrenzungsschwierigkeiten beruhen jedoch nicht nur auf sprachlich bedingten Mehrdeutigkeiten. Verschiedene Ansätze befassen sich mit der *Intersubjektivität zeitlicher Phänomene*. So gehen Schütz Luckmann von einer intersubjektiv konzipierten Lebenswelt aus, in der andere Menschen die Grundstruktur der durch Handeln veränderbaren und erfahrbaren Wirklichkeit bestimmen. Auch Helga Nowotny geht von sozialer Zeit als intersubjektiv wirksamer, gemeinsamer Zeiterfahrung aus, die zwischen Menschen, welche unter ähnlichen Umständen leben, auf handlungspraktischer wie auf symbolischer Ebene geteilt wird. Und Georg Herbert Mead, um ein drittes Beispiel anzufügen, beschreibt auf der Basis eines zeit- und identitätstheoretischen Ansatzes Zeitpraxen als intersubjektiv angelegte Kontexte einer ständigen reflexiven Identitäts(re-)konstitution.

Die Pause unterliegt – wie andere zeitliche Phänomene auch – intersubjektiv angelegten sowie individuellen Handlungspraxen und Deutungsmustern. In diesem Buch wird daher zwischen kollektiv (z.B. strukturell, institutionell, kulturell usw.) generierten und subjektiv interpretierten Erfahrungen des Phänomens Pause unterschieden. Dies führt wiederum zur Frage nach möglichen Konfliktpotentialen zwischen subjektiv präferierten und kollektiv vorgegebenen Pausenregelungen und damit zur Analyse der Intersubjektivität von Handlungen in der Zeitdimension.

Temporale Lebenspraxen und Deutungsmuster in der Gegenwart verweisen schließlich auf vergangene Entwicklungen und sind den *jeweiligen historisch bedingten sozio-kulturellen Kontexten* zuzuordnen. Ein umfassendes Verständnis kann daher nur erreicht werden, wenn gleichzeitig die Entstehungsgeschichte spezifischer Pausenphänomene nachvollzogen wird. Bereits der Historiker Rudolf Braun hat darauf hingewiesen, dass eine temporalstrukturelle Analyse für zahlreiche volkskundliche Forschungsprobleme des 19. Jahrhunderts methodisch-heuristisch fruchtbar sein kann. Der Wandel von Tages- und Wochenrhythmen wird im Laufe der verschiedenen Industrialisierungsphasen zu einer gesamtgesellschaftlichen Determinante, »die in einem verschlungenen Netz von Wirkungszusammenhängen auf die Daseinsgestaltung, die Lebensführung und auch auf das Lebensgefühl Einfluss nimmt«.[3] Er weist der Volkskunde in diesem Zusammenhang die Funktion einer Integrationswissenschaft zu, die die von den Nachbarwissenschaften entwickelten Modelle und Theoreme kritisch überprüft und problematisiert. So dienen letztere der Volkskunde als heuristische Ordnungsschemata und Leitkonzeptionen, »die neue Perspektiven, Problemstellungen und Hypothesen provozieren«.[4] Die Arbeitspause bietet sich dabei als aufschlussreiches Beispiel an. Ökonomisch, sozial und kulturell bedingte Arbeitszeiten und Pausenregelungen sind das Resultat von Synchronisierungsproblemen inner- und zwischenbetrieblicher Arbeitsabläufe. Während Max Weber Disziplin und Methodik als wichtigste Elemente für die Entwicklung rationaler Formen der Arbeitsorganisation betrachtete, führen heute Langzeitarbeitslosigkeit und neue Arbeitszeitmodelle zu Problemen, die jenseits der historisch gewachsenen Diskussion um Arbeits- und Freizeit liegen und kultur- und alltagswissenschaftliche Forschungszugänge erfordern.

Im Sinne einer den Forschungsgegenstand möglichst umfassend beschreibenden, an dieser Stelle nur *kurz skizzierten Arbeitshypothese* verstehe ich die Pause und ihre Regelungsmuster als Teilsystem der Zeit. Die Pause grenzt jenen Bereich unserer durch Zeitzyklen, -rhythmen und -strukturen gegliederten Lebenspraxis ein, der unter verschiedenen Benennungen wie Pause, freie Zeit, Urlaub, Festzeit und Bruch im Lebenslauf ein Austreten aus gewohnheitsmäßigen Zeitmustern markiert. Da alle Zeit Sozialzeit ist und Zeiterleben gleichzeitig individuell vor sich geht, unterliegen die verschiedenen Formen des Austretens aus der Zeit sowohl bewussten gesellschaftlichen Zeitnormen als auch unbewussten kollektiv vermittelten Deutungsmustern – rein subjektives Zeitempfinden ist unmöglich.

---

3 Braun 1973: Probleme des sozio-kulturellen Wandels im 19. Jahrhundert, 15.
4 Ebd., 20.

Kultur und Alltag als forschungsleitende Kategorien

Die Volkskunde als verstehende Erfahrungswissenschaft widmet sich der kulturellen Dimension von Gesellschaft. Kultur umfasst ein komplexes Feld und meint »kollektive Daseinsgestaltung und -bewältigung im weitesten Sinn«[5], die sich auf ein System von Normen, Werten und Symbolen bezieht.

Ausgehend von Max Weber, der den Menschen als Wesen beschreibt, das in einem selbstgesponnenen Bedeutungsgewebe verstrickt ist, entwickelt Clifford Geertz einen semiotischen Kulturbegriff, in dem sich die Produktion, Zirkulation und Aneignung von Kulturobjekten vollzieht und sich kulturelle Alltagspraxis ereignet.[6] Kultur ist an Sinn gebunden und an die spezifisch menschliche Fähigkeit, Bedeutungen und damit Sinn zu schaffen. Kultur umfasst so betrachtet sowohl kulturelle Bedeutungsfelder wie kulturelle Praktiken. Der dynamische Charakter sozialer und kultureller Prozesse führt zu einer engen Verflechtung von gesellschaftlichen Strukturen und alltäglicher Handlungspraxis: »[...] Kultur ist keine Instanz, der gesellschaftliche Ereignisse, Verhaltensweisen, Institutionen oder Prozesse kausal zugeordnet werden könnten. Sie ist ein Kontext, ein Rahmen, in dem sie verständlich – nämlich dicht – beschreibbar sind«.[7]

Die Untersuchung von Kultur setzt den Schwerpunkt auf eine *interpretierende Perspektive*, die nach Symbolstrukturen, Bedeutungen und Sinnsystemen sucht. Ziel einer »verstehenden Kulturwissenschaft« ist es daher, die Innensichten der lebensweltlichen Alltagspraxis als Handlungs- und Bedeutungssystem aufzuzeigen, die von den Menschen selbst entwickelten Deutungsmuster zu verstehen und im Kontext von kollektiven kulturellen Mustern einzuordnen:

»Interpretative Forschungsverständnisse, so divergent sie theoretisch und methodologisch begründet und reflektiert sein mögen, betonen gegenüber konventionellen Verfahren die Rekonstruktion (typischer) subjektiver Erfahrungen und die Frage nach diesen inhärenten (latenten) Erfahrungsstrukturen.«[8]

Vor dem Hintergrund eines interpretativen Ansatzes stellt sich daher die Frage, wie es gelingen kann, die durch soziale Praxis konstruierte Wirklichkeit und damit Alltags-Handeln und Alltags-Erklärungen im Sinne sozial organisierter »Ausschnitte individueller Welterfahrung«[9] zu rekonstruieren.

---

5 Gyr 1997: Kulturale Alltäglichkeit in gesellschaftlichen Mikrobereichen, 13-19.
6 Geertz 1995: Dichte Beschreibung, 9-21.
7 Ebd., 21.
8 Honer 1989: Einige Probleme lebensweltlicher Ethnographie, 297-298.
9 Ebd., 298.

Phänomenologische Analyse als Mittel im Verstehensprozess

Phänomenologie[10] kann als Lehre von dem, was dem Bewusstsein erscheint, umschrieben werden. Innerhalb der Phänomenologie haben sich im Verlaufe der Wissenschaftsgeschichte unterschiedliche Richtungen herausgebildet, die sich in ihren Grundsätzen widersprechen. Der Philosoph Edmund Husserl hat dem Begriff der Phänomenologie eine besondere Prägung verliehen.[11] Die Grundlage seines Ansatzes bildet die Annahme, dass jedes Bewusstsein durch Intentionalität (Gerichtetheit auf einen Gegenstand) bestimmt ist und »dass die Aufgabe der Ph. [Phänomenologie, Anm. d. Verf.] in der Beschreibung besteht, wie Gegenstände verschiedener Art mit bestimmten Arten von Bewusstseinsakten verknüpft sind«.[12] Für Husserl ist Phänomenologie ein teleologischer Begriff im Sinne einer radikalen Reflexion. Subjekt-bezogene Sichtweisen sind immer von dessen Interessen geleitet, deshalb bedeutet Reflexion ihrem Wesen nach immer Prüfung und Abstandnahme von Intentionen. Die Haltung phänomenologischer Reflexion entspringt daher der Reflexion des »unbeteiligten Zuschauers« und theoretischen Betrachters. In den zahlreichen an Husserl anschließenden, sich aber auch teilweise von ihm distanzierenden Auseinandersetzungen mit Phänomenologie ging es vor allem um phänomenologische Reduktion, die zu den Wesenheiten der Sachen, wie sie »an sich selber« sind, vorzustoßen beabsichtigte.[13]

Mit Hans Paul Bahrdt als Vertreter des *interpretativen Programms*[14] können *phänomenologische Verfahren in der Soziologie* als methodisches Mittel bezeichnet werden, das geeignet ist, »bestimmte formale Strukturen im vorfindlichen Bewusstsein herauszuarbeiten«, wobei damit »vor allem die Intentionen des Subjektes und deren intentionale Gegenstände«[15] zum Thema werden. Gegenüber gängigen hermeneutischen Verfahren der Geisteswissenschaften und der empirischen Sozialforschung, die sich ebenfalls dem Verstehen zahlreicher Bewusstseinsinhalte zuwenden, kann danach gefragt werden, »ob die jeweils erarbeiteten Bewusstseinsinhalte bei den betroffenen Menschen in denjenigen Situationen, in denen sie handelten, tatsächlich in dieser Form möglich waren oder ob

---

10 Vgl. griech. *phainomenon*, das Erscheinende und *logos*, Lehre.
11 Hügli, Lübcke 1992: Philosophie-Lexikon, 489-490.
12 Ebd., 490.
13 Ritter, Gründer (Hg.) 1989: Historisches Wörterbuch der Philosophie, 499-501.
14 Ulf Herlyn ordnet ihn damit in den Kontext der Ansätze von Edmund Husserl, George Herbert Mead, Max Weber und Alfred Schütz ein, der als Begründer einer Soziologie auf phänomenologischer Grundlage gilt. Vgl. Herlyn in: Bahrdt 1996: Grundformen sozialer Situationen, 14.
15 Bahrdt 1996: Grundformen sozialer Situationen, S. 45.

die unterstellten Bewusstseinsinhalte nicht bereits das Ergebnis einer Interpretation sind, die erst nachträglich in einer kontemplativen Situation vorgenommen werden konnte, günstigstenfalls von den Betroffenen selbst, womöglich aber erst vom Forscher«[16]. Obwohl diese phänomenologische Analyse als Mittel im Verstehensprozess von einem verkürzten Anspruch der phänomenologischen Philosophie ausgeht, steht sie in einem ähnlichen Verhältnis zur gesuchten Wirklichkeit:

»Selbstverständlich befasst sich die phänomenologische Analyse mit den Gegenständen des Bewusstseins, aber eben in der Weise, wie sie dem Bewusstsein gegeben sind, ebenso mit Kausalität, aber wiederum in der Weise, wie sie notwendigerweise an Bewusstseinsgegenständen bestimmter Art vom Bewusstsein unterstellt wird.«[17]

Vor dem Hintergrund des beschriebenen phänomenologischen Verständnisses von Wirklichkeit steht nicht die Absicht, Aussagen über gesellschaftliche Tatsachen im Sinne der Soziologie zu machen, sondern »die verschiedenen vorfindlichen Formen von Sozialem zu klären.«[18] Die von Bahrdt gewählte phänomenologische Methode bezieht sich auf die Rekonstruktion und Analyse von Bewusstseinsgegebenheiten für das Subjekt in dem Sinne, dass das Bewusste auch auf »Praxis, Werthaltungen und Emotionen« verweisen kann. Die »Deutung« und »Interpretation« einer bestimmten Situation durch das Subjekt beruhen nicht auf isolierten intellektuellen Vorgängen, sondern das untersuchte Bewusstsein ist »in der Regel das eines handelnden, leidenden, wertenden oder affektbestimmten Subjekts«[19]. Bestimmten Befindlichkeiten sind bestimmte Bewusstseinsstrukturen zugeordnet, die sich von Akten des Erkennens und Wissens unterscheiden:

»Wir wollen auch zeigen, dass den verschiedenen Befindlichkeiten des Subjekts unterschiedliche Formen des Bewusstseins zugeordnet werden müssen, dass z.B. bestimmte Arbeitssituationen einen anderen zeitlichen Horizont haben müssen als kontemplative Situationen. Wir entdecken auch, dass der Zeithorizont in Situationen, in welchen das Handeln zum bloßen reagieren verkümmert, von anderer Art ist als da, wo wir ein klares Handlungsziel vor Augen haben.«[20]

Die phänomenologische Analyse fragt nicht nach der Tatsächlichkeit der äußeren Abläufe und ihren Kausalverknüpfungen, sondern nach der Tatsächlichkeit von Bewusstseinsvorgängen und ihrer Möglichkeit in Situationen verschiedenen Typs. Dazu gehört »der systematische Abbau all der Modifikationen, welche das

---

16 Ebd., 45.
17 Ebd., 45.
18 Ebd., 46.
19 Ebd., 50.
20 Ebd., 51.

Erlebnis inzwischen in einem Subjekt, nachdem es selektiv gespeichert, sprachlich konserviert, interpretiert und ›katalogisiert‹ worden ist, erfahren hat«:[21] »Phänomenologisch nennen wir demzufolge eine Methode, die die Lebenswelt des Menschen unmittelbar durch ganzheitliche Interpretation alltäglicher Situationen versteht.«[22]

Der dieser Arbeit zugrunde liegende phänomenologische Zugriff bezieht sich im Anschluss an Bahrdt und andere Vertreter der Sozial- und Kulturwissenschaften auf einen «focus on meaning and symbolism, emotional and cognitive aspects«[23]: »Instead of collecting empirical observations, the researcher must concentrate on understanding how subjects understand reality. And this understanding depends on interpretation, not on the heaping up of empirical findings.«[24]

Der Forschungsgegenstand »Pause« bietet sich für eine *phänomenologisch ausgerichtete kultur- und alltagswissenschaftliche Perspektive* auf besondere Weise an: Ich verstehe die Pause als paradoxe Figur, als eine mit Handlung aufgefüllte Zeitsequenz, die mental als Nicht-Handlung intendiert und interpretiert wird. Die Pause ermöglicht das Austreten aus dem Zeitsystem nur scheinbar: Sie umgrenzt einen zeitlichen Abschnitt mit kulturell bedingten, qualitativ bestimmbaren Funktionen, Verhaltensnormen und Deutungsmustern. Die Absicht, während Pausen die »Zeit anzuhalten« oder sie als »freie Zeit« zu nutzen, muss aufgrund dahinter liegender Einstellungsmuster zu Arbeit und Nicht-Arbeit, aber auch zu Zwang, Freiheit und Glück im Alltag relativiert werden. Wissenschaftliche Analysen alltäglicher Sinnbezüge bleiben zudem immer das Ergebnis fachspezifischer Zugangsweisen und Kategorien. Jakob Tanner betrachtet Wissenschaft und Alltag als Handlungsfelder und Symbolsysteme, zwischen denen, wenn sie unter einem Kulturbegriff subsumiert werden, keine rigide Demarkationslinie gezogen, sondern ein Austausch in beide Richtungen vollzogen werden kann:

»Jene, die zum Beispiel mit kulturanthropologischen Ansätzen gegen die als traditionell titulierte Gesellschaftsgeschichte ins Feld zogen und strukturorientierte Erklärungsmodelle, wie sie in Anlehnung an Theorien von Max Weber entwickelt wurden, gegen die Methode der dichten Beschreibung setzten, hätten bei Clifford Geertz folgendes nachlesen können: ›Ich meine, mit

---

21 Ebd., 46.
22 Seiffert 1971: Einführung in die Wissenschaftstheorie, 26.
23 Rogan 1996: Material Culture, Meaning and Interpretation, 57.
24 Ebd., 63.

Max Weber, dass der Mensch ein Wesen ist, das in selbstgesponnene Bedeutungsgewebe verstrickt ist, wobei ich Kultur als dieses Gewebe ansehe.‹«[25]

Ziel dieser Arbeit ist es, die Komplexität eines kurzzeitigen und scheinbar nebensächlichen Alltagsphänomens zu reflektieren und damit einen Beitrag zur kulturellen Dimension des Zeitbegriffs zu leisten:

»Betrachtet man also nicht das Ziel, sondern die Dinge, die die teleologische Idee der Sukzession – des wie auf einem Zeitstrahl fortschreitenden Lebens – in irgend einer Weise ändern, im Warten auf den nächsten Schritt der linearen Fortsetzung in die Quere kommen, sie stören [...], Menschen zu Unterbrechungen, Pause, Wiederaufnahmen, Wiederholungen zwingen oder – animieren, dann haben wir ein reichhaltiges empirisches Feld vor uns.«[26]

Die Pause als zeitlich begrenztes Element alltäglicher Temporalmuster verstehe ich in diesem Zusammenhang als *Schlüsselsymbol* der Zeitkultur einer Gesellschaft, die sich vor dem Hintergrund von objektivierbaren strukturellen und institutionellen Zwängen, aber auch in »subjektiven Alltagstheorien« im Falle von Arbeitslosigkeit oder in mentalen Strukturen verinnerlichter Zeitdisziplin manifestiert:

»Der Hinweis auf die Vorläufigkeit wissenschaftlicher Resultate meint nämlich nicht quantitative Unvollständigkeit; vielmehr geht es um das stets im Wissen eingeschlossene Nichtwissen, um jene ausgeblendeten Aspekte, die aufgrund der jeweiligen Begrifflichkeit notwendigerweise außerhalb des Blickfelds bleiben. Daran zu erinnern, das heißt, das Zusammenspiel von Wissen und Nichtwissen zu beleuchten ist Aufgabe der Kulturwissenschaften: nicht Antworten auf praktische oder ethische Fragen zu geben, sondern dazu beizutragen, dass die Fragestellungen der Komplexität der Probleme angemessen sind.«[27]

Bereits Norbert Elias hat darauf hingewiesen, dass der Zeitbegriff in modernen industriegesellschaftlichen Systemen weder als ontisches noch als vernunftgebundenes Apriori verstanden werden kann.[28] Vielmehr sieht er darin ein vom Menschen geschaffenes Orientierungsmittel, das im Kontext ökonomischer, politischer und kultureller Prozesse immer wieder neu ausgehandelt wird und damit auch Chancen für unterschiedliche zeitliche Dimensionen von Handeln und Erfahrung bietet. Die vorliegende kultur- und alltagswissenschaftlich ausgerichtete Arbeit will damit einen Beitrag zur »Rückgewinnung eines komplexen Zeitbegriffs«[29] leisten. Gleichzeitig setzt sie sich zum Ziel, auf Grenzen und

---

25 Tanner 1999: Fabrikmahlzeit, 7.
26 Schilling 2002: Zeitlose Ziele, 248.
27 Weigel 2002: Über das Verhängnis der Bilder in der Wissenschaft, 31.
28 Elias 1984: Über die Zeit, XII.
29 Nahrstedt 1990: Leben in freier Zeit, 38.

Potentiale eines sich in alltäglichen Lebensvollzügen und Lernprozessen entwickelnden Zeiterlebens aufmerksam zu machen.

Die im *ersten Kapitel* dieses Buches dargelegten theoretischen Ansätze zu normativen und institutionellen Voraussetzungen, zur mentalen Modellierung, zu alltagsweltlichen Bezugssystemen sowie zu subjektorientierten Perspektiven entwerfen einen sozial- und kulturwissenschaftlich ausgerichteten analytischen Rahmen, der uns im Verlauf des Nachdenkens über zeitliche Alltagsphänomene grundsätzliche Fragen, Probleme und Kategorien aufzeigen soll.

So ist Zeit eines der bedeutendsten *sozialen Ordnungsprinzipien*. Während Martina Schöps sich mit den *normativen Voraussetzungen* gesellschaftlicher Ordnungsprinzipien auseinander setzt, betrachtet Norbert Elias Zeit als eine der folgenreichsten *Institutionen sozialer Kontrolle* und die zeitliche Abstimmung sozialer Prozesse als eine der grundlegenden Voraussetzungen für den Zivilisationsprozess. Sie prägt nicht nur die Zeiterfahrungen unseres Alltags, sondern trägt umfassend zur Modellierung struktureller Voraussetzungen für gesellschaftliche und ökonomische Entwicklungen bei. Max Webers Thesen zur Rationalisierung wiederum verweisen auf einen umfassenden Wandel *mentaler Voraussetzungen* in Bezug auf Zeitnutzung im Alltag: »Das sittlich wirklich Verwerfliche ist nämlich das *Ausruhen* auf dem Besitz, der *Genuss* des Reichtums mit seiner Konsequenz von Müßigkeit und Fleischeslust, vor allem der Ablenkung von dem Streben nach ›heiligem‹ Leben.«[30]

Für unsere Fragestellung zentral ist, dass die Regelhaftigkeit der Arbeits- und Lebensformen nicht als imperativ gefordertes Prinzip der Lebensführung auferlegt war, sondern einem psychologischen Antrieb entsprang, der die Mentalitäten und den Lebensstil so weitreichend bestimmte, dass er das ökonomische System wie den Alltag gleichermaßen durchwirkte. Den *Zeitstrukturen des Alltags* widmen sich die Soziologen Alfred Schütz und Thomas Luckmann. In ihrer Theorie zur zeitlichen Aufschichtung der Lebenswelt gehen sie davon aus, dass beim Übergang zwischen zwei Wirklichkeitsbereichen wie beispielsweise zwischen Arbeit und Muße bzw. Pausen oder selbst zwischen Alltag und sexueller Ekstase auf typisierte Handlungsentwürfe und Erfahrungsroutinen zurückgegriffen werden kann und dass dies eine charakteristische Eigenschaft unserer alltäglichen Lebenswelt darstellt. Schließlich sollen auf der Basis von Helga Nowotnys Beitrag *subjektorientierte* Perspektiven hervorgehoben werden.

---

30 Ebd., 167.

Das *zweite Kapitel* widmet sich der *Entstehungsgeschichte gegenwartstypischer zeitlicher Ordnungssysteme und ihrer Deutung*. Die Durchsetzung der modernen Zeitordnung als Ergebnis umfassender historischer Wandlungsprozesse weist nicht nur auf die unseren Alltag prägenden Erfahrungen von Schnelllebigkeit, Zeitknappheit und Zeitdruck hin, sondern auch auf damit zusammenhängende Ausbildungen und Deutungsmuster zeitspezifischer Pausenkulturen.

Das *dritte Kapitel* umfasst eine möglichst präzise und differenzierte Umschreibung von *Pausen als Elemente arbeitsweltlicher Zeitstrukturen*. Die eingangs dargelegten theoretischen Voraussetzungen werden anhand einer vergleichend angelegten Analyse sozialhistorischer und gegenwartsbezogener ethnographischer Untersuchungen in ihren alltagspraktischen Dimensionen weiterverfolgt und anhand *alltagsweltlicher Bedeutungssysteme* verifiziert, vertieft und ergänzt.

Alltagslogische Nutzung und Bewertung von Pausen und Zeit als kulturelles Ordnungs- und Orientierungssystem bedingen sich gegenseitig. In den folgenden Abschnitten erweitere ich meine Sichtweise daher auf Pausenfiguren, die nicht unmittelbar mit arbeitsweltlichen Regelungen und Praxen in Zusammenhang stehen. Im Vordergrund des *vierten Kapitels* steht dabei die Frage, mit welchen Erklärungs- und Deutungsmustern temporale Zäsuren als Teil der *Freizeitkultur* verbunden sind. Dies insbesondere in einer Gesellschaft, in der die Grenzen zwischen Arbeit und Freizeit zunehmend verwischt und Arbeitspausen durch zielorientierte Arbeitszeitsysteme ohne festgelegte zeitliche Gliederung ersetzt werden. Dies beinhaltet gleichzeitig die Frage, welche kulturellen Wertvorstellungen und Erholungsmuster in einer »Freizeitgesellschaft« erfolgreich sind.

Im *fünften Kapitel* gehe ich den Funktionen und Bedingtheiten von Alltag und Außeralltäglichkeit als konstituierendes Merkmal von zeitstrukturellen Elementen und kalendarisch festgelegten Zeitordnungen nach. *Pausen im Jahreslauf* wie der Urlaub und das Fest werden im Hinblick auf ihre alltagsstrukturellen, institutionellen und mentalen Voraussetzungen analysiert. Inwiefern lassen sich aus Urlaubs- und Festpraxen und den sie begleitenden Deutungsmustern Rückschlüsse auf gegenwartstypische Zeitsemantiken ziehen?

Bei *Pausen im Lebenslauf*, denen sich das *sechste Kapitel* zuwendet, stehen andere Erklärungsmuster im Vordergrund als bei Arbeitspausen, Freizeitsphären und Phasen der Außeralltäglichkeit, wie sie in Festen erlebt werden. Kollektiv regulierte Pausenrituale und Bewältigungsmuster der Arbeits- und Freizeitwelt stehen hier einer situativen und milieuspezifischen *reflexiven Praxis innerhalb der eigenen biographischen Orientierung* gegenüber. Im Nachdenken und Erzählen über das eigene Leben werden Brüche im Lebensverlauf in einen Sinnzusammenhang gebracht und damit Zeit und Pausenerfahrungen innerhalb der Sinndeutung des individuellen Lebens rekonstruiert.

Zeit und Raum als grundlegende Dimensionen unserer Alltagserfahrung sind Gegenstand des *siebten Kapitels*. Bestimmte Situationen des Übergangs, Warten und Warteräume, aber auch Veranstaltungspausen als räumlich und zeitlich begrenzte situative Zusammenhänge gehören zu einer besonderen wissenschaftlichen Perspektive, die sich mit *Temporalität und Territorialität* als Bestandteil theoretischer, aber auch alltagsethnographischer Zugänge befasst.

Das *achte und letzte Kapitel* bietet eine vergleichende Analyse theoriegeleiteter Zeitforschung und alltagspraktischer Erfahrung und Deutung im Sinne einer grundsätzlichen Problematisierung von Zeitlichkeit und Alltag. Anhand von typischen Pausenfiguren und der einleitend formulierten Arbeitshypothese soll die *zeitliche Dimension der Alltagswelt als Teil der kollektiven Sinndeutung* betrachtet und damit in einen umfassenderen kulturellen Kontext eingebettet werden. Dies beinhaltet gleichzeitig die *Interpretation der jüngsten Entwicklung von Pausen und der Pause verwandten Phänomenen*, damit zusammenhängende Prozesse des sozialen Wandels und entsprechende Umwertungen unseres Umganges mit zeitlichen Phänomenen sowie unserer Vorstellungen über die Zeit.

1. Zeitdebatte: Theorien und Forschungsstand

Zeit ist Ende des 20. Jahrhunderts zu einem zeitgemäßen Thema in der sozialwissenschaftlichen Literatur, aber auch in den Massenmedien geworden. Im Soge der »atemberaubenden Beschleunigung«[1] der wissenschaftlich-technischen Innovationsprozesse, in Zeiten der »Gleichzeitigkeit« und der museologisch aufbereiteten »Zeit-Reisen«[2] wird der Frage »Was ist Zeit?«[3] im massenmedialen Diskurs vermehrt redaktionelle Zeit[4] eingeräumt und zuweilen unmissverständlich beantwortet mit: »Zeit: Die große Illusion.«[5]

Die Jahrtausendwende bot den kalendarisch festgelegten Anlass dazu.[6] Und wenn auch verhalten aufkommende Rufe nach »Eigenzeit« oder die »Wiederentdeckung der Langsamkeit«[7] dem unaufhaltsamen Zeitstrom Augenblicke des Einhalts und Orte selbstbestimmter Zeitverfügung entgegenzusetzen suchen, so genügt in der Regel ein Blick auf den Terminkalender: Die Zeit ist knapp! Alltagspraktische Dimensionen und individuell motivierte Bedürfnisse nach frei gestaltbarer Zeit treten hervor und verschwinden sogleich wieder in gesellschaftlich determinierten und ebenso alltagswirksamen Beschleunigungsprozessen. Die Zeit wird zum Thema, als ob die Beschäftigung mit dem Gegenstand selbst dazu verhelfen würde, ihn wirksamer beeinflussen zu können:

»Zur Zeit hat die Zeit Konjunktur in der gesellschaftswissenschaftlichen Literatur. Zeitpiraten setzen die Segel und gehen auf Kaperfahrt, Zeitpioniere sprengen Horizonte und graben sich nach neuen Raum-Zeit-Feldern durch, Subjekte wollen Zeitsouveränität zurückgewinnen und

---

1 Schwarz 2000: Die beschleunigte Gesellschaft, 21.
2 Brühl 2000: Wie lange dauert das? »Zeit-Reise«, 80.
3 Willmann 1997, 102-112.
4 Vgl. z.B. Zeitschrift *du*: »Die Zeit« 1997.
5 Klein 1997, 92-101.
6 Vgl. z.B. Neidhart: An der Datumsgrenze. In: Neue Zürcher Zeitung 1999, 101-103.
7 Schnabel 1998: Die Last der Hast, 40.

auf der Suche nach der verlorenen Zeit werden Gelegenheiten zu deren Wiederaneignung ausgeforscht.«[8]

Der Versuch, die Zeitdebatte der letzten zwanzig Jahre zu erfassen, unterliegt der Schwierigkeit, dass eine große Masse von Titeln vorliegt und dass die Zeitdebatte »wie kaum eine andere interdisziplinär geführt wird«.[9] Aber auch populärwissenschaftliche Diskurse befassen sich mit Zeit, mit der »Entdeckung der Langsamkeit«.[10]

Zeit als Gegenstand der Sozial- und Kulturwissenschaften

Das Nachdenken über die Zeit hat eine lange Tradition. Zeitvorstellungen sind Teil der kollektiven Sinndeutung und als solche Gegenstand auch philosophischer Reflexionen. Zeitlichkeit umfasst das Wissen von der Endlichkeit unserer Existenz und bestimmt bis in die Gegenwart religiöse Deutungssysteme: »Mit dem Beginn abendländischer Philosophie in Griechenland wird auch das Nachdenken über Zeit bedeutsam. Heraklit stellt beispielsweise den irreversiblen Charakter der Zeit mit einem Zeitpfeil dar.«[11]

Dementsprechend zahlreich sind die Forschungsbereiche, die sich mit zeitlichen Phänomenen befassen. Sie betreffen Geschichtsvorstellungen, Zeitmetaphern, Normen des Zeitverhaltens, Sozialstruktur und Zeitsemantik, Probleme der Synchronisierung von Zeit, Zeit und Lebenswelt, Umgang mit Alltagszeit oder Zeit und Subjektivität, um nur einige Problemstellungen zu erwähnen.[12]

»In der Praxis menschlicher Gesellschaften spielen Probleme des Zeitbestimmens eine zunehmend wichtige Rolle; in Gesellschaftstheorien ist die Aufmerksamkeit, die Zeitproblemen gewidmet wird, vergleichsweise minimal. Bis zu einem gewissen Grade liegt dies zweifellos daran, dass die herrschende Meinung Untersuchungen über die Zeit dem Bereich der theoretischen Physik zuschlägt.«[13]

In den ersten fünfzig Jahren des 20. Jahrhunderts standen phänomenologische, lebens- und existenzphilosophische sowie sprachanalytisch-logische und physi-

---

8 Stanko, Ritsert 1994: Zeit als Kategorie der Sozialwissenschaften, 9.
9 Beck 1994: Nachmoderne Zeiten, 11.
10 Vgl. Nadolny 1983: Die Entdeckung der Langsamkeit.
11 Cramer 1993: Grundlegung einer allgemeinen Zeittheorie, 16.
12 Stanko, Ritsert 1994: Zeit als Kategorie der Sozialwissenschaften, 117.
13 Elias 1984: Über die Zeit, 57.

kalisch-naturphilosophische Ansätze im Vordergrund wissenschaftlicher Debatten zum Thema Zeit.[14] Ende der 1960er Jahre wurde Zeit erstmals zum eigenständigen Forschungsgegenstand auch für die Sozialwissenschaften erhoben. Die erste Konferenz der »International Society for the Study of Time« fand 1969 in Oberwolfach im Schwarzwald statt.[15]

»Die systematische Befassung mit der proportionalen Verteilung von Zeiteinheiten auf einzelne Lebensbereiche setzte in Europa zu Beginn des 20. Jahrhunderts ein, nachdem der lange Arbeitstag der Fabrikarbeiter, charakteristisch für die frühe industrielle Entwicklung, und der Kampf um seine Verkürzung bewirkt hatten, dass das Verhältnis von Arbeit und Freizeit zueinander im täglichen Leben der Arbeiter in allen Ländern, in denen die Industrialisierung voranschritt, eine Angelegenheit von öffentlichem Interesse geworden war.«[16]

Die Sozialrelevanz von Zeit hat jedoch bis zu Beginn der 1990er Jahre in der soziologischen Theoriediskussion eine untergeordnete Rolle gespielt. Zeit wurde gewissermaßen als aussersoziale Alltäglichkeit betrachtet. In den 1980er Jahren dominierten im Wesentlichen drei Ansätze: 1. Die Zeitbudgetforschung (Zeitverwendungsforschung)[17]; 2. Ordnungstheoretische Aspekte; 3. Systemtheoretische Ansätze[18].

Seit den 1950er und 1960er Jahren traten im Kontext der wachsenden Bedeutung der Medien auch medientheoretische Überlegungen ins Blickfeld. Während sich auf der einen Seite eine als »media fiction« (z.B. Vilém Flusser) bezeichnete Diskursgattung entwickelte, zu deren Merkmal sich eine gezielt ironische Auseinandersetzung mit methodischen Unschärfen entwickelte, entstanden auf der anderen Seite zahlreiche quantitative und qualitative Erhebungen aus der Perspektive der empirischen Kommunikations- und Sozialwissenschaften, der Medienpsychologie, der Medienpädagogik sowie der Technik- und Kulturgeschichte, die den Zusammenhang von Zeit, Medien und Wahrnehmung zu erfor-

---

14 Sandbothe, Zimmerli (Hg.) 1994: Zeit – Medien – Wahrnehmung, VII-VIII.
15 Whitrow 1991, 12.
16 Schöps 1980: Zeit und Gesellschaft, 7-8.
17 Vorwiegend empirisch-statistisches Verfahren anhand international vergleichender Zeitbudgetforschung, das die Aufteilung des gesellschaftlichen Zeitpotentials auf verschiedene Verwendungsbereiche sichtbar machen und daraus – z.B. in der Freizeitforschung – Aussagen über Lebensverhältnisse und Handlungsalternativen ableiten möchte. In: Ebd., 6.
18 Luhmann befasst sich in seinem systemtheoretischen Ansatz mit der Frage, wie Zeit zu einem Orientierungsprimat werden kann, in welchen Systemen dieses sich entwickelt, welche Funktionen es erfüllt und wie die Folgeprobleme aufgefangen werden können. Vgl. Luhmann 1971: Die Knappheit der Zeit und die Vordringlichkeit des Befristeten und Luhmann 1973: Zweckbegriff und Systemrationalität. In: Ebd., 18.

schen suchen. Die gegenseitige Nichtbeachtung dieser Herangehensweisen sowie die rasanten Veränderungen innerhalb des Mediensystems und entsprechender Konsumgewohnheiten haben die Erarbeitung von differenzierten medienphänomenologischen und mediensoziologischen Ansätzen bisher erschwert. Zahlreiche Autoren gehen denn auch davon aus, dass die seit den 1980er Jahren feststellbare Hochkonjunktur des Zeitthemas zu einer unübersichtlichen Forschungslage geführt hat.[19]

Ein anderes Bild ergibt sich bei einem kurzen Blick auf volkskundliche und kulturwissenschaftliche Zeitforschung. Das Vergehende und Vergangene in der Gegenwart, nach dem die traditionelle Volkskunde suchte, bot lange Zeit wenig Anhaltspunkte für die Untersuchung von Zeitgebundenheit (volks-)kultureller Praxen. Der Zeit- und Raumbegriff traditioneller volkskundlicher Forschungsansätze ging davon aus, dass »Volkskultur« in statischen und überlieferten Ordnungszusammenhängen zu untersuchen seien. Zwar wurde in den späten 1930er Jahren die »Volkskunde als Gegenwartswissenschaft«[20] mit Blick auf die wachsende Bedeutung von Eisenbahn und Geschäftsverkehr in beschleunigten Zeit- und flüchtigeren Raumkontexten positioniert: »Vom theoretischen Ansatz her blieb dies indessen für die Reflexion der Größen Raum und Zeit weitgehend ohne Konsequenzen.«[21] Die Ausrichtung auf räumliche und zeitliche Kontinuitäten bot den Anlass, sich mit Zeitfragen zu beschäftigen, jedoch nicht im Sinne eines neuen kategorialen Verständnisses, sondern mit dem Ziel, Traditionslinien und -kreise zu beschreiben. Traditionelle volkskundliche Zeitforschung befasste sich vor allem mit Fragen der Zeiteinteilung sowie des subjektiven und kollektiven Zeitbewusstseins im Rahmen der Brauch- und Festforschung, der Erzähl- und Alltagsforschung.[22]

Die seit den 1960er Jahren einsetzende Hinwendung der Volkskunde zu den Sozialwissenschaften und ihre Entwicklung zu einer Alltagswissenschaft bot Anlass zu einer vermehrten Beschäftigung mit gegenwartsbezogenen Kontexten. Beschleunigt auftretende technische Innovationen und entsprechend veränderte alltagspraktische Dimensionen setzten neue Schwerpunkte in der Auseinandersetzung mit einem dynamisch ausgerichteten Alltagsverständnis.[23] Stichworte wie Globalisierung und Flexibilisierung haben in jüngster Vergangenheit auch in

---

19 Gimmler, Sandbothe, Zimmerli (Hg.) 1997: Die Wiederentdeckung der Zeit, 1.
20 Vgl. Spamer 1932: Die Volkskunde als Gegenwartswissenschaft, 77-85.
21 Hengartner 2000: Zeit-Fragen, 6.
22 Vgl. Lehmann 1997: Zur empirischen volkskundlichen Forschung, 22.
23 Vgl. Bausinger 1961: Volkskultur in der technischen Welt.

der Volkskunde zu einer erneuten Auseinandersetzung mit kategorialen Substraten der Begriffe Raum und Zeit geführt. Sie implizieren in den meisten Fällen eine Überprüfung des fachspezifischen Kulturverständnisses und die endgültige Verabschiedung statischer Kulturkonzepte. Gisela Welz beschreibt in ihrem Aufsatz über *Feldforschung unter Mobilitätsdruck* die in umfassenden Prozessen von Globalisierung und wachsender Mobilität veränderten Formen der Raumbindung von Kulturen.[24] Dabei plädiert sie für Mobilität und Nicht-Sesshaftigkeit als beobachtungsleitende Kategorie in volkskundlichen Arbeitsfeldern: Mobile Praxen, Mobilität als Faktor sozialer Ungleichheit und Mobilisierung des Wissens aufgrund neuer Informations- und Kommunikationstechnologien bezeichnen Gegenstandsbereiche, die den prozessualen Charakter von Kultur berücksichtigen und gleichzeitig neue theoretische Ansätze miteinschliessen:

»Diese Arbeitsfelder markieren zugleich auch theoretische Bezugspunkte: erstens eine Theorie kultureller Praxis, die im Unterschied zu konventionellen Handlungstheorien nicht nur danach fragt, wie Kultur im Handeln der Akteure reproduziert wird, sondern auch, wie Akteure durch ihr Handeln Kultur destabilisieren, dynamisieren, neue schaffen, zweitens eine konstruktivistische Kulturtheorie, die Essentialisierung kultureller Differenz vermeiden hilft [...], die Kulturen ›work-in-progress‹ bleiben lassen, Rechnung trägt, und drittens eine Wissenschaftstheorie, die die Produktion und den Transfer von wissenschaftlichem Wissen mit den Modi und Medien der Repräsentation von Wissen zusammendenkt.«[25]

Gegenwartsbezogene volkskundliche Konzepte verstehen Kultur als Zusammenhang, »in dem sich die Produktion, Zirkulation und Aneignung von Kulturobjekten vollzieht und in dem sich kulturelle Praxis ereignet«.[26] Kultur bezeichnet kulturelle Felder wie auch kulturelle Praktiken. Im Produktions- und Aneignungsprozess von Kultur wird Sinn über kulturelle Zeichen hergestellt:

»Diese Zeichen sind nicht allgemeingültig oder unveränderbar, sondern erhalten ihre Bedeutungen in bestimmten historischen Kontexten und wandeln sich im Laufe des Gesellschafts- und Zivilisationsprozesses. Ebenso wie sie die soziale Ordnung fundiert, prägt Kultur auch die verschiedenen Formen sozialen Handelns und schafft die hierfür notwendigen Bedeutungen. Umgekehrt bringen Bedeutungszuschreibungen in der sozialen Praxis das Feld der Kultur immer wieder neu hervor und verändern es.«[27]

Mit einer gegenwartsbezogenen Fachperspektive, die sich auf einen dynamisch interpretierten Kulturbegriff bezieht, werden in jüngerer Zeit denn auch vermehrt

---

24 Welz 1998: Moving Targets, 177-194.
25 Ebd., 193.
26 Klein 1999: Electronic Vibration, 284.
27 Ebd., 286.

neue Gegenstandsbereiche[28] erschlossen oder bereits etablierte Themen durch neue Forschungsfelder inhaltlich und methodisch erweitert. In Ergänzung zu einem dynamischen und praxisorientierten Kulturbegriff legt die Volkskunde den Schwerpunkt zudem auf Entstehungsbedingungen und die Vermittlung mentaler Voraussetzungen für kulturelle Praxen und versteht Kultur »[...] als ein Ensemble von tradierten Werten, normativen Orientierungen und sozial konstituierten Deutungs- und Handlungsmustern, [...] von Dispositionen, Kompetenzen und Praktiken, mit dessen Hilfe soziale Gruppen (Schichten, Klassen) mit den je gegebenen, natürlichen und gesellschaftlichen Existenzbedingungen in einer Weise zurechtkommen, die eine Eigendefinition gegenüber diesen Bedingungen (das ist die Transformation des schicksalhaften Verortetseins in eine sinnstiftende Selbstverortung und Herausbildung einer, Unterschiede setzenden sozialen Identität) ermöglicht.«[29]

Gerade im Bereich der mentalen Herausbildung einer alltagsrelevanten Zeitdisziplin und der Arbeitskulturforschung könnten ethnographische Zugänge eine sinnvolle Ergänzung zu betriebssoziologisch ausgerichteten Analysen von Tätigkeiten und Funktionen innerhalb einer betrieblichen Organisation bilden und damit Einstellungsvarianzen zur Arbeitswelt in lebensweltlich und mental bedingte Kontexte einordnen. In einem umfassenderen Sinne geht es aus alltags- und kulturwissenschaftlicher Perspektive um »die Frage des Erlebens und Deutens der historischen, sozialen und subjektiven Zeit durch die Menschen [...], ihre Reaktion auf historische Erfahrungen, kulturelle Normen und ihre Erwartungen an die Zukunft, ihre Ausbruchsversuche und ihre Suche nach Regelmäßigkeit und Sicherheit«.[30]

Zeitvorstellungen und Zeitsemantiken

Die Verfügungsgewalt über Zeit, Wertungen und Vorstellungen von Zeit, Zeitkategorien und Zeitstrukturen sind sozial und kulturell konstruiert. Überindividuelle Prozesse in Natur und Gesellschaft sowie sozial festgelegte Zeitordnungen bestimmen und koordinieren individuelles wie kollektives Handeln. Die Zeit wird als Objekt historisch bedingter Deutungszuschreibungen zum Gegenstand spezifischer Zeitsemantiken. Die Zeit, jenes »zutiefst kollektiv gestaltete und

---

28 Vgl. z.B. Hengartner, Rolshoven (Hg.) 1998: Technik – Kultur.
29 Lindner 1987: Zur kognitiven Identität der Volkskunde, 8-9.
30 Lehmann 1997: Zur empirischen volkskundlichen Forschung, 22.

geprägte symbolische Produkt menschlicher Koordination und Bedeutungszuschreibung«[31] steht als semantisches System für Kontinuität und Wandel einerseits und ist andererseits Bestandteil sozialer Prozesse zwischen Kontinuität und Wandel.

Der Soziologe Durkheim befasste sich im 19. Jahrhundert mit den Zusammenhängen zwischen Religionssoziologie und Erkenntnistheorie und verfasste Thesen zum Verhältnis zwischen Gesellschaft und Zeitform.[32] Er sieht Zeit als *soziale Angelegenheit*, als *Produkt des kollektiven Denkens* und als *Formprinzip*, das sowohl die individuelle Existenz wie auch die Menschheit als Ganze umfasst. Die frühen Denksysteme der Menschen fallen mit religiösen Sinnsystemen zusammen und durchwirken somit das kollektive Zeitbewusstsein und die Alltagsrhythmen gleichermaßen. Durkheim unterscheidet zwischen Repräsentationen und Objektivierungen der Zeitform. *Repräsentationen* sind Schlüsselbestandteile der subjektiven Zeitvorstellungen, die sich die Akteure in der Lebenswelt von Zeitformen machen (z.B. Metaphern wie Fluss der Zeit, Veranschaulichungen wie lineare Zeit). *Objektivationen* werden hingegen sozial und/oder individuell relevante Instrumente (Uhren), Vorrichtungen (Kalender) genannt, die zur Bestimmung von Zeitverhältnissen konstruiert werden.

Neben Durkheim, der implizit auf den kollektiven und damit sozialen Charakter von Zeit hingewiesen hat, gehören vor allem die Arbeiten von Sorokin und Merton zu den ersten soziologischen Abhandlungen, die die Auffassung des sozio-kulturellen Charakters von Zeit erbracht und verbreitet haben: »Thus social time expresses the change or movement of social phenomena in terms of other social phenomena taken as points of reference. [...] The time expressions, both of duration and indication, are in reference to social activities or group achievements.«[33]

Weil Zeit kein unmittelbar erfahrbarer Sachverhalt ist, dienen Analogien und Bilder dazu, bestimmte Formen von Zeitbewusstsein zu umschreiben: zum Beispiel eine ins Unendliche fortgehende Linie als Sinnbild für Zeitfolge oder die Uhr als technische Objektivierung von Zeitformen. Die Entstehung und Durchsetzung solcher Analogien wiederum ist eingebettet in grössere sozio-kulturelle Zusammenhänge.

---

31 Nowotny 1995: Eigenzeit, 9.
32 Durkheim: Les formes élémentaires de la vie religieuse. In: Stanko, Ritsert 1994, 45-75.
33 Sorokin, Merton 1937: Social Time, 195-197.

Darüber hinaus spielen Zeitvorstellungen eine bedeutende Rolle bei Unterscheidungen zwischen kurz- und langfristigen Perspektiven.[34] Für Helga Nowotny kann der Prozess symbolischer Wertung von Zeit, Vergangenheit, Gegenwart und Zukunft als paradigmatisch für den Wandel des symbolischen Wertes von Zeitnehmern über die Jahrhunderte betrachtet werden. Im gleichen Ausmaß wie der Besitz von Uhren sich von der Aristokratie über das Bürgertum zur Arbeiterklasse verbreitete, lassen sich Prozesse aufzeigen, die die Uhren in den entsprechenden Gruppen zu Statussymbolen werden liessen. Mit der Verbreitung und Massendiffusion der Armbanduhren sank auch ihr symbolischer Wert. Zu viel Zeit zu haben ist in der Gegenwart paradoxerweise zu einem Indikator geringer Wichtigkeit geworden. Nowotny fragt auch danach, ob es in unserer Gesellschaft keine gemeinsam erfahrene und gewertete Zeitvorstellungen gebe. Offenbar neigt eine wissenschaftlich orientierte Gesellschaft dazu, Zeit möglichst eindeutig und präzise zu messen, gleichzeitig scheint diese Zeit eine geringere Dimension zu haben als in früheren Zeiten:

»Just as in economics the value of different products, of food, labour, or land, can be expressed in terms of a single numerical dimension (quantities of money), so we can now convert formerly different time-scales and the activities that were measured by them into one standardized, uniform and uni-dimensional time scale. This trend may be interpreted as the result of an increase in complexity on a large broad scale of social organization. Yet, the question remains – and it is an open question which I want to leave open – whether this does not imply a loss of richness in structure, and a loss of creative power that lies in differentiation.«[35]

Die *Kategorisierungen von Zeit* unterliegen den Bedingungen sozialer Umdeutungsprozesse sowohl in ihrer sozialwissenschaftlichen als auch in ihrer alltagspraktischen Bestimmung. Die grundlegende Unterscheidung von Zeitvorstellungen bzw. deren Repräsentationen und Objektivierungen bildet die Basis für die Beschreibung von sozialwissenschaftlich relevanten Zeitkategorien.

Die *objektive Zeit* umschreibt sozio-kulturell festgelegte Zeitstrukturen, wie sie beispielsweise in der gemessenen Zeit formalisiert werden, während die *subjektive Zeit* das vom Einzelnen wahrgenommene Zeitgefühl und Zeitbewusstsein umfasst.[36]

Demgegenüber beziehen sich die Kategorien *soziale Zeit* und *individuelle Zeit* auf die sozial und kulturell bedingte Konstruiertheit von Zeit. *Soziale Zeit* steht als Oberbegriff für die Vielfalt von Anlässen und Strukturen, innerhalb

---

34 Vgl. Nowotny 1975: Time Structuring and Time Measurement, 325-342.
35 Ebd., 338.
36 Stanko, Ritsert 1994: Zeit als Kategorie der Sozialwissenschaften, 14-15.

derer wir unsere persönliche Zeit gestalten oder kollektiv vorgegebene Zeiteinteilungen unser Verhalten reglementieren und unserer subjektiven Zeit ihren Takt einprägen:

»Wenn wir jeden Nachmittag eine viertelstündige Arbeitspause machen, so bestimmen wir deren Dauer durch einen Vergleich mit der als Zeitmassstab dienenden kontinuierlichen physikalischen Bewegung der Zeiger einer Uhr. Wir gehen jeden Tag dann wieder zur Arbeit, wenn der Minutenzeiger einen Winkel von 90 Grad überstrichen hat. In beiden Beispielen orientieren wir uns automatisch in einem hochkomplizierten Symbolsystem, das wir uns in einem langwierigen und mühsamen Lernprozess haben aneignen müssen. Die Fähigkeit des Zeitbestimmens müssen Menschen lernen, sie ist daher immer eine sozial vermittelte.«[37]

Helga Nowotny definiert soziale Zeit als intersubjektiv wirksame, gemeinsame Zeiterfahrung, die zwischen Menschen, die unter ähnlichen Umständen leben, auf handlungspraktischer wie auf symbolischer Ebene geteilt wird.[38] Die *individuelle Zeit* steht hingegen für persönliche Strategien der Zeiteinteilung und des Zeitvertreibs. Die *kollektive Zeit* ist Sammelbegriff der sozialen Zeit sowie kultureller Zeitvorstellungen und Normen für Umgangsformen mit der Zeit. Sie steht für Reglementierungen des individuellen und gruppenspezifischen Erlebens und Handelns in der Zeit.[39]

Zeit als Ordnungsprinzip (Martina Schöps)

Verschiedene, voneinander begrifflich und nach Wirkungsweise zu trennende Prinzipien der sozialen Ordnung kommen in einer Gesellschaft zum Tragen: zum Beispiel Konvention, Sitte, Brauch, Recht. Die relative Dauerhaftigkeit der Lebensformen und die annähernde Berechenbarkeit der Reaktionen der anderen Mitglieder einer sozialen Gruppe bilden die Voraussetzungen für eine umfassende Orientierungssicherheit des eigenen Handelns. Zeit kann als ein besonderer, von anderen Ordnungsprinzipien unterscheidbarer Ordnungsmechanismus betrachtet werden.

Die Regelhaftigkeit, mit der ein Einzelner Aktivitäten in Familie, Beruf usw. ausübt, erhält in einer bestimmten Gruppe den Charakter einer Norm. Aktivitäten sind in einer typischen Weise zeitlich fixiert, mit einem bestimmten Alter oder

---

37 Messerli 1997: Zeitvereinheitlichung in der Schweiz im 19. Jahrhundert, 62-63.
38 Nowotny 1975: Time Structuring and Time Measurement, 325-342.
39 Stanko, Ritsert 1994: Zeit als Kategorie der Sozialwissenschaften, 15.

mit bestimmten Handlungsmodellen verbunden. Kulturelle Zeit hat normativen Gehalt mit unterschiedlich schwer wiegenden Sanktionen (z.B. Autowaschen am Sonntag).

Aus ordnungstheoretischer Sicht befassen sich verschiedene Ansätze mit Zeit als strukturierender Komponente einer Gesellschaftsordnung. Darin wird Zeit vorwiegend als soziale Tatsache und kollektive Vorstellung behandelt, die durch gesellschaftlichen Zwang zeitliche Koordinierung von Verhaltensweisen hervorbringt.[40]

Martina Schöps geht in ihrem erfahrungswissenschaftlich-positivistischen Ansatz bestimmten Kontrollmechanismen nach, deren Wirkungsweise eindeutig auf die Geltung des Ordnungsprinzips Zeit zurückzuführen ist:

»Dieser methodische Ansatz, der über spezifische Ordnungsmechanismen und die ihnen zugrundeliegenden Kategorien zur Klärung sozialen Handelns gelangt, setzt voraus, dass die empirische Wirklichkeit in das Ordnungsgefüge des Rechts und in den vorrechtlichen Bereich sozialer Ordnungsgefüge zerfällt, zu dem Geiger Sitte, Brauch und Gewohnheit rechnet.«[41]

Soziale Ordnung[42] lässt sich in voneinander unterscheidbare Ordnungsgefüge oder Ordnungsprinzipien aufschlüsseln, und Gesellschaften können demnach »nach Beschaffenheit, Geltung und Zusammenspiel ihrer Ordnungsprinzipien unterschieden werden«.[43] Geiger unterscheidet drei Phasen der Genese einer sozialen Ordnung: 1. von der individuellen Handlung zur individuellen Gewohnheit; 2. von der individuellen Gewohnheit zum Gebarensmodell und damit zum Erwartungsmodell innerhalb einer Gruppe; 3. vom Gebarensmodell zu einer verbindlich geforderten Norm, deren Übertretungen geahndet werden.[44] Die Reaktion der Gruppenöffentlichkeit bewirkt, dass die Normverbindlichkeit eine messbare Größe wird, wobei die Lokalisierung der Sanktionsinstanz nicht immer einfach ist. Die Zeit stellt eine Dimension innerhalb aller Ordnungsgefüge und eine mit allen anderen Ordnungsprinzipien interdependente Größe innerhalb einer Gesellschaft dar.

---

40 Vgl. z.B. Durkheim 1968: Les formes élémentaires de la vie religieuse, 14 f.; Simmel 1995: Die Großstädte und das Geistesleben; Halbwachs 1985: Das kollektive Gedächtnis.
41 Schöps 1980: Zeit und Gesellschaft, 23.
42 Max Weber versteht unter sozialer Ordnung, wenn das Verhalten angebbaren, allgemein akzeptierten Maximen folgt. Vgl. Weber 1984, 54.
43 Schöps 1980: Zeit und Gesellschaft, 30.
44 Vgl. Geiger 1970: Vorstudien zu einer Soziologie des Rechts. In: Ebd., 32 ff.

»Die Darstellung der Zeit als soziales Ordnungsgefüge setzt voraus, dass es eine Pluralität der gesellschaftlichen Ordnungsgefüge gibt, die untereinander strukturell verschränkt sind.«[45] Interdependenz bedeutet jedoch nicht, dass Ordnungsgefüge sich gegenseitig materiell beeinflussen können. Sie beeinflussen jedoch gegenseitig ihren gesellschaftlichen Stellenwert, d.h. ihre Wirkungschance verändert sich innerhalb sich wandelnder Normengefüge. Sind zum Beispiel bestimmte Zeitnormen stärker internalisiert, so sind Sanktionen bei deren Nichteinhaltung schärfer und das Ordnungsgefüge Zeit erhält tendenziell bestimmende gesellschaftliche Dominanz.

»In das Erwartungskalkül von Handlungsträgern bzw. des gesellschaftlichen Personals kann die Zeit qua Zeitbudget, Zeitfrist, Zeitrhythmus etc. in einem konstitutiven Sinn eintreten, denn das Verhalten jedes einzelnen Mitglieds einer Gruppe oder Gesellschaft ist stets interrelativ verbunden mit dem Handlungszeitpunkt, der Handlungsdauer, [...], der Reihenfolge etc., der Handlungen der anderen.«[46]

Das Handeln des Einzelnen erfolgt immer in Erwartung oder als Reaktion auf zeitliche Umstände des Handelns anderer: Nicht die Dauer und die zeitliche Beschaffenheit von Sozialformen machen den Ordnungscharakter von Zeit aus. Erst der normative Aspekt des Handelns, der »abgestimmte und abstimmbare Dauer, Terminierung, Koordinierungszwang, Selektionszwang, Reihenfolge von Prioritäten etc.«[47] umfasst. Die Zeitordnung stellt den Bezugspunkt zur sozialen Zeiterfahrung dar:

»Soziale Zeitordnungen unterscheiden sich vor allem danach, in welchem Umfang sie an natürlichen Vorgängen (Jahreszeiten, Lauf der Gestirne), an soziokulturellen Traditionen (Feste, Riten, Feiertage), an sozialen Tätigkeitsformen (Märkte) oder an abstrakten Maßstäben (wie der mathematischen Zeit) orientiert sind.«[48]

Der normative Gehalt der Zeit wiederum nimmt Einfluss auf die Gestaltung sozialer Strukturen.

Ein Hauptproblem bei der Analyse von Zeit als Ordnungsprinzip ist die Frage, wie zeitliche Ordnungsmechanismen und selbstregulative Strukturen innerhalb sozialer Teilbereiche wirken. Zeit muss im Hinblick auf bestimmte Zeitbudgets, Fristen, Termine, persönliche Zeithorizonte usw. ins Handeln der Einzelnen einbezogen werden, um ordnungswirksam werden zu können. Zwischen

---

45   Schöps 1980: Zeit und Gesellschaft, 43.
46   Ebd., 46.
47   Ebd., 46-47.
48   Zoll 1988: Zeiterfahrung und Gesellschaftsform, 73.

bestimmten Zeitaspekten, zum Beispiel Zeitpunkten, Zeitstrecken, Alter, Fristen usw. muss ein in bestimmten gesellschaftlichen Gruppen geltendes festes Verhältnis bestehen. Martina Schöps unterscheidet zwischen drei Kategorien des Ordnungsmechanismus von Zeit:

1. Die Realordnung der Zeit: Zeitdruck ist ein wichtiger Faktor der Realordnung von Zeit, denn nicht die Zeit an sich ist knapp, sondern die legitimen Erwartungen und Anforderungen an das Zeitbudget sind dessen Ursache:

»[...] gewisse Aktivitäten innerhalb einer Gruppe sind in einer typischen Art und Weise zeitlich fixiert, sei es, dass sie an eine Uhrzeit gebunden sind; sei es, dass Konsensus über den [...] Zeitaufwand dafür besteht, sei es, dass eine Verknüpfung zwischen dem Erreichen eines bestimmten Alters und einer spezifischen Handlungserwartung besteht etc. So sind bestimmte, z.B. durch Termine diktierte Handlungsmodelle als Realordnung eingespielt und in der Erwartung anderer lebendig.«[49]

Gleichzeitig muss der Einzelne die Zeitanforderungen der einzelnen Teilbereiche koordinieren, was zu Zeitdruck im Sinne der Realordnung von Zeit führen kann. Dieser liegt »ein bestimmtes an Zeiterwartungen geknüpftes Handlungsschema zugrunde, das durch Wiederholung und Gewöhnung an frühere zeitspezifische Abläufe entstanden ist«.[50]

»Handeln zu bestimmter Zeit und von bestimmter Dauer erscheint jeweils als adäquate Antwort der handelnden Person auf eine bestimmte Situation und auf Zeitanforderungen anderer.«[51]

Der Koordinationsgrad zwischen bestimmten zeitlichen Umständen und entsprechenden Verhaltensweisen ist in konkreten Situationen äußerst vielfältig und hängt nicht vom gleichen Handeln aller ab, sondern mit der Abgestimmtheit ihres Verhaltens auf das Verhalten aller. Unterschiedliche Rollen und Stellungen innerhalb einer Gruppe können zum Beispiel zu unterschiedlichen Verhaltenserwartungen wie auch zu unterschiedlichem Verhalten beitragen. Die Realordnung von Zeit stützt sich also auf äußerst unterschiedliche, teilweise individuelle Handlungsmodelle.

Schöps unterscheidet zwischen *habituellen Realordnungstypen* im Sinne von durch Gewöhnung herausgebildeten Handlungsweisen und Zeitaufwand bzw. -punkt, die sich aufgrund früherer Handlungsabläufe ex post herausbilden (v.a. private Lebensbereiche: Familie, Freizeit, Urlaub) und *statuierten Zeitordnungen*, die per Gesetz, Dekret oder Anordnung für die Zukunft festgelegt werden

---

49 Schöps 1980: Zeit und Gesellschaft, 49.
50 Ebd., 50.
51 Ebd., 50-51.

im Sinne eines zeitlichen Normengefüges, das erst die Realordnung zur Folge hat (z.B. Arbeitszeiten).

»In diesem Zusammenhang wäre die Frage interessant, in welchem Verhältnis statuierte und habituelle Realordnungsformen der Zeit in den gesellschaftlichen Teilbereichen wirksam werden, und ob gegebenenfalls die wiederholte, vorübergehende Außerkraftsetzung der habituellen Zeitordnung nicht dadurch sozial relevant wird, dass der subjektiv empfundene Belastungsdruck durch aktuelle Termine bzw. durch ad hoc statuierte Zeitnormen zu Strukturänderungen sozialen Handelns führen kann.«[52]

Im Weiteren unterscheidet sie *rechtliche Zeitordnungen* (gesetzliche Zeitnormen wie Ladenschlusszeiten, Altersvorschriften, Sommerzeit usw.) und *außergerichtliche Zeitordnungen*. *Kulturelle Zeit* bezeichnet Schöps als Ergebnis der gesellschaftlichen Interpretation der nicht-sozialen physikalischen Zeit (Wochentage, Festkalender usw.):

»Uhrzeiten, Wochentage, Jahreszeiten und Festtage signalisieren den sozial erwarteten Beginn oder das Ende einzelner Handlungsweisen. Das erreichte Lebensalter erfüllt dieselbe Funktion für die Übernahme bestimmter Rollen und Positionen. [...] Physikalische, kulturelle und biologische Zeit sind externe Strukturdeterminanten des Ordnungsgefüges Zeit. Sie bilden gewissermaßen Orientierungsmarken entlang der Achse, auf der sich die soziale Realordnung der Zeit entfalten kann.«[53]

Kulturelle Zeit bindet das Vergangene sinndeutend in die Zukunft ein und beeinflusst Veränderungen aufgrund sozialen Wandels. Kulturell bedeutsame Tage, religiöse Feiertage sowie kulturell bedeutende Abschnitte gliedern den Jahresablauf:

»Kulturelle Zeit ist der Ausdruck einer spezifisch gesellschaftlichen Sinngebung, d.h. zeitliche Zusammenhänge werden in Sinnzusammenhänge gebracht. Chronologische Ereignisse werden verdichtet, systematisiert, das Kontinuum Zeit mit kulturellen Bezügen strukturiert oder in kulturell begründete Sequenzen und Perioden gebracht.«[54]

Der normative Gehalt kultureller Zeit beruht jedoch nicht auf objektiven Gegebenheiten, sondern auf Interpretationen. Deshalb variieren die Inhalte kultureller Zeit zwischen und innerhalb von Gesellschaften. Die kulturelle Zeit ist Abbild sozialer Prozesse und Ausdruck sozialen Wandels.

2. Normgefüge der Zeit: Neben unterschiedlichen Formen der Realordnung untersucht Schöps das damit systematisch zusammenhängende Normgefüge der

---

52 Ebd., 57.
53 Ebd., 62.
54 Ebd., 65-66.

Zeit. Zeitnormen sind dann gegeben, wenn bestimmtes Handeln auf eine zeitlich definierte Situation mit Verbindlichkeit erwartet wird bzw. konkret erfolgt.

3. Ordnungskontrolle der Zeit: Die Ordnungskontrolle bildet die dritte und letzte Komponente des Ordnungsmechanismus von Zeit. Der Wirklichkeitsgehalt einer Zeitnorm hängt neben moralischer Verpflichtung von einer spezifischen Ordnungskontrolle ab. Auch nicht beachtete Zeitnormen verlieren dadurch nicht von vornherein ihre Verbindlichkeit. Die Realität und der Wirklichkeitsgehalt einer Zeitnorm hängen daher auch von möglichen Sanktionen bei Nichtbefolgen der Norm ab. Um eine Zeitnorm wirksam mit Sanktionen zu belegen, muss eine Abhängigkeit zwischen den betroffenen Gruppenmitgliedern bestehen. Schöps unterscheidet zwischen *impliziter* Zeitkontrolle, bei der sich die zuwiderhandelnde Person selbst sankioniert (z.B. Feststellung der Zeitverschwendung) und zwischen *interpersoneller* Zeitkontrolle, bei der sie von anderen Gruppenmitgliedern kontrolliert bzw. geahndet wird. Bei interpersoneller Zeitkontrolle wird die Einhaltung der Zeitnormen von der Gruppenöffentlichkeit bzw. den einzelnen Mitgliedern überwacht. Dabei kommen sachorientierte Sanktionen (z.B. Beschneidung möglicher Partizipationschancen) oder personenbezogene Sanktionen (Tadel, Entzug von Sympathie, Beurteilung als »ewiger Student« usw.) zum Tragen. Die Sanktionen können subjektiv unterschiedliche Reaktionen auslösen, wenn zum Beispiel die Zeitnormverletzung nicht als negativ empfunden wird (z.B. interkulturell unterschiedliche Bewertung von Pünktlichkeit) oder wenn sie beabsichtigt war und in anderen Handlungskontexten als positiv beurteilt wird (z.B. Peer-Groups bei Jugendlichen, die die Schule schwänzen). Zu den Sanktionsinstanzen gehören neutrale, selbst nicht unmittelbar Zeitnormbegünstigte (z.B. Fahrplan) oder direkt betroffene Zeitnormbegünstigte (z.B. Vorgesetzte):

»Um Zeitnormen bzw. um Zeitordnung in einem gesellschaftlich relevanten Sinn handelt es sich in jenen Fällen, [...] wenn bei Nichtbefolgung verbindlicher und geltender Zeitnormen die Mechanismen der impliziten Zeitkontrolle und der interpersonellen Zeitkontrolle wirksam werden. Diese dualistische Kontrollform stützt im Rahmen der gegebenen Systemstruktur einer Gesellschaft die Geltungsintensität der Zeit und macht den Ordnungscharakter dieses Prinzips schließlich deutlich.«[55]

Die dynamische Eigenverursachung des Zeitmechanismus führt spezifisch beim Phänomen Zeit zu einer besonderen Ausprägung ihres Ordnungsprinzipes gegenüber anderen Ordnungsprinzipien. Der *irreversible* Gleichlauf der Zeit verursacht die Auslösung des Sanktionsverfahrens bei Zeitknappheit, Termindruck,

---

55 Ebd., 103.

Altersorientierung usw. und damit die Wirkungsmacht der Zeit als Ordnungsprinzip.

Die zeitliche Realordnung steht zudem in einem größeren Zusammenhang von spezifischen Zeitbewusstseinsformen:

»Die unterschiedlichen Verlaufsformen der Zeitordnung, die die soziale und kulturelle Interpretation von Handlungsbezügen widerspiegeln, bezeichnen analytisch verschiedene Kategorien gesellschaftlicher Erlebniszusammenhänge, d.h., je nach Zeitrhythmen, zugeteilten Zeitbudgets, Geltungsdauer von Zeitnormen etc. variieren die Strukturen sozialen Handelns.«[56]

Gegenüber dem *aktuellen Zeitbewusstsein*, das eine intersubjektive Verständigung über eine aktuelle Zeitnorm enthält, liegt dem *zyklischen Zeitbewusstsein* die Annahme zugrunde, dass sich Verhaltensweisen zu bestimmten Zeitpunkten oder in bestimmten Zeitspannen wiederholen. Sie bewirken in besonderem Maße die Stabilisierung von Erwartungshorizonten. Als dritte Form von Zeitbewusstsein bezieht sich die *lineare Zeitordnung* auf die Zukunft und eine ziel- und entwicklungsorientierte zeitliche Abfolge, im Gegensatz zur zyklischen Zeitordnung, die ein bewahrendes Element beinhaltet. Divergierende Zeitbewusstseinsformen, die zum Beispiel schicht- oder generationenspezifisch auftreten, können daher zu Konflikten führen.

In hochkomplexen Gesellschaften besteht ein Übermaß an Terminen, Sachangeboten und -anforderungen, an Handlungsmöglichkeiten, Kontaktmöglichkeiten und sozialen Verpflichtungen. Mit verschiedenen Maßnahmen wie Beschleunigung des Verhaltenstempos oder Substitution von Zeitinhalten kann die daraus hervorgehende latente Zeitknappheit überwunden werden.[57] In vorindustriellen Epochen war Zeit im Handeln selbst enthalten und durch ein *soziales Verhalten in der Zeit* gekennzeichnet, während in der Gegenwart *soziales Verhalten über die Zeit bestimmt wird* und zeitorientiertes Handeln vor aufgabenorientiertem kommt.[58]

Die im Hinblick auf die Ausübung von verschiedenen Funktionen vor sich gehende soziale Differenzierung in komplexen Gesellschaften hat a) eine relative Autonomie sozialer Teilbereiche; b) eine funktionale Spezialisierung; c) eine thematische Reduktion; d) die Kompatibilität von Teilbereichen und e) die funktionale Verflechtung von Teilbereichen zur Folge.[59] Die Teilbereiche unterschei-

---

56 Ebd., 105.
57 Ebd., 86-87.
58 Ebd., 145-169.
59 Ebd., 152 ff. und vgl. dazu auch Luhmann 1971: Die Knappheit der Zeit und die Vordringlichkeit des Befristeten.

den sich strukturell von den anderen und die relative Autonomie beschränkt sich auf die Gestaltung der Art und Weise innersystemischer Strukturen. Zeit wird dabei zu einem zentralen Strukturprinzip sozialen Handelns. Die Zunahme gesellschaftlicher Meinungs- und Interessenvielfalt bewirkt zusätzlich zeitliche Bedürfnisse und damit Zeitknappheit. Schöps stellt einerseits eine *Vermassung* von Zeitverwendungsmustern fest (z.B. Medienkonsum). Andererseits werde Zeit häufiger allein bzw. in Kleingruppen verbracht, was zu einer *Segmentierung* von Zeitverwendungsmustern führe. Das Tempo werde zu einem absoluten Prinzip komplexer Gesellschaften im Sinne einer Ideologisierung von Zeit:

»Die Tempoideologie der Moderne suggeriert den Vorrang der Terminsachen vor zeitraubenden Beschäftigungen, der Zeitknappheit vor der Zeitfülle, der Schnelligkeit vor der Beschaulichkeit, des Modernen vor dem Altmodischen. [...] Daraus folgt, dass die moderne Gesellschaft den Zustand der Muße, die auf selbstzweckhaftes Handeln gerichtet ist, als vermeintliches Nichtstun ablehnt.«[60]

Schöps konzipiert kulturelle Zeit vor allem als kalendarisches Prinzip und Sinnhorizont. Damit vernachlässigt sie jedoch aus kulturwissenschaftlicher Perspektive den normativen Gehalt von mental bedeutsamen Zeitordnungen im modernen Arbeitsalltag, von alltäglichen Praxen, die Zeitordnungen zuwiderlaufen und von Einstellungsmustern, die das Verstehen unseres Umgangs mit Zeit entscheidend beeinflussen.

Zeit als Institution sozialer Kontrolle
(Norbert Elias/Michel Foucault)

Die Zeit ist nicht nur eines der bedeutendsten sozialen Ordnungsprinzipien. Raum und Zeit formieren bestimmte Typen von sozialen Aktivitäten und Institutionen mit zwingendem Charakter als Ausdruck sozialer Kontrolle. Vor diesem Hintergrund betrachtet Norbert Elias Zeit als eine der wirkungsmächtigsten Institutionen sozialer Kontrolle.[61] Die zeitliche Abstimmung sozialer Prozesse bildet eine der zentralen Voraussetzungen für den Zivilisationsprozess. Der Zeitbegriff formt sich in (Lern-)Prozessen der Zivilisation über Generationen mit Traditionen und Neuerungen und dient als Bezugsrahmen oder Maßstab, der es

---

60 Schöps 1980: Zeit und Gesellschaft, 169-170.
61 Elias 1984: Über die Zeit, 72ff.

erlaubt, mehrere Geschehensabläufe zu standardisieren. Die Synchronisierung und Koordinierung der unterschiedlichen Geschehensabläufe ist jedoch nur durch umfassende Disziplinierungsprozesse erreichbar. Ausgehend von Norbert Elias verstehen Stanko und Ritsert Disziplinierung: »[...] als Versuche oder Mechanismen, um bestimmte Prozesse und Handlungssysteme, aber auch Lebensäußerungen des je einzelnen Subjekts auf die Interessen von Herrschaft oder die Bedingungen von Herrschaftverhältnissen zeitlich abzustimmen.«[62]

Elias grenzt sich klar von Kant ab: Elias versteht die Zeit weder als »universale Struktur des menschlichen Bewusstseins«, noch als Formierungsprinzip des Daseins, »das ohne jedes Lernen und vor jeder Objekterfahrung immer und überall in der gleichen Weise wirke«.[63] Er sieht Zeitpraxen als *überindividuell-kognitive Orientierungsmuster*, die sich in der menschlichen Gesellschaft herausbilden und verfestigen. Elias distanziert sich damit auch von einer dinglichen Zeitauffassung und trennt die Zeit klar von ihren Objektivierungen wie zum Beispiel Uhren:

»Das Wort Zeit [...] ist ein Symbol für eine Beziehung, die eine Menschengruppe, also eine Gruppe der Lebewesen mit der biologisch gegebenen Fähigkeit zur Erinnerung und zur Synthese, zwischen zwei oder mehreren Geschehensabläufen herstellt, von denen sie einen als Bezugsrahmen oder Maßstab für den oder die anderen standardisiert.«[64]

Die Koordination zwischen dem kontinuierlichen Kreislauf sozialer Tätigkeiten und dem kontinuierlichen Kreislauf in der nicht-menschlichen Natur ist dabei das zentrale Synchronisierungsproblem, das kulturell unterschiedlich bewältigt wird. Kalender werden aus dieser Perspektive kognitive Orientierungsmittel zur Synchronisation von Periodizitäten, die u.a. astronomisch bedingt sind. Uhren sind technische Instrumente, die in erster Linie der Synchronisierung individueller mit gesellschaftlichen Tätigkeitsabfolgen und dieser mit nicht-menschlichen Naturereignissen dienen. Zeitvorstellungen, Kalendarien und Uhren beeinflussen nicht nur das äußere Verhalten von Individuen, sondern auch die Formierung ihres Sozialcharakters. Elias unterscheidet zwischen Selbstregulierung und Selbstzwang. Muster kultureller Zeitvorstellungen, zeitbezogene Handlungspraxen verfestigen sich zu persönlichen Haltungen, wobei die soziale und individuelle Selbstregulierung im Verlauf des Zivilisationsprozesses gewachsen ist.

---

62 Stanko, Ritsert 1994: Zeit als Kategorie der Sozialwissenschaften, 85-86.
63 Elias 1984: Über die Zeit, 102.
64 Ebd., 12.

»Die Verwandlung des Fremdzwangs der sozialen Zeitinstitution in ein das ganze Leben umgreifendes Selbstzwangmuster des einzelnen Individuums ist ein anschauliches Beispiel dafür, in welcher Weise ein Zivilisationsprozess zur Ausprägung des sozialen Habitus beiträgt, der zum integralen Bestand jeder individuellen Persönlichkeitsstruktur gehört.«[65]

Elias veranschaulicht dies am Beispiel der kognitiven Prozesse eines Kindes von sieben bis neun Jahren, das die Zeit kennen lernt bzw. das komplizierte Symbolsystem der Uhren und Kalender zu verstehen und Pünktlichkeit als hohe Bürgertugend einzuüben versucht.[66]

Norbert Elias beschreibt den Umgang mit Zeit als Syntheseleistung der Menschheit über Jahrhunderte hinweg.[67] Dabei ist jedoch zu bedenken, dass er den Zivilisationsprozess nicht als kontinuierlichen Wandel fortschreitender Affektregulation versteht, sondern immer wieder auf synchron und diachron verlaufende Verhaltensunterschiede und ihre psychogenen und soziogenen Erklärungen hinweist. Dies gilt auch für seine Überlegungen zur Institutionalisierung einer verinnerlichten Zeitdisziplin, deren Ansatz als Hintergrundfolie für die in dieser Arbeit im Zentrum stehenden Fragen dienen.[68] Weiter führt in der vorliegenden Sichtweise auch sein Grundgedanke, dass individuelle Psyche und kollektiv wirksame Sozialstruktur eng miteinander verflochten sind und dass philosophische, soziologische, historische und ökonomische Aspekte schwer voneinander zu trennen sind. Anhand der kulturell bedingten Wandlungsprozesse von Zeitbegriffen und Zeitpraxen lässt sich sehr aufschlussreich die Verknüpfung eines Wandels mentaler Strukturen mit jenem der staatlichen und wirtschaftlichen Institutionen aufzeigen. Auch die Verflechtungsbedingungen nicht-intentionaler Prozesse als Begleiterscheinungen beispielsweise der ökonomischen und sozialpolitischen Entwicklung zum Normalarbeitstag mit folgenschweren Konsequenzen für die Möglichkeiten, Zeit als Freiheit zu erleben, gehen auf Perspektiven zurück, die Elias umfassend dargestellt hat.

Die Durchsetzung des von Elias beschriebenen Fremdzwangs erfolgte sowohl über die räumliche Anordnung als auch über eine strikte Zeitplanung in spezifisch dafür entwickelten Institutionen: Wie Michel Foucault zeigt, wurde die regelmäßige Lebensführung, die zunächst in den Klöstern entwickelt worden war, in Disziplinierungsinstitutionen wie Militärkasernen, Spitälern, Fürsorgeeinrichtungen und in den großen Manufakturen des 17. Jahrhunderts wieder

---

65 Ebd., XIX.
66 Ebd., 120-127.
67 Baumgart, Eichener 1991: Norbert Elias zur Einführung, 92-98.
68 Kuzmics 2000: Einige Kriterien zur kritischen Überprüfbarkeit der Zivilisationstheorie, 263-280.

eingeführt.[69] Ende des 18. Jahrhunderts setzte sich in den Fabriken eine komplexe, dem Produktionsapparat angepasste Parzellierung durch, die die Überwachung der Anwesenheit und des Arbeitseifers, den Vergleich der Arbeiter untereinander und ihre Klassifizierung nach Geschicklichkeit und Schnelligkeit ermöglichte:

»Alle diese Reihenfolgen bilden ein bleibendes Strukturgitter, das alle Unübersichtlichkeit beseitigt: die Produktion teilt sich und der Arbeitsprozess gliedert sich einerseits nach den Tätigkeiten und Phasen, anderseits nach den arbeitenden Individuen und Einzelkörpern. Jede Variable der Arbeitskraft – Stärke, Schnelligkeit, Geschicklichkeit, Ausdauer – kann beobachtet, charakterisiert, eingeschätzt, verrechnet und dem dafür Zuständigen berichtet werden.«[70]

Im 19. Jahrhundert wurde die an disziplinierte Arbeit zu gewöhnende Landbevölkerung in regelrechte »Kloster-Fabriken« eingesperrt. Alle Quellen der Störung wurden durch Kontrolle und Aufseher vermieden. Sogar während der Essenspause sollten keine Possen oder Abenteuergeschichten erzählt werden, die die Arbeiter zu sehr von der Ernsthaftigkeit ihrer Arbeit ablenken könnten.

Zu den drei Hauptelementen der zeitlichen Disziplinierung gehörten die Festsetzung von Rhythmen, der Zwang zu bestimmten Tätigkeiten und die Regelung von Wiederholungszyklen:

»Jahrhundertelang waren die religiösen Orden Meister der Disziplin: sie waren die Spezialisten der Zeit, die großen Techniker des Rhythmus und der regelmäßigen Tätigkeiten. Die Verfahren der zeitlichen Reglementierung werden von den Disziplinen übernommen und modifiziert. Zunächst werden sie verfeinert. Man beginnt, in Viertelstunden, Minuten, Sekunden zu rechnen.«[71]

Genauigkeit, Aufmerksamkeit und Regelmäßigkeit waren die wichtigsten Tugenden der Zeitdisziplin. Die eigentliche Neuerung bestand jedoch in der »zeitlichen Durcharbeitung der Tätigkeit«. Nicht der zeitliche Rahmen bestimmte den Charakter der Verhaltensanweisungen, sondern ein Programm, das den Ablauf der Tätigkeiten garantierte und diesen von innen her kontrollierte:

»Von einem Befehl, der die Gesten misst oder skandiert, ist man zu einem Raster übergegangen, der sie im Lauf ihrer ganzen Verkettung zusammenzwingt und -hält. Es formiert sich so etwas wie ein anatomisch-chronologisches Verhaltensschema. Der Akt wird in seine Elemente zerlegt; die Haltung des Körpers, der Glieder, der Gelenke wird festgelegt; jeder Bewegung wird eine Richtung, ein Ausschlag, eine Dauer zugeordnet; ihre Reihenfolge wird vorgeschrie-

---

69 Foucault 1976: Überwachen und Strafen, 183-186.
70 Ebd., 186.
71 Ebd., 192.

ben. Die Zeit durchdringt den Körper und mit der Zeit durchsetzen ihn alle minutiösen Kontrollen der Macht.«[72]

Die Koordination der Gesten sollte zu einer optimalen Gesamthaltung des Körpers beitragen, der unter Vermeidung jeder geringsten Nutzlosigkeit möglichst wirksam und mit dem richtigen Zeiteinsatz zur erforderlichen Tätigkeit und Leistung gebracht werden sollte.

»Der traditionellen Zeitreglementierung lag ein wesenhaft negatives Prinzip zugrunde: das Prinzip des Nicht-Müssiggangs. Es ist verboten, eine Zeit zu verlieren, die von Gott gezählt und von den Menschen bezahlt wird. Der Stundenplan sollte die Gefahr der Verschwendung – eine moralische Schuld und eine wirtschaftliche Unredlichkeit – bannen. Die Disziplin hingegen organisiert eine positive Ökonomie. Sie setzt auf das Prinzip einer theoretisch endlos wachsenden Zeitnutzung.«[73]

Je mehr die Zeit zerlegt wurde, desto besser konnten die inneren Elemente unter kontrollierendem Blick optimal eingesetzt und beschleunigt werden. Die beschriebenen Disziplinierungsmassnahmen erforderten die Ausbildung des zwingenden Blicks, von Techniken des Sehens als deutlich sichtbares Machtmittel über die Gezwungenen. Weitere Mittel der Machtausübung waren die üblichen Strafmittel wie Geldbusse, Peitsche, Karzer, die jedoch durch Bestrafungen ergänzt wurden, die durch Üben, Vervielfachen, Intensivieren eine korrigierende Wirkung haben sollten: »Das lückenlose Strafsystem, das alle Punkte und Augenblicke der Disziplinaranstalten erfasst und kontrolliert, wirkt vergleichend, differenzierend, hierarchisierend, homogenisierend, ausschließend. Es wirkt normend, normierend, normalisierend.«[74]

Das Normale etablierte sich als Zwangsprinzip und setzte sich in der Einrichtung von Normalschulen im Unterricht, mit der Einführung einer standardisierten Erziehung, im Gesundheitswesen und in der Reglementierung der industriellen Verfahren und Produkte durch.

»Zusammen mit der Überwachung wird am Ende des klassischen Zeitalters die Normalisierung zu einem der großen Machtinstrumente. An die Stelle der Merkmale, die Standeszugehörigkeiten und Privilegien sichtbar machen, tritt mehr und mehr ein System von Normalitätsgraden, welche die Zugehörigkeit zu einem homogenen Gesellschaftskörper anzeigen, dabei jedoch klassifizierend, hierarchisierend und rangordnend wirken.«[75]

---

72 Ebd., 195.
73 Ebd., 198.
74 Ebd., 236.
75 Ebd., 237.

Im Gegensatz zu Elias sind für Foucault Disziplinierungsprozesse jedoch auf eine zentralisierte autoritäre Macht bezogen und in dem Sinne idealisiert dargestellt, als weder ihre politischen Funktionen zu unterschiedlichen Zwecken noch unterschiedlich erfolgreiche Durchsetzungsprozesse thematisiert werden.[76] Gleichzeitig sieht Foucault im Gegensatz zu Elias auch keine Möglichkeit einer vernünftigen Form der Selbstdisziplinierung.[77]

Zeitzwänge und die Zeit als bestimmender Faktor für die Art, wie wir unser Leben und unsere sozialen Handlungen organisieren, sind zu Kennzeichen der modernen Dienstleistungsgesellschaften geworden:

»Damit die komplexen Handlungsabläufe in unserer Gesellschaft reibungslos und effizient funktionieren, erscheint es immer zwingender, dass wir uns vorgegebenen Routinen anpassen. Wir neigen sogar dazu, dann zu essen, wenn es die Uhr vorschreibt, und nicht dann, wenn wir hungrig sind.«[78]

Gemäß Elias ist der Zeitgebrauch heute auf einem hohen Verallgemeinerungs- und Syntheseniveau, der einen großen sozialen Wissensfundus über Methoden des Messens von Zeitsequenzen und über deren Regelmäßigkeiten voraussetzt.[79]

»Je wichtiger und komplexer (wie in der Moderne) die Anforderungen an das Subjekt zur Prozesssynchronisierung und zur zeitgenauen Handlungskoordinierung werden, desto zentraler wird die Autonomie beim Zeiten als konkreter historischer Ausdruck für den Grad konkreter selbstbestimmter Stile der Lebensführung – selbstbestimmte Lebensführung versteht sich dabei zudem als Ausdruck von Handlungschancen wider die vielfältigen über Uhren vermittelten Herrschaftsansprüche in der modernen Welt.«[80]

Je komplexer und differenzierter die Sozialstruktur ist, desto höher sind die Ansprüche an Syntheseleistungen und Abstimmungen. Stanko und Ritsert führen dazu mehrere Beispiele an: 1. Köche zum Beispiel arbeiten vor allem in den Betriebspausen anderer Personen und erfahren einen hohen Leistungsdruck mit vielfältigen Versagerquellen. Zeitliche Organisation von Betrieben ist immer auch abhängig von anderen Zeitplänen. Beschäftigte können individuell oder im Kollektiv versuchen, ein Stück Zeitsouveränität zu bewahren. 2. TV- und Radioanstalten unterliegen einer besonders rigiden zeitlichen Ordnung – daraus entsteht ein Widerspruch zwischen Spontaneität und zeitlicher Regulierung. Der

---

76 Treiber 1980: Die Fabrikation des zuverlässigen Menschen, 77-78.
77 Smith 2000: A Comparison between Michel Foucault and Norbert Elias, 158-159.
78 Whitrow: Die Erfindung der Zeit, 39.
79 Elias 1984: Über die Zeit, 4f.
80 Stanko, Ritsert 1994: Zeit als Kategorie der Sozialwissenschaften, 166-175.

Typus des streng regulierten Gespräches wird zur standardisierten Kommunikationsform. Die mit Abschiedsworten eingeleitete Beendigung von alltagsweltlichen Gesprächen in einem weitgehend kooperativen Prozess der Interagierenden steht im Live-Interview einem zwar angekündigten, jedoch wenig kooperativen Gesprächsende unter Zeitdruck gegenüber. Die Kontrollmechanismen über alltägliche Zeitpraxen werden nicht mehr über sicht- und erfahrbare Disziplinierungsmaßnahmen in Institutionen als Repräsentanten der Macht durchgesetzt:

»Der zeitliche Entwicklungsprozeß wird in einer freien Marktwirtschaft nicht von einer zentralen Kontrollinstanz determiniert. [...] Gemeint ist, daß es heute im Bereich der Politik und Wirtschaft keinen universalen Zeitmaßstab mehr gibt, sondern viele politische Teilsysteme, die wie z.b. Parlamente, Verwaltungen und Regierungen eigene Zeitperioden ausbilden, die sich mit individuellen Zeitvorstellungen von z.b. handelnden Politikern, aber auch mit Zeitrhythmen der Umwelt (z.B. Kreislauf der Natur), Konjunkturzyklen der Wirtschaft überlagern.«[81]

Elias verknüpft in seiner kulturhistorischen Theorie des sozialen Wandels historische, anthropologische, soziologische und psychologische Ansätze. Der unfruchtbaren Dialektik der Alternativen Freiheit und Zwang bzw. Determiniertheit (in positivistischen und materialistischen Ansätzen) von gesellschaftlichen und insbesondere zeitlichen Vorgaben setzt er individuelle, aber dennoch systemstabilisierende Verhaltensweisen gegenüber. Vor dem Hintergrund alltagskultureller Zugangsweisen stehen der institutionellen Verfasstheit von Zeit in ihrer systematischen Relevanz konkrete Erfahrungskontexte und die Interpretationen von Subjekten gegenüber.

Das protestantische Zeitmuster als kulturelle Norm (Max Weber)

Mentale Strukturen und mit ihnen bestimmte Praxen der Lebensführung und Lebensstilformung führen zur Herausbildung spezifischer Zeitstrukturen. Sie prägen den persönlichen Umgang mit und die alltägliche Erfahrung von Zeit. Gleichzeitig tragen sie zur Modellierung spezifischer struktureller Voraussetzungen für gesellschaftliche und insbesondere ökonomische Entwicklungen mit umfassender Breitenwirkung bei. Die lebensweltliche Ausprägung von Zeitpraxen steht daher in einem größeren Zusammenhang mentaler Voraussetzungen. Max Weber sieht in der Etablierung der puritanischen Berufsidee mit ihrer Dis-

---

81 Mainzer 1995: Von der Urzeit zur Computerzeit, 116-120.

ziplin und Methodik die wichtigsten Elemente für die Entwicklung rationaler Formen der Arbeitsorganisation und Lebensführung:

»Die christliche Askese, anfangs aus der Welt in die Einsamkeit flüchtend, hatte bereits aus dem Kloster heraus, indem sie der Welt entsagte, die Welt kirchlich beherrscht. Aber dabei hatte sie im ganzen dem weltlichen Alltagsleben seinen natürlichen unbefangenen Charakter gelassen. Jetzt trat sie auf den Markt des Lebens, schlug die Tür des Klosters hinter sich zu und unternahm es, gerade das weltliche Alltagsleben mit ihrer Methodik zu durchtränken, es zu einem rationalen Leben in der Welt und doch nicht von dieser Welt oder für diese Welt umzugestalten.«[82]

Weber findet im Kloster das Modell des rational verwalteten Betriebes und im Mönch das außerökonomisch motivierte Vorbild des rational und puritanisch lebenden Menschen mit methodischer Zeiteinteilung verwirklicht, das das Arbeitsethos des frühneuzeitlichen Wirtschaftsbürgertums entscheidend beeinflusste. Die Durchsetzung der rationalen Lebensführung fand vor dem Hintergrund größerer gesellschaftlicher und kultureller Prozesse statt, die zur Entstehung und Verbreitung des spezifisch okzidentalen Rationalismus seit dem 16. Jahrhundert geführt hatten. Die »Entzauberung der Welt«, mit der umfassende Rationalisierungsvorgänge einhergingen, führte in Teilprozessen zur Entwicklung der rationalen Wissenschaft und Technik, der rationalen Verwaltung und zum Erfolg des okzidentalen Kapitalismus. Die Verbindlichkeit und Integrationskraft umfassender Weltdeutungen religiöser, metaphysischer oder weltanschaulicher Art verloren ihre Bedeutung. Weber entwickelte anhand von theologischen Schriften aus der seelsorgerischen Praxis seine These der Rationalisierung der alltäglichen Lebensführung aufgrund einer neuen Berufskonzeption des asketischen Protestantismus.

Die puritanische Ethik verlangte den bedingungslosen Einsatz der persönlichen Arbeitskraft und des Strebens jedes Einzelnen für das Gottesreich. Geld, Gut und Reichtum waren verwerflich und sittlich bedenklich:

»Das sittlich wirklich Verwerfliche ist nämlich das *Ausruhen* auf dem Besitz, der *Genuss* des Reichtums mit seiner Konsequenz von Müßigkeit und Fleischeslust, vor allem der Ablenkung von dem Streben nach ›heiligem‹ Leben. Und *nur weil* der Besitz die Gefahr des Ausruhens mit sich bringt, ist er bedenklich.«[83]

Die wirkliche ›ewige‹ Ruhe lag im Jenseits und konnte sich nur durch unermüdliches Handeln, durch das Schaffen von Werken zu Gottes Gnade im irdischen Alltag erarbeitet werden. Muße und Genuss widersprachen dem Willen Gottes:

---

82 Weber 1991: Askese und kapitalistischer Geist, 165.
83 Ebd., 167.

»Nicht Muße und Genuß, sondern *nur Handeln* dient nach dem unzweideutig geoffenbarten Willen Gottes zur Mehrung seines Ruhms. *Zeitvergeudung* ist also die erste und prinzipiell schwerste aller Sünden.«[84]

Zeitverlust durch Geselligkeit, Luxus, selbst durch übermäßiges Schlafen galten als sittlich verwerflich, und Zeit wurde »unendlich wertvoll«.[85] Arbeit allein diente dem Ruhm Gottes und nicht etwa untätige Kontemplation zu seinen Diensten, die strikt auf den Kirchenbesuch am Sonntag eingeschränkt war. Die Arbeit an sich genügte jedoch nicht, um das Werk Gottes zu ehren. Sie wurde nach besonderen Fähigkeiten aufgeteilt und führte zur Spezialisierung der Berufe mit dem Ziel der quantitativen und qualitativen Steigerung der Arbeitsleistung. Das Berufsleben diente nicht nur dem steten Arbeiten sondern auch der Ausbildung und Übung einer systematisch-methodischen Lebensführung. Im Vordergrund standen dabei nicht die zeitdisziplinären Aspekte moderner Organisationsformen, sondern die Gesinnung, die dahinter liegenden Einstellungen und das geltende Arbeitsethos. Die Puritaner unterstrichen bis in die letzten Bereiche ihrer asketischen Lebensführung, dass sie sich dem Ruhme Gottes und der »sozialen Ehre« ihres Standes verpflichtet fühlten. Disziplin und Methodik waren nicht als imperativ gefordertes Prinzip der Lebensführung auferlegt, sondern sie entsprangen einem psychologischen Antrieb, der die *Mentalitäten* und den *Lebensstil* so weitreichend bestimmte, dass er das ökonomische System gleichsam wie den Alltag durchwirkte. Die religiöse Wertung der rastlosen, stetigen und systematischen Berufsarbeit und die Kapitalbildung durch asketischen Sparzwang führten zur Expansion jener Lebensauffassung, die Weber als »Geist« des Kapitalismus bezeichnet:

»Das Wirtschaftsethos war auf dem Boden des asketischen Ideals entstanden; jetzt wurde es seines religiösen Sinnes entkleidet. Das musste zu schweren Folgen führen. [...] Damit ist der Zeitpunkt am Ende des Frühkapitalismus und beim Ausbruch des eisernen Zeitalters im 19. Jahrhundert erreicht.«[86]

Die bedeutendere Wirkung als die Begünstigung der Kapitalbildung hatte die puritanische Lebensauffassung jedoch als Wiege des modernen »Wirtschaftsmenschen«; sie kam »[...] der Tendenz zu bürgerlicher, ökonomisch rationaler Lebensführung zugute; sie war ihr wesentlichster und vor allem: ihr einzig konsequenter Träger«.[87] Der asketische Rationalismus führte zur Grundlage für die

---

84 Ebd., 167.
85 Ebd., 168.
86 Weber 1991: Die Entfaltung der kapitalistischen Gesinnung, 374.
87 Weber 1991: Askese und kapitalistischer Geist, 182.

Organisation von Gesellschaft und Staat und die Entwicklung einer sozial und politisch wirkungsvollen Ethik. Webers Protestantismusthese zeigt jedoch nicht nur die gegenseitige Bedingtheit von strukturellen Entwicklungen und mentalen Voraussetzungen, sondern hat auch das *Zeitbewusstsein als Gegenstand der Mentalitätsgeschichte* etabliert.[88]

»Denn indem die Askese aus den Mönchszellen heraus in das Berufsleben übertragen wurde und die innerweltliche Sittlichkeit zu beherrschen begann, half sie an ihrem Teile mit daran, jenen mächtigen Kosmos der modernen, an die technischen und ökonomischen Voraussetzungen mechanisch-maschineller Produktion gebundenen, Wirtschaftsordnung zu erbauen, der heute den Lebensstil aller Einzelnen, die in dieses Triebwerk hineingeboren werden – nicht nur der direkt ökonomisch Erwerbstätigen –, mit überwältigendem Zwange bestimmt und vielleicht bestimmen wird, bis der letzte Zentner fossilen Brennstoffs verglüht ist.«[89]

Für Max Weber umschreibt protestantische Ethik daher jenes kulturelle Muster, »das als bestimmte Form der Lebensführung auch eine Form von Vergesellschaftung strukturiert«.[90] Die praktische Lebensführung und deren innere Logik ist nicht eine Folge der ökonomischen Bedingungen, sondern sie ist als historisch vorgelagerter Prozess der Herausbildung eines bürgerlichen Habitus eine notwendige Voraussetzung für die Entstehung des modernen Kapitalismus. Entscheidend für die Entwicklung entsprechender Zeitmuster ist »die aktive Askese als bewirkendes und nicht kontemplatives Handeln in der Welt«[91], deren »methodisches Moment«, das zur Universalisierung aller praktischen Lebensbereiche führt sowie der Charakter ihrer inneren, nicht nur äußerlichen Verbindlichkeit. Das Prinzip der aktiven Askese geht davon aus, dass die Welt zum »beherrschbaren Objekt« wird:

»Was Du heute kannst besorgen, das verschiebe nicht auf morgen, dieser für die protestantische Ethik charakteristische Topos verweist darauf, dass der Gegenstand des Handelns keine Eigenzeit hat. Der Zeitpunkt der Besorgung hängt vom Handelnden ab, nicht vom Gegenstand. Möglich ist eine derartige Maxime nur bei einer konsequenten Entzauberung der Welt.«[92]

Typisch für das protestantische Zeitmuster ist dabei der methodische Totalitätsanspruch, der nicht nur die Arbeitszeit, sondern alle Zeit miteinbezieht:

»So wie das Geld den Wert der unterschiedlichsten Dinge ausdrücken kann, so wird abstrakte Zeit das Maß der unterschiedlichsten Handlungen. Zeit wird auf das rein quantitative Maß einer

---

88 Dohrn-van Rossum 1995: Die Geschichte der Stunde, 19.
89 Weber 1991: Askese und kapitalistischer Geist, 188.
90 Neumann 1988: Das Zeitmuster der protestantischen Ethik, 160.
91 Ebd., 161.
92 Ebd., 161-162.

Summe von Zeiteinheiten und damit auf den Punkt gebracht. Die Pünktlichkeit, eine Kardinaltugend der protestantischen Ethik, macht das deutlich. Pünktlich kann überhaupt nur der sein, für den Zeitpunkte identifizierbar sind. Darüber hinaus impliziert Pünktlichkeit aber auch, dass man die Umstände seines Handelns vollständig kontrolliert.«[93]

Die Berechenbarkeit von Welt und Alltag basiert auf der Annahme einer verlässlichen Regelmäßigkeit: »Eigensinn wird ersetzt durch beherrschbare Gesetzmäßigkeit.«[94] Die protestantische Ethik setzt sich nicht innerhalb einer Sippengemeinschaft durch, sondern basiert auf der Vergesellschaftung von einander Fremden. Die Stadt als Verbreitungsort dieser Vergesellschaftung ermöglicht den wechselseitigen Anschluss durch intersubjektiv gültige Rationalisierung der Handlungsmotive. Ähnlich wie im Kloster werden bestimmten Tätigkeiten bestimmte Zeiten zugeordnet. Den verschiedenen Mustern der Lebensführung liegen unterschiedliche Rationalitäten von Zeitmustern zugrunde. Beim Bauern sind es die Gegebenheiten des Augenblicks, beim Handwerker die Auftragslage, die aufgrund fehlender akuter Lebensnot auch Gelegenheiten zur Muße und damit zur Zerdehnung der Zeit erlaubt und beim »Abenteuer-Kapitalisten« das spekulativ geprägte Hoffen auf eine besonders gewinnträchtige Zukunft. Im Gegensatz dazu bildet das protestantische Zeitmuster die Grundlagen für die Annahme, a) dass die unmittelbare Lebensnot durch eine rationale Produktion überwunden werden kann, b) dass die Zeit verdichtet werden kann, um die Produktion zu steigern und dass Ergebnisse in der Zukunft durch eigenes Handeln beeinflusst werden können. Obwohl die Arbeit im Zentrum der protestantischen Ethik steht, gilt ihr methodischer Imperativ für die gesamte Lebensführung:

»Nichts Überflüssiges, Müßiges wird zugelassen. Jede Pore des Alltags ist zur Nützlichkeit bestimmt, und mag sie auch noch so fern von der produktiven Tätigkeit in der Berufsarbeit sein. [...] In ihrer Struktur ist aber auch die Freizeit durch die gleiche Rationalität der Nützlichkeit bestimmt, wie überhaupt jede Sekunde des Lebens.«[95]

Der Zeitbegriff ist negativ – Zeit darf nicht vergeudet werden:

»Jede Zeit für eine Aufgabe kann im Prinzip noch unterboten werden. Eine eventuelle Zeitvergeudung hat kein immanentes Maß. Schneller, schneller heisst die Maxime, und jedes reflektierende Innehalten ist nur noch so weit sinnvoll, wie es im Ergebnis zu einer weiteren Beschleunigung in der Aufgabenbewältigung führt.«[96]

---

93 Ebd., 163.
94 Ebd., 163.
95 Ebd., 167.
96 Ebd., 167.

Zu aktiver Askese und totalitärer Durchsetzung methodisch rationaler Lebensführung kam die »Verinnerlichung der Persönlichkeit« als drittes zentrales Element der protestantischen Ethik hinzu. Damit ist nicht nur die psychische Verinnerlichung der Gedanken der Pflichterfüllung gemeint, sondern die Herausbildung einer Persönlichkeit, die sich von tradierten Lebensformen emanzipiert. Die Berechenbarkeit der Individuen, die aus einem »inneren Habitus« heraus rational handeln, führt zu einer umfassenden intersubjektiv wirksamen Verbindlichkeit. Ein rationales Ich sorgt als Instanz der Realitätsprüfung für die Einhaltung der methodisch-rationalen Handlungsmaximen:

»Wird das für die Arbeitszeit einmal unterstellt, so soll man auch in der Freizeit möglichst kreativ sein, etwas ›schaffen‹, und wenn es nur der eigenen Selbstverwirklichung des mit sich doch nicht ganz identischen Individuums dient.«[97]

Die bis in letzte Details des Alltags geltende Maxime bedingt Selbstzwang und höchste Selbstbeherrschung, die sich bis in die persönliche Verfassung der Individuen hineinfrißt:

»Die verdinglichte Zeit kann ihre Funktionslogik jedoch nur entfalten, wenn sie auf ein kulturelles Zeitmuster trifft, das als sozial gültiges in der Lebenswelt der Subjekte verankert ist, aber nicht nur aufgrund seiner allgemeinen Verbindlichkeit befolgt wird, sondern als verinnerlichte Zeitstruktur auch die Identität der Subjekte bestimmt.«[98]

Die protestantische Ethik trieb die Ausdifferenzierung der drei Ebenen instrumenteller Sachzwang, kulturelle Norm und subjektive Identität voran, auf der Basis einer methodischen Rationalität und »einer abstrakten Zeit, die als inhaltsleere alles mit allem vermittelt«.[99] Daran anschließend kann man von einer hochgradig verinnerlichten, als Persönlichkeitsstruktur verfestigten zeitlichen Orientierung des Einzelnen ausgehen, »deren Elemente wir mit Elias und Bourdieu Habitus nennen können«.[100]

Webers Ethik ist prinzipiengeleitet und universell. Seine Kategorien dienen als Instrumente, um mit Querschnitten durch das historische Material Typen und Strukturen herauszuarbeiten, die seine Thesen illustrieren.[101] Der Ansatz, Geschichte als eine Entwicklung zur Rationalität zu deuten, den er u.a. für die mentalitätsgeschichtlichen Veränderungen als Basis des Zeitverhaltens entwi-

---

97 Ebd., 170.
98 Ebd., 171.
99 Ebd., 171.
100 Stanko, Ritsert 1994: Zeit als Kategorie der Sozialwissenschaften, 87.
101 Vgl. dazu auch Schluchter 1972: Max Webers Gesellschaftsgeschichte, 438-467.

ckelte, könnte daher als eines der letzten großen positivistischen Systeme (miss-) verstanden werden,[102] lässt sich jedoch durch seinen bedauernden Unterton über die Entzauberung der Welt relativieren.[103] Im Verhältnis zu anderen Untersuchungen zur Entstehung des modernen okzidentalen Kapitalismus liegt den Thesen Webers wenn nicht eine monokausale, so jedoch eine weniger breit abgestützte Argumentationsbasis zugrunde.[104] Problematisch ist dabei insbesondere die von Weber einseitig ausgelegte Kausalbeziehung der Einwirkung religiöser Bewusstseinsinhalte auf sozial-ökonomische Verhaltensweisen, während der Einfluss von ökonomischen, sozialen, politischen und geographischen Bedingungen für den Verbreitungsprozess der protestantischen Ethik weniger Gewicht erhalten. Habermas verweist in diesem Zusammenhang auf die ausschließende Sichtweise Webers der motivationalen Verankerung und institutionellen Verkörperung von Ideen, die eine Untersuchung externer Faktoren und der konkreten Entwicklungsdynamik vernachlässigt und auf eine allenfalls selektive Rezeption dieser Ethik innerhalb der einzelnen Berufskulturen zu wenig eingeht.[105] Jüngere Forschungen zur Frömmigkeitsgeschichte ergeben zudem ein weniger kontinuierliches Bild in der religiösen Entwicklung des Protestantismus im 16. und 17. Jahrhundert.[106] Sein Ansatz erweist sich jedoch für die hier zur Diskussion stehenden kulturellen Zeitmuster als Ausdruck einer alltagstypischen Dialektik zwischen Zwang und Freiheit als außerordentlich fruchtbar.

Zeit und Alltag (Alfred Schütz/Thomas Luckmann)

Im Zentrum meines Nachdenkens über Zeitordnung und Auszeiten steht die *alltagsweltliche Dimension* eines zeitstrukturellen Phänomens. Sie steht auch im Mittelpunkt der von Alfred Schütz geprägten und in der phänomenologischen Soziologie weiterentwickelten Theorie der *alltäglichen Lebenswelt*: Alltag umfasst jenen schlicht gegebenen Lebensbereich und jene Wirklichkeit, die von den Menschen als selbstverständlich, als Welt in Reichweite erlebt wird.[107] Das Konzept der alltäglichen Lebenswelt beruht auf der theoretischen Grundannahme,

---

102 Vgl. dazu auch Bendix 1972: Max Webers Religionssoziologie, 153-176.
103 Voegelin 1972: Max Weber zwischen Abschluss und Neubeginn, 345.
104 Vgl. Lehmann 1996: Max Webers Protestantische Ethik, 94-97.
105 Vgl. dazu auch Habermas 1981: Theorie des kommunikativen Handelns, 308.
106 Lehmann 1986: Max Webers Protestantische Ethik, 18-20.
107 Schütz, Luckmann 1975: Strukturen der Lebenswelt.

dass jede Handlung deutungsbedingt ist. Die Wirklichkeit ist eingebunden in ein gesellschaftlich konstruiertes Deutungssystem und nicht ontologisch gegeben. Die Lebenswelt ist nicht Privatwelt, sondern intersubjektiv. Andere Menschen, Objekte, die Natur bestimmen die Grundstruktur der Wirklichkeit. Die alltägliche Lebenswelt lässt sich einerseits durch unser Handeln verändern und modifiziert andererseits unsere Handlungen. Die Auslegung und das Verstehen der Lebenswelt beruhen auf eigenen und auf vermittelten Erfahrungen. Der daraus hervorgehende Wissensvorrat ergibt sich aus Typisierungen von Gegenständen und Ereignissen sowie aus der Annahme einer bestimmten Vertrautheit gegenüber der Wirklichkeit. Er erlaubt uns, im alltäglichen Leben auf routinisierte Wissensbestände zurückzugreifen und danach zu handeln. Die Mehrheit der Alltagserfahrungen ist fraglos gegeben und kann in ein bewährtes Bezugsschema eingeordnet werden. Alltagsweltlich relevante Orientierungs- und Deutungsmuster ermöglichen die selektive Wahrnehmung der Realität und eine Reduktion der komplexen Wirklichkeit auf den Normalfall. Gleichzeitig ist jedoch auch die alltägliche Lebenswelt von unbestimmten Faktoren umgeben, die als Probleme wahrgenommen werden. Neuartige Erfahrungen, die nicht mit dem bestehenden Wissensvorrat ausgelegt werden können, erfordern daher eine Neuauslegung des Alltagswissens.

Die Lebenswelt ist zwar intersubjektiv angelegt, steht aber in einem subjektiven Sinnzusammenhang. Sinndeutung und »Verstehen« werden dabei zu Grundprinzipien der intersubjektiven Einstellung: »Sinn ist [...] das Resultat meiner Auslegung vergangener Erlebnisse, die von einem aktuellen Jetzt und von einem aktuell gültigen Bezugsschema reflektiv in den Griff genommen werden.«[108]

Genauso wie mitmenschliches Handeln werden auch Institutionalisierungen des Handelns wie die Religion oder kollektive Zeitregelungen mehrheitlich als sinnvoll erfahren.[109] Pläne und Durchführbarkeiten bestimmen das lebensweltliche Handeln: Es ist Teilhandlung innerhalb eines übergeordneten Plansystems für einen spezifischen lebensweltlichen Bereich wie den Tag, das Jahr, die Arbeit oder die Freizeit. Die intersubjektiv angelegte Konzeption alltäglicher Lebenswelten verlangt nach koordinierenden Faktoren der zeitlichen Binnenregulierung. Die Synchronisierung von Handlungen und Prozessen zwischen sozialer und individueller Zeit stellt daher eine grundlegende Voraussetzung gesellschaftlicher Zeitorganisation dar:

---

108 Ebd., 34.
109 Ebd., 34-37.

»Zeit wird demnach verstanden als eine Form des Ordnens von Ereignissen – entweder für sich oder in Verbindung mit dem Raum – als etwas im Menschen angelegtes, als Teil seiner Fähigkeit zur Vernunft, als unveränderliche Eigenschaft des menschlichen Bewußtseins oder der menschlichen Existenz.«[110]

Mittels Uhren, Kalendern und Zeitordnungen als objektivierte Zeitformen werden gesellschaftliche Zeitsysteme aufeinander abgestimmt.

»Chronometer stellten ein Mittel zur [...] Herstellung von Intersubjektivität (von Handlungen) in der Zeitdimension dar. Das sozialisierte Individuum muss normierte Periodizitäten, die Institution Uhr (Elias), verstehen und zu handhaben verstehen, um seine individuellen Lebensäußerungen zeitlich auf andere soziale Handlungen/Prozesse intersubjektiv verbindlich abstellen zu können (oder nicht).«[111]

Die zeitliche Aufschichtung der Lebenswelt

Neben der *räumlichen Aufschichtung der Lebenswelt* gehen Schütz/Luckmann auch von einer *zeitlichen Struktur der alltäglichen Lebenswelt* in drei Schichten aus:[112] Die *Weltzeit* ist im Wesentlichen durch die fest gegebene *Fortdauer der Welt und Endlichkeit* charakterisierbar. Dieses Phänomen ist beispielsweise im Schlaf oder Traum erlebbar, wo die Weltzeit die subjektive Zeit transzendiert. Aus dieser Inkongruenz der verschiedenen Zeitdimensionen ergibt sich auf subjektiver Zeitebene die Folge des Wartens (z.B. bis geerntet werden kann, im Wartezimmer usw.). Der einzelne Mensch erfährt zudem die historische Zeit und Ereignisse auf übergeordneter Ebene wie die Französische Revolution oder die Generationenfolge als gegeben und mit seinem Alltag verbunden. Demgegenüber hat die *Zeitstruktur der Reichweite* als zweite zeitliche Ebene bzw. insbesondere die *Welt in aktueller Reichweite* ausdrücklich den Zeitcharakter der Gegenwart. Die *Welt in potentieller Reichweite* jedoch bezieht sich als *Welt in wiederherstellbarer Reichweite* auf vergangene Erfahrungen und als *Welt in erlangbarer Reichweite* auf Vorwegnahmen der Zukunft. Als dritte zeitliche Ebene bestimmen Schütz/Luckmann die *subjektive Zeit* oder die *innere Dauer*, innerhalb derer aktuelle, vergangene und antizipierte Erfahrungen zusammenhängend wahrgenommen werden und sich nicht in Einzelphasen zerlegen lassen. Zudem ist die subjektive Zeit des Bewusstseinsstroms, die *innere Dauer* inner-

---

110 Hengartner 2000: Zeit-Fragen. In: Sonderheft »Zeit«, 13.
111 Stanko, Ritsert 1994: Zeit als Kategorie der Sozialwissenschaften, 162.
112 Schütz, Luckmann 1975: Strukturen der Lebenswelt, 61-70.

halb von sich überschneidenden Zeitstrukturen wie der *biologischen Zeit*, den *Jahreszeiten*, dem *Kalender* und der *sozialen Zeit* eingebunden. Die Ebene der subjektiven Zeit ist eng mit der zeitlichen Struktur des Sinns von Erfahrungen verknüpft, die sich in der inneren Dauer ausformen. Der Sinn von Erfahrungen kann dabei erst im Nachhinein reflektierend nachvollzogen werden: »Erfahrungen sind durch Aufmerksamkeit ausgezeichnete Erlebnisse. Als aktuelle Bewußtseinsvorgänge haben Erfahrungen von sich aus noch keinen eigentlichen Sinn. Den erhalten sie erst in reflexiven nachträglichen Bewußtseinsleistungen.«[113]

Das Ich setzt die Erfahrungen in Zusammenhang mit etwas anderem, zum Beispiel mit erinnerten Erfahrungen oder Erfahrungsschemata. Subjektive Sinnsetzungen wiederum ergeben gesellschaftliche Sinnsysteme und Sinnsetzungstraditionen. Bestimmte Erfahrungen zeichnen sich durch eine besondere Zeitstruktur und eine dementsprechende Sinndimension aus, indem sie nicht schlicht ablaufen und nachträglich sinnvoll gemacht werden, sondern indem sie einem Entwurf folgen und ihren Sinn aus der Beziehung zum völlig, teilweise oder gar nicht erfüllten Entwurf erhalten. Erfahrungen, deren Sinn sich aus der Beziehung zu einem Entwurf des Menschen ergeben, werden *Handlungen* genannt. Es sind Erfahrungsabläufe, die motiviert geschehen und vom Handelnden vorentworfen worden sind.

Jeder Mensch handelt im Sinne eines subjektiv vorentworfenen Erfahrungsablaufes und erfährt zugleich Verhalten von anderen Menschen als objektiv gegebene Sinnwelt. Gesellschaftlich konstruierte Regeln ordnen bestimmten Handlungstypen bestimmte Verhaltensnormen zu. Die Steuerung des eigenen Verhaltens ist in Hinblick »auf die vorweggenommene Deutung durch andere eine Grundvoraussetzung kommunikativen Handelns«.[114] Bei der Einschätzung der Durchführbarkeit eines Entwurfes ist das Gewohnheitswissen im Rahmen alltagstypischer Wissensvorräte von großer Bedeutung. Viele unserer alltäglichen Handlungen werden daher zur Gewohnheit und sind bereits »in ihrem Entwurf hochgradig routinisiert«.[115]

Handlungen sind meist *Teilhandlungen*, die mit anderen Zielen in Zusammenhang stehen. Bei Unterbrechungen des Handlungsverlaufes wird unterschieden zwischen solchen, »die als eine Art Leerstelle im eigentlichen Handeln mehr oder minder deutlich schon im Entwurf angelegt sind, und solche, die unerwartet

---

113 Schütz, Luckmann 1984: Strukturen der Lebenswelt. Bd. 2, 14.
114 Ebd., 19.
115 Ebd., 44.

auftreten«.[116] Viele Handlungen sehen eine Folge von Phasen eigentlichen Handelns vor, die durch Phasen des Nicht-Handelns abgelöst werden:

»Auf diese Weise setzt eine Phase der Handlung B ein, bevor die Handlung A abgeschlossen ist. Beide Arten der vorangelegten Unterbrechungen des eigentlichen Handelns, durch Festsetzung von Ruhepausen wie durch Ineinanderschachtelung von Handlungen, können getrennt oder auch zusammen zur Gewohnheit werden. Sie finden dann in den mehr oder minder stark routinisierten Bereichen der Tagespläne und des Lebensplans ihren systematischen Ort. Tagespläne und Lebensplan werden ihrerseits von den gesellschaftlichen Objektivierungen von Handlungen als Handlungstypen und von der Institutionalisierung von Handlungsverläufen mitbestimmt.«[117]

Die gesellschaftlich organisierte Arbeit als wichtigster Typ alltäglichen Handelns kann dabei als Prototyp für die systematische Verschränkung von Handlung, Nicht-Handlung und anderer Handlung bezeichnet werden, wenn auch der Grad der Systematisierung, der Rhythmus und der Inhalt variieren. Es gibt auch Abbrüche, Unterbrechungen von Handeln, die der Handelnde nicht in den Entwurf einbezogen hat und die ihn zusätzlich ungünstig treffen.[118]

Der Erfahrungsverlauf des täglichen Lebens ist geprägt von Bewusstseinsleistungen unterschiedlich intensiver Zukehr und Abwendung. Schütz/Luckmann differenzieren zwischen verschiedenen Formen gesellschaftlichen Handelns, die eine teilweise Abkehr vom bewussten Alltagshandeln zur Folge haben.[119] Die *großen Transzendenzen* umfassen andere Wirklichkeiten von überindividueller und subjektiver Dimension zugleich. Die Abkehr vom Alltag in Schlaf und Traum oder der Stillstand einer bewussten Tätigkeit betreffen zum Beispiel eine *andere Wirklichkeit* als die des täglichen Lebens. Halbwachheit, Tagträume oder Ekstasen wiederum *überschreiten den üblichen Bereich alltäglicher Aufmerksamkeit*. Krisen hingegen rufen keine völlige Abkehr vom Alltag hervor, heben jedoch die Selbstverständlichkeit der natürlichen Einstellung auf und *verlangen eine ausdrückliche Deutung bisher selbstverständlicher Relevanzen*. Auch innerhalb alltäglicher Aufmerksamkeit sind bestimmte Realitätsbereiche mit einer bestimmten Bewusstseinsspannung verbunden, die beispielsweise in der vorherrschenden Form der Spontaneität (z.B. Mittagessen und theoretische Arbeit), der Sozialität (z.B. Meditation oder Diskussion), der Selbsterfahrung oder in der Wahl der Zeitperspektive zum Ausdruck kommt.[120]

---

116 Ebd., 75.
117 Ebd., 75.
118 Ebd., 75-77.
119 Ebd., 161-175.
120 Schütz, Luckmann 1975: Strukturen der Lebenswelt, 45-46.

Die zeitlichen Artikulierungen innerhalb des Tagesablaufs wiederum sind eingebettet in zeitliche Artikulierungen des Lebenslaufes. Damit treffen Sinnstrukturen größerer Spannweite auf die zeitliche Schichtung alltäglicher Sinnstrukturen. Zeitliche Artikulierungen im Tageslauf und im Lebenslauf stehen zueinander in einem wechselseitigen Verhältnis. Die biographische Artikulation, die sich reflektiv mit vergangenen Lebensabschnitten beschäftigt, ist dem Tagesrhythmus übergeordnet. Gleichzeitig sind biographische Erfahrungen in ihrer Sinndimension innerhalb des Tagesablaufs eingefügt.[121]

In typischen Alltagssituationen überlagern sich also Handlungen mit Teilhandlungen, mit verschiedenen Formen von Handlungen auf subjektiver bzw. auf intersubjektiver Ebene und mit Handlungen unterschiedlicher zeitlicher Sinndimensionen. Die *Erfahrung der Sozialwelt* und damit ihre intersubjektive Bedingtheit steht den zeitlichen Grundstrukturen der *inneren Dauer* gegenüber. Eine unmittelbare Erfahrung dieser intersubjektiven Bedingtheit ist nur bei mit anderen Menschen geteilten Bereichen des lebensweltlichen Raumes und der Weltzeit gegeben.[122]

Der von Alfred Schütz zusammen mit Thomas Luckmann in Anlehnung an Edmund Husserl und Max Weber entwickelte Ansatz einer phänomenologischen Soziologie lässt sich aus zwei Gesichtspunkten, die insbesondere auch für eine zeitkulturelle Perspektive von Relevanz sind, problematisieren. Der modellhafte Aufbau und damit die Annahme einer relativen Geschlossenheit der alltäglichen Lebenswelt und die Komplexität der nur über mehrere und teilweise unbewusst vorhandene Schichten verschließbaren Dimensionen von Alltagssinn widersprechen sich: Der modellhafte Aufbau der alltäglichen Lebenswelt geht von einem Subjekt aus, das in Prozessen der Selbstauslegung sein eigenes und das Handeln anderer in seiner Umwelt deutet. In dieser Binnenperspektive werden Einwirkungen von außen weitgehend ausgeblendet. Gleichzeitig wird eine autonom mögliche Handlungsweise der Subjekte aufgrund ihrer jeweiligen Deutungshorizonte und nach ihrem Willen suggeriert. Der Markt als systemischer Mechanismus mit einer normfreien Regelung von Kooperationszusammenhängen wird zum Beispiel ausgeblendet. Der Ansatz geht zudem weitgehend davon aus, dass Kommunikation unter den an der jeweiligen Lebenswelt Beteiligten durchsichtig und unter dem Aspekt uneingeschränkter Verständigungsmöglichkeiten vollzogen werden kann. Konsequenterweise weist Habermas darauf hin, dass die mo-

---

121 Ebd., 70.
122 Ebd., 75.

dellhafte Konzeption der Lebenswelt nicht als mit Gesellschaft identisch angesehen werden darf.[123]

Schütz/Luckmann gehen zudem von einem egologisch gefärbten Ansatz aus, der durch die Betonung der Subjektgebundenheit der Sinnkonstitution die sozialen und interaktiven bzw. strukturellen Voraussetzungen sozialen Handelns in den Hintergrund treten lässt.[124] Wissenschaftliches Verstehen mit dem Ziel der Herstellung logisch geschlossener Ordnungen oder aus alltagswissenschaftlicher Perspektive immerhin alltagstypischer Ordnungsmuster ist jedoch immer auch rekonstruktiv und auf erschließbare Kausalzusammenhänge angewiesen:

>»In diesem Konkordanzsystem ist zugleich die Implikation erhalten, dass nicht nur die Binnenperspektive, also jene Konfigurationen, innerhalb deren soziale Subjekte sich selbst und ihre Welt begreifen und sinnhaft gestalten, einer Außenperspektive, nämlich jenen Zugriffen (Zurechnungen, Interpretationen etc.) seitens des wissenschaftlichen Beobachters gegenübersteht, sondern dass in letzteren auch Struktur- und Kausalitätszusammenhänge angesetzt werden müssen, die den Subjekten selbst nicht unmittelbar verfügbar sind, im Extrem ihnen sogar systematisch entzogen sein können.«[125]

Die Wissenschaft darf dabei nicht dem Fehler verfallen, im Sinne einer Sondersphäre den Subjekten nicht unmittelbar zugängliche Momente zuzuschreiben. Sozialwissenschaftliche Deutungsarbeit muss sich daher dem systematischen Erschließen der Binnenperspektive zuwenden. Die Interpretation von Pausenerfahrungen durch die Subjekte bietet sich dafür als aufschlussreicher Gegenstandsbereich an. So lässt sich anhand der Typik verbreiteter Interpretationsmuster, die selbst anstrengende und pannenreiche Ferien als gelungen oder als »Erlebnis« erscheinen lassen, die Reflexivität der Deutung von Alltagserfahrungen gut veranschaulichen. Gleichzeitig bleiben jedoch Interpretationen von Tourismuswissenschaftlern, die Reisen als populärste Form von Glück bezeichnen, immer Zuschreibungen aus Sicht der Wissenschaftsperspektive, die mit Vorstellungen von Alltag und Außeralltäglichkeit und einem entsprechenden Kategorisierungsbedürfnis der Wissenschaften zusammenhängen. Genauso lässt sich anhand der ökonomischen Bedingtheit der Urlaubsindustrie und der in ihren Verbreitungsmedien vorgelegten Muster von Glückserfahrungen im Urlaub die Bedeutung einer Außenperspektive für die Binnensicht der Subjekte und damit die einschränkende Anlage eines relativ geschlossenen Alltagsmodells nachvollziehen. Der Ansatz von Schütz und Luckmann bleibt jedoch als eine der wenigen

---

123 Vgl. dazu auch Habermas 1981: Theorie des kommunikativen Handelns, 223-226.
124 Srubar 1988: Alfred Schütz' Konzeption der Sozialität des Handelns, 147-149.
125 Kellner, Heuberger 1988: Die Einheit der Handlung als methodologisches Problem, 261.

systematischen Konzeptionen von Alltagswelt und ihrer zeitlichen Aufschichtung mit unterschiedlichen Erfahrungsmodi für die vorliegende Arbeit von großem Wert.

Ausgehend von der zeitlichen Aufschichtung der Wirklichkeit entwickelt Luckmann einen phänomenologischen Ansatz zur Bestimmung der Zeitstrukturen des Alltags.[126] Theoretische Grundannahme ist die gegenseitige Bedingtheit von subjektiver Zeit, intersubjektiver Kommunikation und sozialem Handeln. Die objektivierten Sinneinheiten, die das subjektive Erleben nachträglich reflexiv ergänzen, werden über Sozialisation erlernt und in der täglichen Kommunikation eingesetzt.

Veränderte Bewusstseinsspannungen bestimmen den unterschiedlichen Rhythmus des Erlebnisverlaufs bei Übergängen zwischen Wirklichkeitsbereichen mit geschlossener Sinnstruktur (z.B. Alltag – sexuelle Ekstase) oder weniger auffällig bei Wirklichkeitsbereichen mit unterschiedlichem Grad institutioneller Kontrolle (z.b. Fließbandarbeit – Muße bzw. Pause): »Die Grundausstattung der den Rhythmen des Erlebnisstroms ›aufgesetzten‹ Zeitformen besteht aus den Erinnerungs- und Erwartungsgewohnheiten des täglichen Lebens.«[127]

Die Zeiteinteilungsroutinen des Tagesverlaufs, die auf der Synchronisierung intersubjektiven Handelns und auf der Anwendung sozial objektivierter Zeitkategorien wie zum Beispiel der Uhrzeit beruhen, werden zwar der subjektiven inneren Dauer auferlegt, stehen aber immer in deren Zusammenhang. Demgegenüber sind die Sinnbegriffe des Lebenslaufs gesellschaftlich hochgradig objektiviert, institutionalisiert (z.b. Mythen, Staat, Familie) und daher unabhängig von subjektiver Dauer. Die zeitlichen Gliederungen des Tages- und Lebenslaufs sind aufeinander bezogen. Obwohl die Sinnkategorien des Lebenslaufs den Routinen des Alltages reflexiv übergeordnet sind, sind die den Lebenslauf betreffenden Interpretationen von Erfahrungen und Entwürfe von Handlungen in den Tageslauf eingebettet.

Die Struktur der lebensweltlichen Zeit ist von Überlagerungen der subjektiven Zeit der inneren Dauer, mit der Rhythmik des Körpers und der Synchronsierung mit dem Handeln unmittelbarer sozialer Beziehungen geprägt. Die Erfahrung der Fortdauer der Welt, dass Dinge nie verwirklicht und andere nicht wiederholt werden können und die unausweichlichen Zwänge der intersubjektiv synchronisierten Zeit sozialen Handelns schränken die menschlichen Möglich-

---

126 Luckmann 1983: Lebensweltliche Zeitkategorien, 15.
127 Ebd., 19.

keiten ein. Die komplexe Ausgangslage der unterschiedlichen Erfahrungs-, Handlungs- und Deutungsdimensionen stellt daher eine grundsätzliche Schwierigkeit beim Versuch einer Analyse und Kategorisierung zeitlicher Alltagsphänomene dar.

Auch *Persönliche Identität* konstituiert sich für Luckmann über reflexives Bewusstsein in Distanz zu einer bestimmten Situation und ist daher immer in Zusammenhang mit Zeit zu verstehen. Zeit tritt hier sowohl als subjektiv erfahrene Zeit als auch als »Medium sozialer Interaktion, innerhalb dessen persönliche Identitäten sich ausformen«,[128] auf. »Die Distanzierung von der Unmittelbarkeit der eigenen Erfahrungen beruht auf der Zuwendung zu anderen und der Fähigkeit, die Spiegelung der eigenen Handlungen in den Handlungen anderer abzuschätzen.«[129]

Die *Synchronisation* erlaubt die Verzahnung verschiedener Handlungsverläufe zu einem einheitlichen Fluss gesellschaftlichen Handelns. Sie ist Voraussetzung für unmittelbare soziale Interaktionen. Demgegenüber erfüllt die *Koordination* allen wechselseitigen gesellschaftlichen Handelns eine zeitlich ordnende Funktion auf struktureller Ebene. Soziale Zeitkategorien sind ein wichtiger Teil des gesellschaftlichen Wissensvorrates und gehören daher zum »Kernbestand des Allgemeinwissens«. Sie sind als Alltagswissen vorhanden, werden jedoch in Erfahrungen und Handlungen ständig neu bestätigt oder modifiziert. Die Vermittlung der sozialen Zeitkategorien erfolgt neben Erfahrungen über praktische, beispielhafte Erläuterungen oder in der Form systematischer Anleitungen. Neben primären, mündlichen oder mimetischen – durch Nachahmung – Vermittlungswegen treten sekundäre Objektivierungen in schriftlicher und/oder gegenständlicher Form auf (z.B. Kalender, Uhren), deren Verwendung jedoch auch Teil des Wissensbestandes ist. Typisierungen über den Anfang, die Dauer und das Ende einer Handlung dienen als Grundlage für bestimmte gewohnte Handlungsverläufe (z.B. Schulpausen): »Die sozialen Zeitkategorien befestigen die Erkennbarkeit typischer Anfänge, Verlaufszeiten und Beendigungen typischer Erfahrungen und Handlungen.«[130]

Die täglichen Verhaltensroutinen erfordern zeitliche Kategorien, die zwischen zeitlichen Strukturen von kurzer interaktiver Spannweite (z.B. Schulstunde) und solcher großer institutioneller Spannweite, die eine einzelne Lebensspanne überschreiten können (z.B. Zeitrechnung der Kalenderjahre), liegen.

---

128 Luckmann 1986: Zeit und Identität, 138.
129 Ebd., 143.
130 Ebd., 160.

Die zeitlichen Sinnordnungen des Lebenslaufes treten neben den beschriebenen Kategorien als zentrale Faktoren »für die soziale Konstruktion historischer persönlicher Identitäten«[131] hinzu. Biographische Schemata dienen der zeitlichen Gliederung des Lebenslaufes und integrieren zeitlich vorstrukturierte »Handlungsverläufe innerhalb eines übergreifenden, sich nicht wiederholenden langen Verlaufs«[132] eines gesamten Menschenlebens. Sie versehen Handlungen von kurzer Spannweite mit übergreifender Bedeutung oder heben bestimmte Erfahrungen und Handlungen von der alltäglichen Routine ab. Biographische Schemata beruhen auf Modellen, aus formelhaften Fassungen des Lebenslaufs oder von Lebensabschnitten. Sie stehen meist in einem das individuelle Schicksal transzendierenden Zusammenhang wie der Religion, Familie usw. und verknüpfen sich mit sozialen und kosmischen Zeiten längerer Dauer. Alle beschriebenen Zeiten hängen miteinander zusammen und »konstituieren in eben diesem Zusammenhang persönliche Identität wesentlich mit«.[133]

Zeit und ihre alltäglichen Dimensionen sind daher vielschichtig und zu komplex, als dass sie einzig mit einer Chronologie erfasst werden könnten: »Zeit ist vielmehr eine Dimension der Bestimmung von Sinn.«[134] Ein Ereignis wird nicht zum Ereignis durch den bestimmten Zeitpunkt, an dem es sich ereignet, sondern durch seine Relevanz für die Neuformierung von Vergangenheit und Zukunft. Durch den Sinn des Ereignisses wird nicht nur die Zeitdimension vermittelt, sondern auch das Erleben und Handeln anderer Personen und damit die Sozialdimension. Sie ist Voraussetzung für die Zeitmessung und für die »Korrelationen zwischen Gesellschaftentwicklung und Strukturen des Zeitbewusstseins«.[135]

Zeitnutzung als Alltagstechnik

Während die beschriebene Herangehensweise den Schwerpunkt auf zeitstrukturelle Eigenschaften der Alltagswelt legt, fragen Hermann und Stojanov nach den Funktionen von alltagstypischen Zeitstrukturen.[136] Sie heben die *Stabilität* als den aus zeittheoretischer Sicht zentralen Aspekt des Alltags hervor und definieren sie als »Reihe verbundener und in zeitlicher Abfolge stehender Lebenssitua-

---

131 Ebd., 163.
132 Ebd., 164.
133 Ebd., 172.
134 Luhmann 1981: Gesellschaftsstruktur und Semantik. Bd. 1, 242.
135 Ebd., 248.
136 Hermann-Stojanov, Stojanov 1986: Zeit als Ordnungsprinzip, 112-127.

tionen«[137]. Der Rhythmus bezeichnet dabei jene zeitstrukturellen Eigenschaften, die sowohl Bedürfnisse der Stabilität als auch der Dynamik auffangen:

»Die Einstellung der Tätigkeitsreihen, im großen und kleinen, in rhythmisch wiederholten Perioden dient zunächst der Kraftersparnis. Durch den Wechsel innerhalb der einzelnen Periode werden die Tätigkeitsträger, physischer oder psychischer Art, abwechselnd geschont, während zugleich die Regelmäßigkeit des Turnus eine Gewöhnung an den ganzen Bewegungskomplex schafft, deren allmähliches Festerwerden jede Wiederholung erleichtert. Der Rhythmus genügt gleichzeitig den Grundbedürfnissen nach Mannigfaltigkeit und nach Gleichmäßigkeit, nach Abwechslung und nach Stabilität.«[138]

Rhythmisierte alltägliche Lebensprozesse sind also sowohl von Kontinuität wie auch Diskontinuität als Strukturmerkmalen gekennzeichnet. Durch die individuell unterschiedliche Einschätzung von Lebenssituationen erhalten die einzelnen Zeitabschnitte eine bestimmte Gewichtung. Die Präferenzordnung ist Ausdruck der unterschiedlichen Bewertung einzelner Bedürfnisse, Interessen und Situationen. Die zeitliche Dimension des gesellschaftlichen Lebensprozesses ist einerseits durch den historischen Wandel bzw. durch die epochenspezifischen Zeitsemantiken und Zeitordnungen bestimmt. Auf der anderen Seite ist der gesellschaftlich organisierte Alltag in eigene zeitliche Strukturen eingebettet – vor allem durch die zeitliche Organisation des Produktions- und Reproduktionsprozesses –, die den Rhythmus des individuellen Alltagslebens mitbestimmen. Kulturelle Temporalstrukturen wiederum (Tage, Woche, Monat, Jahr), die zum Beispiel in Form von Kalendern dargestellt sind, teilen die Zeit in periodische Abschnitte und Ereignisse (z.B. Feste, Feierzeiten) ein.

Im System zeitlicher kultureller Normen äußern sich die dominanten gesellschaftlichen Interessen. In modernen Gesellschaften haben dementsprechend »heilige« zugunsten von »profanen« Rhythmisierungen an Bedeutung verloren. Die Dominanz der Arbeitszeit als temporale Ordnung der Gesellschaft hatte eine Neubewertung der Zeit zur Folge. Gleichzeitig kam es zu einer »Polarisierung von Arbeitszeit und Freizeit als wichtigste Bestandteile des Alltags«[139] mit unterschiedlichen Funktionen und komplementärer Beziehung. Die möglichst intensive Nutzung der Arbeitszeit ist Voraussetzung für die intensivere Nutzung der Freizeit geworden. Die befriedigende Umsetzung persönlicher Zeitbedürfnisse erfordert daher einen adäquaten Umgang mit überindividuellen Zeitansprüchen und die Entwicklung von bestimmten Strategien im Sinne von *Lebenstechniken*.

---

137 Ebd., 112.
138 Ebd., 113.
139 Ebd., 119.

»Eigenzeit« (Helga Nowotny)

Den theoretischen Überlegungen und Modellen zu normativ-institutionellen Voraussetzungen, zur mentalen Modellierung und den alltagsspezifischen Bedingtheiten zeitlicher Phänomene stehen Konzeptionen von Zeit gegenüber, die einen Subjekt-orientierten Ansatz in den Vordergrund rücken.

Helga Nowotny geht zunächst einmal davon aus, dass alle Menschen Praktiker und Theoretiker der Zeit sind: Die Sozialwissenschaften hätten sich häufig mit Zeit beschäftigt, allerdings oft unter Vernachlässigung des Anteils der Individuen.[140] Sie geht der Frage nach, weshalb die einen Menschen »mehr«, die anderen »weniger« und einige gar »keine« Zeit haben. Gleichzeitig interessiert sie sich dafür, wie diese Unterschiede mit der Kultur, mit der Klassenzugehörigkeit, mit dem Alltag sowie mit privater und öffentlicher Zeit in Zusammenhang stehen. Ihre sozialwissenschaftlich begründete Diagnose soll zu Erkenntnissen über die gegenwärtigen Veränderungen des Begriffes der Zeit, des Zeiterlebens und den Konflikten mit Zeit und damit über den gegenwärtigen Alltag führen.

»Das subjektive Bewußtsein der einzelnen Menschen darüber, was zeitlich in ihnen und mit ihnen geschieht teilt sich nur bruchstückhaft anderen Menschen mit. Was die Sozialwissenschaften beitragen können, ist die Herstellung jener feiner Verbindungslinien, die ›Gesellschaft‹ im Erleben jedes einzelnen ausweisen. [...] Denn Zeit, dieses zutiefst kollektiv gestaltete und geprägte symbolische Produkt menschlicher Koordination und Bedeutungszuschreibung, behält ihren Bezug zu anderen Menschen selbst in den Momenten ausgeprägten individuellen Empfindens.«[141]

Auch in der Zeit der Einsamen komme letztlich nur der Mangel an gemeinsam verbrachter Zeit und die Erwartungen an eigenes Handeln und Erleben zum Ausdruck. Nowotny interessiert sich für qualitative Veränderungen der Zeitwahrnehmung, die im Zusammenhang mit modernen Technologien und einer weltweit zunehmenden Gleichzeitigkeit stehen. Trotz der versuchten immer höheren Geschwindigkeit durch informationstechnische Vernetzung bleibe Gleichzeitigkeit eine Illusion:

»Doch durch die Einbindung in die weltumspannende Gleichzeitigkeit wächst das Bedürfnis nach der Abgrenzung der ›eigenen‹ Zeit von jener, die die Menschen mit anderen verbindet; es wächst der Wunsch, die Verschränkungen einigermaßen selbst steuern zu können, ›Zeitsouve-

---

140 Nowotny 1995: Eigenzeit, 7-42.
141 Ebd., 9.

ränität‹ über ihre Lokalzeit zu erlangen, die nun sicht- und wahrnehmbar eingebunden ist in die Weltzeit.«[142]

Doch Gleichzeitigkeit ist nicht ein Phänomen, das sich erst in den letzten Jahrzehnten entwickelt hat. Sie hatte sich in langen Prozessen vorbereitet und war zunächst mit der Ausdehnung staatlicher Herrschaft und anschließend mit ökonomischen und schließlich mit technologischen Errungenschaften verbunden. Bereits 1884 fand eine der zahlreichen internationalen Konferenzen statt, die die Vereinheitlichung von Normen, Maßen und Gewichten zum Ziel hatte.

Nowotny spricht von einer Eigenzeit, die jeder Mensch im sozialen Leben mit sich trägt und deren politische Artikulationsfähigkeit erst am Entstehen ist, während es in früheren Gesellschaften weder Anzeichen, noch Bedürfnisse für individualisierte Zeit gab. Die Einbindung der Folgen der globalen Gleichzeitigkeit in den Alltag und in lokale Eigenzeiten ist immer noch im Gange und beeinflusst die Beziehung der Menschen untereinander und das Verhältnis von Eigenzeiten und sozialer Zeit:

»Das Ringen um die gesellschaftliche Anerkennung der Eigenzeit und ihre Repräsentation im globalen, standardisierten System der Weltzeit auch als politisches Faktum begann mit der Verbreitung der technischen Infrastruktur und den dadurch erzeugten Ausschlusszwängen. [...] Die Eigenzeit, als Ich-Zeit aus der Perspektive des Individuums gesehen, muss sich mit der Zeit der anderen, der Fremd-Zeit, neu arrangieren, vor allem im institutionalisierten Komplex der Arbeitszeit und seinen veränderten Bezügen zur arbeitsfreien Zeit.«[143]

Beim Versuch, eine Strukturierung der Eigenzeiten zu erreichen, stehen zwei Probleme im Vordergrund: 1. Die zeitliche Ko-Präsenz von Eigenzeiten, die durch die Illusion und Norm der Gleichzeitigkeit technisch zusammengehalten werden und trotzdem zeitlich differenziert sind, führt zur Tendenz, soziale Ungleichheiten als Ungleichzeitigkeiten zu tolerieren oder sogar zu sanktionieren. 2. Jede Eigenzeit hat ihre Geschichte und ist mit einer individuellen Biographie verbunden, deren zeitliche Belastungen mit den Anforderungen der institutionalisierten Fremdzeit koordiniert werden müssen, um Identitäts-erhaltende Prozesse zu stützen.

Die unterschiedliche Gewichtung von Vergangenheit, Gegenwart und Zukunft bzw. die erstreckte Gegenwart genügen gemäß Nowotny nicht, um gegenwärtige Zeitprobleme zu erklären.[144] Vielmehr bleibt auch in linearen Gesellschaften der Dualismus der Zeitwahrnehmung in geraden Linien und wiederkeh-

---

142 Ebd., 19-20.
143 Ebd., 42.
144 Ebd., 76.

renden Bewegungen erhalten. Durch Anliegen des Umweltschutzes, durch Probleme mit der Lagerung industrieller Abfälle, durch Musealisierung von Gegenständen kehrt das Zyklische wieder in unsere Gesellschaft. Mit dichterer Innovationsrate wird auch mehr Abfall im materiellen und metaphorischen Sinn produziert. Während im Maschinenzeitalter die Linearität der Zeit vorherrschte, stehen heute die Entsorgung und Umwandlung des so viel an Neuem Produzierten und damit die Endlichkeit der Zeit im Vordergrund, die durch Vorstellungen von Zyklität aufgefangen wird: Aus der Zukunft wird eine erstreckte Gegenwart. Alltag ist heute weder eine endlose Kette von Mühsal, noch in einen Zyklus von Arbeit und Erlösung durch den Festtag eingebettet. Er hat den Charakter einer geschichtslosen Dauer:

»Nirgends äußert sich der Wunsch der Menschen nach mehr Zeit für sich selbst so stark und überwältigend wie in jener Zeiteinheit, die selbst zum zeitlichen Bezug dafür wurde: in dem, was Alltag genannt wird. In der Veränderung, die dieser Begriff durchgemacht hat, spiegelt sich die Veränderung in der Wahrnehmungsqualität der Zeit, die sie in der erstreckten Gegenwart erfahren hat.«[145]

Selbst die Zeit, die für die Bewältigung der Wechselfälle des Lebens zur Verfügung steht, ist mit einer bestimmten Zahl arbeitsfreier Tage arbeitsrechtlich geregelt.

»Der Alltag ist zur Klammer geworden, der Arbeit und die sogenannte Freizeit verbindet; [...]. Im Alltag und all jenen privaten Angelegenheiten, die erst durch den Konflikt über die Zeit, die sie beanspruchen, erfahrbar und dadurch zum Politikum werden, offenbaren sich die großen Veränderungen, die die Qualität der Zeit selbst, die ihr zugeschriebene Wertigkeit und die Austauschrelationen zwischen Quantität und Qualität betreffen.«[146]

Gestiegene Anforderungen an die Qualität des Alltags, der zunehmende Eintritt der Frauen ins Erwerbsleben und die wachsende Arbeitszeitverkürzung verlangen nach einer neuen Verteilungspolitik von Arbeit und Zeit.

»Öffentlich verbrachte Zeit, zum Zwecke bezahlter Arbeit, ist eine wichtige Voraussetzung dafür, dass Zeit auch privat verbraucht werden kann. Doch es wird leicht übersehen, dass ein guter Teil der privat aufgebrachten Zeit ebenso eine unabdingbare Voraussetzung für ihre öffentliche Verwendung darstellt. Politisch daran ist die Austauschrelation.«[147]

Die Aufwertung des Alltags als Zeit, die den Staatsbürgern gehört, verlangt nach neuen Ansprüchen und Rechten, nach *Alltagsrechten*. Zeit wird zum potentiellen

---

145 Ebd., 105.
146 Ebd., 106-107.
147 Ebd., 107.

Austauschmedium zwischen Quantität und Qualität. Gemäß Nowotny und Rinderspacher besitzt Zeit die Eigenschaft, nur als Konflikt erfahrbar zu sein, insbesondere da Zeit eine zentrale Dimension von Macht darstellt.[148] Zeitordnungen legen Prioritäten, Geschwindigkeiten, Anfang und Ende, Inhalt und Form der zu erfüllenden Tätigkeiten fest. Während früher beispielsweise Priester die Zeitordnungen im Bezugsrahmen übernatürlicher Ordnungen festlegten, geben heute Markt und Staat Regeln vor, die den Austausch von Zeit und Geld, das für den Lebenslauf massgebende Rechtssystem und den biographischen Status bestimmen (z.B. durch das Bildungs- und Rentensystem, die Festlegung der Volljährigkeit). Zeitpolitik wird damit zu einem Schlüsselproblem unterschiedlicher Politikbereiche:

»Empirische Untersuchungen zeigen, dass zwei Wünsche dominieren: der Wunsch nach der ›Normalisierung‹ der eigenen Arbeitszeit, der just zu dem Zeitpunkt aufkommt, wo die vermeintliche ›normale Arbeitszeit‹ aufhört, das verbindliche Modell für die Wirklichkeit zu sein; und der Wunsch nach ›Zeitsouveränität‹, nach dem selbstbestimmten Umgang in Einteilung und Gestaltung der Arbeitszeit in Abstimmung und Synchronisation mit anderen Lebenszeitbedürfnissen.«[149]

Die gewonnene Freizeit kommt aus von der Arbeiterbewegung freigesetzter Zeit und von vorher unsichtbaren Zeitreserven von Frauen. Ausmaß, Struktur und inhaltliche Qualität der Konsumfreizeit sind aus dem, was produziert wird und aus den Arbeitsbedingungen, unter denen produziert wird, entstanden:

»Wie Konsumfreizeit heute verbracht wird, was in ihr getan wird und wie, ist das Resultat von zwei Ausgangsbedingungen geworden: der eigenen Arbeitsbedingungen und der Beschaffenheit der Konsumgüter und Dienstleistungen, also dessen, was andere produzieren. Sie tragen ihre eingebaute Zeit in sich, die an alle, die sie konsumieren wollen, bestimmte zeitliche Anforderungen stellt.«[150]

Der lange Arm der Arbeit – the long arm of the job – ist länger und vermittelter geworden. Konsumgüter sind Träger von kulturellen Botschaften von »Lebensstilen« und bestimmten Gefühlen geworden, die wiederum Ausdruck der Produktion und dahinter liegender Hierarchien sind. Konsumzeit verselbständigt sich in Richtung eines umfassenden gesellschaftlichen Differenzierungsprozesses:

»Doch im Unterschied zum Potlatsch und anderen Festen, die in Stammes- und Agrargesellschaften gefeiert wurden, sind die Feste in den Industriegesellschaften zeitlich rationiert und

---

148 Vgl. Rinderspacher (Hg.) 1994: Die Welt am Wochenende.
149 Nowotny 1995: Eigenzeit, 111-112.
150 Ebd., 123.

meist von kurzer Dauer. Sie tendieren dazu, selbst zum Alltag zu werden, was dann den Wunsch nach neuen Festen auslöst, die selbst wieder bald im Alltag untergehen. Im Unterschied auch zu dem einstigen Wechsel von höchster Arbeitsintensität und Müßiggang, wie er aus einer primär aufgabenorientierten Zeiteinteilung resultiert, die den Agrargesellschaften eine unregelmäßige, den Rhythmen der Natur angepasste Zeitordnung aufgeprägt hatte, geht die Tendenz heute eher dahin, die Arbeitsintensität auf den Müßiggang auszudehnen, der Konsumfreizeit geworden ist.«[151]

Die *Sehnsucht nach dem Augenblick* gewinnt zunehmend an Bedeutung: Die Möglichkeit, Eigenzeit sinnvoll einzusetzen, hängt jedoch von der sozialen Ausgangslage und von gesellschaftlichen Hierarchien ab, in denen Menschen stehen. Eigenzeit wird paradoxerweise erst durch die Zeit anderer ermöglicht. Sie erfordert deshalb das Aushandeln von verschiedenen zeitlichen Strategien:[152]

»[...] beschleunigen oder verlangsamen; befristen; versprechen; warten und warten lassen; im richtigen Augenblick handeln, entscheiden oder abwarten. Was diese, in unzähligen Varianten wiederkehrenden sozialen Situationen, in denen Menschen symbolisch, aber mit realen Folgen, Zeit setzen, miteinander verbinden, ist das Intervall.«[153]

Das Intervall ist für Nowotny das Grundelement der Strukturierung zwischenmenschlicher Beziehungen und kann bewusst als Machtmittel eingesetzt werden, indem man zum Beispiel jemanden warten lässt. Zeit ist daher auch ein Symbol für die sich wandelnden Beziehungen zwischen Menschen. Der Einsatz von Zeit als Strukturierung von Beziehungen beruht auf der Suche nach dem richtigen Augenblick, dem richtigen Zeitpunkt für Entscheidungen. Es ist nicht einfach, den individuell richtigen Augenblick zu bestimmen – er kann zufällig oder geplant eintreffen, die Suche nach ihm kann nach außen oder nach innen gerichtet sein, indem die Entfaltung des eigenen zeitlichen Ichs angestrebt wird:

»Dann wird Zeit gemacht, indem der Fluss der Zeit momentan anhält, um das Unerwartete hereinzulassen, die Routine zu durchbrechen, für das Spontaneitätserlebnis und um für die ›Wechselfälle‹ des Lebens offen zu sein. [...] wird hier eine ›Zeit des Übergangs‹ entdeckt und geschaffen. Durch das irreale Enthobensein, dem momentanen Stillstand einer der Dauer entzogenen Gegenwart hat auch die Zeit des Übergangs Anteil am Paradoxon des Realen-Irrealen: denn das Wirkliche wird wirklich erst in einem Prozess der Reduktion und Ausscheidung des Möglichen. Auf die Dauer ist der Augenblick nicht haltbar, er fließt zurück in das Kontinuum der Zeit.«[154]

---

151 Ebd., 124.
152 Nowotny bezieht sich hier auch auf Luhmann 1971: Die Knappheit der Zeit und die Vordringlichkeit des Befristeten, 13. Vgl. ebd., 136.
153 Ebd., 147-148.
154 Ebd., 154-155.

Es geht Nowotny dabei nicht um den singulären ersten Augenblick, sondern um sozial wahrnehmbare Augenblicke, die zwischen dem Ich der Eigenzeit und der Zeit der Gesellschaft hin und her fluktuieren. Für Stephan Beck ist die Auslegung einer als »Eigenzeit« definierten Zeit im Dienste der Subjekte zu beschönigend, da der gesellschaftlicher Zeit inhärente Zwangscharakter fehlt.[155] Aus meiner Sicht geht Nowotnys Ansatz zu wenig auf konkrete kulturell generierte Inhalte und Alltagspraxen ein, die Erfahrungen von Eigenzeit begünstigen könnten.

Pause und Alltagszeit

Grundvoraussetzung der hier zentralen Fragestellung bildet die Annahme, dass Zeit sozial und kulturell konstruiert ist. Zeit verliert damit ihre Bedeutung als reale Weltstruktur im Sinne ontologischer Zeitvorstellungen und wird zu einer Interpretationskategorie wissenschaftlicher wie alltagsreflexiver Zugriffe.

Vor dem Hintergrund der zeittheoretischen Überlegungen von Emile Durkheim, Pitrim A. Sorokin, Robert K. Merton, Norbert Elias und Helga Nowotny wird Zeit als soziale Angelegenheit betrachtet, die Sinnhorizonte wie Alltagsrhythmen gleichermaßen durchwirkt. Zeit ist immer auf weiteres bezogen und referiert auf soziale Phänomene und Aktivitäten. Die Entwicklung von Zeitvorstellungen, die Wertung von Vergangenheit, Gegenwart und Zukunft, die Verbreitung von zeitlichen Analogien und Zeitbildern wie auch von zeitlichen Objektivationen ist in sozio-kulturelle Deutungsprozesse eingebettet. Zeit ist daher ein zutiefst kollektiv gestaltetes symbolisches Produkt menschlicher Bedeutungszuschreibung.

Da Zeit sozial und kulturell konstruiert ist, ist auch das *Austreten aus dem als gewohnt erlebten Zeitrhythmus* von situativ-subjektiven und überindividuellen Bedingungen abhängig, die sich nur indirekt erschließen lassen. Bereits deren Umsetzung in sprachliche Formulierungen, wie sie in historischen Quellentexten oder in Ethnographien zum Forschungsgegenstand werden, transferiert das Erlebte auf eine reflexiv-deutende Ebene. Das Konzept der alltäglichen Lebenswelt beruht denn auch auf der theoretischen Grundannahme, dass jede Handlung deutungsbedingt ist. Die Auslegung und das Verstehen der Lebenswelt erfolgen aufgrund von unmittelbaren und vermittelten Erfahrungen. Der daraus hervorge-

---

155 Beck 1994: Nachmoderne Zeiten, 61-64.

hende gesellschaftliche Wissensvorrat ermöglicht uns im alltäglichen Leben auf routinisierte Wissensbestände zurückzugreifen und danach zu handeln. Auch die Pause steht in einem bestimmten alltagsweltlichen Zusammenhang: Ort, Zeitpunkt, Dauer und Verhaltensnormen für Arbeits- oder Schulpausen müssen nicht jedesmal neu ausgehandelt werden, sondern beruhen auf kollektiv verankertem und konventionalisiertem Alltagswissen. Die lebensweltliche Alltagspraxis wird hier als Handlungs- und Deutungssystem verstanden, in welchem sich strukturelle, historische und sozio-kulturelle Prozesse mit subjektiven Sinnzusammenhängen durchdringen und gegenseitig bedingen. Die im Folgenden analysierten, aus der historischen Überlieferung und in qualitativ ausgerichteten Feldforschungen produzierten Texte, sind dabei immer Ausschnitte einer bestimmten wissenschaftlichen Herangehensweise, einer Gegenwartsperspektive oder einer subjektiv gefärbten Rückschau. Die so entstehende Innensicht eines zeitstrukturellen Phänomens erhebt daher keinen Anspruch auf objektivierbare Gültigkeit. Sie setzt sich zum Ziel, die kulturell, situativ und individuell bestimmte Sichtweise auf ein alltagsweltlich relevantes zeitliches Phänomen im Sinne der dichten Beschreibung zu analysieren und zu interpretieren.

Für Proust beispielsweise sind Auszeiten jene Momente, die unerwartet für die Dauer eines Blitzes ein kleines Quantum Zeit freizusetzen vermögen – die meistens lediglich in Form einer trivialen sinnlichen Wahrnehmung erlebbar sind. Für ihn liegt das Gemeinsame zwischen einem vergangenen und heutigen Erlebnis außerhalb der Zeit, in einer plötzlichen Synchronie, die aus einer Art Zerstreutheit, einem Schwindel entsteht. Indem das Subjekt für einen Augenblick die Identität zwischen Gegenwart und Vergangenheit erfährt, steht es außerhalb der Zeit:

»Während es bei Proust die kleine Pforte der unwillkürlichen Erinnerung ist, durch die Marcel aus der Zeit herauszutreten vermag, sind es bei Joyce die epiphanen Augenblicke, die das Zeitkontinuum sprengen und plötzlich und unvermittelt die Wirklichkeit zur Erscheinung bringen. Wie bei Proust sind diese Augenblicke bei Joyce sinnlich konkret und alltäglich trivial; [...].«[156]

Die zeitlichen Phänomenen inhärente Schwierigkeit, Zeit konkret zu fassen, zu beschreiben und gleichzeitig den subjektiven Bedeutungsgehalt miteinzubeziehen, stellt sich beim Phänomen der Pause auf besondere Weise, da sie dem als kontinuierlich bewerteten und erfahrenen Lauf der Zeit gewissermaßen als Zwischenphänomen eingeschrieben ist und nur in Beziehung zu diesem Kontinuum erklärbar ist: »Die Zeit steht still! In raren Augenblicken der Muße, der Entspan-

---

156 Assmann 1999: Zeit und Tradition. Kulturelle Strategien der Dauer, 56.

nung, des intensiven Gefühls, kann die Zeit plötzlich völlig bedeutungslos für uns werden. Bei dramatischen Ereignissen im großen politischen oder gesellschaftlichen Stil hält die Zeit womöglich den Atem an.«[157]

Zeitnormen werden dann wirksam, wenn bei ihrer Nichtbefolgung Formen der impliziten und interpersonellen Zeitkontrolle wirksam werden und damit ihr Ordnungscharakter zum Tragen kommt: Pausenphänomene treten sowohl bei per Gesetz oder zumindest schriftlich *statuierten Zeitordnungen* als Arbeits- oder Schulpausen als auch bei *habituellen* bzw. durch Gewöhnung herausgebildeten *Realordnungstypen* und Handlungsweisen im Bereich von Freizeit, Urlaub und informellen Arbeitspausen auf. Statuierte und habituelle Zeitordnungen mit Pausencharakter stehen alltagsweltlich in einem größeren Zusammenhang institutioneller Praxen als Ausdruck von Herrschaftsverhältnissen einerseits und von im Laufe der Zivilisation und Sozialisation verinnerlichten Mustern der Zeitdisziplin andererseits. Zeitpraxen, die sich in der menschlichen Gesellschaft als *überindividuell-kognitive Orientierungsmuster* herausbilden und verfestigen, dienen gemäß Elias in erster Linie der Synchronisierung individueller mit gesellschaftlichen Tätigkeitsabfolgen und beider mit nicht-menschlichen Naturereignissen. Sie beeinflussen jedoch nicht nur das äußere Verhalten von Individuen, sondern auch die Formierung ihres Sozialcharakters. Gerade bei informellen Pausenformen während der Arbeit bedingen vor allem verinnerlichte Formen der Selbstregulierung, die bis zum Selbstzwang führen können, die Einhaltung von Auszeiten.

Die *mentalen Bedingungen*, die sich im Verlaufe der Herausbildung der modernen Arbeitsethik vor dem Hintergrund der methodisch-rationalen Lebensführung der protestantischen Ethik zu Persönlichkeitsmerkmalen verfestigt haben, werfen zum Beispiel die Frage auf, inwiefern kollektive Erwartungshaltungen von Glück und Erfüllung im Urlaub in der Praxis überhaupt als ein Austreten aus arbeitsgesellschaftlichen Zeitmustern erfahrbar und subjektiv als *eigene Zeit* interpretierbar sind. Alltagslogische Nutzung und Bewertung von Pausen und Zeit als kollektiv geregeltes kulturelles Ordnungs- und Orientierungssystem bedingen sich gegenseitig. Schütz und Luckmann befassen sich in ihrer theoretischen Auseinandersetzung mit den Strukturen unserer *alltäglichen Lebenswelt* mit der Frage, was Handeln vom Nicht-Handeln trennt.[158] Dabei gehen sie von der Grundannahme aus, dass Bewusstseinsvorgänge an sich noch keinen eigentlichen Sinn ergeben. Erst wenn sie über die Aktualität reflexiv erfasst werden,

---

157 Stanko, Ritsert 1994: Zeit als Kategorie der Sozialwissenschaften, 10.
158 Schütz, Luckmann 1984: Strukturen der Lebenswelt. Bd. 2, 11-14.

werden sie erinnerungsfähig. Sinn ist daher eine im Bewusstsein bestimmte Bezugsgröße, nicht eine besondere der Erfahrung selbst zukommende Eigenschaft. Warum sich ein Mensch bestimmten Erfahrungen zuwendet – und wie er das tut –, hängt nicht nur von der jeweiligen, aktuellen Situation ab, sondern auch von einem subjektiven, wiewohl gesellschaftlich geprägten Relevanzsystem – und schließlich von einem subjektiven Wissensvorrat:

»Wenn Erfahrungen nicht nur schlicht ablaufen, nicht nur sozusagen nachträglich sinnvoll gemacht werden, sondern einem Entwurf folgen, erhalten sie ihren wesentlichen – hier können wir sogar sagen: aktuellen – Sinn aus ihrer Beziehung zum Entwurf. Selbstverständlich kann diese Beziehung eine der nahezu völligen Erfüllung des Entwurfs, der nur teilweisen Erfüllung und teilweisen Nichterfüllung oder auch des Scheiterns sein.«[159]

Gewisse Erfahrungen haben eine bestimmte Zeitstruktur, die sie von anderen Erfahrungen unterscheidet. Die Funktionslogik von Pausenerfahrungen im Alltag im Sinne des Austretens aus den als gewohnt erfahrenen Zeitmustern kann sich daher nur entfalten, wenn sie auf kulturelle Deutungsmuster trifft, die als *mit Sinn erfüllte Auszeiten* in der alltäglichen Lebenswelt der Subjekte verankert sind und als verinnerlichte Zeitstrukturen auch die Identität der Subjekte mitbestimmen.

Gestützt auf die dargelegten theoretischen Voraussetzungen kann die Pause im Sinne einer Arbeitshypothese als Entwurf für eine bestimmte Zeiterfahrung definiert werden, die einerseits durch sozio-kulturell geprägte Rahmenbedingungen (Zeiteinheit, Ort, Verhaltens- und Deutungsmuster, symbolische Ausstattung, Erwartungshaltungen) Sinnerwartungen vorwegnimmt und andererseits durch reflexive Verarbeitung Sinnerfahrung nachträglich (re-) konstruiert. Dabei steht sie als zeitlich unterschiedlich ausgedehnte, aber bestimmbare Handlungs- und/oder Erfahrungseinheit für eine intersubjektiv ausgehandelte, routinisierte Form von Nicht-Handlung, die kollektiv oder individuell mit bestimmten Handlungsmustern bewältigt wird. Das Motiv oder Ziel einer Nicht-Handlung, die alltagspraktisch mit Handlung aufgefüllt wird, führt also zu einer paradoxen Ausgangslage. Denn der Versuch, aus Zeit und Zeitzwang zu fliehen, der gleichzeitig den Versuch beinhaltet, sich dem sozialen Zwang zu entziehen, scheitert: *Der nicht Handelnde handelt, der sich frei Wähnende ist Zwängen unterworfen*:

---

159 Ebd., 14.

»Die Abwesenheit der Handlung im scheinhaften Stillstehen des Augenblicks zeigt eine Identität von ›Flucht aus der Zeit‹ und ›Flucht aus der Gesellschaft‹: Mit dem Ablegen des Zeitzwanges soll zugleich der soziale Zwang abgelegt werden, ständig interpretierbar zu agieren.«[160]

Die *paradoxe Ausgangslage der Pause* als eine mit Handlung aufgefüllte, intendierte Nicht-Handlung, kann nur über kollektiv verankerte kulturelle Muster und Deutungen mit Sinn erfüllt und damit sinnvoll bewältigt werden. Am Beispiel der Pause lassen sich daher die Bedingtheiten von Handlungsentwurf, Handlungsmotiv und nachträglicher Interpretation von Alltagserfahrungen und damit die Deutungsbedingtheit des Alltäglichen exemplarisch aufzeigen. Gleichzeitig sind Pausen das Ergebnis strukturell wirksamer ökonomischer und politischer Prozesse sozialen Wandels. Der Umgang mit Pausen ist bestimmten institutionell und mental bedingten zeitstrukturellen und sozialen Verhaltensregeln unterworfen und impliziert kulturelle Deutungsmuster, die im Sinne einer verinnerlichten Selbstdisziplinierung dem zeitlichen Balancesystem des Kollektivs dienen. Die Pause umgrenzt damit ein Zeitmuster mit qualitativ bestimmbaren und beschreibbaren Funktionen, Verhaltensnormen und Deutungsmustern.

---

160 Kuntz 1986: Volkskundliche Reflexionen zum Thema »Zeit«, 175.

2. Die Entstehung der modernen Zeitordnung

Zeiterfahrung und Zeitbewusstsein sind dem geschichtlichen Wandel unterworfen. Für Jürgen Rinderspacher lässt sich die europäische Wirtschafts- und Sozialgeschichte ohne den Faktor Zeit als universelles Gestaltungsprinzip neuzeitlicher Sozialstrukturen nicht verstehen.[1] Ausgehend von theoretischen Ansätzen zu den normativ-institutionellen Voraussetzungen, zur mentalen Modellierung sowie zu den alltagsstrukturellen und subjektorientierten Perspektiven zeitlicher Phänomene soll im Folgenden im Spiegel historischer Darstellungen den Entstehungsbedingungen von kulturell geprägten Temporalstrukturen im Alltag nachgegangen werden.

Die Zeitordnung der Klöster

Weber sieht Disziplin und Methodik als wichtigste Elemente für die Entwicklung rationaler Formen der Arbeitsorganisation. Dieser Teilprozess ermöglichte den umfassenden Rationalisierungsvorgang, der rationale Wissenschaft, rationale Technik, rationale Verwaltung und damit den okzidentalen Kapitalismus erst ermöglicht haben. Für die Historiker Weber, Mumford[2] und Sombart[3] erfährt das Modell des rational verwalteten Betriebes im Kloster und im Mönch das außerökonomisch motivierte Vorbild des rational lebenden Menschen mit methodischer Zeiteinteilung seine idealtypische Verwirklichung. Die stundenplanähnliche Tageseinteilung der Benediktiner hatte die Standardisierung des Zeitwerts

---

1 Rinderspacher 1985: Gesellschaft ohne Zeit, 12.
2 Vgl. Mumford 1974: Mythos der Maschine.
3 Vgl. Sombart 1921: Der moderne Kapitalismus.

der Stunde sowie den Gebrauch mechanischer Uhren notwendig gemacht und versinnbildlichte den kollektiven Rhythmus der Maschine:[4]

Die Bendiktinerregel als bedeutendes Vorbild aller späteren Regeltexte strebte unter Verzicht auf Eigeninteressen wie persönliche Zeitverfügung ein gemeinschaftliches, demütiges, gottgeweihtes Leben unter Anleitung des Abtes als Vorbereitung auf das Leben im Jenseits an. Das Jahr zerfiel in drei Perioden vorgeschriebener Lesungen, der Dauer der Tagesarbeit, der Mahlzeiten und Fastenvorschriften. Liturgisch wurde zwischen Sommer und Winter und zwischen Werk- und Festtagen unterschieden. Durch die Sonntagsheiligung wurde zudem die Woche als Zeiteinheit eingeführt. Der klösterliche Tag war beinahe lückenlos in Gottesdienste, Lesungen, Arbeit, Mahlzeiten und Schlaf eingeteilt. Trotz des dicht geregelten Tagesablaufs gaben erstaunlich wenig abstrakte Zeitangaben, sondern Signale bzw. das Ende einer vorhergehenden Handlung die Zeitpunkte für neue Tätigkeiten an. Obwohl die Regeln ständig zur Pünktlichkeit mahnten, wurde der Tagesablauf elastisch gestaltet. So wurde die Liturgie bei verspätetem Wecken verkürzt oder der zweite Psalm sehr langsam abgehalten, um Verspäteten den Anschluss zu ermöglichen. Unpünktlichkeit wurde nur bezüglich der Teilnahme an den kollektiven Sequenzen mit fixen Elementen und nicht bezüglich abstrakter Zeitpunkte geahndet.

Die klösterliche Zeitordnung sollte sich bewusst von der weltlichen unterscheiden und fiel durch die Vermeidung jeglicher Muße (otium) im Sinne persönlicher Zeitverfügung auf. In diesem Sinne sind die Thesen einer idealtypischen Verwirklichung methodischer Zeitdisziplin im Kloster in ihrer pauschalen Kausalität zu differenzieren. Die Maschinenmetapher im Sinne eines Uhrwerks für die klösterliche Zeitordnung ist für Dohrn-van Rossum zu weit gegriffen, da sie in hohem Maß an natürliche Taktgeber wie Jahreszeiten und Lichttag gebunden war und allenfalls als Vorbild, jedoch nicht als strikte Erziehung für die Gesamtbevölkerung diente.

Die Uhr als Zeichen städtischer Innovation und Autonomie

Die Erfindung der ersten gezähnten Räderuhr, bzw. der ersten mechanischen Uhr kann bis heute historisch nicht präzise festgelegt werden und wird zwischen dem

---

4 Dohrn-van Rossum 1995: Die Geschichte der Stunde, 35-49.

13. und 14. Jahrhundert angenommen.[5] In Köln wird von einer *Uhrmacherzunft* schon 1183 und von einer *Uhrmachergasse* im 13. Jahrhundert berichtet. Das Leben in der Stadt wurde mit dem Leben nach der Uhr assoziiert.[6] Die Fürsten und fortschrittlichen Stadtverwaltungen galten als Pioniere bei der Einführung von öffentlichen Schlaguhren, während im Alltag die Bedürfnisse von Kaufleuten eine entscheidendere Rolle spielten. Schlaguhren und die moderne Stundenrechnung ermöglichten vorteilhafte Bedingungen für die Bedürfnisse des aufsteigenden Stadtbürgertums und dessen Koordinationsbedürfnis in Handel und Gewerbe. Für Heinemann und Ludes stehen solche Entwicklungen in einem Kontext umfassender gesellschaftlicher Wandlungsprozesse, die eine Entkörperlichung, eine Entpersonalisierung und Abstraktion von materiellen Werten (z.b. Geld), aber auch der Zeit zur Folge haben.[7] Die ersten Turmuhren im 13. Jahrhundert führten einerseits zu einer Vergrößerung des Alternativenreichtums und der Rechenhaftigkeit, andererseits aber auch zu einem Verlust an verbindlichen Handlungsorientierungen.

Die öffentlichen Uhren haben ihren Ursprung in den Städten Oberitaliens. Sie sorgten nicht nur als technische Errungenschaft, sondern auch als Mittel der öffentlichen Disziplinierung für eine Sensation. Die erste bezeugte allgemein öffentlich schlagende Turmuhr wurde 1336 in Mailand errichtet. Zwischen 1350 und 1370 wuchs die Anzahl öffentlicher Stadtuhren in europäischen Städten. Von 1371 bis 1410 ließ sich eine eigentliche, flächendeckend angelegte Beschaffungswelle ausmachen.

Im Wesentlichen lassen sich drei Gründe für die Diffusion der Uhren in Städten anführen: So fällt einerseits der *autoritäre Charakter* der Innovationsförderung durch Macht- und Prestigeträger wie Adelige und Päpste auf Kosten der Bürger auf. Die Herrschaftsträger ließen Stadtuhren an Türmen einrichten, damit die Bürger ehrbarer Städte geordnet leben und Müßiggänger zur Tugend aufgerufen werden konnten. Demgegenüber wurden Initiativen und Schenkungen von Kaufleuten als neuer »herrschender Klasse« klar aus *mäzenatischen Gründen* unternommen. Überwiegend waren es jedoch die *Kommunen* oder die damals noch finanzstärkeren *Klöster* und Kathedralkapitel, die Uhren errichten ließen, um als tugendhafte und moderne Städte zu gelten. Der sich in automatischen Schlaguhren umsetzende Prestige-Urbanismus musste oft mit der Erhöhung der Steuern finanziert werden.

---

5 Ebd., 49.
6 Ebd., 108-197.
7 Heinemann, Ludes 1978: Zeitbewusstsein und Kontrolle der Zeit, 222.

Als *Ausdruck kommunaler Autonomie und Identität* war die öffentliche Uhr die urbanistische Investition par excellence, die praktischen und symbolischen Nutzen vereinte. Der Besitz einer öffentlichen Uhr gehörte zum Bestandteil urbanen Dekors, die eine Stadt als Stadt auszeichnete und sie vom Land unterschied.

Die *administrative Diffusion* führte schließlich dazu, dass ergänzend zu den Städten seit dem 15. Jahrhundert in kleineren Ortschaften und Dörfern – oft in ganzen Regionen – Uhren als Objekte administrativer Ermahnung eingeführt wurden und dementsprechend Widerstände hervorriefen.

Die häufige Erwähnung in Städte- und Herrscherchroniken macht deutlich: Die Errichtung öffentlicher Uhren stand für die Aufgeschlossenheit gegenüber Neuerungen, die Wohlhabenheit und die Tatkraft der Verwaltung einer Stadt. Die Glocke als Herrschaftszeichen sorgte für Verkündung von Beschlüssen, von Zinsterminen, von Urteilsvollstreckungen usw. Der Stadtturm diente als Wachturm, Archiv, Gefängnis und wurde mit den an ihm angebrachten verbindlichen Maßen (z.B. die eiserne Elle) zum Ort der Normensetzung. Zur Kirchenglocke kamen mehrere kleinere Glocken wie Markt-, Schul-, Zunft- und Werkglocken für die städtischen Lohnarbeiter, wobei die verschiedenen Glocken auch für die politische und ökonomisch-soziale Differenzierung standen:

»Nimmt man das Geläut einiger Dutzend städtischer Kirchen hinzu, darunter das für die Regelung der Märkte wichtige von S. Giovanni di Rialto, kann es nur kurze Zeitspannen gegeben haben, in denen überhaupt nicht geläutet wurde. Der Alltag war zeitlich durchgehend von Glockenzeichen strukturiert, wobei kaum ein Tag dem anderen glich. Den Stadtbewohnern wurden nicht nur Aufrufe, Verbote und Gebote angezeigt, sie erhielten auch eine Fülle akustischer Informationen über stadtöffentlich bedeutsame Ereignisse.«[8]

Das städtische Signalsystem stieß mit seinem Höhepunkt im 14. Jahrhundert jedoch auch an seine Grenzen. Ähnlich den gegenwärtigen Auseinandersetzungen um Sendefrequenzen führten die vielen Signale zu Konflikten um Läutvorrechte. Die großen Orden mussten die Glockenzahl der Stadtklöster reduzieren und einzelne Orden wurden privilegiert. Die Signalzeitpunkte orientierten sich nach Tageslicht oder Sonnenstand. Weder nach einer heutigen Präzisionsanforderungen nachkommenden Genauigkeit noch nach einem genauen Stundensignal bestand damals ein Bedarf.

---

8 Dohrn-van Rossum 1995: Die Geschichte der Stunde, 196.

Im Zuge der Reformation wurden die als abergläubisch abgetanen kirchlich-zeremoniellen Glockensignale in möglichst schlichte Zeitsignale umgedeutet.[9] Das neue Zeitsignal sollte alle, durch spezielle Glocken für bestimmte Adressaten und Zwecke vorgesehenen Signale ersetzen. Ein abstraktes Signal, das zählbar war, sollte eine für das ganze Kollektiv einheitlich bestimmte Stundenrechnung anzeigen. Die zahlreichen Uhren und Glocken wurden koordiniert, wobei die städtischen Sitzungszeiten des Rates, Marktzeiten, Arbeitszeiten usw. bewusst privilegiert und richtungsweisend wurden. Die abstraktere Zeitordnung des städtischen Lebens wurde mit ihren durchgehend vierundzwanzig Stunden auch als Entweihung der Nacht empfunden und wurde nachts oft als nutzlose Störung wieder abgestellt.

Die Verbreitung einer neuen Zeitauffassung führte jedoch auch zu einer vermehrten Auseinandersetzung mit dem Anspruch öffentlicher Zeitverwaltung durch aufstrebende Händler- und Kaufmannsschichten. Gewerbliche, moralische und religiöse Schriften befassten sich mit der Legitimität der ökonomischen Ausnützung der Zeit. Die Händler standen unter dem Verdacht, über die Zeit, die allein Gott gehörte, unter dem Prinzip des Profits zum Beispiel im Kreditwesen oder auch dem Wucher zu verfügen. Einerseits stand die Kirche der Entwicklung ökonomischer Fortschritte positiv gegenüber, andererseits erfolgte die theoretische Verarbeitung dieser Veränderungen nur schwerfällig und widerstrebend.

»So erweist sich der Konflikt zwischen der Zeit der Kirche und der Zeit des Händlers als eines der wichtigsten Ereignisse in der mentalen Geschichte dieser Jahrhunderte, in denen sich unter dem Druck einer Veränderung der ökonomischen Strukturen und Handlungsweisen die Ideologie der Neuzeit herausbildet.«[10]

Mit dem Anwachsen der Handelsnetze wurde Zeit zunehmend zu einem messbaren Faktor.[11] Die Arbeitszeit der Handwerker und Arbeiter, die Ware produzierten, die Dauer von See- und Landreisen, die verschiedenen Geldsorten, Währungen und die damit zusammenhängenden Wechselgeschäfte machten Zeit zu einem entscheidenden Aspekt der Gewinnmaximierung. Königliche Statthalter erlaubten die Errichtung eines Glockenturms, der die Stunden des Handelsverkehrs und der Arbeitseinheiten der Handwerker bestimmte. Dadurch wurde die städtische Uhr auch zu einem Instrument und Symbol der ökonomischen, politischen und sozialen Herrschaft und eines Klassenkampfes, der langsam von den

---

9 Das mehr oder weniger erfolgreiche Unterfangen fand seine Fortsetzung in Bemühungen des 18. Jahrhunderts, die Zahl von kirchlichen Feiertagen zu verringern.
10 Le Goff 1977: Zeit der Kirche und Zeit des Händlers im Mittelalter, 394.
11 Ebd., 393-414.

Kaufleuten gewonnen wurde. Tagelöhner konnten erstmals gezwungen werden, ihre Arbeit zu bestimmten Zeiten aufzunehmen und zu unterbrechen, und die sich verbreitenden Glockentürme wurden damit zu Vorboten des Taylorismus. Die neuen Zeitgeber konkurrenzierten die Uhrzeit der Kirchtürme und revolutionierten durch Säkularisierung und höhere Präzisierung die Zeitordnung:

»Die Zeit des Händlers ist nicht nur messbar oder gar mechanisiert, sondern auch diskontinuierlich, unterbrochen von Pausen, von toten Augenblicken, und sie unterliegt Beschleunigungen und Verzögerungen, die oft in Verbindung mit technischem Rückstand und dem Einfluss der Natur auftreten, denn Regen oder Trockenheit, Windstille oder Sturm haben enorme Folgen für die Preisentwicklung. In dieser Geschmeidigkeit der Zeit, die die Unerbittlichkeit der Zahlungstermine freilich nicht ausschließt, liegen die Spannen für Gewinn oder Verlust; hier ist der eigentliche Spielraum für Intelligenz, Fähigkeit, Erfahrung und List des Kaufmanns.«[12]

Obwohl die Zeit des Handels anderen Gesetzen unterlag, blieb der gläubige Händler den Lehren und Anweisungen der Kirche verpflichtet: »Er weiß, dass auch die Zeit, die ihn Gott und der Ewigkeit näher bringt, Pausen, Zusammenbrüche und Beschleunigungen kennt. Zeit der Sünde und Zeit der Gnade.«[13]

Im 16. Jahrhundert belegen Visitationsabschiede mehrheitlich aus protestantischen Gebieten, dass die Pünktlichkeit der Schlaguhren kontrolliert wurde und für die Einhaltung der Gottesdienst- und Schulordnungen von substantieller Bedeutung war. Protestantische Kirchenordnungen forderten sogar die Anschaffung von Uhren durch Landesgesetz. Die Auseinandersetzung um den Anspruch öffentlicher Zeitverwaltung verlagerte sich jedoch zusehends von religiösen und schichtspezifischen Interessen auf staatliche Institutionen. Die Kirchenordnungen stellten seit dem 16. Jahrhundert die öffentlichen Uhren und ihren Betrieb unter die Obhut der Landespolizei. Im 18. Jahrhundert ging diese Politik in den Bereich von Kameralistik und Polizeiwissenschaft über. Die »Abteilung Zeit« regelte dort die Vielfalt bürgerlicher Geschäfte, die Ordnung von Arbeit und Erholung sowie im 18. Jahrhundert dann auch das Funktionieren des Post- und Verkehrswesens.

---

12 Ebd., 403-404.
13 Ebd., 404.

Die Verbreitung normativer Zeitordnungen im Alltag

Der Wandel des städtischen Zeitbewusstseins in den europäischen Städten seit dem Ende des 14. Jahrhunderts setzte sich auch *in der Alltagspraxis* oft erst allmählich, unbewusst und aufgrund komplexer Prozesse durch.[14] An der Wende zum 15. Jahrhundert war zum Beispiel in Sprachlehren für Engländer, die nach Frankreich reisen wollten, der Musterdialog »Wie spät ist es?« aufgeführt. Zahlreiche Quellen wie städtische Statuten seit dem 14. Jahrhundert und Schul-, Kirchen- und Landespolizeiordnungen seit dem 15. Jahrhundert belegen die Einführung neuer Zeitregelungstypen. Neben Polizeistundenregelungen waren es vor allem städtische Rats- und Gerichtsgremien, Märkte und Verkaufsstellen sowie Arbeitszeitregelungen, die zunehmend tageszeitlich festgelegt wurden. Arbeitsordnungen für Tagelöhner und Werkleute mit Regelung der Arbeitszeiten und einer einstündigen Pause wurden 1374 beispielsweise in Köln stundengenau geregelt. Die Uhren dienten dabei als Hilfsmittel der Präzisierung und verbesserten die Koordination bei der Durchsetzung sozialer Zeitordnungen.

Entgegen zeithistorischer Thesen, die mit der Erfindung der mechanischen Uhr Ende des 13. Jahrhunderts die abstrakte mathematische Zeit postulieren, sind im subjektiven Zeitempfinden Minuten und Sekunden bis ins 16. Jahrhundert nicht gebräuchlich und höchstens für theoretische und astronomische Erörterungen bekannt.

Seit Mitte des 15. Jahrhunderts traten in *städtischen Schulen* erstmals Uhrzeitregelungen auf, die zunächst lediglich die Dauer des täglichen Unterrichts und dann die Arbeitszeit der Lehrer festlegten. Ende des 15. Jahrhunderts wurde die Schulzeit in Abschnitte gegliedert (v.a. nachreformatorische Schulordnungen für höhere und niedere Bürgerschulen). Der »Ordo legendi« war ein Lehrplangefüge der Universitäten und Schulen, der aus einer gestuften Ordnung eines Kanons zu lesender lateinischer Autoren bestand, wobei die Reihenfolge der Texte durch den Rang der Autoren innerhalb der Wissenshierarchie gegeben war. Demgegenüber wurde das zu vermittelnde Wissen immer umfangreicher und die Mahnungen zu haushälterischem Umgang mit Zeit beim Lernen immer häufiger. Der Zeitdruck war durch Methode, Planung und die Vermeidung von unnützen Zwischenräumen aufzufangen. Eine gut sichtbare Sanduhr sollte zum Beispiel in Bibliotheken als Mittel zur Befristung und Selbstkontrolle dienen:

---

14 Dohrn-van Rossum 1995: Die Geschichte der Stunde, 234-261.

»Den Fluss der Zeit anzuschauen, war sicher auch eine allgemeine Mahnung. Das Zeitmessgerät war aber vor allem eine Organisationshilfe. Vergerius schlägt nicht vor, das Studium eines Autors kapitelweise oder abschnittweise einzuteilen, sondern einem Autor oder einem Thema eine bestimmte Frist zu widmen. [...] Befristete Studien- oder Unterrichtseinheiten erlauben eine gegenüber den Inhalten abstraktere und freiere Organisation des Studiums unter der Bedingung knapper Zeit.«[15]

Mit dem neuen »Ordo docendi« wurden durch verschiedene didaktische Techniken neue Mittel der Befristung von Zeitrahmen und Kontrollmöglichkeiten entwickelt. Zur politisch-ideologischen Sicherung der Reformationsziele sollten möglichst alle Kinder unterrichtet werden. Lehrkräfte wurden ausgebildet, Schulen in Städten und Dörfern finanziell unterstützt, die Unterrichtsinhalte erweitert, die Trennung der Schüler in Alters- und Leistungsgruppen, aber auch die Gliederung des Unterrichts im Stunden- bis zum Viertelstundenrhythmus eingeführt. Das 16. Jahrhundert wurde aufgrund fehlender Lehrkräfte zum Jahrhundert der Schulordnungen. Der Begriff »Zeit-Ordnung« tauchte wohl darin auf, aber das Wort Stundenplan erst gegen Ende des 18. Jahrhunderts.

Die pädagogisch-liturgische und sozialpolitische Regelungsoffensive der Reformatoren war zunächst gegen päpstliche, abergläubische Zeremonien und Gebräuche gedacht, weitete sich aber wie die Reformation selber zu einem unerwartet breit wirksamen Phänomen aus:

»Zeitordnung lässt sich also als Prozess der Modernisierung und Verdichtung zeitorganisatorischer Regelungen verstehen. Als Zustandsbeschreibung ist städtische Zeitordnung nur ein nachträgliches heuristisches Konstukt.«[16]

Der Wandel der Zeitordnung war ein weitgehend anonymer Vorgang, der sich in vielen kleinen Schritten in unterschiedlichen Bereichen durchsetzte. Die öffentliche Uhr als Zentrum eines modernen zeitlichen Referenzsystems bildet den Ausgangspunkt für die Entwicklung gleichartiger zeitorganisatorischer Techniken.

»Im engeren Sinn kann man von einer Zeitordnung als Zustand in Teilbereichen sprechen, in denen beides von vornherein systematisch zur Anwendung kommt, also etwa bei den Schulstundenplänen. Anonymität des Wandels der Zeitordnung bedeutet, dass der Komplex zeitorganisatorischer Innovationen als solcher nicht in den Blick der Zeitgenossen geraten ist.«[17]

Wohl wurden Zeitfragen während des Wandlungsprozesses thematisiert, wurden Unterschiede zwischen Stadt und Land wahrgenommen, wurde die städtische

---

15 Ebd., 234.
16 Ebd., 251.
17 Ebd., 251.

Uhr zunehmend in Abbildungen dargestellt und symbolisch verarbeitet, gleichwohl blieb aber die Umsetzung der einzelnen Organisationsprobleme weitgehend unbemerkt. Durch Zeitordnungen wurde die Verteilung knapper Güter geregelt (z.b. Marktregelungen, Nutzung von Gewässern durch Handwerker), wurden bestimmte Bevölkerungsgruppen ausgeschlossen (z.b. durch die Erlaubnis zum Betteln), wurden aber auch schwierig umsetzbare materielle Kontrollprobleme zeitlich geregelt (z.b. die Einschränkung des Alkohol- und Esskonsums an Festen, die Höchstdauer von Mahlzeiten und Tänzen an Hochzeiten).

Im Kontext der Industrialisierung ist die *Arbeitszeit* zum zentralen Thema der sozialen Auseinandersetzungen geworden. Der Übergang von der Agrar- zur Industriegesellschaft wird von Historikern einerseits als Prozess der Sozialdisziplinierung und andererseits als Verlust individueller Zeitverfügung diagnostiziert. Dabei vertreten mehrere Autoren die Ansicht, dass bereits vor der Industrialisierung die Zeitwahrnehmung und -auffassung als eine Art Vernunftehe zwischen puritanischen und industriekapitalistischen Werthaltungen vorbereitet wurde.[18]

Arbeitszeit war im Mittelalter für die Mehrheit nicht zeitlich bemessen, sondern durch Arbeitsanfall in der bäuerlichen Wirtschaft oder durch Autoritäten wie den Meister, den Guts- oder Hausherr bestimmt.[19] Lohn- und Werkaufträge außer Haus wurden mit Lieferfristen, aber nicht mit Arbeitszeitvorschriften belegt. Mit Ausnahme von zünftischen Arbeitszeitregelungen und einer kleinen Gruppe von Lohnarbeitern galt die von einer Bevölkerungsminderheit im Tagelohn vergebene Arbeit als unbemessen.

Der *Arbeitstag* war eine vergleichsweise elastische Größe. Konflikte ergaben sich aufgrund der zugelassenen Pausen und des Arbeitsendes mit dem Lichttag, da je nachdem der Heimweg vor oder nach der Abenddämmerung vorgesehen war, während in Städten Glocken – mit der Zeit je nach Gewerbe immer mehr auch Werkglocken – das Arbeitsende bestimmten. Feierabend war jedoch nicht im heutigen Sinne Freizeit, sondern Zeit für eigene Arbeiten. Mit der rasch sich verbreitenden Festsetzung der Arbeitszeit durch Uhren wurde Arbeitszeit zunehmend zur verhandlungsfähigen Größe. Je nach Jahreszeit und nach geltenden Feiertagen (mit Arbeitsverbot) war die Arbeitsintensität unterschiedlich. Pausen wurden ein bis dreimal täglich in der Größenordnung von einer halben (z.B. Vesper), einer (Mittagspause an kurzen Tagen) bis zwei Stunden (Mittagspause

---

18 Vgl. z.B. Thompson 1980: Zeit, Arbeitsdisziplin und Industriekapitalismus, 35-66.
19 Dohrn-van Rossum 1995: Die Geschichte der Stunde, 267-289.

an langen Tagen) angeordnet. Stundenlöhne waren seit dem 15. Jahrhundert bekannt, aber selten. Oft kamen sie als bezahlte Überstunden, zum Beispiel als bezahlte Pausen in England (»hour times and drinking times«) bei dringendem Arbeitsanfall oder bei Abzügen vor.

Seit Ende des 18. Jahrhunderts traten mit dem Übergang zur industriellen Produktion die Kämpfe um Zeitordnungen in Fabriken an die Öffentlichkeit: »Die Fabrikordnungen verbinden obrigkeitlich-patriarchalische Elemente städtischer wie häuslicher Zeitordnungen mit neuen zeitökonomischen Zielsetzungen.«[20] Die Fabrikglocke und die von Fabrikherren gefälschten Uhren wurden zu verhassten Symbolen der neuen Zeitordnung des Industriezeitalters:

»Im Hinblick auf äußere Aspekte der Arbeitszeitorganisation übernimmt die Fabrik des 19. Jahrhunderts praktische und symbolische Elemente der Arbeitszeitorganisation der spätmittelalterlichen Stadt, allerdings mit dem Unterschied, dass die Uhrzeit im Bewusstsein der Betroffenen überwiegend zu herrschaftsbestimmter entfremdeter Zeit geworden war. Bis in die Gegenwart spiegelt auch die Architektur der Fabriken, zunächst mit kleinen Uhrtürmen nach Art der mittelalterlichen Predigerklöster auf dem Dachfirst, dann mit massiven freistehenden Glocken- und Uhrtürmen, das neue Arbeitsethos wider.«[21]

Nachdem Jahreschronologie und Datierung sich im Spätmittelalter und der frühen Neuzeit durchgesetzt hatten, erforderte Ende des 19. Jahrhunderts die Beschleunigung und Erweiterung des Verkehrs- und Nachrichtenwesens die Synchronisierung von Orts- und Regionalzeiten.[22] An der internationalen Meridiankonferenz 1884 wurde der Prozess der Universalzeitkonventionen bzw. die Einführung der Weltzeit eingeleitet. Zur Eisenbahnzeit-Metaphorik gehörten die »Emanzipation von der Natur«, die »Vernichtung von Raum und Zeit« sowie die »Überwindung der Zeit«. Unter den Ländern, aber auch innerhalb der Länder mussten die Zeiten für die Fahrplangestaltung synchronisiert werden.

Im 19. Jahrhundert wurde die Arbeitszeit zu einem zentralen Thema der sozialen Frage von politischen Bewegungen und Parteien. Die Debatten um nationale und internationale Zeitabkommen erwachten neu. Zugleich wurden subjektive Zeiterfahrungen bestimmend für das Epochengefühl der zweiten Industrialisierungswelle: der Arbeitstakt der Fabrik- und Büroarbeit, des beschleunigten Nachrichtenverkehrs und das Leben in großen Städten wurden als Erfahrung von Schnelllebigkeit, Zeitknappheit und Zeitdruck erlebt. Zeitdruck und zeitliche

---

20 Ebd., 290.
21 Ebd., 292.
22 Ebd., 296-318.

Zwänge erscheinen bis heute in hohem Masse als prägende Alltagsfaktoren in den modernen Industrie- und Dienstleistungsgesellschaften:

»Historiker der europäischen Geschichte entdeckten den fundamentalen Wandel des Zeitbewußtseins im Übergang von der Agrar- zur Industriegesellschaft seit dem Mittelalter. Ethnologen, Soziologen und Politologen entdeckten fremdes Zeitbewußtsein und fremde Zeitauffassungen als zwar faszinierende, aber für die Modernisierung der Gesellschaften im Übergang schwerwiegende Probleme. Jenseitsglaube, Geschichtsauffassung, Zukunftserwartungen, Planung, Zeitbegriffe, Zeitmessung, Zeitkontrolle und Zeitdisziplin sind daher – und mit vollem Recht – zu bedeutenden Themen historischer und anthropologischer Forschungen geworden.«[23]

Die *Uhr* wird in diesem Zusammenhang oft als *Schlüsselmaschine* des Industriezeitalters und als Schlüsselinstrument des Klassenkampfes bezeichnet:

»Die Uhr war und ist nicht nur Voraussetzung und Mittel des zunächst typisch europäischen, dann allgemein industriegesellschaftlichen Umgangs mit der Alltagszeit; sie ist auch das Symbol für den Vorgang der europäischen Modernisierung bzw. für die Beschreibung der Erfahrung von Mentalitätsdifferenzen zwischen der alteuropäischen und der modernen Welt, zwischen den europäischen, nordamerikanischen und japanischen Gesellschaften und der sog. Dritten Welt. Umgang mit der Alltagszeit, Uhrenbesitz und Uhrenbenutzung sind Indikatoren von Modernität.«[24]

Bis zum Ende des 18. Jahrhunderts behielt die Uhr als Thema von technischen Schriften und Gelehrtendiskursen einen wichtigen Platz. Während der Industrialisierung traten an ihre Stelle das Interesse an ökonomisch rationellem Zeiteinsatz und Zeitdisziplin. Messung und Kontrolle der Arbeitszeit wurden zum zentralen Thema der sozialen Auseinandersetzungen. Marx und Engels schildern die konfliktreiche Durchsetzung der industriellen Zeitdisziplin vor allem am Beispiel Englands. Die Fabrikuhr und ihr Signal sowie die Fabrikglocke wurden zum Mittel und Symbol der Ausbeutung von Menschen durch industrielle Herrschaft.[25] Die Uhr verkörpert für Marx den ersten, zu praktischen Zwecken angewandten Automaten, an dem die Theorie der Produktion gleichmäßiger Bewegung entwickelt worden ist. Marx teilt den Normalarbeitstag in eine entfremdete Zeit der Mehrwertproduktion für den kapitalistischen Unternehmer und in eine Zeit der notwendigen Reproduktion der Arbeitskraft auf. Das Fehlen autonomer Zeitverfügung wird als charakteristisches Merkmal des modernen Kapitalismus betrachtet. Die Herrschaft von Uhren und mit ihr der universelle Zeitnutzungs-

---

23 Ebd., 12.
24 Ebd., 12.
25 Engels 1962: Die Lage der arbeitenden Klasse in England (MEW), 321 und Marx/Engels 1964: Werke (MEW), 398ff., zit. bei: Ebd., 18.

zwang gelten immer wieder als zentraler Kritikpunkt an der modernen Zivilisation. Dabei werden die vorindustriellen Arbeitsbedingungen jedoch als naturnah, unregelmäßig, spontan und weitgehend selbstbestimmt beschrieben und damit deren scheinbar freiere Zeitverfügung nicht selten idyllisiert.

Die Frage nach der Uhr als Schlüsselmaschine des Industriezeitalters wirft gleichzeitig eine grundsätzliche Problematik der in den vorangegangenen Kapiteln zur Darstellung gekommenen kulturgeschichtlichen Sichtweise auf. So impliziert eine *Geschichte der Stunde* bereits in ihrem Titel, dass eine historischer Kontinuität folgende Bedeutungs- und Wahrnehmungsgeschichte erstens überhaupt rekonstruierbar sei und zweitens auch tatsächlich stattgefunden habe. Die »Stunde« ist jedoch genauso wie die »Pause« ein wissenschaftliches Konstrukt, das einen bestimmten Blickwinkel auf historische Wandlungsprozesse hier unter dem Aspekt der Zeitkultur zu werfen versucht. Die Problematik, dass man über diejenigen Sachverhalte, die zum jeweiligen Thema gut dokumentiert sind, mehr erfährt als über ungenügend erschlossene Quellen, birgt insbesondere die Gefahr in sich, dass die Detailgeschichte des Ganzen zu einer als kontinuierlich wahrgenommenen Geschichte jedes Details wird.[26] Genau auf diese Widersprüchlichkeiten und auf Diskontinuitäten der Zeitkulturforschung zum Thema Pausen und pausenverwandten Phänomenen aufmerksam zu machen, gehört zu den zentralen Anliegen der vorliegenden Arbeit.

---

26 Vgl. dazu Daniel 2001: Kompendium Kulturgeschichte, 308-312.

3. Die Pause in Zeitstrukturen der Arbeitswelt

Die *Arbeitspause* als normierte oder informell geregelte zeitliche Vorgabe, als mit Handeln erfüllte und als Erfahrung bewältigte Zeitspanne, ist Teil einer historischen Entwicklung, die aus alltagskultureller Perspektive als sozio-kulturelles Prägungsfeld von arbeitsweltlichen Praxen und von Mentalitäten umschrieben werden kann, die sich vor dem Hintergrund eines politisch und ökonomisch bedingten gesellschaftlichen Wandels vollzogen hat. Die in diesem Kapitel verfolgte Perspektive setzt den Schwerpunkt auf Lebensweisen, Normen, Symbolstrukturen und Rituale der Arbeitswelt. Dabei soll in Anlehnung an den anglomarxistischen Historiker E.P. Thompson Klasse als Ort gesellschaftlicher Reproduktion nicht vernachlässigt, sondern die Lebensweise der Bevölkerung als Teil der Produktionsweise, der Reproduktion des Lebens wie der materiellen Lebensmittel verstanden werden.[1] Zugleich soll dieses Vorgehen die Mittel deutlich werden lassen, »durch die Brüche in der Kultur und Lebensweise, und damit zwischen Kultur und Klassen« einen Anstoß zur Veränderung der gesellschaftlichen Beziehungen geben«.[2] Auf der Basis einer vergleichend-analytischen Vorgehensweise sollen kultur- und sozialhistorische Untersuchungen sowie gegenwartsorientierte ethnographische Zugänge interpretiert werden. Sie dienen als Hintergrundfolie für die Erschließung kollektiver und individueller, von intersubjektiv vermitteltem Alltagswissen beeinflussten Sinn- und Deutungssysteme von Arbeitspausen.

Die gesellschaftlich organisierte Arbeit als wichtigster Typ alltäglichen Handelns kann als Prototyp für die systematische Verschränkung von Handlung, Nicht-Handlung und anderer Handlung bezeichnet werden, wenn auch der Grad der Systematisierung, der Rhythmus und der Inhalt variieren.[3] Obwohl die Entstehung unserer modernen Zeitordnung auf Prozesse früherer Jahrhunderte zu-

---

1 Thompson 1980: Volkskunde, Anthropologie und Sozialgeschichte, 314.
2 Berdahl, Lüdtke, Medick u.a. 1982: Einleitung, 11.
3 Schütz, Luckmann 1984: Strukturen der Lebenswelt. Bd. 2, 75-77.

rückzuführen ist, hat sich die heute noch weitgehend gültige Teilung in eine Arbeits- und eine arbeitsfreie Zeit als strukturell-ökonomisch und alltagspraktisch wirksames Massenphänomen im Zuge der Industrialisierungsprozesse seit dem 19. Jahrhundert durchgesetzt. Die folgende historische Einbettung der Arbeitspause beschränkt sich daher im Wesentlichen auf Entwicklungen seit Beginn des 19. Jahrhunderts.

Neue Zeitnormen vor dem Hintergrund traditioneller Bedürfnismuster

In vorindustriell-handwerklichen Verhältnissen waren Arbeits- und Freizeit eng miteinander verbunden und der Arbeitsrhythmus unterlag jahreszeitlichen Schwankungen. Da die Quellenlage nicht eindeutig ist, die Verhältnisse sich von Ort zu Ort unterschieden und der Lichttag anstelle der Uhr die Arbeitsphasen mitbestimmte, lassen sich dazu auch noch keine präzisen Angaben machen. Die Arbeitstage vom Sonnenauf- bis zum Sonnenuntergang waren sehr lang, jedoch wurden sie von zahlreichen kirchlichen Feiertagen und bei Handwerkern von Institutionen wie dem »blauen Montag« unterbrochen. Die Mehrheit der historischen Untersuchungen geht von ca. 180 Arbeitstagen im Jahr und von wesentlich kürzeren Arbeitszeiten als während der darauf folgenden Industrialisierungsphase aus: »Die vorindustrielle Wirtschaft funktionierte hochflexibel; einerseits war sie an Auftragsschwankungen und an der Dauer einzelner Aufgaben orientiert, andererseits von persönlichen Bedürfnissen und kulturellen und religiösen Sitten geprägt.«[4]

Im 15. und 16. Jahrhundert wurden in europäischen Städten (z.B. in Wien, Hamburg) Pausenzeiten von maximal drei Stunden ermittelt, die je nach Jahreszeit in eine bis drei Pauseneinheiten aufgeteilt wurden.[5] Diese Pausenregelung schien bei Handwerkern bis ins 18. Jahrhundert üblich zu sein, wobei die Gesamtlänge der Pausen tendenziell abnahm. Vom 16. bis zu Beginn des 19. Jahrhunderts ergab sich somit bei vierzehn bis siebzehn Stunden Gesamtarbeitszeit eine effektive Arbeitszeit von elf bis vierzehn Stunden. Seit dem 17. Jahrhundert begann sich die Arbeitszeit der Handwerker von derjenigen der Kaufleute zu unterscheiden. Um 1750 betrug sie ca. elf Stunden für Kaufleute, vierzehn Stun-

---

4 Holenweger, Conrad (Hg.) 1998: Arbeit & Zeit, 51.
5 Nahrstedt 1988: Die Entstehung der Freizeit, 129-138.

den für Handwerker und sechzehn bis siebzehn Stunden für Lehrlinge und Dienstboten, wobei im Sommer länger und im Winter weniger lang gearbeitet wurde. Je kürzer die Arbeitszeiten wurden, desto geringer wurde das Gewicht der Pausen. Bezieht man den gelegentlichen Besuch von Frühgottesdiensten mit ein, so reduzierte sich die Arbeitszeit zusätzlich um ca. eine Stunde. Der Beginn des Feierabends wurde vom Hausvater festgelegt und konnte dadurch stark variieren. Vom 14. bis Mitte des 19. Jahrhunderts lassen sich zudem zahlreiche Beispiele für andere Arbeitsunterbrechungen finden wie spazieren gehen, andere Handwerker besuchen, mit zu- oder abwandernden Gesellen etwas trinken usw.

Arbeitspausen treten im Beschrieb frühindustrieller Arbeitsunterbrechungen nicht als normierte Zeitintervalle auf: Gemeinsame Zeiterfahrung, die zwischen Menschen, die unter ähnlichen Umständen leben, auf handlungspraktischer wie auf symbolischer Ebene geteilt wird, wird als abhängig von Jahreszeiten, vom Ausmaß der anstehenden Arbeiten und den Anweisungen des Hausvorstandes nachgezeichnet. Anstelle einer abstrakt messbaren Zeitordnung wirken kirchlich-religiöse, handwerklich-zünftische oder lebensweltlich-normative Vorgaben, die den Temporalstrukturen *als selten schriftlich festgelegte alltägliche Gewohnheiten* eingeschrieben sind. Der Charakter der Arbeit war also bis ins 19. Jahrhundert von einem *nicht-rationalen Habitus* bestimmt.[6] Arbeitspausen werden damit aus der Perspektive der Alltagsgeschichte und der historischen Anthropologie als symbolisch hochwertig besetzte Sphären zwischen Anpassung an Produktionserfordernisse, Einbettung in traditionelle kalendarische Muster und ständisch geprägte Protestformen dargestellt. Inhaltlich vermischen sich dabei religiöse Verhaltenssysteme und Ansprüche der herrschenden Klassen mit Praxen der Unterschichten zwischen Not und expressiver Selbstdarstellung.

Obwohl in den zwischen agrarischer und gewerblicher Sphäre angesiedelten Randgruppen der protoindustriellen Weber- und der industriellen Arbeiterbauernfamilien Arbeitsbräuche im Sinne traditioneller Erholungsformen identitätsstiftend waren, müssen diese Entwicklungen vor dem Hintergrund einer nur scheinbar kontinuierlichen historischen Überlieferung relativiert werden. Denn gleichzeitig wurde die Produktivität während der Arbeitszeit zusehends optimiert und die Arbeitszeit verdichtet: Der Alltag wurde in abstrakte Zeitordnungen gegossen, die abendliche Freizeit zeitlich ausgedehnt und als »eigene« Lebenszeit ausgeweitet. Gerade die Zwischenlage dieser Verhaltensfigur zwischen symbolischer Abwehrstrategie und Anpassung bzw. Gewöhnung an Anforderungen lässt sich quellenmäßig für das 19. Jahrhundert jedoch nur schwer erschlie-

---

6 Ebd., 130.

ßen. Die Schwierigkeit einer solchen Betrachtungsweise besteht zudem in der kaum verschließbaren Dimension von Zeiterfahrungen der Subjekte. Die These eines »nicht-rationalen« Arbeitshabitus lässt sich wohl für die nicht allein auf physische Reproduktionsansprüche bezogene Gestaltung von Pausen vertreten, muss jedoch im Hinblick auf die Notwendigkeit sozialer Reproduktion als Teil einer gleichfalls ökonomisch bedingten Integration in herrschende gesellschaftliche Verhältnisse relativiert werden.[7]

Die Zeit um 1800 wird in der Gegenwart denn auch als *Schwellenzeit* zwischen zwei Epochen bezeichnet:[8] Die vorherrschende ständische Existenz der ausgehenden Epoche war für Kaschuba durch eine systematische Form von Privilegierung bzw. Unterprivilegierung gekennzeichnet, die auf ökonomischen, rechtlichen und religiösen Faktoren sowie auf traditionellen Wertsetzungen und Gewalt beruhte und bis weit ins 19. Jahrhundert in Produktionssysteme, Handlungshorizonte und die Gestaltung der Freizeitpraxen hineinwirkte:

»Um einen Kern kirchlicher wie jahreszeitlicher Feste erstreckt sich ein breiter Kranz kleiner, alltäglicher Formen der Kommunikation und der geselligen Entspannung. Ob Weihnachten oder Kirchweih, ob Taufe oder einfach abendliche Ruhe – das Geselligkeitsbedürfnis nimmt in dieser Zeit ganz offensichtlich zu und zeigt einen deutlichen Trend zur Verlagerung aus dem familiären Kreis in den öffentlichen Raum der Gassen und Wirtshäuser.«[9]

Trotz ihrer Vielfalt waren diese Formen der Geselligkeit, die Arbeits- und Festbräuche an feste Zeiten und Räume sowie an traditionelle Werte gebunden. Sie ermöglichten Öffnung und Abgrenzung so, wie es gerade bei Lebenslaufritualen von Jugendlichen deutlich wird, wo Spinn- und Lichtstuben dem »Austoben« wie der Heiratsvermittlung dienten. Zudem bildeten diese Bräuche eine Nahtstelle zwischen alltagskulturellen und religiösen Verhaltenssystemen. Ausgelassenes Feiern verband sich mit liturgischen Elementen, Ausbruch mit festgefügten Systemen sozialer Milieus.

Agrarrevolution, demographische Revolution und Frühindustrialisierung führten nach 1800 zu einem Umbruch dieses Gefüges. Die Familie verlor in städtischen Gebieten die Rolle als Produktionseinheit, und im Gegensatz zum bürgerlichen Sparsamkeitsdenken demonstrierten vor allem ledige Arbeiter und Arbeiterinnen Konsumfreude mit Trinkeinladungen, warmen Mahlzeiten in

---

7 Vgl. die folgenden Ausführungen zur integrativen Funktion zünftischer Arbeitskultur und zum symbolischen Kapital des »Blauen Montags«.
8 Kaschuba 1990: Lebenswelt und Kultur der unterbürgerlichen Schichten, 5-10.
9 Ebd., 10.

Gasthäusern, mit Kaffee- und Tabakgenuss im Sinne einer »Ökonomie der Verausgabung«.[10] Sie stand in der Tradition städtischer Tagelöhner und ländlicher Heimarbeiter. Die Wechsellage zwischen akuter Not und relativer Konsumtionsfähigkeit führte zusammen mit fehlenden Möglichkeiten haushälterischer Selbstvorsorge zu Genussstrategien im Hier und Jetzt »als psychischen Ausgleich für die Härte der Arbeit und für das Unkalkulierbare und Unsichere der Zukunft: ein Grundzug künftiger proletarischer Lebensweise«.[11] Kaschuba sieht die neuen Genussmittel auch im Zusammenhang mit einer Konditionierung der breiten Unterschichten auf ihre Rolle als Konsumenten und daraus erwachsendem Zwang zu vermehrtem Verdienst. Andererseits manifestierten sich darin auch neue Formen des frühindustriellen sozialen Protestes. Man demonstrierte nicht mehr nur gegen Not, sondern auch für das Recht auf Genussmittel und Konsum.[12] Ironischerweise zeigte sich dieser symbolische Protest jedoch in traditionellen Formen wie bei Rügebräuchen oder dem »Blauen Montag«:

»Auch das sind gleichsam durch ihre ›Tradition‹ sich selbst legitimierende Formen, und sie bedeuten beides: praktische Notmaßnahme und demonstrative Regelverletzung. Man hungert, und man zeigt, dass man hungert, dass die Versorgungs- und Marktsysteme nicht funktionieren, dass die Begüterten und die Behörden ihrer sozialen Verpflichtung nicht nachkommen. Immer noch ist es ein Argumentieren nach den Grundsätzen ›jener moralischen Ökonomie‹. Zweifellos ist dies eines der auffälligsten Merkmale dieser Vormärzzeit: die Entwicklung öffentlicher Selbstdarstellungsformen und offensiver Artikulationsmuster der Unterschichten.«[13]

Ein grundlegender Wechsel zeichnet sich mit der einsetzenden Industrialisierung im 19. Jahrhundert ab. Die Geschichte des Industriekapitalismus ist denn auch eng mit der Geschichte des Kampfes um Zeit verbunden:

»Dieser Streit um die Zeit wird historisch betrachtet durch folgende Faktoren mitbestimmt: den Stand der technischen Entwicklung, die Auseinandersetzung zwischen Arbeit und Kapital, die

---

10 Vgl. Medick 1982: Plebejische Kultur, plebejische Ökonomie, 168-171.
11 Kaschuba 1990: Lebenswelt und Kultur der unterbürgerlichen Schichten, 16.
12 Vgl. auch Bier- und Brotkrawalle in den 1830er und 1840er Jahren. In: Ebd., 177-207. Kaschuba beschreibt den Kampf um Bierpreise, Feiertage usw. als symbolische Formen der Selbstdarstellung, als »expressive Symbolik« des Protestes; in Anlehnung an Thompson: Die moralische Ökonomie der englischen Unterschichten, 66-129. Sie gewinnt »als ›Sprache der Bedürfnisse‹ eine besondere Bedeutung, indem sie sich auf die Tradition und gewachsenes Recht beruft, indem sie im Rückgriff auf brauchtümliche und rituelle Praktiken den eigenen ›kulturellen Dialekt‹ bewahren will bei: Formen der Geselligkeit, der Kommunikation, der Zeiteinteilung, der Erholung«. In: Ebd., 122.
13 Ebd., 17.

Verhältnisse auf dem Arbeitsmarkt und das individuelle Verständnis von Arbeit, Leben, Zeit.«[14]

Die Uhr wurde zum wichtigsten Instrument einer regulier- und kontrollierbaren Zeitdisziplin.[15] Die Arbeitszeit wurde mit Stechuhren und Aufsehern kontrolliert und erhöhte sich auch für Kinder und Frauen auf fünfzehn bis sechzehn Stunden am Tag.

Unternehmer und bürgerliche Kreise begründeten die langen Arbeitszeiten oft damit, dass Arbeiter mit Freizeit nicht umzugehen wüssten. Geichzeitig war diese mangelnde Freizeit neben fehlender politischer Erfahrung ein Grund für die Nicht-Organisiertheit der Arbeiter. Seit der Einführung des Normalarbeitstages erlebten die Gewerkschaften reges Mitgliederwachstum und nahm die Zahl der Streiks erheblich zu. Die Verkürzung der Arbeitszeit wurde jedoch von Unternehmern oft damit ausgeglichen, dass die Potentiale der Arbeitsintensivierung stärker ausgenutzt wurden, der »Streit um die Zeit verlagerte sich mehr und mehr von der Dauer der Arbeit auf die Intensität ihrer Nutzung«.[16] Einhergehend mit der Arbeitszeitreduktion ging eine umfassende Normierung von Tages-, Wochen- und Jahresarbeitszeiten, die von den Unternehmern (Planung der Produktionsabläufe wie Fließbandarbeit) und den Gewerkschaften (Einheitlichkeit der Arbeitszeiten fördert Kontrollmöglichkeiten) begrüßt wurde.

In den frühen Jahrzehnten der Industrialisierung wurde die Fabrikdisziplin zur neuen Erfahrung einer »totalen Arbeitswelt«, in der eine abstrakte Arbeits- und Zeitordnung regierte, die nicht erfahrungsbezogen, sondern normativ wirksam wurde. Für Kaschuba wandelten sich mit dem erweiterten Verständnis von »Kultur« und »Alltag« auch die Perspektiven einer Geschichte der Arbeit. Die Arbeitserfahrungen und Gestaltungsmöglichkeiten der Produzenten, ihre Beziehungen und Kooperationsformen in der Produktionssphäre bestimmten auf neue Weise ihr Selbstwertgefühl, die Erholungsmuster wie auch Geschlechter- und Generationenrollen:

»Arbeitswerte wie Zuverlässigkeit, Pünktlichkeit, Erfahrung, Kooperationsfähigkeit werden zu Elitewerten des Alltagsverhaltens insgesamt, da die soziale Identität nur durch Arbeitsleistung und Sozialverhalten gesichert wird, nicht durch Statuszuschreibung qua Geburt, Besitz oder Bildung.«[17]

---

14 Holenweger, Conrad (Hg.) 1998: Arbeit & Zeit, 51.
15 Selbst das Anbringen einer Arbeitsglocke führte beispielsweise 1837 in Glarus zum ersten Streik in der Schweiz.
16 Holenweger, Conrad (Hg.) 1998: Arbeit & Zeit, 55.
17 Kaschuba 1990: Lebenswelt und Kultur der unterbürgerlichen Schichten, 90.

Zur Moralisierung und Verwissenschaftlichung der Zeitdiskurse

Die Problematik einer Verdichtung der Arbeitszeit bei zunehmender Strukturierung und Verwissenschaftlichung der Arbeitsabläufe ist unzweifelhaft mit dem Namen von Frederick Winslow Taylor verbunden.[18] Der Taylorismus entstand im Kontext der Jahrhundertwende, als die kapitalistische Zivilisation sich in alle Winkel des Lebens ausbreitete. Taylor wollte mit seiner Methode die Entwicklung jedes Geschäftszweiges zu höchster Vollkommenheit und jedes Arbeiters auf die höchste Stufe seiner Fertigkeiten erreichen. Denn die wahren Interessen beider würden in derselben Richtung liegen. Beim Arbeiter sei die vollkommene Ausnutzung ökonomischer Kräfte erreicht, wenn seine tägliche Produktion das Maximum erreicht habe:

»Die größte Prosperität ist das Resultat einer möglichst ökonomischen Ausnutzung des Arbeiters und der Maschinen, d.h. Arbeiter und Maschine müssen ihre höchste Ergiebigkeit, ihren höchsten Nutzeffekt erreicht haben. [...] dass es das Hauptziel der Arbeiter wie auch der Verwaltung sein sollte, jeden Einzelnen in dem Unternehmen anzuleiten und weiter zu schulen, so dass er im schnellsten Tempo und in wohlberechneter Ausnutzung seiner Kräfte die Arbeit, zu der ihn seine Anlage befähigt, erstklassig verrichten kann.«[19]

Im Gegensatz zum Freizeitsport, wo Arbeiter für ihre Mannschaft oft das Beste geben würden, stelle das »Sich-um-die-Arbeit-Drücken« das größte Übel der arbeitenden Bevölkerung in Amerika und England dar. Weil der Stundenlohn unabhängig von der Leistung bereits feststehe, hätten die Arbeiter Interesse, möglichst langsam zu arbeiten und trotzdem beschäftigt zu wirken. Die wissenschaftliche Seite ihrer Tätigkeit sei den Arbeitern in den wenigsten Fällen bekannt. Die »wissenschaftliche Betriebsführung« gehörte denn auch zum Kern von Taylors Thesen. Zu ihren Grundsätzen gehörten: Die Entwicklung einer Wissenschaft für jedes Arbeitselement; die Zusammenarbeit der Produktionsleiter mit den Arbeitern in herzlichem Einvernehmen; ein »Initiativesystem«, d.h. die Teilung von Arbeit und Verantwortung zwischen Leitung und Arbeitern. Ein eigener Raum mit Büchern, Statistiken bzw. das »Arbeitsverteilungsbüro« sollten die Infrastruktur für eine wissenschaftliche Betriebsführung sicherstellen:

---

18   Taylor 1977: Die Grundsätze wissenschaftlicher Betriebsführung, 7-39.
19   Ebd., 10-11.

»Die Entwicklung einer wissenschaftlichen Methode bringt die Aufstellung einer Menge von Regeln, Gesetzen und Formeln mit sich, welche an die Stelle des Gutdünkens des Arbeiters treten.«[20]

Die Kopfarbeit würde einem besonderen Mann übertragen, während für die Handarbeit ein ganz anderer Mann notwendig sein würde. Wichtige Faktoren einer wissenschaftliche Betriebsführung bilden zudem:[21] 1. Die Auswahl der Leute; 2. Das Studium der genauen Reihenfolge der grundlegenden Operationen und Werkzeuge; 3. Messen der Zeit für Einzeloperationen mit der Stoppuhr; 4. Ausschalten der zeitraubenden und nutzlosen Tätigkeiten; 5. Tabellarisches Zusammenstellen der schnellsten und besten Bewegungen. Danach werden die unvorteilhaftesten Bewegungen weggelassen und die schnellsten weiterentwickelt und zur Norm erklärt. In gleicher Weise werden die Arbeitsgeräte und die Motive der Arbeiter untersucht. Ein bestimmtes »Pensum« als im Voraus festgelegte Arbeit sollte bei einwandfreier Leistung in vorgeschriebener Zeit mit Zuschlagprämien belohnt werden.

»All dies verlangt ein individuelles Studium und eine individuelle Behandlung jedes einzelnen Mannes gegenüber der früheren Massenbehandlung. Die Verwaltung muss aber ferner auch darauf achten, dass die Leute [...] ihre Arbeit immer richtig und rechtzeitig tun [...]. Die Leistungen aller zusammen sollen eine ununterbrochene Kette, ein harmonisches Ganzes bilden.«[22]

Die Ruhepausen sollten nach den Gesetzen methodisch richtiger Arbeit zu optimalem Erholungs- bzw. Reproduktionszweck eingesetzt werden.

»Und ich bin der festen Überzeugung, dass man als Mittel zur Herbeiführung größerer Leistungsfähigkeit und besserer Kraftausnutzung der Arbeitgeber und -nehmer und weiter zur Herbeiführung einer gleichmäßigen Verteilung des Gewinns ihrer zu gemeinsamer Arbeit verbundenen Anstrengungen die Verwaltungs- und Arbeitsmethoden auf wissenschaftlicher Grundlage (scientific management) wählen wird; denn ihr einziges Ziel ist die Schaffung von Verhältnissen, die allen drei Parteien gleiches Recht zuteil werden lassen auf Grund unparteiischer wissenschaftlicher Untersuchungen aller in Frage kommenden Momente.«[23]

Taylors Methode einer planmässigeren und rationelleren Arbeitsorganisation fand weltweit eine große Beachtung und führte zweifellos zur Intensivierung der Arbeit. Er war der erste, der Arbeitsabläufe wissenschaftlich erfasste und exakt zergliederte. Sein Ziel, eine Verbesserung der Produktivität zu erreichen, lieferte den Unternehmern eine willkommene Rechtfertigung für die Intensivierung der

---

20 Ebd., 40.
21 Ebd., 125-128.
22 Ebd., 87.
23 Ebd., 150.

Produktion. Jedoch wurde die Partizipation der Arbeitenden durch mehr Lohn für geleistete Mehrarbeit nur teilweise erfüllt.

Im Kruppschen Stahlwerk betrugen beispielsweise Pausen 1871 eine halbe Stunde zu Mittag, je eine Viertelstunde für Frühstück und Vesper und wurden jeweils durch Läuten angezeigt. Das unpünktliche Verlassen des Arbeitsplatzes vor und das verspätete Erscheinen nach den Pausen gab immer wieder zu Diskussionen, neuen Reglementen und Strafen Anlass. In Fabrikordnungen wurde das Unterbrechen der Arbeit vor den Pausen und vor Arbeitsschluss sowie das Schlafen während der Arbeit untersagt. Dabei ging es im Sinne Foucaults um »die schrittweise Ausdifferenzierung der Normen – die Zerlegung der betrieblichen Praxis in kontrollierbare Tatbestände«.[24] Eigenmächtige Verkürzung der Arbeitszeit oder Pausen sollten vermieden, während Getränkeausgabe, Essenseinnahme und das Austreten während der Arbeitszeit toleriert werden mussten. Die geringe Zahl der Toiletten und die Kontrollen durch Aufseher sollten verhindern, dass die Pausen zu lange und für Gespräche unter Arbeitern genutzt wurden. Auf der anderen Seite führten die Arbeiter einen vorerst noch verdeckten, wechselvollen Kampf um Arbeitszeiten, Pausen und gegen entsprechende Kontroll- und Strafsysteme. Mit neuen Regulativen wie dem Übergang vom Zeit- zum Stücklohn bzw. zur Akkordarbeit trat die finanziell motivierte Selbstkontrolle anstelle der Kontrolle und wurden längere Pausen von Akkordarbeitern nicht mehr gefordert.

Mit dem Messen der Zeit begann zum einen die Trennung zwischen Zeiten von Arbeitgebern und »eigenen« Zeiten der Arbeitnehmer. Die Verbreitung puritanischer Ethik führte auf der anderen Seite dazu, dass ökonomische Zeitnutzung im Alltag zu einer moralischen Frage wurde und das Verständnis der »eigenen« Zeit sich grundlegend wandelte. Obwohl Disziplinierungsversuche und Fleißpredigten nicht neu waren, nahmen sie mit der Verbreitung der puritanischen Ethik an Dringlichkeit zu. Moralische Schriften für Familie, Jugend und Christen priesen vor allem seit Ende des 17. Jahrhunderts die Maxime: Nutze die Zeit! Nutze jede Minute deines Lebens! Dies vor allem im Hinblick auf die Kürze des Lebens und das letzte Gericht.[25] Das früh Aufstehen, wenig Schlafen und die Einsicht, dass Zeit Geld ist, sollten verbreitet bzw. von den Arbeitern verinnerlicht werden.

»Durch alle diese Methoden – Arbeitsteilung und Arbeitsüberwachung, Bussen, Glocken- und Uhrzeichen, Geldanreize, Predigen und Erziehungsmaßnahmen, Abschaffung von Jahrmärkten

---

24 Lüdtke 1980: Arbeitsbeginn, Arbeitspausen, Arbeitsende, 104.
25 Thompson 1980: Zeit, Arbeitsdisziplin und Industriekapitalismus, 56.

und Volksbelustigungen – wurden neue Arbeitsgewohnheiten und eine neue Zeitdisziplin ausgebildet.«[26]

Manchmal dauerten diese Prozesse mehrere Generationen und nicht überall waren sie erfolgreich: In Großbritannien setzte die Propaganda im 19. Jahrhundert mit frühviktorianischen Traktaten und Massenlesestoffen zum Thema Zeitersparnis für die arbeitende Bevölkerung ein. In den 1830er und 1840er Jahren wurde bei englischen Industriearbeitern eine zunehmende Regelmäßigkeit und Methodik in der Arbeit festgestellt im Unterschied zum Beispiel zu irischen Kollegen, aber auch die Unfähigkeit, sich zu entspannen und ungehemmte Feste zu feiern.[27] Als Folge der Vernunftehe zwischen Industriekapitalismus und Puritanismus entstand die Wertnutzung der Zeit und damit die Freizeit, die als Erholungszeit zu nutzen war. Das puritanische Zeitverständnis, das die Zeit als Ware ansieht, erschwerte auch die Möglichkeit, die Leerstellen seiner Tage mit bereichernden und entspannenden Erfahrungen zu füllen und »die künstlichen Schranken zwischen Arbeit und Leben wieder einzureißen«.[28]

Die Einführung produktiver Fabrikarbeit erforderte und erzwang mechanische Zeitdisziplin und verlangte von den Arbeitenden unbedingten Gleichtakt von Maschinenzeit und Lebensrhythmus. Die Heimarbeit bzw. hausindustrielle Produktion wurde gegenüber der als pausenlos geltenden Fabrikarbeit jedoch oft allzu romantisierend als »frei von Fabrikglocke und vom Takt der Maschinen« bezeichnet.[29] Die Fabrikherren versuchten, den Tageslauf der eigenen Disposition der Arbeiter zu entziehen und zerlegten ihn in voneinander isolierte Elemente. Es ging vor allem darum, Arbeit von Nicht-Arbeit zu trennen, die als »lustvolle Verausgabung« in der Arbeitsphäre verboten war. Zahlreiche Quellen bestätigen jedoch, dass die Fabrikherren sich regelmäßig über die mangelnde Einhaltung der Arbeitszeiten durch die Belegschaft beklagten.[30]

»Während im Laufe des 18. Jahrhunderts unterschiedliche Stundenzählungen, Tages- und Jahreseinteilungen zunehmend vereinheitlicht wurden [...], verbreiteten sich in Europa und Nordamerika langsam neue Vorstellungen darüber, wie die Menschen ihre Zeit gebrauchen sollten. Diese Vorstellungen stehen einerseits in einer Tradition, welche die Menschen im christlich-abendländischen Raum seit der Antike immer wieder und mit unterschiedlichen Begründungen dazu angehalten hatte, die Zeit zu nutzen. Sie markieren andererseits aber auch

---

26 Ebd., 58.
27 Ebd., 60-64.
28 Ebd., 64.
29 Lüdtke 1980: Arbeitsbeginn, Arbeitspausen, Arbeitsende, 94.
30 Ebd., 99-108.

den Beginn eines neuen Verhältnisses der Menschen zur Zeit, das erst in der zweiten Hälfte des 19. Jahrhunderts für den Alltag weiter Bevölkerungskreise bestimmend werden wird.«[31]

Obwohl der Pietismus des 17. und 18. Jahrhunderts für Max Weber eine der Grundlagen des asketischen Protestantismus bildete, bestand er in der Schweiz aus zahlreichen sich auch widersprechenden Strömungen. Messerli fasst sie als die »auf ein frommes Lebens konzentrierten protestantischen Erneuerungsbewegungen von den mystischen Spiritualisten bis hin zur Herrnhuter Brüdergemeinde des Grafen von Zinzendorf«[32] zusammen. Zahlreiche Spiritualisten und Pietisten betonten in ihren Pamphleten eine sinnvolle Nutzung der Zeit. Die Zeit als ein von Gott geschenktes Gut, ihre Verwendung und rechte bzw. gottgefällige Nutzung stand im Zentrum der pietistischen Lebensführung. Pietisten konnten wie die Calvinisten im Unterschied zu den Katholiken nicht auf die Sakramentsgnade zur Erlangung des Seelenheils im Jenseits zurückgreifen. Sie mussten sich die Auserwähltheit mit einer methodischen Lebensführung im Diesseits erarbeiten. Dazu gehörte die systematisch-rationale Gestaltung der zur Verfügung stehenden Zeit wie auch das Führen von Tagebüchern zur Kontrolle des Zeitgebrauchs und das Erstellen von Lebensplänen.[33] Obwohl gemäß Messerli der Einfluss des Pietismus auf die protestantische Schweiz schwer abzuschätzen ist, gab es im 18. Jahrhundert regionale und lokale Zentren in Basel, im Berner Oberland, in Schaffhausen und in der Zürcher Landschaft, die stark davon geprägt waren.

Auch Richard Weiss berichtet davon, dass die Negierung der »Welt« und ihrer sinnenhaften Weltlichkeit in protestantischen Gebieten zu einem starken Abbau der weltlichen Feste des Jahres- und Lebenslaufs geführt hat.[34] Besonders der weltliche Aufwand an Geschenken, Essen und Kleidung wurde vermieden. Harmlose Spiele, laute Fröhlichkeit und großer Aufwand im Allgemeinen wurden als Verschwendung von Geld und Zeit betrachtet:

»Im Knonauer Amt spricht man verächtlich von der katholischen Fastnacht und geht doch ins Zuger Gebiet hinüber, um daran teilzuhaben. So betrachtet, hat die protestantische Volkskultur in ihrem weltfeindlichen Lebensgefühl hauptsächlich das Merkmal der Verneinung, der zwiespältigen Verneinung sinnennahen, erlebnisfrohen Brauches und überhaupt jeder spontanen Äußerung an sich.«[35]

---

31 Messerli 1995: Gleichmäßig. Pünktlich. Schnell, 157.
32 Ebd., 157-158.
33 Ebd., 159-174.
34 Weiss (1965-1967): Grundzüge einer protestantischen Volkskultur, 75-91.
35 Ebd., 80.

Im Atlas der Schweizerischen Volkskunde komme der Unterschied zwischen sinnlicheren, ländlichen katholischen und festloseren, vom puritanischen Arbeitsethos und städtisch geprägten protestantischen Gebieten zum Ausdruck. Weiss weist aber auch darauf hin, dass in den Städten ein zunehmender Austausch zwischen katholischer und protestantischer Volkskultur stattfand.

Im aufgeklärten Bürgertum entwickelte sich vor allem unter dem Einfluss von Benjamin Franklin (1706-1790), der die Formel »Zeit ist Geld« prägte, ein rationales Zeitverständnis mit Fleiß, Pünktlichkeit und Nutzung der Zeit durch Arbeit als Kardinaltugenden. Franklin selbst erreichte durch einen Lebens- und Stundenplan mit Tugendkatalog, an dem er jeden Tag sein Leben maß, einen maximal möglichen systematisch-methodischen Umgang mit der Zeit. In seinen Schriften propagierte er Sparsamkeit, Arbeitsamkeit, Fleiß und Pünktlichkeit als wichtigste Tugenden. Franklins bürgerliches Zeitverständnis verbreitete sich erst im 19. Jahrhundert auch in der Schweiz, wo seine Merksätze zwischen 1778 und 1892 in mindestens elf verschiedenen Ausgaben und in vier Landessprachen gedruckt wurden. Zahlreiche Kaufmannsleute hatten bis Ende des 18. Jahrhunderts ihren Arbeitsplatz spätestens um 16.00 Uhr verlassen und den Abend in den Zunftstuben verbracht.

Demgegenüber musste sich die in der Verlagsindustrie tätige Landbevölkerung bereits im späten 18. Jahrhundert mit der von ökonomischem Rationalismus geprägten Arbeitsmoral abfinden, nur um überleben zu können. Die Zürcher Obrigkeit hatte zum Beispiel schon lange den Geist Zwinglis verbreitet und konnte damit die niedrigen Löhne der Heimarbeiter legitimieren. Wurde also in der heimindustriellen Verlagsarbeit zunächst solange gearbeitet, bis der Lebensunterhalt gesichert war und danach der Muße gefrönt, so bewirkten die immer niedriger werdenden Löhne eine Ausdehnung der Arbeitszeit und eine Disziplinierung der Arbeitenden.

Die nachhaltige Wirkung und Alltagsrezeption des protestantischen Arbeitsethos ist für den Historiker Rudolf Braun eines der erstaunlichsten Phänomene der Neuzeit. Mit der Entwicklung der maschinellen Produktion war im Zürcher Oberland ein tief greifender sozialer Strukturwandel verbunden. Braun untersuchte die »Wechselbeziehungen zwischen dem Fabrikbetrieb und seinen Ordnungen, Ansprüchen, Freiheitsgraden und Bindungen einerseits sowie dem Volksleben und der Volkskultur andererseits«.[36] Bereits für den Heimarbeiter entfernte sich die Zeiteinteilung vom naturgegebenen Rhythmus des Bauern zu quantitativen, zweckrational festgelegten Arbeitsmaßen. Das Errechnen der

---

36 Braun 1965: Sozialer und kultureller Wandel in einem ländlichen Industriegebiet, 185.

Leistung, sei in Geld oder Zeit, und nicht etwa qualitative Merkmale, kennzeichnete auch die Einstellung zur industriellen Heimarbeit. Zeit ist Geld und die Erwerbsarbeit geht allem, auch dem Haushalt und der Kindererziehung vor. Obwohl bereits der Heimarbeiter oft nachts und am Sonntags arbeitete und an einem Wochentag frei machte, bestimmte er jedoch den Rhythmus bis zu einem gewissen Grade noch selbst:

> »Die Rechnung führt noch über ein Arbeitsmaß; die arbeitsgebundene Zeit steht in direktem Zusammenhang mit dem Arbeitserlös, und die Zeitordnung des Arbeitstages und -jahres erhält von hier Freiheit und Bindung. In dieses Bezugsverhältnis zwischen Zeit und Arbeit bringt das Fabrikwesen eine Veränderung: Zeiteinteilung wird terminmäßig fixiert und die Arbeitszeit in ihrer Dauer festgelegt.«[37]

Die Erwerbsstrukturen der Verlagsindustrie bildeten die Voraussetzungen für die Rezeption des protestantischen Arbeitsethos. Die Fabrikindustrie stieß damit im 19. Jahrhundert auf durch die Verlagsindustrie vorbereitete Grundlagen und Arbeitseinstellungen.[38] Während die erste Generation Fabrikarbeiter noch diszipliniert werden musste, kämpfte die zweite bereits um den Zehn-Stunden-Tag.[39] Dabei gilt es jedoch zu beachten, dass beispielsweise in der Schweiz 1850 erst zwei Prozent, um 1880 fünf Prozent und 1900 14,8 Prozent der erwerbstätigen Bevölkerung in der Fabrik arbeiteten.

Mitte des 19. Jahrhunderts wurde die Uhr zum Bestandteil eines Fabrikarbeiterhaushaltes. Am auffälligsten war die neu festgelegte Anfangs- und Endzeit für Arbeit: Braun berichtet von einer Weberin, die jeweils etwas später zur Arbeit kam und früher wegging, um zu kochen, wobei ihr Mann dann jeweils die Webmaschine für sie an- bzw. abgestellt habe, was akzeptiert worden sei. Auch die ungleichmäßig zur Verfügung stehende Wasserkraft führte manchmal zu früherem Arbeitsende bzw. zu längeren Aufholschichten. Die Stempeluhr führte schließlich im 20. Jahrhundert zum Ausschluss von Einflussmöglichkeiten der Fabrikarbeiter. Für Braun verursachte jedoch vor allem die Degradierung, die zwischen Arbeitern und den vom Stempeln ausgeschlossenen Angestellten und Meistern bestand, die Ablehnung der Stempeluhr: »Ein rein betriebliches Zweckinstrument erhält durch seine Anwendungspraxis im Volksleben eine Bedeutung, die außerhalb der konzipierten Funktion dieses Sachgutes liegt.«[40] Das besondere Markieren einer Sekunde Abweichung auf der Stempelkarte bei Zuspätkommen

---

37 Ebd., 187.
38 Braun 1979: Industrialisierung und Volksleben, 258.
39 Messerli 1995: Gleichmäßig. Pünktlich. Schnell, 177-187.
40 Braun 1965: Sozialer und kultureller Wandel in einem ländlichen Industriegebiet, 190.

oder zu frühem Weggehen mit darauf folgender Verwarnung, aber nicht beim zu frühen Hiersein, führte zu seltsamen Praxen, wie beispielsweise dass Arbeiter vor dem Mittag vor der Stempeluhr warteten, bis sie genau 11.00 Uhr anzeigte:

»Das brauchmäßige, durch solidarischen Zwang gelenkte Verhalten, nicht über die Zeit hinaus zu arbeiten, findet sich beim Leistungslöhner so gut wie beim Zeitlöhner. Es ist eine Reaktion gegen die Fixierung der Arbeitszeit, eine geistig-seelische Verhaltensanpassung: so genau und kleinlich wie die Stempeluhr wird mit der Zeit gerechnet; nicht vor dem Glockenzeichen wird mit der Arbeit begonnen und nach Ertönen des Schluss- oder Pausenzeichens wird die Arbeit sofort eingestellt.«[41]

Während der Arbeit schien die Uhr stillzustehen, in der arbeitsfreien Zeit beherrschten Hetze und Zeitnot das Befriedigen der Lebensbedürfnisse. Die Fabrikbevölkerung versuchte daher, möglichst viele Bedürfnisse während der Arbeitszeit zu erledigen. Trotz einer offiziellen Mittagspause wurde mit oder ohne Einverständnis der Vorgesetzten während der Arbeit gegessen, getrunken und genascht. Die so genutzten informellen Pausen dienten gleichzeitig dem Sparen und Überwinden von Zeit.

Mitte des 19. Jahrhunderts verlagerten sich die ethisch-religiös motivierten Aufforderungen zu einem arbeitsamen Leben in Richtung eines pragmatischer orientierten Tugendkataloges rationaler und methodischer Zeitnutzung. Messerli untersuchte rund fünfzig Unterhaltungs- und Belehrungsblätter sowie zwanzig Volkskalender und wertete im Zeitraum von 1851 – 1900 rund 1174 belehrende Artikel zum Thema Zeitnutzung und Zeitwahrnehmung aus. Von diesen belehrenden Zeitschriften sollen um die Jahrhundertwende in der Schweiz pro Woche rund eine Million Exemplare abgesetzt worden sein. Dabei ergaben sich drei Kategorien der Verhaltensanweisung: die imperative Anweisung zum Frühaufstehen, die begründete Aufforderung zum regelmäßigen und pünktlichen Melken der Kühe und das Beispiel eines Bauern, der unter der Woche wenig arbeitete und im Wirtshaus saß, dafür am Sonntag arbeite und so den Hof zugrunde gerichtet habe, weil er die Sonntagsruhe nicht geehrt hätte. Inhaltlich lassen sich drei Schwerpunkte festlegen: *Zeitsparen*, *Zeitplanung* und *Pünktlichkeit*. Während die Adressaten des bürgerlichen Zeitverständnisses zwischen 1851 und 1880 mehrheitlich ein allgemeines Publikum waren, so wurden in den folgenden zwei Jahrzehnten die Hausfrauen zur Hauptzielgruppe. Sie wurden dazu aufgefordert, die durch Haushaltmaschinen entstehenden zeitlichen Freiräume nach vorher erstellten Zeitplänen nutzbringend zu verwerten und die Kinder zu

---

41 Ebd., 191.

Pünktlichkeit und Disziplin zu erziehen: »Die Frau, die im Haushalt Zeit sparte, akkumulierte so symbolisches Kapital. [...] In einer Zeit zunehmender Produktivierung bedeutete die Gleichsetzung von Zeit und Geld in bezug auf den häuslichen Bereich dessen ideologische und damit auch reale Aufwertung.«[42]

Neben der protestantischen Ethik prägten die modernen Naturwissenschaften, die sich seit den 1840er Jahren von der spekulativen Naturphilosophie lösten, die Vorstellungen über das richtige Verhältnis von Arbeit und Ruhe sowie die Diskussion über die Normalarbeitszeit und das vorherrschende Körperbild in hohem Masse:

»In den untersuchten Texten über die Bedeutung eines genügend langen Schlafs und einer angemessenen Sonntagsruhe erscheinen seit den späten 1870er Jahren nur noch selten moralische Argumente. Der Diskurs über die richtige Ruhe wurde zunehmend von naturwissenschaftlichen und insbesondere physikalischen und physiologischen Erklärungen geprägt. Die Festlegung von Verhaltensnormen und Leitbildern war von der Religion an die Naturwissenschaften übergegangen.«[43]

Neue Erkenntnisse über Thermodynamik und Stoffwechselforschung übertrugen Energiekonzepte aus der Physik auf den menschlichen Körper. Er wurde als thermodynamische Maschine beschrieben, die mit den Schlüsselbegriffen »Energie«, »Arbeitskraft« und »Ermüdung« erfasst werden konnte. Die Übertragung des Energiekonzeptes hatte weitreichende Konsequenzen und führte dazu, dass das richtige Verhältnis von Arbeit und Ruhe ein wissenschaftliches und kein individuelles oder moralisches Problem mehr war. Die wissenschaftlichen Ansätze zur Optimierung der Körperleistung reichten vom Versuch einer Impfung gegen Muskelermüdung bis zur Hygienewissenschaft, die das für die Gesundheit ideale Verhältnis von Schlaf und Arbeit propagieren wollte:

»Die Vorstellung vom menschlichen Körper als Maschine und speziell die Ermüdungsforschung waren wichtige Grundlagen einer Arbeitswissenschaft oder Hygiene der Arbeit, die seit den 1890er Jahren hauptsächlich in Deutschland und Frankreich betrieben wurde. Für sie war, rund 20 Jahre vor dem Einzug des Taylorismus in Europa, der Körper als Sitz der Arbeitskraft die zentrale Grösse im Arbeitsprozess. Sie wollte sein Funktionieren nach streng wissenschaftlichen Kriterien optimieren. Die Arbeitswissenschaft klammerte dabei die sozialen Beziehungen am Arbeitsplatz vollständig aus.«[44]

---

42 Messerli 1995: Gleichmäßig. Pünktlich. Schnell, 188.
43 Ebd., 227.
44 Ebd., 195.

Auch in den bereits erwähnten Periodika wurden die neuen naturwissenschaftlichen Konzepte und eine entsprechende Metaphorik erwähnt, die den menschlichen Körper als Maschine oder Dampfmaschine bezeichnete. In der Ermüdungsforschung wurde berichtet, zu welchen Tageszeiten der Mensch am leistungsfähigsten sei.

Auch die Sonntagsruhe wurde zu einem Thema naturwissenschaftlich-physiologisch orientierter Erholungskonzepte. Vor allem in den 1860er und 1870er Jahren wurden überdurchschnittlich viele Artikel zum Thema Sonntagsruhe verfasst, die in katholischen Periodika im Kontext des Kulturkampfes erschienen und meist religiös motiviert waren. Die Pamphlete richteten sich sowohl gegen Sonntagsarbeit als auch gegen weltliche Sonntagsvergnügungen und Habgier und plädierten für Sonntagsheiligung. Seit den 1870er Jahren meldeten sich jedoch vermehrt Stimmen, die aus medizinischen Gründen einen Ruhetag nach fünf oder sechs Arbeitstagen forderten. Es setzte sich allmählich die Einsicht durch, dass Leistung dauerhaft nur möglich ist, wenn sie mit Phasen der Ruhe abwechselt. 1877 wurde im eidgenössischen Fabrikgesetz Sonntagsarbeit verboten. Am 23. März wurde der 11-Stunden-Tag für Erwachsene festgelegt, am 18. Juni 1914 der 10-Stunden-Tag und am 1. Januar 1920 der 8-Stunden-Tag in Kraft gesetzt. Dabei wurden auch auf Arbeiterseite immer wieder Argumente aus der Hygieneforschung angeführt und auf die Mensch-Maschinen-Metapher verwiesen.

Die als »menschliche Motoren« betrachteten Arbeitskräfte interessierten vor allem unter den Aspekten Arbeitsumsatz, Effizienz und Wirkungsgrad. Der Körper wurde zum wirtschaftlich-industriellen Wachstumsfaktor und die Begründungsmuster für eine Ökonomisierung der Arbeitskräfte »zielten auf eine Rationalisierung von Mentalitäten, auf eine Hygienisierung von Körperpraktiken, auf eine Formalisierung von Handlungsmustern, auf eine Normierung von Verhaltensstandards und auf eine planende Voraussicht im Umgang mit chronisch knappen Ressourcen«.[45] Auch Pausen wurden zu einem Feld von Anweisungen zum Zwecke einer physiologisch begründeten Optimierung der Reproduktionsfähigkeit, bei der Zeit, Ernährung und mentale Einstellungsmuster eine entscheidende Rolle spielten:

»Der Mensch wird tendenziell der maschinellen Hardware angeglichen. Von dieser funktionalen Normierung wurde auch der soziale Habitus der Menschen betroffen und konnte damit als Vorteil oder aber als Nachteil gewertet werden: Der (in einem der Quellentexte geschilderte) leichtfüßig federnde, beschwingte ›Turner‹ verließ schon nach dem ersten Hupton der Fabriksi-

---

45 Tanner 1999: Fabrikmahlzeit, 68.

rene in Windeseile die Kantine und erreichte die Fabrikationshalle zur rechten Zeit; das sich reckende und streckende ›Phlegma‹ hingegen verpasste den Zeitpunkt, kam unbeholfenerweise zu spät und erhielt für diese Verletzung der Regel prompt eine Strafe.«[46]

Schließlich trugen jedoch die veränderten Produktionsbedingungen und neue Kommunikations- und Verkehrsmittel zu einer zeitlichen Veränderung bzw. Beschleunigung vieler Lebensbereiche und damit zu einer weiteren Verlagerung der Problem- und Diskursfelder bei. Gerade in der zweiten Hälfte des 19. Jahrhunderts befassten sich zahlreiche Artikel in den untersuchten Periodika mit dem Thema Beschleunigung, mit Erneuerungen im Zusammenhang mit der Verbreitung der Eisenbahn, von Telegrafie und später dem Telefon: »Die orientierende Belehrung beeinflusste die mentalen Strukturen der Menschen und zielte auf deren Anpassung an die zunehmende Beschleunigung des Lebens in der zweiten Hälfte des 19. Jahrhunderts.«[47]

Bereits 1882 erschien die erste deutsche Publikation zum Thema Nervosität: »Die Nervosität wurde als Zivilisations- und Zeitkrankheit, als direkte Folge des beschleunigten und hektischen Lebens verstanden.«[48] Auch die »Überbürdung« als spezifische Form der Schulnervosität wurde in den letzten beiden Jahrzehnten des 19. Jahrhunderts zu einem wichtigen Thema der Arbeitswissenschaften.

Trotz der großen Verbreitung der populären Periodika ist ihre tatsächliche Wirkung nicht abschließend zu beurteilen. Sie standen jedoch in einem gesellschaftlichen Umfeld, in dem solche Verhaltensnormen von verschiedener Seite ebenfalls propagiert wurden, zum Beispiel von Hausärzten, Lehrern, Pfarrern usw. Zudem war die Form der Anweisungen besonders geeignet, die Mentalität der zunächst weniger lesegewohnten Arbeiter sowie des bäuerlichen und kleingewerblichen Milieus zu beeinflussen: »Die periodische Lektüre, die repetitiven und oft impliziten und beiläufigen Aussagen zielten auf eine Beeinflussung ihrer mentalen Ausrichtung.«[49]

Die Fabrik und mit ihr der Unternehmer konfrontierten die unteren handwerklichen und agrarischen Schichten mit den Anforderungen der »Zivilisation« und wurden gewissermaßen zu weltlichen Missionaren, zu Predigern für eine methodische Lebensführung. Fabrikherren hielten die Arbeiter dazu an, ein Haushaltsbuch zu führen, um Geld zu sparen und eine sittliche Buchführung zu üben, wie es der Calvinismus entwickelt hatte. Der brave Arbeiter, der umsichtig

---

46 Ebd., 29-30.
47 Messerli 1995: Gleichmäßig. Pünktlich. Schnell, 218.
48 Ebd., 222.
49 Ebd., 227.

handelte und nach Besitz und Unabhängigkeit von der Hilfe anderer strebte, wurde dem verwahrlosten, der den Blauen Montag mehr heiligte als den Sonntag, gegenübergestellt:

»Dadurch, dass die Kontrollmacht an die Assoziationen delegiert wird, gelingt die Uminterpretation des Sich-Fügen-Müssens in ein freiwilliges Mitmachen, wodurch es dem Fabrikherrn außerdem möglich wird, sich in die Position des ›Außenstehenden Dritten‹, also des unabhängigen Schiedsrichters, zu manövrieren. Außerdem erspart diese Lösung des Kontrollproblems dem Fabrikherrn die Installation eines aufwendigen Kontrollapparates.«[50]

Die Förderung einer »methodischen Lebensführung« und damit die Fabrikation von zuverlässigen Menschen, die dem Rhythmus der Maschinen dienen sollten, gibt zugleich Auskunft über die Funktionsweise der »Disziplinargesellschaft«:

»Die Beantwortung dieser Frage verweist auf das Kloster und sieht in diesem die Erfindungsstätte und das Arsenal der gängigsten Disziplinierungsmethoden; insoweit erfährt das Kloster eine ausführliche Würdigung, wobei die diesbezüglichen Befunde benutzt werden, um Foucault's ›Mikrophysik der Macht‹, die an Benthams gedanklicher Konstruktion des Panopticums aufgehängt ist, eine realhistorische Dimension zu verleihen, ohne dabei jedoch die von Foucault herausgearbeiteten Wirkungen der Macht (Disziplin) auf Raum und Zeit aufgeben zu wollen.«[51]

Die Zeitplanung ist die wirkungsvollste Maßnahme zur Durchsetzung »methodischer Lebensführung«. Neben »Zuckerbrot« in Form von materiellen und immateriellen Belohnungen und »Peitsche« in Form von Strafen erkannten die Unternehmer, dass eine rein auf Zwang beruhende Normierung des Verhaltens »unökonomisch« war und dass die »innere Bereitschaft«, den Vorschriften Folge zu leisten, gefördert werden sollte:

»Da die Lebensbewältigung unter anderem die Reflexion immer längerer Handlungsketten (Zwang zur Langsicht) erforderlich macht, deren Berechenbarkeit der von den Gesellschaftsmitgliedern erwartbaren Verhaltensweisen steigt, führt die ›Notwendigkeit‹ der Voraussehbarkeit des sozialen Verhaltens zu einer Verlagerung der äußeren Kontrollmechanismen in den psychischen Apparat der Individuen. Dieser Verlagerungsprozess ist identisch mit dem Prozess der Ausbildung einer ›Selbstzwangsapparatur‹, deren Wirkungsweisen Max Weber in seiner Untersuchung zur ›Protestantischen Ethik‹ beschrieben hat.«[52]

Mit der Herausbildung von veränderten mentalen Strukturen und als Bestandteil davon einer neuen Zeitdisziplin unterlagen auch die Gewohnheiten und Sinngebungsmuster von Pausen einem grundsätzlichen Wandel. Sie wurden einerseits

---

50 Treiber, Steinert 1980: Die Fabrikation des zuverlässigen Menschen, 38.
51 Ebd., 13.
52 Ebd., 36.

zu Elementen einer exakt messbaren und standardisierten Zeitstruktur innerhalb der Arbeitsprozesse und entwickelten sich andererseits im historischen Kontext der verschiedenen Industrialisierungsphasen im 19. Jahrhundert zu physiologisch bedingten »Notwendigkeitszeiträumen« mit dem Ziel einer optimalen Wiederherstellung der eigenen Arbeitskraft bzw. zu funktional bedingten Auszeiten als Ausdruck einer Ökonomisierung des Arbeitsalltags. Gleichzeitig verfestigten sich im Rahmen dieser Veränderungsprozesse mentale Strukturen, die Aus- und Ruhezeiten zunächst vor dem Hintergrund ethisch-religiöser, im Verlaufe des 19. Jahrhunderts alltagspraktisch-zeitdisziplinärer und schließlich naturwissenschaftlich-physiologischer Diskurse immer ausschließlicher an Arbeit und ihre disziplinären Anforderungen als bestimmende Kategorie und semantisches Deutungsfeld banden.

Pausen als Zeitraum für eine »Sprache der Bedürfnisse«

Die zunehmende Rationalisierung der Produktionsprozesse erforderte eine erhöhte Anpassung der Arbeiter an maschinell vorgegebene Zeittakte und hatte einen verstärkten Kampf gegen Bummelei und unkontrollierte Pausen auf Arbeitgeberseite zur Folge. Auf Seite der Gewerkschaften wiederum wurde für die Verkürzung des Arbeitstages bzw. die Einführung des Normalarbeitstages gekämpft. Damit wurde die Arbeitszeit in zunehmendem Maße Gegenstand politischer und sozialer Regulierung. Unproduktive Zeit sollte vermieden werden. Pausen sollten jedoch nicht ganz verschwinden, sondern sollten der Normierung und Kontrolle der Arbeitgeber unterliegen und der Reproduktion der Leistungsfähigkeit dienen:

»Dass seit Taylor das Zeitstudium und eine betriebliche Zeitwirtschaft systematisch entfaltet wird und diese auch praktische Relevanz in der Organisation der Industriearbeit erhält, dokumentiert den nachhaltigen Einschnitt, den die Einführung des Normalarbeitstages – der als Acht-Stunden-Tag auch heute weitgehend seine Bedeutung behauptet hat – für die Zeitstruktur und die Erfahrung der Arbeitszeit erlangt. Mit der Verkürzung der Arbeitszeit und der mit ihr einhergehenden Systematisierung und Intensivierung werden die Arbeitspausen zum Gegenstand zeitökonomischer Rationalisierung und betrieblicher Kalkulation – wie die Intention Taylors anzeigte.«[53]

---

53 Sperling 1988: Pausen: Zur Innenansicht der Arbeitszeit, 571.

Trotzdem gelang es selten, die methodisch-exakte Organisation der Arbeitszeit gegen subjektiv-soziale Bedürfnisse durchzusetzen. Die arbeitswissenschaftlichen Pausenkonzepte beruhten meist auf physiologisch definierbaren Belastungskriterien, die soziale und kommunikative Aspekte vernachlässigten. Während von Arbeitgeberseite die Arbeitszeiten bis ins Maßlose, also fünzig bis sechzig Stunden gesteigert wurden, versuchte die Arbeiterschaft, sich durch Unpünktlichkeit, Blaumachen, Pausen, Unterbrechungen und häufigen Betriebswechsel der Anmaßung der Industrieherren zu entziehen:

»Kernbestandteil dieses Schlendrians war die gängige Praxis vielfältiger Pausennahmen, die in den Arbeitstag eingelassen waren, und über deren Dauer, Lage und Ausgestaltung die Arbeitenden noch in einem hohen Masse selbst verfügen konnten; Pausen neben den ›ordnungsgemäßen Ruhepausen‹ zur Mittagszeit sowie zur Frühstücks- und Vesperzeit, die aber von Anfang an nicht Bestandteile der Arbeitszeit, somit unbezahlte Zeit waren.«[54]

Für Sperling bildet «die betriebliche Auseinandersetzung um Anspruch, Kontrolle und Gestaltung von Pausen im Arbeitstag einen bedeutsamen Strang des historischen Streits um die Zeit, der im Schatten der großen Linienführung des Kampfes um den Normalarbeitstag und um Arbeitszeitverkürzungen in der Wahrnehmung vielfach zurücktritt.«[55]

Gesetzlich, tariflich und betrieblich vereinbarte Pausen waren Bestandteil einer *normativ wirksamen Zeitordnung* im Rahmen des Arbeitstages. Demgegenüber gehörten informelle, verdeckte und willkürliche Pausenzeiten zu einer alltagswirksamen Praxis zwischen Anpassung und Widerstand:

»Als Gemeinsames drücken sich in ihnen Bedürfnisse und Interessen von Belegschaften, Arbeitsgruppen oder einzelnen aus, den Zumutungen der betrieblichen Herrschafts- und Arbeitsorganisation zu trotzen und eigene soziale Ansprüche auf Kommunikation, Kooperation, Bewegung zu verwirklichen: Manifestationen des ›Eigensinns‹ der lebendigen Arbeit sind sie allemal.«[56]

Der Begriff »Eigensinn« wurde seit dem 18. Jahrhundert in der Schriftsprache von Schulmeistern und Pfarrern für Einfalt, Unarten und Unverstand des »Pöbels« verwendet, den es möglichst auszutreiben galt. Mit Hegel erhielt Eigensinn jedoch noch eine weitere Dimension und zwar als »eigener Sinn und Freiheit« innerhalb der Knechtschaft.[57] Für Hegel lag der »eigene Sinn« im Kräftefeld zwischen Freiheit und Herrschaft, als Distanz gegenüber herrschaftlichen Zu-

---

54 Ebd., 566.
55 Ebd., 566.
56 Ebd., 566.
57 Vgl. Hegel 1998 (1807): Phänomenologie des Geistes.

mutungen, ohne weiterführende Widerstände gegen Abhängigkeit als solche zu entwickeln. Aus der Sicht marxistischer und anti-marxistischer Positionen erscheinen jedoch Protest-, Streik- und Widerstandsbewegungen nur als »Vorformen« offener, kollektiver Auflehnung. Aus dieser Perspektive wurde die Geschichte der Arbeiter denn auch mehrheitlich dargestellt, während quertreibendes Verhalten und das Handeln Einzelner zu Randfragen wurden.

Im Zuge der Durchsetzung einer neuen Produktivität der Arbeit und der Legitimität betrieblicher Herrschaft führte der daraus entstehende »moderne Konflikt« in den letzten Jahren zu einer vermehrten Beschäftigung mit der »Innenwelt der Fabrik«.[58] Innerbetriebliche Hierarchien, Gruppenstrukturen, Kommunikationsformen und symbolische Ordnungen von Fabrikarbeitern zwischen reglementiertem Produktionsablauf und kleinen Formen der Selbstbestimmung führten zwangsläufig zu Fragen der Arbeitsidentität. Dabei ging es um ein widersprüchliches Verhalten zwischen demonstrativem Übertreten, Missachten der Fabrikordnung und der Orientierung an Werten wie Pünktlichkeit und gruppenorientierter Arbeitsdisziplin. Die Sichtweise von bedingungslos an den Fabriktakt angepassten Industriearbeitern geht für Alf Lüdtke von einem reduzierten Verständnis der Subjekte aus, die von anonymer Macht unterdrückt werden.[59] Demgegenüber möchte er untersuchen, auf welche Weise die Produzenten Erfahrungen machten. Und wenngleich eine Annäherung an Erfahrungen von Industriearbeitern nur über Vermittlung möglich ist, können sowohl Selbstdeutungen von Beteiligten wie auch Reisende und Beobachter »Innenseiten« von Lebenszusammenhängen aufzeigen.

Lüdtke untersuchte anhand von Quellenmaterial situativ auftretende Geselligkeitsformen und *eigensinnige Pausen* im Arbeitsalltag einer Maschinenbaufabrik in Chemnitz des Jahres 1890.[60] Er beruft sich dabei unter anderem auf die detaillierten Aufzeichnungen eines jungen protestantischen Pfarrers namens Paul Göhre, der sechs Wochen lang als Handlanger in der Fabrik arbeitete und seinen Beruf gelegentlich zu erkennen gab. Göhre berichtete von der lange dauernden räumlichen Nähe zwischen den Arbeitern, die für Gespräche über Kollegen, das kommende Wochenende, das Wohlergehen der Kinder, manchmal auch über politische und religiöse Fragen genutzt worden sei. Dabei beschrieb er auch körperliche Neckereien wie das »Gutmeinen«, bei dem Ende der Woche ältere Leute den nur am Sonntag rasierten und inzwischen nachgewachsenen Bart am

---

58 Kaschuba 1990: Lebenswelt und Kultur der unterbürgerlichen Schichten, 94-96.
59 Lüdtke 1993: Eigen-Sinn, 54-56.
60 Ebd., 122 ff.

Gesicht des jüngeren rieben oder über das »Bartwichsen«, bei dem der eine Kollege den Betroffenen von hinten festhielt und der andere ihm mit schmutzigen Fingern den Schnurrbart glattstrich, was sehr schmerzhaft sein konnte. Lüdtke interpretiert die Funktionen solcher Neckereien als Festigung oder Abbruch sozialer Beziehungen, als Demonstrationen von Hierarchien, männlicher Gewalt, aber auch als Bekräftigung der gemeinsamen Erfahrung, am Arbeitsplatz festgebunden und Zwängen ausgeliefert zu sein:

>»Körperliche Gewalt mag daher in diesem Kontext das Bemühen ausgedrückt haben, sowohl ›allein gelassen zu werden‹ als auch ›allein mit den anderen zu sein‹. Diese Umgangsweisen und Ausdrucksformen waren nicht als direkter Widerstand gegen Zumutungen ›von oben‹ gemeint. Sie drückten vielmehr den Anspruch auf eigenen Raum aus – *Eigensinn*.«[61]

Das spätere Beginnen, das Reinigen der Maschinen, während sie noch liefen, das heimliche Nickerchen und der Toilettenbesuch gehörten ebenfalls zu den Formen illegal angeeigneter Pausenzeit. Folge und Beleg dafür waren unter anderem die immer detaillierter werdenden Fabrikordnungen. Während letzteres Verhalten mit *Widerstand gegen arbeitszeitliche Zumutungen* zu tun hatte, bezeichnet Lüdtke Herumgehen, Tagträumen, Plaudern und die körperlichen Neckereien als *Eigensinn*, wobei die Grenzen zwischen beiden Ansätzen fließend sind. Lustvolle Verausgabung galt für den Augenblick, ohne Folgen und Wirkungen einzurechnen, sie stand für einige Sekunden, Minuten unter sich sein – ihre bevorzugte Sprache war der Körperkontakt. Die gegenseitigen Streiche, die oft die Arbeit kurz unterbrachen, dienten nicht dem Widerstand gegen »oben«, sondern sie besetzten ›Zeit‹ und ›Raum‹ im Sinne von Eigensinn.

In den Kontext von »eigensinnigen«, periodisch und brauchmäßig geregelten Unterbrechungen des Arbeitstaktes als Bestandteil der sozialen Reproduktionssphäre lassen sich auch die Beobachtungen von Rudolf Braun einordnen.[62] In seiner Untersuchung über das Zürcher Oberland werden Gesang, Gezänk, Schwatzen, Empfang von Besuchen usw. zum Gegenstand von Verboten der Fabrikordnungen. Auch Klagen über verrohende Sittlichkeit, die im 18. Jahrhundert bei den in gemischten Spinnstuben arbeitenden Heimarbeitern verbreitet waren, traten im 19. Jahrhundert über Fabrikbetriebe auf. In einer Zeit, als es keine Ferien gab, waren zudem an Kirchweih, Jahrmarkt, Fasnacht und am Sonntag die einzigen freien Nachmittage. Braun berichtet von Maskierten, die an der Fastnacht um 1900 so lange in der Fabrik störten, bis der Fabrikherr den

---

61 Ebd., 139.
62 Braun 1965: Sozialer und kultureller Wandel in einem ländlichen Industriegebiet, 211-236.

Arbeitern frei gab. In Zürcher Oberländer Textilfabriken hielt sich der »Fabriksilvester« hartnäckig trotz Rationalisierungsmaßnahmen:

»Es ist für das ›industrielle Volksleben‹ symptomatisch, dass gerade Silvester von der Fabrikbevölkerung als Brauchtermin gewählt wird: ihr Arbeitsjahr hat wie jenes der Heimarbeiter keine Beziehung mehr zum bäuerlichen Arbeits- und Festkalender; der Eintritt in ein neues Kalenderjahr – der zugleich mit einem Zahltag zusammenfällt – ist für sie eine um so bedeutendere Zäsur.«[63]

Auch die Generalversammlung der Fabrikkrankenkasse als rein zweckmäßige Veranstaltung wurde zu einem brauchmäßigen Festtermin. Nach der Versammlung gab es Essen, Tanz, Musikvorträge, Kostüm- und Gedichteinlagen ganz im Sinne der Oberländer Vereinsabende. Die Betriebsbindung der Arbeiter und ihr Zeitmangel führten dazu, dass viele Tätigkeiten auf das Fabrikareal verlagert wurden und sich eine Reihe von nicht durch die Fabrikleitung regulierten Arbeitspausen ergaben. Der Betrieb wurde zu einem wichtigen Rahmen des Zusammenlebens und Ausgangsort für inner- und außerbetriebliche Geselligkeitsformen.

Verfolgt man die Interessen der Arbeitgeber vor dem Hintergrund von Taylors Maximen einerseits und den Ansatz Lüdtkes und anderer Vertreter des Eigensinn-Konzeptes andererseits, so können Arbeitspausen aus der gewählten historischen Perspektive als *zeitlich und oft auch räumlich begrenzte Mikrosphären zwischen Bedürfniszuweisung und Bedürfnisartikulation* umschrieben werden. Im Rahmen der historischen Entwicklung betrachtet, reichen ihre Funktionen und Leistungen von der im Sinne Taylors ökonomisch eingesetzten körperlichen Reproduktionsleistung über die umfassender konzipierte Erholungsphase von bestimmter Dauer, im Schatten der politischen Forderungen nach einem Normalarbeitstag, bis hin zum mehr oder weniger tolerierten Raum für »Eigensinn«. Die Problematik dieser Sichtweise besteht jedoch darin, dass sie die Gefahrlosigkeit des Eigensinns für die Funktionalität der betrieblichen Realität und die Interessen der Fabrikherren übersieht und die Gestaltungsmöglichkeiten der Arbeitenden gegenüber (be-)herrschenden Ansprüchen überbewertet.

Im Laufe der Industrialisierung wandelten sich die Produktionsbedingungen und damit auch die Formen illegaler Pausen: In den 1920er Jahren war der Maschinenlärm oft so groß, dass der Schwatz zwischendurch kaum möglich war, es blieb nur noch das Tagträumen oder der Gang zur Toilette und zum Kaffeespender. Auch in gegenwärtigen industriell-handwerklich geprägten Arbeitsverhält-

---

63 Ebd., 212.

nissen schaffen sich Arbeitende jedoch trotz der beherrschenden formellen Pausenregelungen und der Logik der Produktionsabläufe Ebenen des Freiraumes, die einerseits den Fertigungsprozess unterstützen, andererseits aber auch Distanz zu den arbeitsalltäglichen Zumutungen ermöglichen. Im rheinischen Industriemuseum Solingen wurde Eigensinn als Artikulationsfeld in der Arbeitswelt in erweiterter Perspektive bis in die Gegenwart untersucht. Das Konzept geht ähnlich wie Lüdtkes Ansatz davon aus, dass historische Prozesse nicht allein einer strukturellen Dynamik unterliegen und dass auch in mehrheitlich als homogen betrachteten Bevölkerungsgruppen wie dem Proletariat Verhaltensweisen des Einzelnen, das Subjekt und sein Bewusstsein miteinbezogen werden sollten:

»Eigensinn ist eine subjektive Eigenschaft, die jedem Menschen alltäglich begegnet und die jeder Mensch genauso alltäglich selbst ausübt. Schon die Art wie jemand sich bewegt, wie jemand redet, wie jemand sich gibt oder wie er lacht, ist eigensinnig. Eigensinn ist ein wichtiger identitätsstiftender Teil individuellen Verhaltens.«[64]

Die Autoren der Solinger Ausstellung betrachten formell geregelte wie auch informelle Pausen als »Eigensinnzeiträume«: Im Gegensatz zur mehrheitlich fremdbestimmten Arbeitszeit ist in *formellen Arbeitspausen*, Zigarettenpausen und »Pinkelpausen« ein freierer sozialer Austausch möglich. Demgegenüber gehören Tagträumen, Schwatzen, Herumalbern und körperliche Berührungen zu den *informellen Formen* des Eigensinns während der Arbeitszeit. Eigensinn ist nicht eindeutig bewertbar: er gehört zur Produktionsarbeit und reicht von zeitlichen Pausen wie Warten und Gemächlichkeit bis zu akrobatischen Einlagen am Fließband und Missachtung der Schutzvorrichtungen oder Alkoholkonsum, die lebensgefährlich werden können. Das Eigensinn-Konzept sollte jedoch keinesfalls zur Romantisierung der Verhältnisse Anlass bieten: aufgehängte Pin-up-girls in Pausenräumen und das konsumorientierte Verhalten vieler Menschen in der Freizeit deuten auf die kollektive Lenkung des Eigensinns ohne individuell-kreative Komponente hin: »Eigensinn ist im wesentlichen in der Sphäre der sozialen Kommunikation und Interaktion angesiedelt und lässt sich selbst da nur schwer mit den Methoden der Oral History erfassen, geschweige denn fotografieren oder gar sammeln.«[65]

Eigensinn ist daher zudem schwierig festzuhalten und ist am geeignetsten mit dichter Beschreibung einzelner Situationen erfassbar:

---

64 Großwinkelmann, Putsch 1999: Ein weiterer Versuch zur Musealisierung von Alltagsgeschichte, 10.
65 Ebd., 14.

»Dies bedeutet freilich, dass diese Aspekte nicht isoliert werden dürfen, sondern im Kontext der Betriebe und des Lebens der Arbeiter zugleich zu interpretieren sind. Sie sind im Zusammenhang mit den objektiven Strukturen und Prozessen in Betrieb und Gesellschaft zu betrachten.«[66]

Die »Gleichzeitigkeit von gesellschaftlich konditionierter Lebenswelt und kleinen privaten Freuden« zeigt sich zum Beispiel in der Gestaltung von Pausenräumen und -nischen, in denen Gegenstände und Bilder die Wünsche, Träume, Interessen und Hobbys der Arbeiter zum Ausdruck bringen:[67] Zu den Themenkreisen dieser »Gegenwelten« im Kleinen gehören Sport (z.B. Fußballmannschaften) als eine Sphäre der Hoffnungen und Identifikationsmöglichkeiten jenseits des Alltags, als »Sinngebung des Sinnlosen«, fremde Landschaften (z.B. Sonnenuntergang, Ferienlandschaften) als farberfüllte Gegen- und Traumwelt zum »grauen« Alltag und Pin-up-Girls als Ausdruck von Begierden und Sehnsüchten. Bezeichnend ist, dass diese »Gegenwelten« einerseits »den Arbeitsalltag überwinden, andererseits aber letztlich auf ihn bezogen bleiben«.[68] Die Gestaltung der Pausenecken mit wohnlichen Gegenständen (z.B. Zimmerpflanzen) zeugt hingegen vom Bemühen, den Arbeitsraum einem Wohnraum anzunähern und damit die Grenzen zum »Privaten« ansatzweise zu durchbrechen.

Das in der betreffenden Ausstellung beschriebene Pausenverhalten in Industriebetrieben ist Ausdruck des Arbeitnehmerbedürfnisses nach Erholung, aber auch nach Rückzug und Distanz zu den Kollegen (z.B. Nickerchen). Flirts, wie auch sexuelle Belästigung gehören zu den zwischengeschlechtlichen Sozialbeziehungen im Betrieb mit unterschiedlichen Dimensionen. Auch Schabernack kann einerseits humor- und liebevoll gemeint sein, andererseits zu Mobbing und Aggressivität führen. Ebenfalls ironisch gefärbt sind Sprüche und Parolen zum Arbeitsalltag oder Karikierungen der Vorgesetzten und damit indirekt der Herrschaftsstrukturen. Ähnlich wie Alf Lüdtke sehen die Autoren dieser Ausstellung im Eigensinn-Konzept »nicht eine klassenkämpferische Gegenposition gegen das Kapital und die Unternehmensleitung: ›Eigensinn‹ entwickelt sich vielmehr individuell und kollektiv in sehr widersprüchlicher Weise in der Auseinandersetzung der einzelnen Arbeitnehmer oder wechselnd großer Arbeitnehmergruppen und deren Subjektivität mit der betrieblichen Realität, wobei die Formen der Auseinandersetzung sehr unterschiedlich sind«.[69] Obwohl Faulenbach vor einer

---

66 Faulenbach 1999: »Inseln des Eigen-Sinns«, 20.
67 Ebd., 23-28.
68 Ebd., 25.
69 Ebd., 27-28.

Idealisierung des Eigensinn-Konzeptes warnt, sieht er in seinen Spuren auch subjektives Bewusstsein nicht nur gegen Zumutungen von oben:

»Menschen lassen sich durch die betrieblichen, organisatorischen und technischen Bedingungen nie voll funktionalisieren, sie setzen sich mit diesen vielmehr in widerspruchsvoller Weise auseinander. Keine Frage: in dieser Auseinandersetzung kommt Identität von Menschen ebenso zum Ausdruck wie umgekehrt Identität durch die Arbeitserfahrungen geprägt wird [...].«[70]

Die beschriebenen Raum- und Zeitnischen des Eigensinns gehen weitgehend auf industriell-handwerklich geprägte Betriebsstrukturen zurück. Rationalisierung und Mikroelektronik veränderten jedoch die Arbeitsverhältnisse, so dass der individuelle Verhaltensspielraum in den letzten Jahrzehnten neuen Einschränkungen ausgesetzt ist oder auch Erweiterungen erfährt.

»Moderne Betriebe – ob zentral oder dezentral organisiert – versuchen, den Menschen in seiner Ganzheitlichkeit zu sehen, seine Bedürfnisse und seine Kreativität in ›neuen Produktionskonzepten‹ zu nutzen. [...] Es wäre jedoch ein Irrtum anzunehmen, dass sich die Menschen auf dieser neuen Stufe voll funktionalisieren ließen.«[71]

Zudem standen und stehen die Möglichkeiten der Arbeitenden immer in Zusammenhang mit innerbetrieblichen Hierarchisierungen. Während beispielsweise Facharbeiter durch Besorgung von Arbeitsmaterial immer wieder unkontrollierte Pausen machen können, haben Bandarbeiter mit geringerer Qualifikation und ständiger Kontrolle von Vorgesetzten weniger Möglichkeiten des Eigensinns.

Pausen tragen zur »Entdichtung« der täglichen Arbeitszeit bei: Obwohl die Pausenfrage heute nicht mehr im Zentrum arbeitsrechtlicher Forderungen steht, wird sie nach Sperling wieder an Bedeutung gewinnen.[72] Die seit Ende der 1970er Jahre in Deutschland eingeführte 35-Stundenwoche wird zu einer zunehmenden Verdichtung der Arbeitsprozesse führen und damit Pausen wieder notwendiger machen. Aufgrund zunehmender Verdichtung von Arbeitsprozessen wird die Bedeutung der Pause als regenerative Phase, jedoch auch als Raum für soziale Kontakte wiedererkannt. Es hat sich gezeigt, dass größere Pausenblöcke den Bedürfnissen eher entgegenkommen als viele kleine und dass entgegen anderslautenden Erwartungen Pausen am Ende der Arbeitszeit zur Arbeitstagsverkürzung selten eingesetzt werden. Angestellte, die in Einzel- und Kleinserienfertigung arbeiten, ziehen zudem die frei wählbare einer schematischen Unterbre-

---

70 Ebd., 28.
71 Ebd., 28.
72 Sperling 1988: Pausen: Zur Innenansicht der Arbeitszeit, 573-574.

chung durch Pausen vor. Darin kommt auch die Abwehr gegen fortschreitende Standardisierung von Arbeitsprozessen zum Ausdruck:

»Übereinstimmend wird von Betriebsräten hervorgehoben, dass die Erholzeitregelung die Voraussetzung für eine erheblich intensivere Kommunikation der Arbeiter untereinander geschaffen hat und die Tendenz zur ausgeprägten Gruppenbildung während der Pausenzeit beobachtet werden kann, die auf dem direkten Arbeitszusammenhang, der Nationalitätenzugehörigkeit, gemeinsamen Freizeitinteressen oder ähnlichem basiert.«[73]

Selbst beim Vorhandensein von offiziellen Pausenräumen sind informelle Pausenecken beliebter, da sie weniger der betrieblichen Kontrolle unterstellt sind:

»Die praktischen Pausenerfahrungen haben vielfältig belegt, dass es bei der Pausenfrage – jenseits der Fragen der objektiven Messung von Belastung und Beanspruchungen und der Funktion eines Ermüdungsausgleichs – stets wesentlich um die Sicherung von individuellen und kollektiven Gestaltungs- und Handlungsspielräumen geht, die es ermöglichen, eine eigene soziale Logik der ökonomischen und physiologischen Kalkulation und Rentabilität zu etablieren.«[74]

Vom politischen zum symbolischen (Zeit-)Kapital von Pausen

Der scheinbare Widerspruch zwischen politisch begründeten Forderungen nach kürzeren Arbeitszeiten und von innerbetrieblich relevanten individuellen und kommunikativen bzw. kollektiven Gestaltungsbedürfnissen lässt aus kulturwissenschaftlicher Perspektive die Frage nach dem symbolischen Kapital von eigenzeitlichen Freiräumen in den Vordergrund treten. Lüdtke postuliert eine Sichtweise, die die Artikulation von individuellen Bedürfnissen als politisches Verhalten versteht, und erweitert damit die Bedeutung des Politischen um emotionale und symbolische Ausdrucksformen. Gerade diese würden aus Idealtypen wirkliche Individuen und Gruppen mit manchmal widersprüchlichen Reaktionsweisen machen. Lüdtke unterscheidet zwei Modelle für das Politische im Alltagsleben:[75] 1. Das Politikmodell, das den Arbeiter als Gruppe sieht, die an ihren individuellen Löhnen interessiert ist und die Produktionsweise verändern will, bezieht Widersprüche und Verflechtungen mit der Lebensweise der Betroffenen ungenügend mit ein. 2. Lüdtke plädiert im Kontext entwickelter kapitalistischer Industrie- und Dienstleistungsgesellschaften für eine Berücksichtigung des Pri-

---

73 Ebd., 575.
74 Ebd., 576-577.
75 Lüdtke 1993: Eigen-Sinn, 146-147.

vaten im Politischen im Sinne der Verflechtungen von Interessen, Bedürfnissen und Eigensinn, was oft als Privatisierung der Politik missverstanden worden sei, jedoch die Wahrnehmung selbstbestimmter Politik der Beherrschten gegenüber staatsfixierter Politik meine. Entscheidend sei die Möglichkeit für sich selbst zu sein, die eigene Person und die eigenen Werte zu stabilisieren und sich dem Zugriff der Herrschenden – wenn auch nur für Augenblicke – zu entziehen. Lüdtke setzt sich daher für eine analytische Trennung der politischen Arena des Privaten sowie dem Eigensinn auf der einen und der staatszentrierten sowie der formalen Politik auf der anderen Seite ein:

»Wenn man genau hinsieht, zeigt sich nicht Trennung, sondern eine nahtlose Gleichzeitigkeit von privaten kleinen Freuden in der Alltagspraxis, verbunden mit einer alternativen Vorstellung davon, was Leben für einen selbst, aber auch für die Menschheit insgesamt, bedeuten könnte.«[76]

Dabei hätten sich Arbeiterorganisationen mit Eigensinn nur insofern befasst, als er in ihre Vorstellung von Klassenbewusstsein passe. Eigensinn gab es sowohl in der organisierten Arbeiterschaft innerhalb der Praxis der Organisation als auch bei nicht organisierten Arbeitern: »[...] beides zielte darauf, jeweils eine eigene Arena zu sichern. Für die einen war sie gesondert von formaler Organisation und staatsbezogenem Handeln; für die anderen ging es um Zonen des Eigenen gerade innerhalb der Handlungsstrukturen der Organisation.«[77]

Während die politischen Bestrebungen der Arbeiterbewegungen sich dem Gestaltungspotential einer von Herrschaftsinteressen geprägten normativen Zeitordnung und ihrer institutionellen Ausformung zuwandten, widmet sich das Eigensinn-Konzept zeitlich beschränkten Handlungs- und Ausdrucksfeldern innerhalb institutioneller Anforderungen im Rahmen organisierter Arbeit. Gerade im Alltag sind für Lüdtke materielle Interessen und individuelle Bedürfnisse, materielles und symbolisches Kapital sowie Eigensinn nicht voneinander zu trennen. Die »Ehre« hätte es beispielsweise nie zugelassen, die silberne Uhr des Großvaters zu verpfänden, jedoch durchaus den Diebstahl von Nahrungsmitteln und Kohle im Sinne von »Mitgehen-Lassen«. Gleichzeitig standen und stehen alltagstypische Symbolstrukturen und Zeitverwendungsmuster jedoch immer auch im Kontext verinnerlichter Disziplinierung im Dienste von Herrschaftsinteressen und mentalen Prägungen als Resultat von institutionellen wie auch informellen Erziehungsprozessen. Eingriffe ins eigene Leben in Betrieben, Schulen, bei Ämtern und von der Polizei wirkten nebst physischer Gewalt auf subtile

---

76 Ebd., 153.
77 Ebd., 184.

Weise durch Erziehungsbemühungen, Drohungen usw. in Richtung einer Politisierung des Privaten und damit einer *normativ-institutionellen Generierung des scheinbar Subjektiven* im Arbeitsalltag.

Besonders deutlich lässt sich der Zusammenhang zwischen freier Nutzung von Pausen und dem Ausdruck eines kollektiv regulierten Standesbewusstseins im Sinne symbolischen Kapitals an der zünftischen Institution des *Blauen Montags* aufzeigen. Männerbünde bestanden im Deutschen Reich bis in die Mitte des 19. Jahrhunderts, innerhalb der Zünfte in Form von Bruderschaften des Alten Handwerks. Sie ermöglichten den ausgelernten, aber noch nicht selbständigen und niedergelassenen Handwerkern eine geregelte Erwerbsarbeit und besondere Lebensform. Die Arbeitsvermittlung für Wandergesellen wurde organisiert, und es wurden mit den Zünften Vereinbarungen für Löhne, Arbeitszeit und Kündigungsfristen getroffen, die bis zur eigenen Gerichtsbarkeit reichen konnten: »Dank der Bruderschaften reichte das Netzwerk der Gesellen weit über die Grenzen des Deutschen Reiches hinaus und sicherte ihnen eine von der Obrigkeit mit Misstrauen betrachtete herrschaftlich-rechtliche Autonomie.«[78]

Das Alte Handwerk war als Stand des Heiligen Römischen Reiches Deutscher Nation mehr eine Lebensform denn nur eine Erwerbstätigkeit.[79] Nach der Beendigung der Lehrzeit wurde der Lehrling in einem von Handwerk zu Handwerk unterschiedlichen Ritual in die Bruderschaft aufgenommen:

»Neue Bräuche und Regeln, geheim und nur der Bruderschaft bekannt, wurden ihm in Anwesenheit aller Gesellen seines Handwerks bei geöffneter Lade eingeschärft und wieder abgefragt. Wie er sich beim Betreten der Herberge zu verhalten hat [...] und welche Rechte und Pflichten er gegenüber seinen Brüdern, gegenüber den Meistern und der Obrigkeit hat. Schließlich bekam er einen ›Gesellennamen‹ und er lernte den Gruß, ein langes und kompliziertes Dialogritual, mit dem er sich als Angehöriger der Bruderschaft in jeder Stadt, in der er während seiner Wanderschaft Arbeit aufnehmen wird [...] zu legitimieren hat.«[80]

Die Bruderschaften nahmen Einfluss auf die Regelung der Arbeitszeit und erstritten den »Blauen Montag« für die Gesellen, der vornehmlich zur Versammlung in der Schenke oder Herberge diente.

Reid untersuchte die Freizeit-Bräuche in Industriezentren des 18. Jahrhunderts anhand der Städte Birmingham und Sheffield, die typische Strukturen des ökonomischen Traditionalismus wie Kleinwerkstätten und Kleingehöfte als Sub-

---

78 Zerwas 1990: Freiheit, Arbeit, Ehre, 33.
79 Ebd., 33.
80 Zerwas 1990: Freiheit, Arbeit, Ehre, 36.

sistenzwirtschaft beibehalten hatten.[81] In Sheffield gab es Anzeichen, dass sich der in Werkstätten entstandene »Blaue Montag« auch in Industriebetrieben erhielt, obwohl die Obrigkeit sich dagegen wandte. Der Ort war für seine besonders muße-, spiel- und trinkfreudige Lebensweise berühmt. Oft hatte man am Samstag und Sonntag zu lange im Wirtshaus gezecht und bummelte dann am Montag weiter. Obere Lohngruppen hatten trotz Akkordlohn oft weniger Lohn und mehr Freizeit vorgezogen, die manchmal bis Mittwoch dauern konnte. Die traditionelle Einstellung, dass nur der nötigste Lohn behalten werden müsse, und der Rest mit Nicht-Arbeit ersetzt werden könne, hielt sich bis in untere Lohnklassen, die manchmal sogar zur Pfandleihe gingen, um am Brauch des Blauen Montags festhalten zu können. Zu den Aktivitäten, die im 18. und frühen 19. Jahrhundert auch in Birmingham am Blauen Montag vorherrschten, gehörten Trinken in der Bierkneipe, Spiele an der Theke und robuste Vergnügungen wie Boxen und Tierkämpfe. Die Bedeutung des Freitages wurde oft durch festliche Kleidung besonders unterstrichen. Es gab sogar Unternehmer, die wegen der Umsatzeinbußen Konkurs machten oder ihre Firma von Birmingham wegverlegten, weil sie den Blauen Montag nicht bekämpfen konnten. Weder Gefängnisstrafen noch Schläge konnten letztendlich die Arbeiter vom Brauch abhalten. Auch verbilligte Bahnreisen wurden – in der Regel von Arbeiterorganisationen – zum großen Teil am Blauen Montag angeboten, Kuriositäten-Ausstellungen und der Botanische Garten öffneten erfolgreich an diesem Wochentag.

Seit Mitte des 19. Jahrhunderts wandelte sich jedoch der Charakter des Blauen Montags vom zu Umtrunk und Radau neigenden Festcharakter zu einem disziplinierteren Anlass, der mit Wohltätigkeitsveranstaltungen und »gezähmten« Feierlichkeiten begangen wurde, was auch an der Abnahme entsprechender kleiner Straftaten erkennbar war.[82] Zudem wuchsen mit der Konkurrenz der Dampfkraftproduktion zwischen der Eisenwarenproduktion in Birmingham und der Baumwollindustrie in anderen Städten ökonomische Argumente gegen den Blauen Montag. Trotz Protesten musste sich die Arbeiterschaft mangels alternativer Arbeitsangebote der Pünktlichkeits- und Regelmäßigkeitsanforderung neuer Produktionsweisen unterwerfen. Auch die Entleerung des Rituals durch den freien Samstagnachmittag spielte dabei eine Rolle. Mit dem freien Samstag ging auch eine Umdeutung der »schädlichen«, alkohollastigen Freizeitpraxis des Blauen Montags zur geordneten, der Bildung und Erholung dienenden Freizeit am Samstagnachmittag einher. Arbeitgeber gründeten Komitees, die den Nutzen

---

81 Reid 1979: Der Kampf gegen den »Blauen Montag« 1766 bis 1876, 265-270.
82 Ebd., 271-287.

des freien Samstagnachmittags besonders für die Haushaltsführung von Frauen förderten. Für drei reglementiert erlassene Arbeitsstunden am Samstag erhielten die Arbeitgeber demnach zehn oder elf Stunden am Montag und zudem das Versprechen, sich an bestimmte Zeiten und Abmachungen zu halten. In nichtmechanischer Kleinwerkstätten-Produktion in englischen Städten hielt sich der Blaue Montag jedoch bis ins 20. Jahrhundert. Manchmal nutzten die Unternehmer dann den Blauen Montag zu Reparaturarbeiten. Frauen, die oft als disziplinertere Arbeitnehmerinnen betrachtet wurden, nutzten den Tag für Hausarbeiten. Die Zeitgewohnheiten wurden von den Eltern wiederum an ihre Kinder weitergegeben. Gleichzeitig wirkten Unternehmer, puritanische Bewegungen und die Schule darauf hin, die Menschen zu »Zeiteinsparung« und »Pünktlichkeit« zu erziehen.

Die Argumente für oder gegen den Blauen Montag polarisierten sich in Vorstellungen von »Leichtsinn« und »moralischem Verfall« auf der einen Seite und als Überlieferung eines zentralen Elementes der Arbeiterklasse auf der anderen Seite. Oftmals kamen auch gut bezahlte gelernte Arbeiter als Einzige am Montag nicht zur Arbeit. Damit wurde dieser Tag zu einer Bestätigung des Status gelernter Arbeiter:

»Dass sie am Brauch des Blauen Montags festhielten, hatte auch mit Widerstand zu tun, mit Trotz und einem letzten Aufflackern von Freiheitsbegehren. Sie suchten ›sich einen Rest von Unabhängigkeit zu behaupten‹, indem sie Gruppenkonventionen, die einmal Selbständigkeit, Stolz und Freiheit signalisiert hatten, bewahrten: Trinksitten, Kartenspiel, eine spezifische Zeitökonomie.«[83]

Die Unternehmer und Volkspädagogen hatten mit der Zeit erreicht, dass ein großer Teil der Arbeiterschaft den Blauen Montag ablehnte. Vor dem Hintergrund der moralisierenden Atmosphäre des viktorianischen England wurde er zur Ursache aller Laster. Die montäglichen Besucher von Ausflugszielen und Freizeitparks wurden als Faulenzer und Säufer bezeichnet. Die Öffnung von Parks am Montag wurde als Anstiftung zur Verschwendung eines ganzen Tages betrachtet, der mit Arbeit sinnvoller genutzt werden könnte. Gleichzeitig wurden von den Saturday-Half-day-Committees die gleichen Ausflüge angeboten wie vorher am Montag. Die Theater begannen, jeden Samstag Aufführungen anzubieten, und in den 1870er Jahren setzte sich der Vereinsfußball durch. Zudem führte die Einschränkung der Arbeitszeit auf 6 $^{1}/_{2}$ Stunden täglich für Jugendliche im Jahre 1876 zum Verlust von jugendlichen Hilfskräften für Akkordarbei-

---

83 Ebd., 284.

ter, mit deren Hilfe sie jeweils den Arbeitsverlust des Blauen Montags während der Woche wieder aufholen konnten.

Anhand von Autobiographien von Handwerkern im Zeitraum von 1700 bis 1806 untersuchte Andreas Griessinger Deutungsmuster über Handlungsanalysen durch heuristisches Vorgehen.[84] Im Übergang vom Lehrlings- zum Gesellenstatus trat durch die Loslösung vom Meisterhaushalt eine grundlegende Veränderung des Handlungsrahmens ein. Das Leben wurde selbst in die Hand genommen. Die neu gewonnene Freiheit und das Reisen bedeuteten die Befreiung von den Zwängen der Zeitdisziplin, wobei man vermutet, dass Wandergesellen dreißig bis siebzig Stunden in der Woche arbeiteten. Das Wandern hatte jedoch nicht nur die Erfahrung von Zeitautonomie zur Folge, sondern auch eine statuskonstituierende Funktion. Diese äußerte sich beispielsweise im Besuchsnachweis berühmter Städte:

»In diesem Moment äußert sich – im Gegensatz zur Autonomie der Zeitplanung – die Kontinuität von Sozialisationsmustern der Lehrzeit: die Statussymbolik erlegt dem wandernden Gesellen eine feste Regelstruktur auf. Die Autorität in der Gruppe ist nämlich an den Nachweis gebunden, dass der Geselle die in der überregionalen Gesellenorganisation festgelegten Städtewahrzeichen sowie die mit ihnen verbundenen mythologisch-historischen Legenden, Sprichwörter und Merkverse kennt.«[85]

Das hohe Ausmaß an produktiven Kontrollkompetenzen ist ein Merkmal der abhängig Arbeitenden in vorkapitalistischen Produktionsweisen:

»Im Fall der Handwerksgesellen des 18. Jahrhunderts vereinigen sich in den produktiven Kontrollkompetenzen sowohl kontinuierliche als auch diskontinuierliche Elemente der Sozialisationsmuster aus der Zeit der Lehre. Das diskontinuierliche Moment relativ-autonomer Zeitplanung garantiert über die Mobilität die Unabhängigkeit der unmittelbaren Produzenten von Herrschaftsstrukturen im Produktionsprozess. Das kontinuierliche Moment normativer Reglementierung garantiert über den Statusbegriff die Irreduzibilität der unmittelbaren Produzenten auf technische Funktionsleistungen im Arbeitsprozess.«[86]

Die Handwerksgesellen konnten die Arbeit im Betrieb oft selbst unter sich aufteilen, mussten sich aber auch hohe Kompetenz aneignen und grenzten sich dementsprechend von den »Fabriksklaven« ab. Verträge mit festen Laufzeiten lehnten sie genauso ab wie Statusbeleidigungen etwa durch bestimmte Anreden. Ein Geselle kündigte beispielsweise, als ihm nach einer Krankheit Faulheit vorge-

---

84 Grissinger 1981: Das symbolische Kapital der Ehre, 48-68.
85 Ebd., 68.
86 Ebd., 70.

worfen worden war.[87] Je nach Rang innerhalb des Betriebs galten unterschiedliche Arbeitszeiten und statusbedingte Habitusvorschriften, so dass der Rangniedrigste in einem Bäckerbetrieb zum Beispiel bei der Arbeit nicht sitzen durfte. Auch der Blaue Montag wurde oft aufgrund einer bestimmten, in der Gesellengruppe veranstalteten Feier eingehalten, die man kollektiv mit einem Ausflug ausklingen ließ. Die Handwerker waren die Träger zahlreicher städtischer Bräuche, wobei sich die ständische Hierarchie in diesen öffentlich-kollektiven Ritualen auch mit Streikumzügen manifestierte:

»Ein Widerspruch zwischen Festverhalten und Streikdisziplin tritt deshalb nicht auf, weil auch das Fest ein zyklisch wiederkehrender Teil des ständischen Verhaltensrepertoires ist, dem im normativen Kontext der Gruppe ein genau umrissenes Regelsystem zugrundeliegt. Um es paradox zu formulieren: auch die Befreiung von der Arbeit im Fest ist noch eine normativ geregelte Handlungssequenz in der umfassenden zünftigen Einheit von Leben und Arbeit (GODELIER). Die mangelnde kognitive wie realgesellschaftliche Differenzierung der Handlungsfelder Arbeit und Interaktion in ›embedded economies‹ (POLANY) ordnet sowohl dem Fest- als auch dem Arbeitsverhalten einen genau definierten Stellenwert im Bezugssystem der Gruppenkultur zu, womit zugleich die Relation beider normativ festgelegt und insofern Handeln auch in Situationen der Befreiung von Arbeit noch kontrollierbar ist.«[88]

Bei handwerklichen Produktionsformen bestanden ökonomische und nichtökonomische Beziehungen zwischen Produzenten, Produktionsmitteln und Nicht-Produzenten. Die *außerökonomischen Beziehungen waren konstitutiv* »für die Definition der Zugangschancen zu Ressourcen und Produktionsmitteln, der Organisation der Arbeitsprozesse und der Distribution der Produkte«.[89] Nichtökonomischen Instanzen kam dadurch funktionale Dominanz zu:

»Der Tätigkeitsbereich der Zünfte umfasst – nach Gewerben unterschiedlich – neben im engeren Sinn ökonomischen Funktionen (Rohstoffbeschaffung, Preis- und Qualitätskontrollen, Regulierung des Arbeitsprozesses, Ausschaltung unzünftiger Konkurrenz usw.) gleichwertig religiöse (Veranstaltung von Messen, Prozessionen, Verehrung spezifischer Heiliger des Handwerks), jurisdiktionale (Bestrafung bei Verstößen gegen Gruppennormen) und soziale (Fürsorge für arme und kranke Mitglieder und Nachkommen von Verstorbenen, Durchführung von Beerdigungen, Veranstaltung von Festen und Umzügen).«[90]

Dazu kamen subkulturelle Ansprüche wie der Blaue Montag, die zyklischen Feste und das Gruppenbrauchtum bei Initiationsritualen. Obwohl das Prinzip normativer Integration vorherrsche, blieben die symbolischen Handlungsformen

---

87 Ebd., 72-77.
88 Ebd., 413.
89 Ebd., 429.
90 Ebd., 430.

im Sinne eines erweiterten Ökonomiebegriffes strukturell auf ökonomische Instanzen bezogen. Der hohe Anteil an »expressivem Symbolismus« hatte daher »die paradoxe Funktion, durch Symbolisierung gesellschaftlicher Strukturen in intentional bestimmten Handlungssequenzen zugleich die zugrundeliegende Logik der Produktionsweise zu desymbolisieren«[91], um bereits auf der kognitiven Ebene die Ausdifferenzierung einer von interessengebundenem Kalkül beherrschten Ökonomie zu vermeiden. Gleichzeitig wurde dadurch offenkundige Herrschaft in legitime Autorität transformiert. Der normative Integrationsmodus solcher Produktionsweisen ist im Rahmen einer Theorie des sozialen Wandels durch eine »embedded economy« gekennzeichnet. Die profitabelste Tätigkeit bei solchen Produktionsweisen besteht in der Anhäufung von symbolischem Kapital (vgl. Bourdieu) von Ehre und Sozialprestige. Arbeitsprozesse sind über sozial verbindliche Aktivitäten als rituell definierte Umgangsformen, Pflichten der Gemeinschaft gegenüber, Feste usw. in »eine umfassend symbolisch regulierte Lebensform eingebunden«.[92]

Lüdtke und Griessinger plädieren für eine Sichtweise, die symbolisches Kapital in arbeitsweltliche Handlungsvollzüge mitintegriert. Aus kultur- und alltagswissenschaftlicher Perspektive eignet sich dieser Ansatz in besonderem Maße, eine analytisch differenzierte Betrachtung von Arbeitspausen zu erreichen, da er alltagskulturelle Wahrnehmungs- und Ausdrucksfelder mit ökonomischen verbindet. Besonders Griessinger weist auf die unmittelbar sichtbaren Zusammenhänge zwischen materiell bedingten ökonomischen Notwendigkeiten und lediglich mittelbar erschließbaren sozialen Notwendigkeiten hin, die durch expressive Symbolik kulturell aufgeladen werden. Die beschriebenen Formen der Arbeitszeit- und Pausengestaltung verdeutlichen aber auch die soziokulturelle Bedingtheit zeitlicher Phänomene und die Komplexität des Zeitbegriffs. In diesem Zusammenhang stellt sich die Frage, inwieweit symbolisch regulierte Formen von Auszeiten durch die Ökonomisierung der Zeitnutzung verdrängt worden sind und inwiefern sie gegenwärtig sowohl im Bereich der Binnenkultur der Arbeitswelten als auch in einer modernen Freizeitkultur noch von Bedeutung sind.

---

91 Ebd., 432.
92 Ebd., 452.

Pausenernährung und Pausenräume

Pausenkultur weist einerseits normativ-institutionelle, mentale und subjektorientierte und andererseits *semantische Dimensionen* auf, die sich als Sprache der Pausenräume und in Form symbolischen Konsumverhaltens während der Pause äußern. Gleichzeitig manifestieren sich hier sowohl Ausdrucksmittel von Kontrolle als auch der innerbetrieblichen Sozialdifferenzierung im Sinne einer erweiterten symbolischen Ausstattung von Pausensphären, die über zeitliche Aspekte hinausführen:

»In ihrer konkreten Ausgestaltung stellten die Pausen indessen weder eine autonome Manifestation von Arbeiterkultur noch ein arbeitswissenschaftlich abgestütztes Regenerationsprogramm, sondern eine Durchmischung dieser beiden Bestrebungen dar. Es handelte sich um eine widersprüchliche Synthese zwischen Produktivitätssteigerung und Ernährungsgewohnheiten der Belegschaft.«[93]

Bereits im 18. Jahrhundert hatten sich die Herkunft der Nahrungsmittel, die Zubereitung der Speisen und die Abfolge der Mahlzeiten verändert. Dennoch verfügten im Verlagssystem arbeitende Familien über eine hohe Zeitsouveränität. Der Eintritt in die Fabrikarbeit bedeutete hingegen *eine Desynchronisierung der »Familienzeit« durch die »industrielle Zeit«* und damit eine deutliche Zunahme der Fremdbestimmung. Die »innere Uhr« der Familie und ihre Mahlzeitenordnung mussten sich den Glocken der Fabrik anpassen: »Die Fabrik begann nicht nur den Arbeitsrhythmus, sondern die ganze Lebensweise zeitlich zu strukturieren, sie übernahm, oft akustisch unterstützt durch die weithin für alle hörbare Sirene oder Hupe, die Rolle des Zeitgebers.«[94]

Pausen und Pausenverpflegung waren häufig der Grund innerbetrieblicher Konflikte mit der Leitung. Für die Arbeiter war die Pause, das Essen zwischendurch Teil der traditionellen Ernährungsweise, Gelegenheit zur Geselligkeit und diente dazu, die lineare Monotonie des Arbeitsalltages zu durchbrechen:

»Rudolf Braun spricht in seiner Untersuchung über das Zürcher Oberland von Methoden des Zeitsparens und des ›Zeittötens‹: Die Pause war ein Ritual, welches das harte Zeitdiktat und die rigiden Verhaltensimperative des mechanisierten Produktionsflusses für einen Moment lang suspendieren und das erdrückende Gefühl eines nicht enden wollenden Arbeitstages für eine Zeitlang verfliegen lassen konnte.«[95]

---

93 Tanner 1999: Fabrikmahlzeit, 248.
94 Ebd., 211.
95 Ebd., 246.

Die Arbeiter schickten beispielsweise ein kleines Haspelkind, um die gewünschten Ess- und Trinkwaren zu holen, von denen das Kind etwas abbekam: »Mit solchen Pausen fanden Elemente traditioneller Autonomie Eingang in die Fabrik.«[96] Zahlreiche Unternehmen hingegen versuchten das Ess- und Trinkverhalten der Angestellten in formellen und informellen Pausen durch Konsumangebote oder durch Kontrolle zu beeinflussen. Während die Einhaltung der Pausenzeiten immer rigoroser kontrolliert wurde, wurden beispielsweise bei der deutschen Stahlfirma Krupp die zugelassenen Pausen mit vom Betrieb freigestellten Kaffeekochern (meist Lehrjungen), mit dünnem Kaffee und leichtem Kornbranntwein attraktiver gestaltet.[97] Das Ausschenken von nicht alkoholischen Getränken wie Kaffee, Mineralwasser und Milch sollte das in offiziellen und versteckten Pausen verbreitete Schnaps- und Biertrinken verhindern, was jedoch von den Arbeitern und Werkdirektoren trotz der teilweise erforderlichen Bezahlung hartnäckig verteidigt wurde. Ab 1880 wurden spartanisch ausgestattete Speiseräume für das Mittagessen eingerichtet, das oft durch Kinder oder Frauen gebracht wurde. Die um 1850 noch geduldete Einnahme des Mittagessens mit der ganzen Familie, wurde später eingeschränkt, indem das Essen nur noch bis zum Tor abgegeben werden musste und die dortige Aufenthaltsdauer auf eine Viertelstunde beschränkt war. Peinlich genau wurde darauf geachtet, dass die von Familienangehörigen mitgebrachten Essenskörbe in möglichst kurzer Zeit überbracht wurden. So berichtet denn auch Alf Lüdtke in seiner Untersuchung in einer Chemnitzer Maschinenfabrik über Pausen, in denen im Fabrikhof oder im karg ausgestatteten, nicht beliebten Speisesaal unter Arbeitskollegen kräftig Brot, Wurst, Käse verzehrt, dazu Kaffee, Milch oder Bier getrunken wurde.[98] Die offiziellen Pausenzeiten wurden für Erholung gebraucht und dienten weder dem lustvollen Umgang mit anderen noch intensiven Gesprächen. Meist blieben die betrieblich bedingten Arbeitsgruppen unter sich. Oft wurden die Butter- und Margarinebrote jedoch auch neben dem Arbeitsplatz alleine verdrückt, auch um zu vermeiden, dass die Kollegen den Belag erkannten.

Rudolf Braun berichtet von Brot- und Zuckerbäckern sowie Schnapsbrennern, die in den Fabriken im Zürcher Oberland vorbeikamen. Frauen tranken gerne Kaffee und Tee und die Männer, die Letztere als Frauengetränke verachteten, einen selbstgebrannten Trank aus fremden Trockenbeeren, Hefen, Zucker und Spritzugaben, den sie meist an einem versteckten Ort bereithielten:

---

96 Ebd., 246.
97 Lüdtke 1980: Arbeitsbeginn, Arbeitspausen, Arbeitsende, 108-115.
98 Lüdtke 1993: Eigen-Sinn, 242.

»Essen und Trinken geben dem Arbeitstag Zäsuren und Spannung. Gedörrtes Obst, Brot, in guten Zeiten herkömmliches Gebäck und Süßigkeiten sind solche Zeittöter und Meßuhren der Fabrikarbeiter in der Frühzeit. Gegen Ende des 19. Jahrhunderts ergänzen oder ersetzen Milchschokolade, Biskuit, Schleckwaren sowie fremdes Obst – frisch und gedörrt – die lokalen und hausgemachten Naschereien.«[99]

Die heimlich zu verzehrenden Naschereien stellten bezüglich Handlichkeit, stimulierender Nachwirkung und rascher Verzehrbarkeit neue Anforderungen an die Nahrungsmittelindustrie. Problematisch waren in der Frühindustrie zudem der mangelnde Hunger beim Frühaufstehen um ca. fünf Uhr und fehlende Frühstücks- und Vesperpausen, die ein Essen zwischendurch unerlässlich machten – der herkömmliche Mahlzeitenrhythmus war erheblich gestört. In der Regel wurde den Ehefrauen und Müttern informell gestattet, dass sie die Fabrik eine halbe Stunde früher verlassen konnten, um das Mittagessen für die einstündige Mittagspause vorzubereiten.[100] Tanner weist jedoch darauf hin, dass dies weniger auf ein Privileg als auf ihre Doppelbelastung und ihre rollenmäßige Benachteiligung zurückzuführen war.[101] Wenn sie nicht zuhause kochen mussten, hatten sie oftmals für das mitgebrachte und in Wärmeschränken aufbereitete Essen zu sorgen.

Die Kartoffeln der Heimarbeitermahlzeit und in den 1840er Jahren auch der Mais wurden im 19. Jahrhundert immer mehr vom handlicheren und bereits zubereiteten Brot verdrängt, zunächst in der Fabrik, dann zuhause. Von Arbeitern betriebene Bäckereien, Brotträger und später auch Milchhändler wurden neuen Bedürfnissen gerecht. Käse und Butter, jedoch vor allem frisches Fleisch gehörten zur täglichen Mahlzeit von besser gestellten Arbeitern. Obwohl Fleisch im Gegensatz zu dem an Schlachttermine gebundenen Frischfleischgenuss der Bauern bei Arbeitern das ganze Jahr zur Verfügung stand, bildete es als Sonntagsspeise einen Markstein in der kulinarischen Wocheneinteilung. Für die schnelle Mahlzeit zwischendurch wurden auch neue, im Gegensatz zu den geräucherten Bauernwürsten nur kurz haltbare Wurstsorten eingeführt. Mitte des 19. Jahrhunderts traten einfach zuzubereitende Fertigsuppen, Gemüsekonserven und industriell hergestellte Konfitüre an die Stelle aufwändig zubereiteter Nahrungsmittel. Die Frauen, die seit Kindheit in der Fabrik arbeiteten, lernten zudem nie richtig kochen, so dass halbfertige Speisen und Nahrungsmittel aus den USA die Bedürfnisse besser abdeckten. Manchmal nahmen Mütter die Kinder auch in

---

99 Braun 1965: Sozialer und kultureller Wandel in einem ländlichen Industriegebiet, 192.
100 Ebd., 195.
101 Tanner 1999: Fabrikmahlzeit, 233.

die Fabrik mit, weil sie keine geeignete Betreuung fanden, was die Fabrikherren oft duldeten, da sich damit die Kinder bereits früh ans Fabrikleben gewöhnten. Gegen Ende des 19. Jahrhunderts beschränkten arbeitsweltliche Temporalstrukturen und dahinter stehende arbeitsphysiologische Begründungsmuster immer rigider die Nahrungsgewohnheiten während der Auszeiten. Den Fabrikbesitzern dienten die Pausen als Möglichkeit, die Leistung zu steigern und nach der Einführung des nach oben auf elf Stunden begrenzten Normalarbeitstages eine »kalte« Verlängerung des Arbeitstages zu erreichen. Die Pause hatte im durch Rhythmisierung als ökonomisches Prinzip geprägten Industriekapitalismus die Funktion der Leistungsrekonstitution. Ein Fabrikinspektor bei Sulzer Winterthur ging sogar soweit, die gesamte Freizeit mit Mittagspause, Nachtruhe, Sonntagsruhe als »große« und die befristeten Arbeitsunterbrechungen in der Fabrik als »kleine« Pausen zu bezeichnen.[102] Zwischenmahlzeiten wurden oft untersagt mit der Begründung, dass der Arbeitsplatz rein gehalten werden müsse oder der Maschinenlauf nicht unterbrochen werden dürfe. Seit 1877 war es gesetzlich vorgeschrieben, Arbeitspausen am Anschlagbrett zu fixierten Zeiten auszuschreiben und einzuhalten: »Im 20. Jahrhundert häuften sich die Versuche, Arbeitsunterbrechungen von oben in Regie zu nehmen und sie nach arbeitswissenschaftlichen Kriterien auf das Zeitregime und die psycho-physischen Anforderungen der Industriearbeit abzustimmen.«[103] Arbeitspausen wurden nicht mehr unternehmenspolitisch, sondern arbeitswissenschaftlich betrachtet und sollten der Produktionssteigerung dienen:

»Neue innerbetriebliche Kontrollstrategien, die Einführung der Akkordarbeit auf Stück,- und Zeitlohnbasis und zunehmend auch Schichtarbeit ermöglichten eine Verdrängung des ›Pausierens von unten‹ durch eine von oben oktroyierte Pausenordnung. Pausen sollten von einem Moment autonomer Lebensäußerung im Betrieb in ein Instrument heteronomer Leistungsoptimierung umgestaltet werden.«[104]

Die Beurteilung, ob Speisen und Getränke für Zwischenmahlzeiten geeignet waren, hing von diesen Zielsetzungen ab. Die Bedeutung und Funktion der kleinen Verpflegungen zwischendurch hatten sich seit der Zwischenkriegszeit von einem Bereich proletarischer Arbeiterkultur zum Thema arbeitswissenschaftlicher Leistungsoptimierung gewandelt. Die so motivierte Einflussnahme auf Ernährungsgewohnheiten löste beispielsweise innerhalb der Chemischen Industrie immer wieder rege Debatten aus. So war die innerbetriebliche Pausenverpfle-

---

102 Ebd., 245-246.
103 Ebd., 248.
104 Ebd., 248.

gung mit Brot durch die Chemiefirma Ciba bei einem Verbandstreffen 1916 als für die Arbeiter erniedrigende Almosenspendung bezeichnet worden, worauf Ciba wieder davon abkam. Als Kompromiss einigte man sich auf die Pausenmilch, die als besonders gesundheitsfördernd galt. Dieselbe bei Geigy A.G. über Jahrzehnte gegen Magenbeschwerden abgegebene Pausenmilch wurde jedoch 1960 unter Murren der Belegschaft wieder zurückgenommen, weil neuere Studien die prophylaktische Wirkung gegen Schäden und Beschwerden aus chemischer Produktion widerlegten.

Mitte der 1930er Jahre erbrachten die Physiologen Haggard und Greenberg den experimentellen Nachweis, dass fünf anstatt drei Mahlzeiten die Leistungsfähigkeit massiv erhöhen würden.[105] Die Einführung eines 5-Mahlzeiten-Modells stieß jedoch auf großen Widerstand. Staatliche Instanzen und wissenschaftliche Publikationen propagierten infolgedessen die leistungsbezogen legitimierte Durchführung von Pausen und ein ausgiebiges Frühstück. Etienne Grandjean, Direktor des Instituts für Hygiene und Arbeitsphysiologie an der ETH Zürich, unterschied 1960 zwischen willkürlichen, maskierten, arbeitsbedingten und vorgeschriebenen Arbeitsunterbrüchen und legte die optimale Zusammensetzung der einzelnen Zwischenmahlzeiten fest. Über die physiologische Leistungsoptimierung hinaus ging es jedoch auch um die Balance innerhalb des Betriebsklimas:

»Nach der Mitte des 20. Jahrhunderts war somit die Zwischenverpflegung in ein neues physiologisch-psychologisches Strukturmodell integriert; sie war von einer schlechten Gewohnheit drückebergerischer Arbeiterinnen und Arbeiter zu einer ernährungs- und arbeitswissenschaftlich sanktionierten Einrichtung geworden, die wesentliche Impulse auslöste für den Auf- und Ausbau von Verpflegungsstätten in Industriebetrieben.«[106]

Der Zweischicht-, besonders aber der Dreischichtbetrieb erforderte eine Neuorientierung des bisherigen Kantinenangebotes, weg von einer festen Mittagsmahlzeit hin zum Buffetbetrieb und zu nahrhaften Zwischenmahlzeiten. Nach Einführung des Akkordlohnes sollte nicht mehr die Arbeitszeit vor allzu langen Pausen, sondern die Pausen vor dem Willen nach Mehrverdienst geschützt werden.

»Bei allen drei Unternehmen stand die Bereitstellung von Mahlzeiten beziehungsweise von Essmöglichkeiten zur *Mittagszeit* und die Regelung der *Pausen* beziehungsweise der *Zwischenverpflegung* im Zentrum. Unter arbeitsorganisatorisch-produktionsfunktionalen Aspekten erwiesen sich die *Entfernung der Wohnorte* von der Fabrik, der *Mechanisierungsgrad der*

---

105 Ebd., 250-252.
106 Ebd., 253.

Produktion und die *Einführung neuer Arbeitszeitmodelle* als Determinanten des Ausbaus und der Gestaltung der innerbetrieblichen Kollektivverpflegung.«[107]

Die sog. »englische Arbeitszeit« mit sechs Tagen à acht Arbeitsstunden und einer Mittagspause von 30 Minuten wurde 1926 in Übereinstimmung von Geschäftsleitung und Personal bei Ciba eingeführt.[108] Sie begann sich in der Schweiz zu Beginn des 20. Jahrhunderts zu verbreiten. Selbstbedienung und damit rationale Ausnützung der knappen arbeitsfreien Zeit kamen auf Seite der Kantinenversorgung diesem Arbeitsmodell entgegen. Die Arbeitszeitverkürzung hatte Individualisierung, Familiarisierung und mehr Freizeit zur Folge, beruhte aber auf einer Steigerung der Arbeitsproduktivität im Betrieb. Damit wurden die Voraussetzungen für den frühen Feierabend des Familienernährers geschaffen und konnte sich seit den 1950er Jahren die kleinfamilienzentrierte Lebensweise im Zeichen des *American way of life* mehr und mehr durchsetzen.

Die Einteilung der *Arbeitszeit und die Mahlzeitenordnung* waren eng miteinander verflochten. Aber nicht nur Arbeitszeiten und Nahrungsmittel waren Ausdruck einer lenkenden und disziplinarischen Absicht von Unternehmerseite, auch die *Zuteilung der Räume* wurde nach bestimmten Mustern vollzogen und war damit Ausdruck innerbetrieblicher Hierarchien.

Die Arbeiter wurden mit den Essenspausen nicht nur zeitlich, sondern auch räumlich zur Neuorganisation gezwungen. So wurden die bislang als Essräume benutzten Arbeitsräume oft geschlossen, um die Arbeiter dazu zu bringen, ihre Mahlzeiten in den dafür vorgesehenen Essräumen einzunehmen. Die Kantine wurde als Gegenmodell zur rationalisierten Fabrikarbeit als Familienraum konzipiert, der als emotionale Tankstelle die fehlende Zuneigung im Funktionsgetriebe der modernen Fabrik gewissermaßen als Dienstleistung des weiblichen Kantinenpersonals anbieten sollte:

»Im Gefolge der sozialpartnerschaftlichen Stabilisierung der industriellen Beziehungen wurde versucht, die Exoküche der Fabrikkantine in eine Endoküche aller Familienmitglieder zurückzuverwandeln: Gemeinsames Essen im Wohlfahrtshaus beziehungsweise im Personalrestaurant sollte die ›Betriebsgemeinschaft‹ festigen oder – in der Terminologie der Nachkriegszeit – die Corporate Identity stärken.«[109]

Trotzdem aßen die Arbeiter oft lieber unter Bekannten außerhalb der zur Verfügung gestellten Essräume. 1942 beanstandete auch die Betriebsleitung von Sandoz in einem Schreiben, dass entgegen Art. 7 der Fabrikordnung Pausen zur

---

107 Ebd., 207-208.
108 Ebd., 442-444.
109 Ebd., 253.

Einnahme von Zwischenmahlzeiten, Letztere auch von nicht dazu berechtigten Arbeitern, in dafür nicht vorgesehenen Räumen wie Laboratorien und Fabrikationsbetrieben abgehalten würden. Den betrieblichen Wohlfahrtseinrichtungen kam nicht nur die Aufgabe zu, die Arbeitsproduktivität zu steigern, sondern vielmehr ging es auch »um eine Neugestaltung der industriellen Beziehungen in Richtung eines ›machtdurchwirkten Konsenses‹, sozialfriedlicher Konfliktregelungsmuster und einer betriebsgemeinschaftlichen Ideologie«.[110]

Auch die Arbeiterbewegung sah in diesen Wohlfahrtseinrichtungen Maßnahmen im Rahmen sozialintegrativer Einbindung der Arbeiter in die Fabrik und damit Angriffe gegen die Organisationsfreiheit und gegen ihre Forderung nach höheren Löhnen, deren Folgen jenseits der Kontrollmöglichkeit von Unternehmern liegen würden. Die harte Ablehnung der Kantinen und Essräume durch Gewerkschaften sollte daher zwei Funktionen verhindern: erstens die Schwächung des Klassenbewusstseins durch betriebliche Integrationsversuche und zweitens den Einbau von Lohnbestandteilen innerhalb von betrieblichen Kontrolldispositiven wie diesen Wohlfahrtseinrichtungen.

Die 1920 errichtete »Bade- und Speiseanstalt« der Chemiefirma Sandoz wies eine nach Geschossen und nach vertikalem Sozialgefüge differenzierte Raumstruktur auf:

»Über den Versuch hinaus, mit einer qualitativ guten Ernährung die Arbeitsmotivation und die Leistungsfähigkeit der Belegschaft zu steigern, war die Kantine auch Ansatzpunkt für eine Politik der ›feinen Unterschiede‹ zur tagtäglichen Visualisierung und Sanktionierung der sozialen Betriebshierarchie.«[111]

Die Arbeiter hatten für ihre Mittagspausen im 1. Obergeschoss eine karge Einrichtung mit langen Tischen und Bänken zur Verfügung, die Angestellten immerhin Einzelstühle und die ebenfalls im 1. Obergeschoß residierende Direktion einen Speisesaal mit eigenem Eingang, Stukkaturen und gediegen-bürgerlicher Einrichtung.[112] Der Arbeiterspeisesaal hatte einen waschbaren Zementboden mit Gefälle und Abwässerung und entsprach der Nüchternheit, Hygiene und Linearität der industriellen Produktion, während er im Zyklus der Jahreszeiten, so an Weihnachten, festlich geschmückt wurde:

»Auch wenn der kalorische ›Brennwert‹ der Mahlzeiten als eine Funktion der physischen Arbeitsleistung aufgefasst wurde und die ›Büezer‹-Mahlzeit deshalb (unter Energiegesichtspunkten) reichhaltiger ausfallen konnte, aßen die Angestellten noch um die Mitte des 20. Jahr-

---

110 Ebd., 215.
111 Ebd., 207-208.
112 Ebd., 189-190.

hunderts in einer gediegeneren Atmosphäre als die Arbeiterschaft – sie saßen auf Stühlen statt auf Holzbänken, es gab Tischtücher (oder schönere Tischtücher), und das Lokal war feiner ausgestattet.«[113]

Nach dem Zweiten Weltkrieg setzten sich die seit den 1920er Jahren in den USA verbreiteten Cafeterias durch. In der Nähe der zunehmend in Vororte verlegten Betriebe lohnte sich das Führen von Restaurants nicht, die *lunchbox* war außer Mode gekommen, und die Arbeiter und Unternehmer setzten vermehrt auf Gesundheit und Wohlergehen, die sich auf die Arbeitsmoral positiv auswirken sollten. Dennoch vermochte die vermehrte Zahl an Kantinen das Essen zuhause in der Familie nicht zu verdrängen.[114]

Die Schulpause

Auch die Arbeitszeit der Schüler unterlag einer genauen Zeitregelung.[115] Im 19. Jahrhundert verbreitete sich die Tendenz zur Lernschule und damit zu ausgedehnterem Schulpensum. Gleichzeitig wurden mit der Einführung der Volksschule seit den 1830er Jahren immer mehr Kinder im Schulunterricht mit Disziplinierung, unbedingtem Gehorsam und einem genauen Zeitplan konfrontiert:

»Von morgens früh bis abends spät war für jede Viertelstunde im voraus festgelegt, was die Zöglinge zu tun hatten. [...] Wenn die einzelnen Schulstunden jeweils von 8-10 Minuten langen Pausen unterbrochen wurden, erfuhren die Schüler sowohl die Bedeutung dieser kleinen Zeiteinheit als auch die Notwendigkeit eines ›pythagoräisch genauen‹, das heißt pünktlichen Verhaltens eines jeden einzelnen, ohne das so kurze Unterbrüche gar nicht hätten durchgeführt werden können.«[116]

Trotz neuen Erziehungsidealen, die sich im Laufe des 20. Jahrhunderts von rigoroser Disziplinierung entfernt hatten, lassen sich Formen einer verinnerlichten Zeitdisziplin auch in gegenwärtigem Pausenverhalten nachweisen: Claudia Cattaneo hat in einer Zürcher Agglomerationsgemeinde Kinder auf dem Pausenplatz vom Winter 1975 bis Frühsommer 1977 mittels Befragung, teilnehmender Beobachtung, Videoaufnahmen und Tonband untersucht.[117] Ausgehend von einem

---

113 Ebd., 207-208.
114 Ebd., 219.
115 Engelsing 1980: Arbeitszeit und Freizeit von Schülern, 51-76.
116 Messerli 1995: Gleichmäßig. Pünktlich. Schnell, 174.
117 Cattaneo 1977: Aktivitäten und Interaktionen auf dem Pausenplatz, 16-30.

symbolisch-interaktionistischen Ansatz wollte sie die Pause als soziale Situation in ihrer ganzen Komplexität erfassen:

»Aktivitäten und Interaktionen geschehen immer in einem situativen Kontext. Das heißt, sie unterscheiden sich von einander je nach Ort, Zeit, Zusammensetzung der Handelnden und nach Witterung oder Temperatur. Pausenplatzsituation meint die Gesamtheit dieser Faktoren, welche auf das Geschehen Einfluss nehmen.«[118]

Während der Schulstunde sind die Kinder einer starken sozialen Kontrolle unterworfen und müssen ruhig sitzen. Die Interaktionen finden vorwiegend zwischen Schülern und Lehrperson statt. Im Schulalltag bilden sich hierarchische Positionen mittels Schulleistungen, Sprachkompetenz, Häufigkeit der von der Lehrperson erfahrenen Sanktionen usw. im Klassenzimmer heraus. In den Pausen werden jedoch andere Profilierungsmuster relevant, die von den Kindern selbst beurteilt werden. Stichworte dazu sind Kaltstellen, Gewaltäußerungen und entsprechend veränderte Hierarchien. Die Pause wird als Befreiung von den Einschränkungen der Schulstunde erfahren: »Schreien, Rennen, Sich-Jagen und Rammeln sind typische Erscheinungen auf dem Pausenplatz und sind nur hier so gehäuft anzutreffen.«[119] Sie bildet einen Kontrast dazu und kann deshalb auch nicht als schulfreie Zeit bezeichnet werden. Die Pausenplatzsituation ermöglicht, mit einer großen Anzahl Kindern verschiedener Altersgruppen und sozialer Milieus in Kontakt zu kommen. Grundsätzlich kommt der Hauptteil der Pausenplatzaktivitäten ohne Spielobjekte aus. Architektonische Bauteile wie Mäuerchen, Treppenstufen, Bodenbeläge usw. werden hingegen rege benutzt. Zu den Aktivitäten gehören Zuschauen, Reden, Kämpfen, Bedrohen, Jagen, Necken, Berührungen, Bewegungsspiele mit oder ohne Regelcharakter und Spielhandlungen mit Symbolcharakter (z.B. Rollenspiele). Obwohl die Spiele meist kein Ziel bzw. einen explizit kompetitiven Charakter haben, bringt das mit Abzählreimen gestaltete Rollenverteilen Gruppenzusammenhänge und Hierarchien zum Ausdruck. Eine große Rolle spielt das Essen: Schleckwaren, oft kombiniert mit Spielfigürchen und Klebebildern werden als Kommunikationsmittel eingesetzt, die Beigaben werden getauscht, die Comics werden kommentiert und die Süßigkeiten geteilt. Es entwickeln sich Spiele daraus, wenn zum Beispiel gefragt wird: »Welche Hand willst du?«. Obwohl die Lehrer meist später in die Klasse kommen, werden die Aktivitäten beim Glockenzeichen sofort unterbrochen, was durch das fehlende definitive Ende der Spiele unterstützt wird. Die Vorberei-

---

118 Ebd., 2.
119 Ebd., 31.

tungsphase der Spiele ist oft viel länger als die Abbruchphase. Gewisse Spiele und Neckereien werden in der Schulstunde fortgesetzt. Auch die Organisation des Raumes erfolgt nach bestimmten Regeln:[120] Gewisse Orte werden bevorzugt, wobei sich das Hauptgeschehen auf den Schulplatz konzentriert. Obwohl der Schulhausplatz halböffentlichen Charakter hat, wird er während den Pausen zum Territorium der Schüler. Auf dem Pausenplatz wird die Bedeutung von körperlichen und emotionalen Ausdrucksmitteln im Gegensatz zu typischem Erwachsenenverhalten besonders augenfällig:

»Im Schulunterricht werden die Kinder in erster Linie nach ihrem Sprachvermögen beurteilt: [...] Auf dem Pausenplatz gelten andere Werte: hier werden die Kinder nach ihren körperlichen und sozialen Fähigkeiten und Kompetenzen beurteilt, die wichtig sind für die Aufrechterhaltung und Organisation eines Spiels [...]. Spielintensität, d.h. ein ›gutes‹ Spiel wird in erster Linie über außersprachliche Kommunikationsmittel und durch aktive Teilnahme mit dem ganzen Körper erreicht und vermittelt.«[121]

Auch wenn auf dem Pausenplatz handlungs- gegenüber gesprächsbezogenen Kommunikationsformen vorherrschen, betont Cattaneo die Beeinflussung des Verhaltens von Kindern durch Erwachsene, das Elternhaus und die Schule.[122] Damit weist sie auf den in der volkskundlichen Kindheitsforschung diskutierten Unterschied zwischen einer von den Erwachsenen in pädagogischer Absicht vermittelten Kultur *für* Kinder und einer Kultur *der* Kinder hin, die mündlich und motorisch tradierte Kinderspiele und Kindersprüche umfasst und sich sowohl den Erziehungsabsichten der Erwachsenen als auch dem Einfluss von Massenmedien und Konsumindustrie bis zu einem gewissen Grade entziehen kann.[123]

Auch Pausen und der Pausenplatz sind damit Teile jenes Disziplinarraumes, der Kinder im Laufe des Zivilisationsprozesses im Sinne einer Kultur *für* Kinder zu Trägern einer verinnerlichten Zeitdisziplin erzieht. Gleichzeitig bietet die situative Konstellation auf dem Pausenplatz einen zwar zeitlich und räumlich begrenzten Spielraum für die Entwicklung von Kultur *der* Kinder im Sinne des »Eigensinn«-Konzeptes.

---

120 Ebd., 100-103.
121 Ebd., 108-109.
122 Ebd., 3-4.
123 Vgl. Bausinger 1987: Kultur für Kinder - Kultur der Kinder. In: Kinderkultur, 12-13.

Nachmoderne: Zur Dialektik von Zeitfreiheit und Zeitzwang

Verschiedene gegenwartsbezogene Untersuchungen befassen sich mit der Auflösung des von der Arbeiterschaft erkämpften Normalarbeitstages zugunsten flexibler Arbeitszeitmodelle in nachmodernen Arbeitswelten. Was bedeuten diese Veränderungen für die Entwicklung von strukturellen Voraussetzungen und alltäglichen Verhaltensmustern, aber auch von mentalen Strukturen im Umgang mit Zeit und Pausenzeit? Denn mit der Forderung und Durchsetzung kürzerer Arbeitszeiten ist aus gewerkschaftlicher Sicht die Befürchtung verbunden, dass freie Zeit nicht unbedingt Zeitautonomie bedeutet. Damit in Zusammenhang steht auch die Forderung von Freizeitforschern in den 1980er Jahren, dass neben Zeitbudgetforschung auch die Sicht der Freizeitnutzer einbezogen werden muss:

«Gegenüber reiner Zeitbudgetforschung müsse unter anderem die subjektive Realität der Betroffenen einbezogen werden, Freizeit lasse sich nur sinnvoll begreifen, wenn ein höherer Aggregierungsgrad, wie etwa Lebensstil, in die Analyse einbezogen werde. Zeit müsse darüber hinaus als qualitative soziale Kategorie erforscht werden, wobei die Dispositionschancen über die arbeitsfreie Zeit eine zentrale Kategorie für den Gebrauchswert der Freizeit darstellten: Zeit zur falschen Zeit sei objektiv und subjektiv sinnlos.«[124]

Damit tritt gleichzeitig eine Subjektivierung und eine Kulturalisierung des wissenschaftlichen Standpunktes in den Vordergrund. Die für die gegenwärtige Kommunikationsgesellschaft charakteristische »Zeitkompaktheit« und die radikal veränderten Umschlagzeiten des industriellen Kapitals führen zu Neuorientierungen innerhalb alter Sicherheiten wie der Aufteilung von Arbeits- und Freizeit, von Berufsbiographie und Lebenslauf.[125] Jahrhundertelange kulturelle und soziale Lernprozesse von mehr oder weniger gewaltsam eingeprägten industriegesellschaftlichen Zeitmustern werden dabei vorausgesetzt, aber gleichzeitig in Frage gestellt:

»In ihm [Lernprozess] wurde durch die erste und zweite industrielle Revolution Arbeit und Freizeit getrennt und die Zeitstrukturen der modernen Industriegesellschaften durch den schwerindustriellen Produktionsrhythmus geprägt. Synchronisation, Taktung und Erziehung zur Pünktlichkeit waren das Ziel einer umfassenden Zeitdisziplinierung, mit der Menschen in einem erzwungenen und leidvollen Prozess an die Zeiterfordernisse der Maschinen und ihrer ökonomischen Produktionsbedingungen gewöhnt wurden.«[126]

---

124 Beck 1994: Nachmoderne Zeiten, 13.
125 Ebd., 13.
126 Ebd., 15.

Steigende Kapitalintensität und schnellere Produktionszyklen bewirken eine zunehmende Entkoppelung von Betriebs- und Arbeitszeiten. Die Arbeitszeitordnungen werden damit, und auch durch die Forderung von Gewerkschaften nach kürzeren Arbeitszeiten, einer wachsenden Flexibilisierung ausgesetzt:

»Fraglich ist, ob dies einen grundsätzlichen Bruch mit der Zeitlichkeit kapitalistischer Gesellschaften mit weitreichenden Konsequenzen für zentrale Repräsentationen bedeutet, oder ob es sich dabei um leichte, randständige Modifikationen handelt. In beiden Fällen wäre auch die im Zivilisationsprozess entstandene Langsicht (Elias) betroffen, der neue Handlungsdispositive zur Seite gestellt werden müssten, um der von Elias beschriebenen terroristischen Wende der sozialisierten Zeitnormen gegen die Menschen zu entrinnen. [...] offensichtlich ist, dass Veränderungen in den herrschenden Repräsentationen der Zeit und vor allem Umstrukturierungen von Tages- und Biographientwürfen große Auswirkungen auf die lebensweltliche Konstruktion von Sinn haben werden (Schütz/Luckmann).«[127]

Zur Vergegenwärtigung produktionsbedingter Zeitanforderungen ist es angebracht, zwischen schwerindustrieller und informationstechnologischer Moderne zu unterscheiden, wobei sich die schwerindustrielle durch eine Fülle von Habitusanteilen auszeichnet, die Gesellschaft und Ökonomie organisierten:

»Die Grundannahme ist, dass [schwer]industrielle Moderne in den besonderen Metall- und Stoffsynthesetechniken und deren Verarbeitung in einem komplexen Zusammenhang von Bildung, Beruf, Forschung, Wohnen, Transport sowie sozialstaatlicher Kompensation ausgeprägt ist.«[128]

Damit verbunden sind bestimmte Zeitformen und Verhaltensanforderungen. Die Individuen mussten sich in diesem Prozess an arbeits- und technikbedingte Kleinlogistiken anpassen, die Trennung von Arbeits- und Freizeit verinnerlichen und die Gegenwartsorientierung zugunsten der Langsicht abwerten:

»Seit Ende der 70er Jahre beginnen sich jedoch – verzögert – Veränderungen in dieser schwerindustriellen Zeitökonomie abzuzeichnen: Hatten lange Veranlagungszeiten stabile Verhaltenssynthesen erzwungen, müssen diese nun im Zuge einer ökonomischen Umstrukturierung hin zu ›flexibler Spezialisierung‹ der Produktion verflüssigt werden.«[129]

Auf die ökonomische Krise der Jahre 1965-73 reagierte die Wirtschaft in den 1980er Jahren mit Flexibilisierung der Produktion. Das steigende Innovationstempo reduzierte die »Halbwertszeit« der Produkte. Die hohe Kapitalintensität verlangt nach flexibler Produktion, höherer Amortisation, kürzeren Produktionszyklen und hohen Auslastungen der Anlagen. Dadurch werden wiederum die

---

127 Ebd., 44.
128 Vgl. Fassler 1991: Abfall – Moderne – Gegenwart, 48 f., zit. bei: Ebd., 49.
129 Beck 1994: Nachmoderne Zeiten, 51.

Produktionszeiten erweitert, was zu Schichtbetrieb und Flexibilisierung führt. Obwohl diese Entwicklungen je nach Branche unterschiedlich fortgeschritten sind, ist zumindest das Potential dafür vorbereitet. Gleichzeitig besteht die Gefahr einer Aufweichung tarifrechtlicher Regelungen und der Normalarbeitszeit.

Stefan Beck hat 1992 in seiner Arbeit anhand qualitativer Interviews Zeiterfahrungen und -belastungen von Kontischicht-Beschäftigten in einem IBM-Unternehmen in Stuttgart untersucht. »Kontischicht«[130] bedeutet für den Betrieb die Möglichkeit, durchgehend zu produzieren und für die Mitarbeiter, dass sie alle paar Tage von Früh- bzw. auf Spät- und dann auf Nachtschicht wechseln und dann mehrtägige Freizeitblocks zur Verfügung haben. Das neue Arbeitszeitmodell wurde gegen den Widerstand einer Mehrheit der Beschäftigten für 600 vorwiegend männliche Arbeitnehmer eingeführt.[131] Die Analyse des empirischen Materials zielt darauf ab zu untersuchen, wie das dialektische »Verhältnis zwischen verändertem Zeitumgang einerseits und überkommenen Zeitvorstellungen, -verhaltensnormen und -erwartungen andererseits praktisch bewältigt, [...] reflektiert und diskursiviert wird«.[132]

In der bestehenden, gegenwärtigen Zeitordnung dominieren Arbeitsmuster des Werktags und Familien-, Erziehungs-, Einkaufs-, Erholungs- und Privatbedürfnisse werden diesen untergeordnet. Demgegenüber dominiert am Wochenende die Familienzeit als Ordnungssystem. Dem Wochenende kommt eine zentrale soziale und kulturelle Bedeutung als stabilisierendes Element innerhalb der komplexen, industriellen Zeitordnung zu.[133] Es erfüllt Schutz-, Entlastungs-, Orientierungs-, Animations-, Koordinations- und Integrationsfunktionen. Kontischicht setzt die Beschäftigten aus den Standard-Zeitordnungen frei. Die Kontischichtarbeiter müssen diese Koordinationsleistungen selber organisieren. Sie verfügen nicht über einen strategisch abgesicherten sozialen Ort, an dem sie dem Verschleiß durch Zeit standhalten könnten und müssen daher auf Taktiken zurückgreifen, die sich zwar an bestehende kulturelle Bedeutungssysteme und Zeitnormen anlehnen, jedoch nicht mehr vollständig durch sie legitimiert werden.

Bei der Untersuchung veränderter Zeiterfahrungen im Rahmen der Kontischicht-Angestellten steht die Frage im Vordergrund, ob der neue, gegen die gesellschaftlich vorgegebenen Zeitverwendungsstrukturen gerichtete Arbeits-

---

130 Ebd., 9.
131 Ebd., 87.
132 Ebd., 91.
133 Vgl. Rindspacher (Hg.) 1994: Die Welt am Wochenende.

rhythmus zu subjektiver Zeitfülle oder zu subjektiv erlebtem Zeitmangel führt.[134] Beck meint damit den Eindruck fehlender Verfügungsmacht über Zeit, eine als fragmentiert wahrgenommene Freizeit oder einen geringeren Gebrauchswert von Freizeit aufgrund geringerer Sozialisierbarkeit. Soziale Interaktionen bilden einen bedeutenden Faktor der zeitlichen Struktur von Identität: Zur Sicherung der Identität muss sowohl die temporale Integration des persönlichen Zeitbewusstseins als auch die Integration innerhalb der Handlungs- und Zeitperspektiven der Interaktionspartner gewährleistet bleiben. Die immer wechselnden Schichten bei Kontiarbeitern lassen sich kaum routinisieren. Die im Zivilisationsprozess erlernte »Langsicht«[135] muss mit einer Kurzsicht kombiniert werden, die einer Gegenwart entspringt, die keine auf Dauer angelegten Muster vorweisen kann.

Obwohl Kontischicht einen Extremfall darstellt und daher nicht als paradigmatisch für einen umfassenden gesellschaftlichen Wandel angesehen werden kann, »lässt sich an diesem Beispiel gerade durch die Abweichung vom gesellschaftlich standardisierten Zeitumgang der Normalfall kenntlich machen, der sonst von Selbstverständlichkeiten und Alltagsroutine verdeckt ist«.[136]

Becks Basismethode bilden themenzentrierte, qualitative Leitfadeninterviews, um komplexen Einstellungsmustern, Selbstbildern und Interpretationen der Befragten auf den Grund gehen zu können. Expertengespräche und die Auswertung wissenschaftlicher Literatur führte zur Formulierung von Fragekatalogen mit folgenden Themen:[137] 1. Allgemeine Angaben; 2. Freizeittätigkeiten und Wochenende; 3. Lebensstil und Stilisierungen; 4. Zeitstruktur, -bewusstsein und Zeitstrukturierung/Planung; 5. Reaktionen des sozialen Umfeldes; 6. Zeitperspektiven. Der Sinn der so entstandenen Textproduktion liegt nicht in erster Linie in einem etwaigen Wahrheitsgehalt, sondern in der Produktion eines differenzierten Selbstbildes, von Fremd- und Selbstbeschreibungen. Gespräche wurden mit fünf Männern und zwei Frauen geführt, von denen vier einen unbefristeten und drei einen auf achtzehn bzw. sechs Monate befristeten Arbeitsvertrag hatten.

---

134 Beck 1994: Nachmoderne Zeiten, 94.
135 Vgl. Elias 1984: Die Zeit.
136 Beck 1994: Nachmoderne Zeiten, 98-99.
137 Ebd., 102-112.

Die Bewertung der Kontischicht war das Ergebnis einer komplexen »Kosten-Nutzen-Rechnung«, bei der die Lohnzuschläge und damit ein nicht Zeit-bedingter Faktor als Kompensation für die Nachteile eine wichtige Rolle spielten:

> »Auffällig war, dass von der Firmenleitung immer wieder behauptete Vorzüge des Schichtsystems – etwa geringere gesundheitliche Belastung, mehr Freizeit oder besserer Kontakt zu den Kindern – nie als Begründung für die eigene Entscheidung zur Kontischicht genannt wurden.«[138]

Durch die Kontischichtarbeit entstehen besondere Belastungen in Form von Synchronisations- und Integrationsanforderungen. Zu den gesundheitlichen Problemen gehören eine Verschlechterung des allgemeinen Wohlbefindens, Schlafstörungen und unregelmäßige Essenszeiten. Es gibt jedoch auch Befragte mit bereits verinnerlichter Distanzierung von der Standardzeitordnung, die den unregelmäßigen Schlafrhythmus als Befreiung erlebten und zum Beispiel dann schlafen gingen, wenn sie müde waren. Der Zwang zum reflexiveren Umgang mit Zeit wurde von einigen als Chance genutzt, sich vom Normalarbeitstag abzugrenzen. Eine Befragte besaß ein Grundstück mit Garten, das sie unter der Woche teilweise mit ihrem Mann besuchte und auf dem immer »Wochenende« herrscht – die fehlende Zeit-Sicherheit wurde in diesem Fall mit einem »Ort in der Zeit« kompensiert.

> »Das vorliegende Interviewmaterial legt zumindest die Hypothese nahe, dass neben der allgemeinen Lebenssituation (allein- oder zusammenlebend, Berufstätigkeit des Partners, Kinder etc.) und möglichen körperlichen Dispositionen [...], weitere Faktoren zu berücksichtigen sind, die als sozial-konstruierte je individuell wirksam werden. Je höher die Bindung an zeitkulturelle Normen ist, desto größer sind auch die körperlichen und sozialen Schwierigkeiten, die durch schichtbedingte Desynchronisation mit der Normal(arbeits)gesellschaft empfunden werden.«[139]

Der zehnwöchige Schichtzyklus führte zu einer fragmentierten Zeitwahrnehmung, bei der die Routinisierung des Alltags erschwert wurde: Der Arbeits- und Freizeitrhythmus musste immer wieder mit einem Blick auf den Kalender neu überprüft werden und die Freizeit musste innerhalb von unregelmäßigen Parametern geplant werden. Auch die Beschäftigung mit Kindern am Wochenende, die Teilnahme an Familienfesten und ritualisierte Freizeitaktivitäten mit Freunden wurden durch die Kontischicht oft verunmöglicht. Die verstärkten Synchronisationsanforderungen führten dazu, dass der Kontikalender ständiger Begleiter

---

138 Ebd., 122.
139 Ebd., 131.

war und dass spontane Anfragen von außen nicht erwartbare Abmachungen zur Folge hatten. Die zeitliche Orientierungslosigkeit hatte zudem zur Folge, dass Befragte oft nicht mehr wussten, welcher Wochentag und wann Wochenende war. Der fehlende »Ort in der Zeit«[140] führte zu Erinnerungsverlusten in der Vergangenheit[141] und zum Velust von Zukunftsperspektiven. Bei der Beurteilung der Qualität der neu entstehenden Freizeit wurde zwar das »Mehr« der Freizeit wahrgenommen, aber das Problem, diese Zeit nutzen zu können, stand trotzdem im Raum. Insbesondere wurden Wochentage manchmal verschlafen, und es ließen sich die Wochentage nicht mit Wochenenden als kollektives Freizeitgefäß vergleichen. Einige jüngere Leute sahen in der anders gestalteten Wochenstruktur auch eine Chance, sich den herkömmlichen Freizeitmustern zu entziehen und die Freizeit bewusster zu gestalten. Insgesamt wurde jedoch der Verlust beklagt, sich an Wochenenden ritualisierten, auf die Paarbeziehung, die Familie, das Einkaufen, den Kirchenbesuch, das Ausgehen usw. bezogenen Tätigkeiten nachgehen zu können. Mit der Erfahrung der Kontischicht war auch Kritik von Nachbarn verbunden, die den ausbleibenden Kirchenbesuch beklagten oder aufgrund nächtlicher Heimkehr Fremdgehen vermuteten. Die Möglichkeit, die Freizeit aktiv und kreativ zu begehen schien durch den fehlenden kollektiven Rahmen behindert zu werden. Die damit zusammenhängende Sinnentleerung der Freizeit und Lange-Weile konnten zu schweren Krisen führen.

Mit freier Zeit zu »falscher« Zeit wurden Kontiarbeiter zwar aus Freizeiträumen ausgeschlossen, jedoch erzielten sie auch Distinktionsgewinne, indem sie sich über andere amüsierten, die am Montagmorgen wieder mit der Arbeit beginnen mussten.[142] Ein Mitarbeiter verkürzte die Schlafzeiten während der Schicht zusätzlich und erklärte sich ihre Zumutungen mit einer von ihm selbst verordneten, als faszinierend bezeichneten *Zeitdiät*, die wie eine Fastendiät die Kontrolle des Geistes über den Körper zum Ziel hatte:

»Die Radikalität dieser Absetzbewegung gegenüber der arbeitskulturellen Normalität ist sicherlich untypisch, doch auf reduziertem Niveau können auch Jochen, Anja und Frau Müller die durch die Schichtorganisation verringerte Geltungskraft der vorherrschenden Zeitmuster und -umgangsweisen genießen. Diese bewusst erlebte Differenz wird von ihnen nicht negativ als Vereinzelung, sondern positiv als Steigerung der Individualität erfahren: Das aus der Praxis hervorgehende Selbstbild ist nicht nur individualistisch, sondern notwendig antikollektivistisch, da es nur durch Abgrenzung von Normalität konstruiert werden kann.«[143]

---

140 Ebd., 150.
141 Z.B. »An welchem Wochentag war das?«. In: Ebd., 181.
142 Ebd., 169-183.
143 Ebd., 172.

Da sie jedoch selten ihre Freizeit mit Kontischichtarbeitern verbrachten, fehlte ein sozial und räumlich abgrenzbarer Interaktionsraum, um die Praxis als kollektive zu erfahren. Damit blieb ihre Konstruktionsleistung von Sinn eine individuelle und individualistische. Mit neuen Zeitvorgaben ist auch die Frage verbunden, ob sich ein reflexiverer Umgang daraus entwickeln kann:

»Offenbar bereitet es vielen der Befragten Schwierigkeiten, die in weiten Bereichen entwertete Fremdzwangsapparatur der gesellschaftlich normierten Zeitpläne durch Selbstzwänge ersetzen zu müssen, ohne sie gleichzeitig auf Dauer stellen zu können: eine als ›sinnvoll‹ erfahrene Zeitstruktur muss jeweils momentan und von Tag zu Tag neu aus eigener Kraft hergestellt werden.«[144]

Insgesamt konnten sich daher wenige der von Beck Befragten vorstellen, aus körperlichen und sozialen Gründen längere Zeit in der Kontischicht zu arbeiten. KontiarbeiterInnen haben die Zeit nicht mehr auf ihrer Seite:

»Rufe nach ›Entschleunigung‹ und ›Wiederaneignung von Zeit‹ sind Symptome einer Befindlichkeit, die ZEIT im ›gegnerischen‹ Lager verortet. Fern solcher Schlachtrufe kann festgestellt werden, dass momentan offenbar die gewohnten (schwerindustriellen) Repräsentationsweisen von ZEIT Veränderungen unterworfen sind.«[145]

Das schwerindustrielle Zeitregime wird nicht radikal freigesetzt, sondern modifiziert: Fabrik, Schule und Familie als Institutionen, in denen Freizeit bisher geregelt wurde und in denen durch synchronisierte An- und Abwesenheit zeitliche Homogenität als Kollektiverfahrung gewährleistet wurde, werden von global wirksamen, informationstechnologischen Veränderungen verdrängt:

»Die Oberflächenheterogenität der Zeit *de-kollektiviert* An- und Abwesenheiten in den nach wie vor bestehenden Disziplinarräumen und entfaltet damit in bezug auf noch bestehende Kollektive und Milieus ausschließende Wirkungen – im Kurssystem der Schulen ebenso wie in kontinuierlich produzierenden Fabrikanlagen.«[146]

Lokale Räume und Zeiten werden global verknüpft, und gleichzeitig werden die globalisierten Räume und Zeiten partiell re-lokalisiert und entkoppelt. Die für KontiarbeiterInnen zugewiesenen Eigen-Zeiten weisen wenig Eigenes auf und werden vornehmlich als Verlust und nicht als Chronotope erfahren.

Ende der 1990er Jahre sind Lebensläufe und Arbeitsbiographien von Flexibilität und Sequenzen bestimmt:

---

144 Ebd., 175.
145 Ebd., 179.
146 Ebd.,182.

»Bis in die sechziger Jahre hinein waren Herkunftsfamilie, Geburtsort, kirchliche Bindungen und soziales Herkunftsmilieu bestimmend für Lebensweg, Lebensstil und Denken der Menschen. Die Möglichkeiten sozialen Aufstiegs waren abschätzbar, die Vorbilder eindeutig, tradierte Verhaltensrezepte und Werte vermittelten dem, der sie respektierte die Gewissheit des Gelingens. Von solcher Berechenbarkeit und entsprechenden Sicherheiten haben wir uns verabschiedet.«[147]

Die von Beck und anderen Autoren zugeschriebene Differenz zwischen strukturellen und alltäglichen Kontinuitäten im Umgang mit Arbeits- und Auszeiten in Phasen der Industrialisierung bzw. Schwerindustrialisierung und nachmoderner Arbeitsmodelle geht allerdings bezüglich Bewältigung und Wahrnehmung von Zeitalltag von verallgemeinerbarer »Normalität« als Mehrheitserfahrung aus. Inwiefern diese Einschätzung von vormodernen und modernen Arbeitssphären nicht auf der Basis von Idealisierungen und der Verdrängung von Brüchen erfolgt, bleibt zunächst offen.

Der Destabilisierung von Normalarbeitswoche und Normalarbeitstag im Sinne einer von Beck beschriebenen, auf Produzentenseite eingeführten variablen Blockarbeitszeit stehen flexible Arbeitszeitformen in zahlreichen Betrieben gegenüber, die nicht allein aufgrund produktionsbedingter Anforderungen eingeführt wurden. Vielmehr stehen sie als Ergebnis für ein in politisch-öffentlichen Diskussionen und in konkreten betrieblichen Auseinandersetzungen ausgehandeltes Arbeitsverhältnis, das den Angestellten vor dem Hintergrund einer möglichst hohen Arbeitszufriedenheit und einer daraus erwarteten Leistungsbereitschaft in einem bestimmten Rahmen *flexibel wählbare Arbeitszeiten* ermöglicht. Es ist jedoch deutlich darauf hinzuweisen, dass solche Flexibilisierungswellen mehrheitlich in Zusammenhang mit ökonomisch bedingten Arbeitszeitreduktionen stehen und nur in größerem historischen Rahmen seit der Nachkriegszeit auch als Verbesserungen zugunsten der ArbeitnehmerInnen betrachtet werden sollten.[148]

---

147 Michel-Alder 1998: Unterwegs ins 21. Jahrhundert, 163.
148 Volkswagen Deutschland sicherte z.B. 1993 durch eine 20%ige Arbeitszeitverkürzung ohne vollen Lohnausgleich mit verschiedenen Arbeitszeitmodellen 20'000 Arbeitsplätze. So ermöglicht das Modell »Vier-Tage-Woche« eine kürzere Wochenarbeitszeit bei entsprechender Lohnkürzung, das Modell »Blockzeit« längere Abwesenheiten zwecks Weiterbildung und das Modell »Stafette« einen stufenweisen Rückzug aus dem Erwerbsleben ab 55 Jahren. In den Niederlanden sind zu Beginn der 1990er Jahre Teilzeitmodelle schon bei 38% der Arbeitsplätze durchgesetzt, in Frankreich bei 17%, in Deutschland bei 18% und in der Schweiz bei 28%. Vgl. Neuhaus: Europäische Beispiele. In: Holenweger, Conrad (Hg.) 1998: Arbeit & Zeit, 61-67.

Andreas Wittel untersuchte das potentielle Spannungsverhältnis zwischen Firmenideologie und Belegschaftskultur anhand einer Firma, bei der die Kaffeepause ein bedeutender Bestandteil der Firmenkultur ist.[149] Im Zentrum seiner Arbeit stand das Verhältnis von Firmenideologie und Belegschaftskultur, insbesondere inwiefern die Firmenideologie Letztere zu beeinflussen versucht und dabei auf Widerstände der Angestellten stößt und wie diese wiederum die Firmenideologie bewerten. Unter »Firmenideologie« versteht Wittel ein Bedeutungssystem, in welchem dominante betriebliche Akteure die Realität zu definieren versuchen, aber auch die Gesamtheit der Strategien zur Konstruktion eines betrieblichen Selbstverständnisses. Demgegenüber umschreibt er mit dem Begriff »Belegschaftskultur« alles, was sich die Beschäftigten angeeignet haben, um ihren Arbeitsalltag zu bewältigen, die gewohnheitsrechtlichen Praxen wie auch die Aufrechterhaltung von Solidarbeziehungen. Traditionelle Formen von Belegschaftskultur unterliegen gemäß Wittel durch die wachsende systemische Rationalisierung und sich verändernde Berufsauffassungen einem ständigen Wandel. Der Aufstieg japanischer Firmen hat denn auch seit den 1980er Jahren in Wissenschaft und betrieblicher Praxis die »Unternehmenskultur« zu einem wichtigen Garanten unternehmerischen Erfolges werden lassen.

Der für die Untersuchung gewählte Betrieb weist bewusst einen vorbildlichen Ruf einer homogenen und innovativen Unternehmenskultur auf.[150] Er beschäftigt 6'000 MitarbeiterInnen, wovon zwei Drittel Männer und ein Drittel Frauen sind. 57% haben eine akademische Ausbildung, und der Altersdurchschnitt beträgt 36 Jahre.

Die Arbeit von Wittel beruht auf einer Ethnographie mit sieben Wochen teilnehmender Beobachtung und zwanzig qualitativen Interviews von maximal einer Stunde Dauer. Das Untersuchungsfeld betrifft einen Bereich der Firma mit vierzig bis fünfzig Angestellten, die für das Marketing von medizintechnischen Vorsorgeinstrumenten zuständig sind: SachbearbeiterInnen, SektretärInnen und IngenieurInnen mit unterschiedlichen hierarchischen Positionen und Funktionsbereichen. Die Arbeitsplätze befinden sich alle im gleichen Gebäude und in Großraumbüros mit großen Fensterflächen. Das offene Klima in der Firma begünstigte die Feldforschung. Die Bereitschaft, auf die Absichten des Feldforschers einzugehen, war sehr unterschiedlich und schwankte von offener Freundlichkeit bis zu ablehnender Aggression. Ergänzt wurden die qualitativen Erhebungen durch Auswertung von Firmenzeitungen, Videos und Broschüren.

---

149 Wittel 1997: Belegschaftskultur im Schatten der Firmenideologie, 9-22.
150 GmbH eines internationalen Computer- und Elektronikkonzerns.

Während in der Mehrzahl bundesdeutscher Betriebe die Infrastruktur für das Kaffeetrinken von den Angestellten selbst organisiert wird, stellt die vorliegende Firma hochmoderne Kaffeemaschinen und den Kaffee selbst zur Verfügung.[151] Auch die Positionierung der Kaffee-Ecken in jedem Großraum an gut frequentierter, zentraler Verkehrslage weist auf die *besondere Bedeutung der Kaffeepausenkultur* hin. In der Nähe der Kaffeemaschinen stehen Litfaßsäulen mit Firmenmitteilungen und Stellwände als freie Fläche für Informationen und für Wandschmuck. Die Unternehmensleitung betont in Broschüren und an Vorträgen für Hochschulabsolventen die Bedeutung der Unternehmenskultur als Instrument einer strategischen Unternehmensführung und verweist dabei immer auf den kostenlosen Kaffee und die Kaffeepausen. In gleichem Sinne tritt bei der Innendarstellung der kostenlose Kaffee als positives Merkmal hervor und wird deshalb bei Einführungsgesprächen neben der Regel, sich mit Vornamen anzusprechen, als erstes erwähnt. Die MitarbeiterInnen betonen denn auch immer wieder, dass die »Bistro-Ecken« bestätigen, dass Kaffeetrinken und die dabei entstehende Kommunikation von der Firma geradezu erwünscht werden. Das Argument, das Kaffeetrinken als positives Merkmal der guten Firmenkultur hervorzuheben, wird von den Angestellten verinnerlicht – Kaffee wird zum Symbolträger und »zur Darstellung des normativen Systems« innerhalb der Firma instrumentalisiert. Interessanterweise stellt der Autor fest, dass es eine größere Bedeutung im Kontakt mit neuen Mitarbeitern oder Kunden hat als im Arbeitsalltag. Das Kaffeetrinken dient vor allem der Firmenleitung als Mittel der kulturellen Selbstdarstellung:

»Sowohl die sachkulturelle und räumliche Inszenierung des Kaffeetrinkens wie auch die Binnen- und Außendarstellung von Firma und Angestellten sind Erzählungen über die symbolischen Bedeutungen des Getränks und noch wichtiger – über firmenkulturelle Werte und Haltungen, die sich am Kaffeetrinken analysieren lassen.«[152]

Der Gratiskaffee wird zwar von den MitarbeiterInnen sehr geschätzt und mit der Firma identifiziert, andererseits auch als Teil des Gewinns bzw. als von den Mitarbeitern erwirtschaftet betrachtet. Während er von der Geschäftsleitung zum Ereignis gemacht wird, ist er für die Mitarbeiter eine Selbstverständlichkeit im Arbeitsalltag.

Bei der Bedeutung des Kaffeetrinkens innerhalb einer Unternehmenskultur müssen immer auch die kulturellen Zuordnungen und Wertungen von Kaffee als symbolbeladenes Getränk in Betracht gezogen werden: Einerseits gilt es als

---

151 Wittel 1997: Belegschaftskultur im Schatten der Firmenideologie, 41 ff.
152 Ebd., 46.

anregendes Arbeitsstimulans, andererseits als Zeichen des Kaffeeklatsches, der Kommunikation, als kultiviertes Genussmittel, »Symbol des Heimes und der Festlichkeit zugleich«.[153] Während die Firma den Kommunikationscharakter, das Aufeinanderzugehen des Kaffeetrinkens betont, beschreiben die Beschäftigten die Kaffee-Ecke pragmatischer als Informationszentrum und weisen erst in zweiter Linie auf den Regenerations- und Pausencharakter hin. Zugleich sind die Grenzen verwischt, d.h. aus einem informativen Gespräch entwickelt sich schnell einmal ein lockeres Gespräch, es werden Witze erzählt, und die Zeitspanne wird als Pause bezeichnet. Die Kaffee-Ecke bildet zudem einen infrastrukturellen Rahmen für die Gerüchteküche:

»Indem die Firma mit solchen Ecken den stets florierenden Klatsch als legitim anerkennt und ihm seinen Raum zuteilt, diszipliniert und entschärft sie ihn auch. [...] Für sich betrachtet sind Information und Entspannung zwei eigenständige Bereiche ohne direkte Verbindung. Am Stehtisch jedoch verschwimmen sie. Die Sphäre der Arbeit (Information) und die Sphäre der Nichtarbeit (Pause machen, Entspannung) ist kaum noch zu trennen.«[154]

Die Stehtische werden zu Konstitutionsorten für informelle Netzwerke und sind Ausdruck der kommunikativen Sozialbeziehungen in der Firma, die gleichzeitig zu ihrem Aushängeschild gemacht worden sind. Die Mitarbeiter gehen selten allein, meistens mindestens zu zweit an die Stehtische, um dem Stigma eines Eigenbrötlers bzw. der Nichtbeachtung der Firmenideologie auszuweichen. Es bilden sich jedoch selten feste Gruppierungen und das Stehen verhindert gemütliche Sesshaftigkeit:

»Dass die informelle Kommunikation dann nicht allzu gemütlich wird, dafür sorgt schon das Artefakt Stehtisch. Für den behäbigen Plausch braucht man eine Rückenlehne. Die Stehtischgespräche, hierzu zählen die privaten ebenso wie die arbeitsbezogenen, sind folglich schnell, konzentriert, schlagfertig und sie verlaufen im Bewusstsein der Zeitknappheit. Im Stehtisch materialisiert sich ein wichtiger Zug der corporate Identity.«[155]

Die Firma ist sich der Konzentration und Arbeitsleistung fördernden Wirkung des Kaffees bewusst, genauso wie seines symbolischen Gehaltes, Informalität, Gemütlichkeit und lockere Kommunikation zu fördern – im Sinne von »Arbeit macht Spaß«. Ebenso wird von der Firma und den MitarbeiterInnen mit Stolz darauf hingewiesen, dass sich die Vorgesetzten den Kaffee selbst holen, dass man sich mit dem Vornamen anredet, dass man im Großraumbüro mal schnell den Topmanager zum Stehtisch holen kann und damit übliche Hierarchien weg-

---

153 Ebd., 52.
154 Ebd., 54.
155 Ebd., 54.

fallen. Gleichzeitig belegen aber die Berichte aus dem Arbeitsalltag, dass bei Meetings trotzdem die Sekretärinnen den Kaffee bringen und dass die Vorgesetzten sehr selten am Stehtisch anzutreffen sind. Der egalisierende Charakter der Kaffee-Ecke wird einerseits hervorgehoben, andererseits im praktischen Verhalten der Vorgesetzten kritisch hinterfragt.

Trotz der kommunikationsfördernden Wirkung von Kaffee wird sein Konsum zum Zwecke der (Arbeits-)anregenden Wirkung bzw. die arbeitsweltliche Praxis höher bewertet als die lebensweltliche. So können die Mitarbeiter theoretisch jederzeit Kaffee trinken, aber ein *informelles Regelwerk* sorgt für bestimmte zeitliche Benützungsregeln. Die Frühstückspause ist die am intensivsten genutzte Zeit, gefolgt von Kaffeepausen nach dem Mittagessen und spätnachmittags, während die Verweildauer höchstens zehn Minuten beträgt:

»Im Kaffeetrinken [...] manifestieren sich Anpassung an Unternehmensziele und die Integration der Firma. Dabei bleibt für die Beschäftigten die lebensweltliche Seite des Kaffeekonsums immer eng an die Arbeit gekoppelt. Mit den beiden oppositionellen Symbolbereichen des Kaffees löst sich in der Computerfirma der Lebenswelt-Systemwelt-Gegensatz auf: Am Arbeitsplatz erzeugt der Kaffee Wohlbefinden und am informellen Stehtisch wird oft über Arbeit geredet.«[156]

Außerdem hebt das Kaffeetrinken die in dieser Firma geltenden Formen der Kollektivität hervor, die zugunsten der Gesamtfirma mögliche Solidargruppen unter Arbeitnehmern zu vermeiden versuchen. Die postfordistische Firma fördert nicht nur, sondern fordert bestimmte Strukturen der Kollektivität: »Sie ist hochgradig instrumentell und verliert so den Charakter von Eigenständigkeit. Sie wird also nicht von unten und gegen oben entwickelt und kann es auch nicht. Die Erfahrung von Kollektivität reduziert sich auf den von der Organisation vorgegebenen Rahmen.«[157] Die Herrschaftsausübung bei dieser Firma beruht tendenziell auf Selbstzwang, der Kaffee wird zu einem idealen Mittel, diesen zu verdeutlichen:

»Allerdings deuten die beschriebenen Habitualisierungen an den Stehtischen auf Praxen, die auch einen zwanghaften Charakter haben und dem in der Unternehmensphilosophie angelegten Individualisierungsgedanken deutlich zuwiderlaufen. Dass das Gros der Mitarbeiter nicht auch mal alleine am Kaffeetisch steht, vielleicht sollte man sagen: nicht stehen kann, weil dieses Verhalten sofort als unkommunikativ und nicht offen geoutet würde, markiert die Grenzen der Individualität.«[158]

---

156 Ebd., 63.
157 Ebd., 63.
158 Ebd., 63.

Firmenideologien können daher im Sinne einer kulturellen Steuerung, der Herausbildung einer Organisationsidentität, einer Steigerung der Leistungsmotivation und Loyalität das Denken der Mitarbeiter beeinflussen und damit auch zu einem hegemonialen Instrument werden. Der zunehmende Stress und die Arbeitsverdichtung, die in allen hochindustrialisierten Gesellschaften zu beobachten ist, führt dazu, dass die Ingenieure dieser Firma sagen, sie hätten nie fünf oder zehn Minuten am Tag Zeit, in denen sie in Ruhe über ihre Arbeit nachdenken könnten:

»Dennoch wollen, ja sollen sich laut Ideologie die Beschäftigten Zeit füreinander nehmen. Diese Zeit bezeichne ich im folgenden als soziale Zeit. Da die Beschäftigten aufgrund der zunehmenden Arbeitsverdichtung keine Zeit haben, müssen sie sich die soziale Zeit nehmen. Soziale Zeit steht zwischen der Arbeits- und der Freizeit und muss auch, sofern sie in Anspruch genommen wird, entweder von der Arbeits- oder von der Freizeit abgezwackt werden. Sie kann also während der Arbeitszeit ihren Platz haben oder in den Pausen oder im Anschluss an die Arbeit. Die Zeit nach der Arbeit [...] wird im Vergleich zu früher weit seltener als soziale Zeit genutzt. [...] In der Regel findet die soziale Zeit während der Arbeitszeit oder in den Pausen statt.«[159]

Eine der befragten Mitarbeiterinnen unterscheidet zwischen altruistischen (z.B. mit jemandem eine halbe Stunde sprechen, der lange krank war) und egoistischen (z.B. Quatschen über Urlaub) Motiven sozialer Zeit und unterschiedlicher Handhabung der Kompensation:

»Auf der einen Seite spiegelt sich im Verhalten der Angestellten ein merkwürdiger, bei GT[160] häufig zu findender Altruismus, der, hinter der Maske von Verantwortung gegenüber der Organisation, private Kommunikation mit abendlichem Nachsitzen bestraft. Obwohl (auch die private) Kommunikation immer ausdrücklich als erwünscht präsentiert wird, gilt die Regel, dass die durch soziale Zeit verlorene Arbeitszeit freiwillig wieder eingeholt wird. Es gilt ein struktureller und wenig sichtbarer Zwang, verlorene Arbeitszeit wieder aufzuarbeiten und hierfür die Freizeit zu opfern.«[161]

Die als klassische soziale Zeit geltende Frühstückspause wird nur noch von einem Drittel der Beschäftigten genutzt, wobei die Angestellten als Ursache den fehlenden Gong für die Frühstückspausen nennen, die Beobachtungen jedoch eher für zunehmenden Arbeitsdruck sprechen. Die meisten holen sich Kaffee und Brötchen an den Arbeitsplatz, sobald die Brötchenwagen eintreffen, auch ohne Gong. Die Mittagszeit wird meist in der Kantine verbracht und gehört daher ebenfalls zur (freiwilligen) sozialen Zeit. Die Mittagspause beruht mehrheitlich

---

159 Ebd., 192.
160 GT: Kürzel für die betreffende Firma.
161 Wittel 1997: Belegschaftskultur im Schatten der Firmenideologie, 192.

auf Arbeitsbeziehungen und enthält arbeitsbezogene Gespräche. Für die Manager sind Mittagessen sogar meist offizielle Arbeitstermine mit Kunden oder mit Kollegen: »Bei dem Manager hat sich die Funktion der Kantine verändert: Sie dient nicht mehr als Pausenraum, sondern ist nur noch die lebensweltliche Alternative zu den Konferenzecken.«[162]

Die Mittagspause ist nicht eine freie Zeit, die die Mitarbeiter »für sich selbst haben und entsprechend ihren persönlichen Wünschen gestalten können«.[163] Eine Sekretärin, die von ihrem Vorgesetzten dazu angehalten wurde, mit der eigenen Abteilung und nicht mit anderen Sekretärinnen essen zu gehen, lehnte diese Forderung ab: »Die Sekretärin hat diese in eine Bitte verpackte Forderung abgelehnt: Sie müsse mit den Kollegen täglich acht Stunden verbringen. Deshalb wollte sie sich zumindest in der Pause ihre Gesprächspartner aussuchen können. Zu so einer Ablehnung gehört sicher Mut.«[164] Solche von den Befragten häufig erwähnten Beispiele für zwanghafte informelle Arbeit widersprechen auch der die abteilungsübergreifende Kommunikation fördernden Firmenideologie.

Das *fehlende formelle Zeitkontrollsystem wird durch ein informelles von Vorgesetzten und Kollegen ersetzt* bzw. oft sogar intensiviert.[165] Nichtarbeit wie aus dem Fenster schauen, Computerspiele machen oder eine ablehnende Haltung gegenüber dem Betrieb äußern gelten als illegitime Motivationsmängel und wurden in der betreffenden Feldstudie nicht beobachtet. Anderes Verhalten, das sich in einem der Büroarbeit offenbar nicht angemessenen Gesichtsausdruck äußert, wird mit Fragen wie »Träumst du?« oder »Meditierst du?« sanktioniert.[166] Die gegenseitige Kontrolle erfolgt subtil, nonverbal durch Aufschauen oder Auf-die-Uhr-Blicken oder eine Frage wie »Na, gehst du schon heute?«.[167] Die informellen Zeitkontrollen werden vor allem von den genügend, aber nicht *mehr* Arbeitenden registriert – von den Überstunden Leistenden weniger – und dementsprechend internalisiert:

»Schon bei der Analyse des Umgangs mit Überstunden lag ein Hinweis auf die ELIASsche These von einer historischen Transformation von Fremdzwängen hin zu Selbstzwängen und von äußerer Kontrolle hin zu Selbstkontrolle auf der Hand. Die Mechanismen der Zeitkontrolle bei GT sind ein weiterer Beleg für die Plausibilität dieser These. Im Vergleich zu den durch eine Stechuhr erzeugten Handlungen sind die Kontroll- und damit auch die Disziplinierungs-

---

162 Ebd., 194.
163 Ebd., 194.
164 Ebd., 193.
165 Vgl. dazu auch: Lauterbach 1933: Arbeitsalltag und Bürowelt, 52-53.
166 Wittel 1997: Belegschaftskultur im Schatten der Firmenideologie, 226.
167 Ebd., 200.

praktiken bei GT wesentlich feiner. Freiheit und Disziplin stehen in einem dialektischen und sich gegenseitig befruchtenden Verhältnis. Formen von Fremdkontrolle sind bei GT nur diejenigen Beschäftigten ausgesetzt, die pünktlich gehen, die also, etwas boshaft formuliert, ihre Selbstdisziplinierung nicht weit genug entwickelt haben.«[168]

Das informelle Kontrollsystem wird umso wirksamer, weil es nicht von Vorgesetzten ausgeht und allfälligen solidarischen Widerstand von vorneherein ausschließt.

Lebensweltliche Kategorien von Pausenfunktionen

Die Basis für das von Wittel beschriebene Kontrollsystem bildet die hohe Bewertung der informellen Kommunikation mit formellen Auswirkungen wie Kaffeekultur, Vornamensregelung, die Betonung der Teamfähigkeit und die innenarchitektonischen Zeichen wie Großraumbüros, Stehtische und Bistroecken. Dies führt jedoch auch zu einer Vermischung von Berufs- und Privatleben und zu einer ständig erforderlichen Festlegung der Grenzen zwischen beiden Sphären. Obwohl offiziell nur einmal jährlich beim Picknick die Familien der MitarbeiterInnen eingeladen sind, bietet die gepflegte Gesprächskultur eine breite Plattform für private Themen. Mitarbeiter, die sich dieser entziehen, gelten als Einzelgänger.

Die Privatisierung der Arbeitsbeziehungen wird nicht durchwegs als positiv bewertet, da sie zu privaten Problemen führen oder das Freizeitgefühl einschränken kann: So wird manchmal auch vereinbart, nach Feierabend nicht mehr über das Geschäft sprechen zu dürfen. Hierarchische Unterschiede zeigen sich darin, dass Manager strikter zwischen Arbeit und Privatleben trennen als Ingenieure und vor allem als Sekretärinnen. Legitime Formen von Nichtarbeit wie Arbeitsunlust und Tratschen werden als Arbeitsgespräche getarnt, indem die betreffenden Angestellten am Arbeitsplatz bleiben und nonverbal signalisieren, dass sie arbeiten (z.B. Stirnrunzeln, sich unter einem Arbeitsvorwand am Arbeitsplatz besuchen). Pausen sind daher immer deutungsbedürftig: »Sie können von den Beschäftigten als Arbeitszeit, als Freizeit oder als soziale Zeit genutzt werden.«[169]

Lebensweltliche Distinktionsprozesse kommen nicht nur in privaten Gesprächsthemen, sondern auch auf sachkultureller Ebene zum Tragen. Kaffeetas-

---

168 Ebd., 201.
169 Ebd., 193.

sen gehören zu den wenigen persönlichen Gegenständen, die die Mitarbeiter am Arbeitsplatz haben. Gemäß Andreas Wittel sind sie Träger von Bedeutungen und Indikatoren eines kulturellen Systems: Ihren Zeichencharakter erhalten sie als Erinnerungsgegenstände von Situationen und Personen, zum Beispiel als Geschenke.[170] Auf der individuellen Ebene äußert sich ihr Distinktionswert durch die persönliche Note, die Selbstdarstellung ihrer Besitzer und deren Lebensstil: Das Material der Tassen und emblematische Aufdrücke, Sprüche, Bilder, Namen, Logos transportieren Bedeutungen, ästhetische und stilistische Präferenzen:

»Im Vordergrund der Analyse stehen also, ganz in der Tradition der Soziosemiotik BOURDIEUS, der Umgang mit den Tassen und ihre Nutzungsformen sowie die Bedeutungen, die die Beschäftigten ihren Trinkgefäßen zuschreiben und damit verknüpft, die Distinktionswerte, die die Entscheidungskriterien für die Wahl einer bestimmten Tasse beeinflussen und strukturieren.«[171]

Gemäß Bourdieu zeichnen sich Lebensstile im Gegensatz zu traditionalen Integrationseinheiten dadurch aus, dass sie selektiv auf Themen bezogen sind und nicht auf die gesamte Lebenslage. Die Mehrheit der Tassen sind Firmentassen, die zu besonderen Anlässen als Prämien verschenkt werden. Die »Celebrate-Tasse« enthält eine Umsatzgraphik mit Aufschwungserfolg und wurde an eine erfolgreiche Abteilung verteilt. Die »Denkertasse« mit Aufschriften wie »Think again. Think open. Think GT« und die »Winner-Tasse« wurden für bestimmte Projekte verteilt und sind dementsprechend seltener. Viele Mitarbeiter stellen bis zu neun Firmentassen an ihrem Arbeitsplatz aus oder funktionieren sie zu Aufbewahrungsgefäßen um. Wiederum andere benutzen keine Firmentassen, weil sie diese Geschenke als einfallslos und einen stilistischen Übergriff der Firma in individuelle Sphären betrachten. Die verschiedenen Nutzungsformen der Firmentassen verdeutlichen bis zu einem gewissen Grad eine stärkere oder schwächere Hingabe an die Firma. Die Privattassen betonen stärker den lebensweltlichen Aspekt der Arbeitswelt und werden zur Distinktion (man möchte keine Tasse wie alle anderen haben), zur Kommunikation (ein Comic oder lustiger Spruch auf der Tasse fordert zu Gesprächen auf) oder aus stilistischen, ästhetisch begründeten Motiven ausgewählt. Im Vergleich zu den Firmentassen spielen bei Privattassen pragmatische Motive eine geringere und Distinktions- und ästhetische Faktoren eine größere Rolle.

Auch Matthias Henkel geht in seiner kulturwissenschaftlichen Betrachtungsweise zum Thema Kaffeetasse am Arbeitsplatz davon aus, dass das persönliche

---

170 Ebd., 271-292.
171 Ebd., 273.

Trinkgeschirr die Möglichkeit bietet, Privatheit und Individualität am Arbeitsplatz auszudrücken und dass es damit zu einem »Bedeutungsbiotop« innerhalb der Firmenkultur wird.[172] Um die Kaffeetassen herum entwickeln sich Gespräche über Urlaub und persönliche Themen innerhalb der von »fremden«, funktionalen Gegenständen ausgestatteten Arbeitswelt. Für Henkel sind die Kaffeetassen daher Teil einer Sachkultur, die für die symbolische Aneignung des Arbeitsplatzes durch Angestellte steht. In einer 1995 bundesweit durchgeführten Auswertung von insgesamt 2470 Fragebogen zum Thema Büro-Alltag wurden Angestellte auch zu ihrem Umgang mit Kaffeetassen befragt. 61 Prozent der Befragten gaben an, die Arbeitspausen völlig frei gestalten zu können, während die Übrigen an mehr oder weniger geregelte Pausenzeiten gebunden waren. Dabei ist bezeichnend, dass Frauen sich eher nach festen Pausenzeiten richten mussten als Männer, obwohl insgesamt nur 15 Prozent der Befragten in leitender Position tätig waren. Die Umfrage ergab zudem, dass 85 Prozent die Möglichkeit nutzten, den Arbeitsplatz persönlich zu gestalten, wobei die Auswahl der Gegenstände dann bestimmten Mustern folgt (z.B. Topfpflanzen, Spielzeugfiguren, Kalender, Comics).

Den Trinktassen wurde bei der individuellen Akzentsetzung am Arbeitsplatz eine besondere Bedeutung zugewiesen. Henkel stellt ähnlich wie Wittel fest, dass die Mehrheit der Unternehmen Räumlichkeiten, die technische Infrastruktur und firmeneigenes Geschirr für Kaffeepausen zur Verfügung stellen und sowohl den Aspekt der Kommunikation als auch das Firmenlogo auf Kaffeetassen für betriebseigene Zwecke instrumentalisieren.[173] Demgegenüber lassen sich Ebenen der persönlichen Aneignung und Abgrenzung feststellen: So werde die trotz Verbot von Privatgeschirr beibehaltene »Lieblingstasse« gar zu einer »Protesttasse«. Aus dem sachkulturellen Umgang mit den Tassen lassen sich zudem verschiedene Bedeutungsebenen ableiten: Die Erwerbssituation auf dem Urlaub oder bei Firmenausflügen streicht die Bedeutung als Erinnerungsgegenstände hervor. Die Motive bringen persönliche Vorlieben der Nutzer zum Ausdruck, oder die betonte Hässlichkeit von Resttassen aus dem eigenen Haushalt unterstreicht die Einstellung zur Arbeit. Die Tassen sind aber auch Zeugen einer fir-

---

172 Henkels Analysen basieren auf einem 1995 am Seminar für Volkskunde der Universität Göttingen entwickelten Fragebogen (1303 Personen) und einer daran anschließenden Umfrage der Zeitschrift Mensch & Büro (1167 ausgefüllte Fragebogen). Die Befragten verteilten sich gleichmäßig auf drei Altersgruppen zwischen zwanzig und über fünfzig Jahre und arbeiteten zu achtzig Prozent im Angestelltenverhältnis, zu fünfzehn Prozent in einer leitenden Position und zu fünf Prozent als Selbständige. Vgl. Henkel 1995: Zur Trinkkultur am Arbeitsplatz, 228-229.
173 Henkel 1995: Zur Trinkkultur am Arbeitsplatz, 233-237.

meninternen Gegengeschenk-Praxis, die gegenseitige Sympathie und Kollegialität zum Ausdruck bringt (z.B. die beliebten Sternzeichentassen). Der Gebrauch der Kaffeetassen und die mit Kaffeepausen verbundenen Handlungsmuster sind daher Ausdruck einer symbolischen Überhöhung und Aneignung von Firmenkultur, die oft nur unter dem Aspekt (zeit-) funktionaler Aspekte betrachtet wird.

Wird Zeit als *Institution sozialer Kontrolle* konzipiert, so ergeben sich in allen Kontexten, in denen sie als Mittel der Disziplinierung eingesetzt wird, exemplarisch ausgeprägte Wirkungsfelder: Die in Wittels ethnographischer Untersuchung dargestellten Aspekte zum Thema »Zwang und Freiheit« von Kaffeepausen in einem modernen Dienstleistungsbetrieb lassen auf eine firmenideologisch funktionalisierte, arbeitsweltlich durch deutlich sichtbare Symbolstrukturen umgesetzte und lebensweltlich differenzierte Pausenkultur schließen. Ihr Zwangscharakter hat sich im Vergleich zu Pausenmustern der ersten Industrialisierungsepoche auf neue Funktionsebenen verlagert: Industrielle Betriebe lassen sich in der Hochblüte kapitalistischer Produktionsweise geradezu paradigmatisch als Institutionen sozialer Kontrolle bezeichnen, während anhand von Quellen belegbare Regelverstöße in Pausen oder informelle Pausenpraxen noch auf die dominierende Rolle von Fremdzwang anstelle von Selbstzwang schließen lassen. Hingegen weisen die in modernen Dienstleistungsbetrieben vorherrschenden typischen Erklärungsmuster über den Umgang mit Pausen auf eine weitgehend internalisierte Selbstregulierung und eine bis zur Habituskontrolle führende Zeitdisziplinierung hin. Dem zeitstrukturell wirksamen Zwang des Maschinentaktes und eines sich im Laufe der Jahrzehnte herausbildenden wissenschaftlichen Deutungssystems von Leistung und Erholung als Teil der Körpermaschine steht ein mehrschichtiges Vermittlungssystem gegenüber: Es führt dazu, dass an Firmenanlässen und bei Einstellungsgesprächen durch die Firmenleitung, aber auch als internalisierte Sichtweise der Firmenideologie in Aussagen der Mitarbeiter immer wieder die Bedingtheit zwischen einer kommunikativ ausgerichteten Firmenkultur und dem gemeinsam angestrebten Erfolg hervorgehoben wird. Arbeitsweltlich und lebensweltlich wirksame Zwänge dieses Modells vermischen sich genauso subtil, wie sich Zeitordnungsmuster weniger durch formelle Lenkung als durch *informelle Kontrollsysteme durchsetzen*. Während der Körper in industriellen Arbeitswelten durch Schwerstarbeit und eine der Maschine angepasste Haltung direkt an Produktionsabläufe gebunden war, sind es bei GT ebenfalls bis zur Kopfhaltung wirksame »Körpervorschriften«, die nicht unmittelbar an den Produktionsablauf gebunden sind, jedoch als Ausdrucksrepertoire einer verinnerlichten Arbeitsmoral in der Arbeitspraxis genauso bedeutungsvoll sind. Damit stellt sich die Frage, inwiefern typisch moderne Verteilmuster von Zwang und Freiheit am Arbeitsplatz auch Ausdruck einer gegenwartstypischen Interpretation von *Zeitautonomie im Arbeitsalltag* sind.

Ruth Simsa geht in ihrer qualitativ ausgerichteten Untersuchung eines Arbeitsbetriebes aus den 1990er Jahren *Mustern der Verteilung von Zeit und Zeitautonomie* nach. Zeit versteht die Autorin als »von Menschen geschaffener Bezugsrahmen für Ereignisse und Handlungen und [...] als solcher Ausdruck und gleichzeitig Gestaltungselement gesellschaftlicher Strukturen«.[174]

»Zeit wird in dieser Arbeit in Anlehnung an die dargestellten soziologischen Konzepte als ein vom Menschen geschaffenes Symbol verstanden, dessen Zweck es ist, Ordnung herzustellen, und einen Rahmen zu schaffen, der es ermöglicht, Ereignisse und Handlungen in Beziehung zu setzen, zu koordinieren und zu strukturieren.«[175]

Zur Definition des Begriffes der »Zeitautonomie« muss eine reduktionistisch quantitative Vorstellung von Zeit um qualitative Faktoren ergänzt werden. Ein solcher Zeitbegriff muss von Zeit als sozialer Kategorie ausgehen und um Sinndimensionen wie auch um soziale Brauchbarkeit ergänzt werden, die sich in Handlungs-, Interaktions- und Kommunikationschancen äußert: »Zeitautonomie ist dementsprechend nur dann gegeben, wenn genügend große zusammenhängende Einheiten, über die frei verfügbar ist, gegeben sind, die innerhalb des gegebenen objektiven Kontexts in subjektive Handlungen umsetzbar sind.«[176]

Simsa führte 1993 eine Untersuchung durch, die Organisationen im Umgang mit Zeit charakterisieren und die Zusammenhänge zwischen Positionen innerhalb der Hierarchie der Organisation und Verfügungsmöglichkeiten über Zeit analysieren möchte.[177] Die Methoden bestanden aus qualitativen Inhaltsanalysen von schriftlichen Dokumenten wie Statistiken oder Berichten und offenen Interviews mit Mitarbeitern. Bei der untersuchten Organisation handelte es sich um eine dem Sozialministerium nachgelagerte Verwaltungsorganisation in Deutschland mit 440 Beschäftigten. Das Aufgabengebiet besteht in verschiedenen Serviceleistungen im Bereich staatlicher Behinderten- und Kriegsopferversorgung.

Organisationen als primäre Orte zeitlicher Linearisierung verlangen von den Individuen sowohl Anpassung ihrer Eigenzeit an die Anforderungen der Organisationen als auch Berücksichtigung von Eigenzeiten: So müssen die körperlichen

---

174 Simsa 1996: Wem gehört die Zeit, 11.
175 Ebd., 40.
176 Ebd., 38.
177 Ebd., 92 ff.

Rhythmen respektiert werden, da bei Nichtbeachtung Erschöpfung und Krankheit weder für Organisationen noch für Individuen nützlich sind.

Ähnlich wie bei Wittels Untersuchung gibt es gemäß Auskunft der Befragten in der betreffenden Organisation eine »ausgeprägte Pausenkultur« in allen Abteilungen.[178] Die Autorin bezweifelt allerdings, ob die Zahl und Dauer der Pausen in dieser Firma wirklich überdurchschnittlich seien. Die Pausenzeiten erfolgen nach informellen Strukturen, werden aber gewohnheitsmäßig zwischen halb zehn und zehn Uhr eingeschaltet. Gerade wenn jemand viele Kollegen hat, die zu einem »Plauscherl« einladen, liegt öfters eine Kaffeepause drin, jedoch kaum länger als eine Viertelstunde. Demgegenüber werden bei hoher Arbeitsbelastung Kaffee- und Mittagspausen ausgelassen. Das Auslassen von Pausen hat jedoch auch seine Grenzen und führt zu Leerzeiten in der Arbeitszeit:

»Also heuer haben wir ein starkes Jahr gehabt, da sehr viele Kollegen immer sehr lange krank waren, und da hat es schon sehr viel Stress gegeben, da haben wir auch nicht immer Mittagspause machen können, was ich mir aber nie nehmen laß, ist mein Kaffeetrinken um zwei, weil sonst werd ich verrückt.«[179]

Eine andere Person begründet ihr Bestehen auf Pausen ebenfalls damit, dass sie sich nicht fertigmachen lassen will, weil sie sonst geistesgestört werde:

»Ja ich mach Pause, weil ich lass mich nicht fertigmachen, weil sonst komm ich da raus und bin [...], weil ich nicht abschalte zwischendurch, dann werde ich geistesgestört. Ich kann einfach nicht acht Stunden durcharbeiten, ich brauche unbedingt meine Pausen, sonst kann ich meine Arbeit nicht so machen, wie ich sie machen will. Ob ich mir's leisten kann ist eine andere Sache.«[180]

Pausen sind daher im Sinne des Organisationsziels durchaus funktional, auch wenn sich das bei dieser Organisation nicht in der Organisationskultur niederschlägt:

»Auch hier werden Pausen quer durch die Hierarchie vorerst zumeist eher verschämt angesprochen, es werden v.a. individuelle Gründe, warum man persönlich diese ›halt braucht‹ genannt, oft ist dies auch von schlechtem Gewissen begleitet, und dies, obwohl in dieser Organisation doch eine relativ ausgeprägte Pausenkultur wahrgenommen wird.«[181]

Die vorherrschende Zeitdisziplin ist bis in kleinste Gesten von kurzer Dauer internalisiert und wirkt ohne jeglichen Druck von außen: »Bei mir kommt's

---

178 Ebd., 182-199.
179 Zit. bei: Ebd., 183.
180 Zit. bei: Ebd., 184.
181 Simsa 1996: Wem gehört die Zeit, 184.

schon vor, dass ich einmal in die Luft schau, aber immer mit schlechtem Gewissen.«[182]

Gleichzeitig sind innerhalb von Organisationen beträchtliche Ungleichheitsstrukturen festzustellen: *Mit erhöhter hierarchischer Position und wachsendem Status steigen tendenziell die Möglichkeiten der aktiven Zeitstrukturierung.*

»Das Verhältnis von linearen und aufgabenorientierten Zeitmustern im Arbeitsalltag steht offensichtlich in einem starken Zusammenhang mit der Position in der Organisation. So nimmt aufgabenorientierte Zeitgestaltung anteilsmäßig stark mit der Höhe der Position zu, während auf unteren betrieblichen Ebenen lineare Zeitgestaltung vorherrscht.«[183]

Deshalb sind beispielsweise die Befragten einer Abteilung, die Belege in den Computer eingeben, am Ende des Arbeitstages nie wirklich fertig, weil immer wieder neue Belege kommen. Zudem sind allfällige Strukturierungsmöglichkeiten nicht in einzelnen Arbeitsschritten möglich, sondern nur in der bearbeiteten Menge pro Zeiteinheit. Bei aufgabenorientierten Arbeiten ergeben sich jedoch Belastungen aus sachlich begründeten Notwendigkeiten der Aufgaben selbst, während bei linearen Zeitstrukturen auch entlastende Aspekte auftreten, weil die Arbeit abgrenzbarer ist. Gerade bei leitenden Angestellten spielen persönliche Einstellungen bzw. das Bild, das sie von sich selbst vermitteln wollen, eine wichtige Rolle. So betonen einige die Intensität der Arbeit und den Zeitdruck – beispielsweise die fehlende Zeit zum Mittagessen, um ihren Einsatz für die Organisation zu betonen. Die »Kultur des Keine-Zeit-Habens« gehört in gewissem Maße gerade bei jungen Führungskräften zum eigenen Rollenverständnis.

Die Freiräume höherer Angestellter stehen in scheinbarem Widerspruch zu ihrem größeren Zeitdruck, den sie immer wieder angeben: »Freiräume – das ist paradox, weil natürlich können sich gerade die Vorgesetzten ja doch Freiräume schaffen, wenn eben von außen nichts kommt, [...].«[184] Höhere Dispositions- und Entscheidungsfreiheiten beim Umgang mit Dringlichkeiten werden von leitenden Angestellten als zeitautonome Faktoren ihrer Arbeit erwähnt:

»Ja, dass ich in der Zeit jede Tätigkeit mache, die sozusagen aus dem, wie ich meine Tätigkeit sehe, die mir wichtig erscheinen. Konzeptive Tätigkeiten oder Gespräche, oder was immer das ist, dass ich sozusagen derjenige bin, der aktiv wird für diese Tätigkeit, das verstehe ich als frei über die Zeit verfügen. Also nicht genötigt werden, etwas zu tun, sondern was meine autarke Entscheidung ist, wie ich damit umgehe.«[185]

---

182 Zit. bei: Ebd., 184.
183 Simsa 1996: Wem gehört die Zeit, 174.
184 Zit. bei: Ebd., 185.
185 Zit. bei: Ebd., 184.

Auch Sitzungen werden auf höherer Ebene lange Zeit im Voraus koordiniert, während sie Angestellten in niedrigen Hierarchiepositionen kurzfristiger mitgeteilt werden. Die Determinierung der Zeit anderer wächst mit steigender Stellung in der Hierarchie: So muss zum Beispiel der Portier länger bleiben oder private Termine absagen, wenn andere Mitarbeiter noch im Hause arbeiten oder wenn die Heizung ausfällt und Handwerker organisiert werden müssen. Die Zeit anderer kann genutzt werden, um eigene Zeit zu sparen oder im eigenen Interesse sinnvoll einzusetzen. Dazu gehören auch Verfügungsmöglichkeiten über ein Sekretariat, das Telefone und Besuche selektiv weiterleitet und damit unnötige Störungen vermeiden hilft.

Zur Abwehr der im Großen und Ganzen akzeptierten Zeitbestimmung durch Vorgesetzte werden bestimmte Strategien eingesetzt. Dazu gehören das »Eingedecktsein« mit Arbeit als Schutzbehauptung, die Erzeugung von »Gegenterminen« als Schutz vor Terminvorschreibungen, das vorläufige Liegenlassen von aufgegebener Arbeit. So werden Vorgesetzte, die vor ihrer eigenen Mittagspause einen Auftrag zur sofortigen Erledigung aufgeben mit der Zeit durchschaut. Ihre Zeitdeterminierung wird als willkürlich erfahren und durch Wartenlassen abgewehrt. »Ein deutlicher Hinweis auf die Gültigkeit der beschriebenen zeitlichen Hierarchie ist auch der Umgang mit Warten. Wer auf wen warten muss, bzw. wen warten lassen kann, hängt eindeutig mit der Stellung in der organisatorischen Hierarchie zusammen.«[186]

Wenn das Warten als gezielte Sanktion eingesetzt wird, wird es meist als Kränkung erfahren: »Nämlich, ja, ich bin nicht wichtig genug, nicht, und jetzt holt sie mich und jetzt lässt sie mich warten.«[187] Wenn die Determinierung von Zeit durch Höhergestellte der Demonstration von Macht dient, wird sie als disfunktional empfunden. Dies deutet auf den zentralen Zusammenhang von Zeit und Sinn: »[...] in bezug auf das Erleben und die Wahrnehmung von Zeit bzw. Zeitautonomie zählen weniger objektive Zeitquantitäten als vielmehr subjektive Bewertungen und Sinnzuschreibungen, wobei sich der Sinn von Zeit erst im sozialen Kontext konstituiert.«[188]

Simsa hat die Verteilung von Zeitverfügungsmöglichkeiten *geschlechterspezifisch* untersucht und ist dabei in dieser Firma auf ein untypisches Verteilungsschema bzw. auf relativ viele Frauen in höheren Positionen gestoßen.[189] Auch

---

186 Simsa 1996: Wem gehört die Zeit, 197.
187 Zit. bei: Ebd., 199.
188 Simsa 1996: Wem gehört die Zeit, 229.
189 Ebd., 210-215.

bei den Antworten in Interviews wurden eher hierarchische Positionen als Gründe für Zeitmacht erwähnt als geschlechterspezifische. Eine Ausnahme bildet Geschirr abwaschen, das von einer Frau ausgeführt wird. Die Abteilungsleiterin spricht zudem die Planung der Babypause als geschlechterspezifisches Problem bei Frauen im Betrieb an bzw. die geschickte Planung der familiären Verpflichtungen und beruflichen Ziele in Bezug auf die Gesamtlebenszeit. Sie hat diesbezügliche Entscheide bei Mitarbeiterinnen auch schon beeinflusst. Oft wird festgestellt, dass Frauen effizienter arbeiten, weil sie das ja von zu Hause gewohnt seien und dass Männer sich durchaus bewusst sind, dass sie mehr Pausen machen und chaotischer arbeiten. Im Vergleich zu Frauen haben Männer mit ähnlich effizientem Zeitverhalten trotzdem höhere Karrierechancen. Sie verfügen auch über Zeitressourcen von Partnerinnen, die Reproduktionsarbeit übernehmen und oftmals der Zeitgestaltung des Mannes anpassen:

»Die Aussagen deuten darauf hin, dass Männer sich tendenziell aufgrund von Karrieremöglichkeiten, gekoppelt mit der weitgehenden Freiheit von Reproduktionsarbeit, bei vergleichbarer beruflicher Position auch im Rahmen der Arbeitszeit mehr Freiräume schaffen können als Frauen [...].«[190]

Zusammenfassend kann gesagt werden, dass die innerhalb der Hierarchie geltenden unterschiedlichen Möglichkeiten, über Zeit anderer zu verfügen, als funktional akzeptiert werden: »Die relativ klare hierarchische Ordnung der Zeit hat allerdings insofern ihre komplexitätsreduzierende Funktion, als dadurch zeitraubende Machtkämpfe, aber auch Unsicherheit, die mit Vertrauensverlust einhergeht, abgewehrt werden.«[191]

Wenn Zeit als Grunddimension sozialen Handelns und sozialer Systeme angenommen wird, dann bilden sich in der jeweiligen Konzeption von Zeit die Strukturen der Systeme ab. Die durch gesellschaftliche Normen vermittelten zeitlichen Stukturen erfüllen dabei »die Funktion der Mitgestaltung und Aufrechterhaltung dieser Strukturen«.[192] Obwohl in Organisationen auch Eigenzeiten von bestimmten Gruppen und Individuen zum Tragen kommen, ist für Simsa die Vermutung berechtigt, dass strukturelle Anforderungen der Organisation eine dominierendere Rolle spielen und dass Eigenzeiten als Störungen erfahren werden:

---

190 Ebd., 214.
191 Ebd., 221.
192 Ebd., 222.

»Das Ausmaß der oben erwähnten Internalisierung linearer Zeitstrukturen zeigt sich in der hier beschriebenen Fallstudie allerdings sehr deutlich daran, dass die (notwendige) Realisierung von Eigenzeitansprüchen in der Organisation durchgängig von individuellen Schuldgefühlen begleitet ist, die Erfüllung der Anforderungen linearer Zeitstrukturen wird somit als das ›Normale‹, die Realisierung von Eigenzeitansprüchen als Fehler bzw. Schwäche betrachtet.«[193]

Die *Modellierung mentaler Strukturen*, die Max Weber in den Kontext einer umfassenden Rationalisierung der Lebensführung stellte, lässt sich einerseits anhand der Verbreitungsgeschichte populärer Erziehungsschriften und der Institutionalisierung von Zeitdisziplin in Schulen verfolgen, ist jedoch als Teil von spezifischen historisch, nachweisbaren Berufskulturen weniger konkret Gegenstand der vorgelegten Untersuchungen, was u.a. auf die selektive Rezeption einer solchen Arbeitsethik in einzelnen Berufskulturen deuten kann, aber auch auf entsprechende Forschungsdefizite im Hinblick auf qualitative Untersuchungen einer berufsspezifischen mental verinnerlichten Zeitdisziplinierung hinweist. Gegenwartsbezogene empirische Materialien lassen im Gegenteil eher vermuten, dass in höheren hierarchischen Positionen mentale Voraussetzungen nur bedingt zur Selbstkontrolle führen, sondern *dass Vorgesetzte als Zeitnormbegünstigte handeln und einen methodisch-rationalen und asketischen Arbeitshabitus vorschieben, um sich selbst mehr Zeitautonomie bzw. mehr Pausenzeit zu verschaffen.* Damit hätten sich die kulturellen Normen eines protestantischen Arbeitsethos verselbständigt und würden als Legitimationsbasis für die Durchsetzung von Disziplinierungsansprüchen benutzt.

Arbeit als konstituierendes Sinnsystem unserer Gesellschaft

Die in diesem Kapitel beschriebenen Formen von Zeitherrschaft und Zeitautonomie deuten auf eine Dialektik zwischen Erfahrung von Zwang und Freiheit bzw. Selbstbestimmung im Arbeitsalltag hin, die sich im Laufe der Jahrhunderte im Kontext einer Arbeits- und Disziplinargesellschaft herausgebildet hat. Während frühindustrielle Formen von »Eigensinn« und »Eigenzeit« sich in den Deutungszusammenhang von Herrschaft und Protest als Teil einer schichtspezifischen Politisierung des Arbeitsalltags einordnen lassen, weisen die bei Wittel und Simsa geschilderten Erklärungsmuster auf eine weitgehend internalisierte Zeitdisziplinierung hin. Trotzdem bleibt die Frage im Raum, inwiefern diese

---

193 Ebd., 224.

aufgrund unterschiedlicher ökonomisch-struktureller Bedingungen und aufgrund verschiedener arbeits- und lebensweltlicher Bezüge in einen größeren Zusammenhang von *Zwang und Freiheit*, von *Herrschaft und Autonomie als kulturell determinierte Erfahrungen von Zeit im Alltag* eingeordnet werden können:

»Herrschaft besteht primär nicht in globalen Abhängigkeitsverhältnissen, sondern in der Detailorganisation von Raum- und Zeitteilen, die den einzelnen Menschen in seiner Lebenswelt wie in ein Korsett einspannen. [...] Herrschaftssysteme sind deshalb darum bemüht, die Eindeutigkeit der Orte und Zeiten festzulegen, die den Bewegungsspielraum des einzelnen Menschen definieren. So gibt es klar festgelegte Orte und Zeiten, wo und wann gearbeitet, wo Freizeit verbracht wird, wo Politik betrieben wird.«[194]

Der von Oskar Negt vertretene alltagsweltlich definierte Herrschaftsbegriff geht also davon aus, dass Menschen gezwungen werden können, ihre Zeit und ihre Räume nach bestimmten Regeln zu nutzen bzw. zu beanspruchen. Verstöße gegen diese Ordnung werden sanktioniert. Die im Verlaufe der historischen Entwicklung sich herausbildenden Formen von »Eigensinn«, informellen »Eigenzeiten« und typisch moderne Erklärungsmuster für das Recht auf Kaffeepausen, das sich Angestellte in Dienstleistungsbetrieben nicht nehmen lassen, weil sie sonst »verrückt« werden, sind einerseits vor dem Hintergrund der dahinter stehenden ökonomisch-strukturellen Zwänge zu relativieren, weisen andererseits auf substantielle Erfahrungen von *Freiheit und Unfreiheit* im Alltag hin:

»Aber Freiheit ist kein Zustand, ein durch Institutionen, Verfassungsgrundsätze und Verfahrensregeln ein, für allemal festgelegtes System, und schon gar nicht eine angeborene Eigenschaft der Menschen. Was sie von Geburt an mitbringen, ist lediglich die Freiheits*fähigkeit*. Freiheit, die für Menschen konkret etwas bedeutet, beginnt mit Akten der *Befreiung. Sie ist nur als tätige Freiheit denkbar, in einer Selbstverwirklichung.*«[195]

Freiheit hängt gleichzeitig mit innerer Freiheit und äußerer Unabhängigkeit von Zwang zusammen. Innere Freiheit im Sinne tätiger Selbstverwirklichung kann vor dem Hintergrund alltagsweltlicher Begründungsmuster auch als Erfahrung von Arbeit interpretiert werden:

»Ich will arbeiten. Die Kinder sind längst groß, und das Leben wäre mir langweilig, hätte ich nicht diese Arbeit gefunden. Bei der Securitas bin ich seit neun Jahren [...]. Manchmal hört die Nacht nicht auf. Dann lese ich ein Heftli, am liebsten ›Echo der Frau‹ strengt nicht an. [...] Manchmal löse ich Kreuzworträtsel. [...] Aber oft sitze ich einfach in dieser Kabine und höre Radio. ›Sunshine‹. Die bringen viel leichte Musik. Nichts Lärmiges. Und denke nach. Über die Familie und so. [...] ›Langeweile?‹ ›Was soll ich sagen? Es ist überall etwas. Ich meine, ich

---

194 Negt 1984: Lebendige Arbeit, enteignete Zeit, 21.
195 Ebd., 24.

habe immer etwas zu tun, muss nach draußen schauen, in die Nacht hinaus, ob jemand kommt, muss den Knopf für die Barriere drücken. Ich will nicht jammern.‹»[196]

Handlungen und Erfahrungen der materiellen und sozialen Umwelt während der Arbeit und in Pausenzeiten bleiben Teil einer Alltagswirklichkeit und Lebenswelt, die nur über die reflexive Erschließung von Sinn ihre Qualitäten erhält. Gerade Erfahrungen im durch Routinen bestimmten Arbeitsleben bleiben auf konstante Ablauf- und Deutungsmuster bezogen, deren Sinnbezüge nur in längerfristigen zeitlichen Perspektiven verdeutlicht werden. Damit generiert sich die Erfahrung von Zwang und Freiheit während der Arbeit zwar aufgrund von alltäglichen Erlebnissen in kleinen Zeiteinheiten, bleibt jedoch immer in Bezug zu individuellen und kollektiven Deutungssystemen größerer Zeitabschnitte. Lucia Stanko gliedert die Gesamtarbeitszeit in Tätigkeitssektoren: in eine tarifrechtlich sowie kulturell bestimmte Wochenarbeitszeit, in Arbeitstaglängen, Arbeitsintensitäten, in Zerlegungen der Arbeitszeit in Bewegungen des menschlichen Körpers in Raum und Zeit sowie in Synchronisierungsprobleme inner- und zwischenbetrieblicher Arbeitsabläufe.[197]

»Letzthin tuschelten Angela und Doris gerade zusammen, als ich zu ihnen in die Kaffee-Ecke trat. Ich könne schon bleiben, sie redeten nicht über mich, beruhigten sie mich. Zur Abwechslung ging es um die Spannung zwischen Caroline und Doris. Doris war sauer auf Caroline, weil sie ausschließlich diejenigen Journalisten und Journalistinnen bedient, mit denen sie gerne plaudert, ansonsten aber nur wenig Zeitungen auswertet. Zudem hatte Caroline noch die Frechheit, Doris vorzuwerfen, sie telefoniere den ganzen Tag in der Weltgeschichte herum. Angela meinte zu diesem Problem: So könne es nicht weitergehen. Diese ewige Herumnörgelei verpeste das Klima. Angela, die ihre Arbeit im Büro vorwiegend der Leute wegen schätzt, konnte einfach nicht verstehen, weshalb sich in letzter Zeit dieses kleinliche Getue eingeschlichen habe. Die, welche so kompliziert tun, sollten sich doch mal zusammenreißen. Schließlich sei das Büro kein Blitzableiter für persönliche Konflikte.«[198]

Aus alltagskultureller Perspektive müssten die von Stanko aufgeführten Kategorien durch *situative interaktive Handlungs- und Erfahrungsmuster mit konfliktiven oder spielerisch-lustvollen Qualitäten ergänzt* und durch *lebensweltliche Deutungshorizonte erweitert* werden:

Im Schweizerischen Archiv für Volkskunde wird von Arbeitspausenspielen berichtet, die besonders in entlegenen Gebieten zur Erheiterung im bäuerlichen

---

196 Vgl. z.B. eine Securitas-Angestellte in Emmenbrücke, morgens um 04.05 Uhr. In: Göttin, Keller, Rennwald, (Hg.) 1996: Schichtwechsel, 31-33.
197 Stanko, Ritsert 1994: Zeit als Kategorie der Sozialwissenschaften, 185.
198 Fehr, Keller, Morgenthaler (Hg.) 1991: Leben, Lieben, Leiden im Büro, 52.

Hausdienst verbreitet waren:[199] So ging es 1895 in Heinzenberg zum Beispiel darum, eine Axt am tiefsten in einen Holzblock einzuschlagen, oder in Schweden fanden Wettkämpfe im Mähen und im möglichst kunstvollen Schlagen eines Dreschflegels statt. Das Tragen von Getreidesäcken auf verschiedene Art und das Axtwerfen von Waldarbeitern diente in nordeuropäischen wie in schweizerischen Gebieten nicht nur der Erheiterung, sondern auch dem spielerischen Kampf um Positionen innerhalb der Gruppe. Auch Karl Bücher wies bereits um die Jahrhundertwende auf eine körperliche und eine »geistige« Komponente, wie er es nannte, der Arbeit hin: Er berichtet von handwerklichen Arbeitsabläufen, die selbst wenn die Tätigkeiten an sich lautlos sind, von Ausrufen und Gesängen als rhythmische Elemente durchbrochen wurden: »[Es] tritt zu dem Moment des Rhythmus, der durch die Arbeit selbst gegeben und durch den in ihrem Takte ertönenden Schall des Klangkörpers befestigt ist, der belebende Einfluss, den die Musik an sich auf die Kräfte ausübt, das Wohlgefallen am Tone selbst.«[200]

Die Lust an Gesang und Musik dienten der Arbeitserleichterung. Bücher idealisiert jedoch diese Formen der »Eigengestaltung« der Arbeitsqualität, indem er gerade darin einen Vorzug der einförmigen Arbeiten sieht. Hingegen lässt sich mit dem geselligen Aspekt von Arbeitsgesängen auf positiv erlebte Arbeitserfahrungen und damit auf die *Uneindeutigkeit der Begriffe Last und Lust* im Zusammenhang mit *Arbeit und Arbeitsunterbrechungen* hinweisen. Die Erfahrungen von privaten Konflikten im Pausenalltag wie auch von »Eigensinn« und gar von Arbeitsspielen sind Bestandteile einer diversifizierten *Alltagssprache der arbeitsweltlichen Binnenkultur*, die das Deutungssystem von Einschränkung und Selbstverwirklichung ebenso mitbestimmen wie institutionell bedingte Erfahrungen von Zeitzwang und Zeitfreiheit.

»Die Definition des Menschen am Leitfaden von Zeiteinteilungsbegriffen ist überholt; zwar ist der Arbeiter nicht mehr ein bloßes Körpergefäss von industriellen Zeitmaßen, also personifizierte Arbeitszeit. Aber solange entfremdete Arbeit die Lebensverhältnisse beherrscht, verbleibt freie Zeit im Bannkreis der Regeln von Arbeitszeit.«[201]

Damit tritt der Begriff »Arbeit« als historisch gewachsene Basiskategorie von Sinn in den Mittelpunkt der Betrachtungen: Während der Arbeitstag über Jahrhunderte Ausgangsbasis für den Lebenstag war, scheint heute der Lebenstag Ausgangsbasis für die Art des Arbeitstages zu werden. Bereits in der bürgerli-

---

199 Masüger 1959: Über Gemeinsames in alten Bewegungsspielen Nordeuropas und der Schweiz, 258-278.
200 Bücher 1919: Arbeit und Rhythmus, 45.
201 Negt 1984: Lebendige Arbeit, enteignete Zeit, 167.

chen Gesellschaft des 19. Jahrhunderts tritt der Begriff »Arbeit« ambivalent für Ausbeutung und Entwürdigung auf der einen und als Mittel von Selbstbefreiung auf der anderen Seite auf. Oskar Negt verweist hier auf den philosophischen Traditionszusammenhang einer *Dialektik der Arbeit*, wie er vor allem von Hegel und Marx entwickelt worden ist:[202]

»Für beide ist lebendige Arbeit zentrales Element der Subjekt-Objekt-Konstitution. Freiheit und Autonomie der Subjekte bedürfen der Gegenständlichkeit, auf die sie sich beziehen und in der sie sich bestätigt oder verneint finden. Beide, Hegel wie Marx, sind der Auffassung, dass der gesellschaftliche Reichtum an Dingen, Verhältnissen, kulturellen Gebilden zu einer tödlichen Bedrohung für die Menschen wird, wenn sie versuchen wollten, ihre lebendige Arbeit daraus zurückzuziehen und sich daneben ein gesondertes Reich des autonomen Willens und der Gedankenfreiheit aufzubauen.«[203]

Ein gewissermaßen nur anschauendes und genießendes Verhältnis zur akkumulierten Objektwelt würde nicht nur deren Kontrollverlust zur Folge haben, sondern auch die Subjekte entleeren. Ob es um die Befreiung von der Arbeit oder die Befreiung der Arbeit geht, ist für Negt nebensächlich, da sich der Mensch als gegenständlich-sinnliches Wesen der Dialektik von Subjekt und Objekt nicht entziehen kann. Eine Alternative zum System der bürgerlichen Arbeit sieht er in der Vervielfältigung und Erweiterung gesellschaftlich anerkannter Form von Arbeit, die Eigenproduktion und Selbstverwirklichung zum Ziel haben. Oskar Negt vertritt die These, dass in der gegenwärtigen Gesellschaft extrafunktionale Anteile der Arbeitszeit immer mehr zunehmen. Deshalb ist der Kampf gegen Arbeitszeitverkürzungen nicht nur ein Kampf um profitsteigernde Zeitanteile. Vielmehr betrachtet die Arbeitgeberseite Arbeitszeit als zentrales Mittel »der kulturellen Befestigung von Gehorsam, Anpassungsbereitschaft und Triebverzicht«:[204]

»Eine Arbeitsmoral, die den Funktionsgesetzen kapitalistischer Produktion problemlos integriert ist und die nach Mustern abläuft, die von allen Sinnfragen abgetrennt sind, von den Inhalten der Tätigkeiten ebenso wie von ihren Formen und Produkten, ist keine nebensächliche Ergänzung des bestehenden Herrschaftssystems, sondern eine ganz und gar fundamentale Institution der kapitalistischen Zivilisation. Wo diese massenhaft in Zweifel gezogen wird, gerät das ganze jahrhundertelang eingespielte System der kontrollierten und durch Vorurteile gesicherten *Beziehungen zwischen Arbeit, Freiheit und Faulheit* ins Rutschen.«[205]

---

202 Vgl. Hegel: Vorlesungen über die Philosophie der Geschichte. In: Glockner (Hg.) 1949: Sämtliche Werke. Jubiläumsausgabe in 20 Bänden. 11. Band, 50 ff. und Marx in: Landshut (Hg.): Die Frühschriften, 50 ff., zit. bei: Negt 1984: Lebendige Arbeit, enteignete Zeit, 173.
203 Negt 1984: Lebendige Arbeit, enteignete Zeit, 173.
204 Ebd., 177.
205 Ebd., 177.

Mit der Möglichkeit, in der Freizeit Vorstellungen über praktische Freiheit zu entwickeln, sehen gemäß Negt Unternehmer auch die Gefahr verbunden, die eingeübte Praxis entfremdeter Arbeit in Frage zu stellen. Mit einer veränderten Arbeitsmoral würden auch Begriffe wie Freizeit und Faulheit eine Umwertung erfahren: »Wo Arbeit einen schöpferischen Charakter annimmt, da löst sich in der Regel die abstrakte Entgegensetzung von Arbeit, Freizeit und Faulheit auf. Problematisch ist also nicht nur die herkömmliche Arbeitszeit, sondern die herkömmliche Arbeit.«[206]

Während einerseits heute erstmals ökonomische Voraussetzungen geschaffen sind, unter denen Arbeit als *Selbstverwirklichung* für größere Bevölkerungskreise möglich ist, besteht andererseits durch die Dominanz von Warenproduktion und deren Konsum die Gefahr, dass Konsumfreiheit zur vorherrschenden Freiheit wird: »Der Verfall traditioneller Arbeitstugenden bewirkt eine Veränderung des Sozialcharakters des Arbeiters, also eine Veränderung seines Gesamtverhaltens, seines Selbst- und Wirklichkeitsverständnisses im Verhältnis zu Arbeit, Freizeit, Muße und Lebenserwartungen insgesamt.«[207]

Die Mehrheit moderner Utopien betreffen Raum, Zeit und Arbeit. Zahlreiche bürgerliche Utopien setzten auf Zeit als Hauptfaktor für eine gerechtere und freie Gesellschaft, und viele von ihren Forderungen sind heute erfüllt: »Nur der von ihnen erhoffte Zeitgewinn, der die Menschen in ihren Gedanken und in ihrer Lebensführung für die wichtigsten kollektiven Angelegenheiten ihrer Gemeinwesen freimachen sollte, ist nicht eingetroffen. *Geblieben ist die Zeitnot.*«[208] Dementsprechend sei Zeitnot ein Mittel, überholte Herrschaftsverhältnisse funktionsfähig zu halten. Denn die Definition des Lebenstandards, der massgeblich vom Besitz von Konsumgütern abhängt, wird weiterhin durch das Leistungsprinzip bestimmt, genauso wie die Internalisierung der Arbeitsnormen ins Zeitbewusstsein:

»Arbeitszeitverkürzung ist dabei die Voraussetzung dafür, dass Zeit aus dem Korsett des inhaltsleeren, Moment an Moment setzenden Zeitverlaufs und der bloßen Beschleunigung gelöst wird. Aber erst die volle Entfaltung der Zeitdimension in ihren reichhaltigen subjektiven Ausdrucksqualitäten wie: Zeitballung und Zeitverlust, Wartezeit und Erlebniszeit, kollektive Erfahrungszeit und Langeweile, Zeit, die sich auf die Zukunft richtet, und Zeit, die der Aufarbeitung der Vergangenheit dient – erst eine solche Entwicklung der ganzen Breite und Tiefe des Zeit-

---

206 Ebd., 180.
207 Ebd., 191.
208 Ebd., 204.

spektrums könnte Zeitsouveränität im Sinne bewusster menschlicher Lebenstätigkeit herstellen.«[209]

Die Arbeitsgesellschaft produziert damit zwei Realitäten, nicht Kulturen, die sich in einem wirtschaftlich prosperierenden Land wie Deutschland immer mehr verbreiten. Während die Mehrheit der *einen Realität* mit wirtschaftlichem Status und der herrschenden Gesellschaftsordnung zufrieden ist, gehören zur anderen Realität verschiedene Gruppen wie Arbeitslose, Nichtsesshafte und Sozialfürsorgeempfänger: »Raum und Zeit nehmen bei den Menschen dieser Schicht der Marginalisierten die Gestalt einer unendlich freien Verfügbarkeit an. Am Grundtatbestand der Unzufriedenheit ändert diese *formelle* Freiheit nichts; denn Zeitplanung wird zu einer *leeren Bewegung*.«[210]

Gemeinsam haben diese Menschen die *zweite Realität*, deren Hauptmerkmal es ist, »dass die Menschen, die hier ihre Erfahrungen machen, aus dem gesellschaftlich anerkannten System der Arbeit herausgefallen sind und alle darunter leiden, dass die gewonnene Zeit ihren Ernstcharakter verloren hat«.[211] Neben veränderten Zeitperspektiven hat die neue Situation eine veränderte Selbstwahrnehmung zur Folge. Für Negt hat diese Spaltung eine größere Reichweite als die alte Klassentrennung, auf der sie letztlich beruhe. In Anlehnung an Habermas spricht Negt von einer *Entkoppelung von System und Lebenswelt*:[212]

»Gemeint sind damit Gesteinsverschiebungen in den gesellschaftlichen Verhältnissen, durch die Kommunikationsstrukturen *lebensbedeutsamer Fragen*, von denen die Menschen im Alltag betroffen sind und die selbst (wie Husserl sagt) für die Wissenschaften ein unverzichtbares Sinnesfundament bilden, zunehmend aus den arbeitsteilig ausdifferenzierten Systemen technischer Rationalität, der bürokratischen Verwaltung und der politischen Herrschaftsordnung *ausgliedert*, in Randzonen abgedrängt und zu Kolonisierungsterritorien ghettoisiert werden.«[213]

Die Frage nach dem Sinn von freier Zeit in einer »Arbeitsgesellschaft« bzw. von zunehmend freier Zeit in einer »postmodernen Freizeitgesellschaft« führt daher zu einer *Erweiterung der Forschungsperspektive*: in zeitlicher Hinsicht wie auch von einer arbeitsweltlichen zu einer lebensweltlichen Ebene, in der die *Freizeit* als alltäglicher Erfahrungs- und Deutungskontext wie auch als wissenschaftliches Konstrukt eine wesentliche Rolle spielt.

---

209 Ebd., 207.
210 Ebd., 68.
211 Ebd., 69.
212 Vgl. Habermas 1981: Theorie des kommunikativen Handelns.
213 Negt 1984: Lebendige Arbeit, enteignete Zeit, 91.

4. Freizeit als konstituierendes Element von Alltagszeit

Freizeit stellt als »freie Zeit« eine besondere Kategorie innerhalb alltagsweltlicher Zeitordnungen dar. Als Teil der kulturellen Präformierung von Temporalstrukturen ist sie zu einem Sammelbegriff unterschiedlicher Zuordnungen und Interpretationen zwischen Zwang und Freiheit sowie von Alltag und Außeralltäglichkeit geworden. Unter ihrem Namen lassen sich sowohl kalendarische Elemente mit Pausencharakter wie das Wochenende beleuchten als auch größere Zusammenhänge wie die Möglichkeiten des Erlebens von (Zeit-)freiheit in einer Arbeitsgesellschaft bzw. die Erfahrung von Zwang in einer Freizeitgesellschaft.

Zu Begriff und Genese der Freizeit

Freizeit ist ein relativ neuer Begriff: Seit dem Neolithikum entwickelte sich die Muße als Vorform der Freizeit für Privilegierte. Muße (Cicero: otium) und Freizeit (Aristoteles: scholé) sind jedoch nicht mit Handlungsfreiheit gleichzusetzen. Muße umfasste kulturelle, musische und politische Betätigungen, die relativ genau festgelegt waren und nur einer Oberschicht von freien Männern zugestanden wurde. Freizeit in der Antike lässt sich daher durchaus mit bestimmten Arbeiten in der Gegenwart vergleichen (z.B. freie, akademische Berufe).[1] Im römischen Reich wurden humanistische zunehmend durch konsumptive Unterhaltungsangebote ergänzt und Muße im Sinne von Kontemplation durch Spiele erweitert. Die antike Mußetradition, die römischen Zirkusspiele, aber auch die mittelalterlichen Feiertage mit ihrem religiös geprägten Hintergrund können jedoch nicht mit dem modernen quantitativen Freizeitverständnis gleichgesetzt werden, das sich im Laufe des 19. Jahrhunderts herausbildete.[2]

---

1 Lamprecht, Stamm 1994: Die soziale Ordnung der Freizeit, 31-32.
2 Ebd., 98.

Der Begriff selbst taucht gemäß Nahrstedt als »frey zeit« erstmals im Sinne von Zeit mit erhöhtem Rechtsschutz und des Marktfriedens auf.[3] Als »Freie Zeit« für den Einzelnen tritt die Bezeichnung erstmals im Spätmittelhochdeutschen und als »Freizeit« im Jahre 1826 auf. Im Rahmen der Schulpädagogik wird sie im Laufe des 17. Jahrhunderts zu einer *moralisch besetzten Kategorie* der protestantischen Seelsorge. Das neu propagierte Arbeitsethos führte zu zeitrationaler Leistungsausrichtung des Berufs- und Schulalltags. Die Freistunden dienten der Erholung vom zeitlich streng geordneten Unterricht und waren Teil der zielgerichteten polaren Ausrichtung von Arbeit und individueller Freiheit im Sinne von »otium«. Während die »frey zeit« im Mittelalter also freieren Handel ermöglichen sollte, wurde die neuzeitliche »Freistunde« zur Antithese von Arbeits- und Schulzeit und sollte mit religiöser Belehrung aufgefüllt werden. Das Wort »Freizeit« blieb danach lange Zeit mit dem pädagogischen Bereich und der (schul)freien Zeit zwischen den Schulstunden verbunden:

»Im pädagogischen Bereich taucht damit das Wort ›Freizeit‹ zuerst im Schulbereich für die Bezeichnung der Pausen und Ferien auf, wird dann seit dem 2. Jahrzehnt des 20. Jhs. ein Terminus für Jugendpflege und Volkshochschule, um schließlich in den 60er Jahren auch in die Schule zur Kennzeichnung der neuen freizeitpädagogischen Aufgabenstellung zurückzukehren.«[4]

Um 1890 wurde Freizeit im Bereich der Sozialfürsorge und -politik als Problem der Arbeiterschaft thematisiert und zu einem Gegenstand sozialpolitischer Forderungen. Das seit den 1920er Jahren auch in der Umgangssprache zunehmend verbreitete Wort »Freizeit« kommt Mitte des 20. Jahrhunderts in den meisten Wörterbüchern vor und wird damit zum festen Bestandteil der deutschen Sprache. Demgegenüber lässt sich seit dem 18. Jahrhundert ein Bedeutungsverlust des Wortes »Muße« feststellen. Die Bestimmung der »Freizeit« als Begriff unterscheidet sich jedoch von der Betrachtung der »Freizeit« als Phänomen. So lassen sich bereits vor 1800 Umschreibungen für ähnliche Phänomene finden, die unter den Bezeichnungen »leere Zeit«, »unterbrochene Stunden«, »Freistunden«, »Muße« und »freie Zeit« auftreten. Freizeit als »Zeit besonderer Freiheit« beginnt sich als alltagsrelevantes Phänomen im 18. Jahrhundert durchzusetzen, wobei sie negativ als frei von Arbeitszeit und positiv als frei für individuell bestimmbare Inhalte besetzt werden kann.

---

3 Nahrstedt 1988: Die Entstehung der Freizeit, 31-57.
4 Ebd., 35.

Auch die verschiedenen Ansätze zur Genese der Freizeit variieren und setzen je nachdem die Entstehung der Muße mit der Freizeit gleich, oder sie legen den Beginn von Muße und Freizeit im alten Griechenland fest. Die Ansicht Dumazediers, dass Freizeit von der alten Muße grundlegend zu unterscheiden sei, ist jedoch vorherrschend, und daraus haben sich auch zwei Thesen über die Entstehung der Freizeit im 18. bzw. 19. Jahrhundert entwickelt:[5]

Die erste These umfasst eine *positive Konnotation*, indem die Entstehung der Freizeit in den Kontext einer *umfassenden Demokratisierung* der bisher bestimmten Schichten vorbehaltenen Freizeitbeschäftigungen Mitte des 18. Jahrhunderts gestellt wird. Demgegenüber geht die zweite, *negativ konnotierte These* davon aus, dass Freizeit als *Kompensationsraum zur industriellen Arbeitszeit* in der zweiten Hälfte des 19. Jahrhunderts geschaffen wurde.

Die These von Freizeit als Folgeerscheinung der industriellen Arbeitszeit hat sich in den Sozialwissenschaften nach 1945 durchgesetzt und wurde in den 1950er und 1960er Jahren von Theologen, Pädagogen und Historikern übernommen.[6] Vor allem von Pädagogen wurde seit den 1930er Jahren die These der Freizeit als Teil der aufklärerischen Bemühungen der Arbeiterbildung vertreten. Während Soziologen, Historiker und Pädagogen darin übereinstimmen, dass sich Freizeit erst gegen Ende des 19. Jahrhunderts umfassend durchsetzte, heben zahlreiche Pädagogen zusätzlich hervor, dass die Vorgeschichte der Freizeit in Etappen bereits im Mittelalter und Mitte des 18. Jahrhunderts anzusiedeln ist. Auch Stamm und Lamprecht weisen darauf hin, dass sich das quantitative Freizeitverständnis nicht gleichmäßig durchsetzte und sich vor allem bei der industriellen Arbeiterschaft, dem bürokratischen Mittelstand und dem Bürgertum unterschiedliche Entstehungskontexte und Diffusionswege erschließen lassen:

»Unter dem Eindruck bürgerlicher Freiheitsvorstellungen und der reformpädagogischen Bewegung des späten 18. und frühen 19. Jahrhunderts zeichnete sich innerhalb der legitimen, das heißt durch Arbeit verdienten Freizeit, ein Wandel der inhaltlichen Einschätzungen ab. Freizeit wurde aus ihrer engen Regenerations- und religiös inspirierten Kontemplationsfunktion gelöst und zunehmend als ein Handlungsbereich identifiziert, der mit Begriffen wie Aktivität, Selbstverwirklichung und Freiheit besetzt wurde [...].«[7]

Nahrstedt vertritt die These, dass die Vorstellung einer Freizeit im heutigen Sinne sich Mitte des 18. Jahrhunderts mit der Aufklärungsbewegung entwickelte, in der zweiten Hälfte des 19. Jahrhunderts eine umfassende soziale Verbreitung

---

5 Vgl. Dumazedier 1967, 248 f., zit. bei: Ebd., 18.
6 Vgl. z.B. Riesmann 1958 bzw. 1950: The Lonely Crowd, zit. bei Nahrstedt 1988, S. 19.
7 Lamprecht, Stamm 1994: Die soziale Ordnung der Freizeit, 100.

erfuhr und sich als Folge der Industrialisierung mit bedeutsamer Qualität aufgeladen hatte.[8]

Die Durchsetzung der modernen Arbeitsethik hatte großen Einfluss auf die wissenschaftliche Begriffsbildung in der Neuzeit, die Freizeit vorwiegend als Restzeit definiert und damit *Arbeit* als eindeutigen Begriff voraussetzt.[9] Trotzdem blieb die Vorstellung einer von Freiheit erfüllten Freizeit eng mit moralisch aufgeladenen Ansprüchen verbunden, die bis heute wirksam geblieben sind. Gerade konsumptive Freizeitangebote in Form von Varietés, Tanzhallen, Kaffee- und Wirtshäusern waren immer wieder Gegenstand moralischer Auseinandersetzungen. Im Unterschied zur historisch älteren Muße, stellt bei der Unterscheidung zwischen individueller Freiheit in der Freizeit und pflichtmäßiger Gebundenheit in der Arbeitszeit die *Zeit* das entscheidende Unterscheidungsmerkmal dar. Die Termine und Zeiten für den Feierabend, das Wochenende und den Urlaub sind zeitlich über das ganze Jahr hindurch festgelegt, wobei der Urlaub eine gewisse nicht-rational durchgeplante Wahlmöglichkeit miteinschließen kann. Damit ist der *Freiheitsbegriff* der Freizeit *mit einem rationalen Zeitbegriff verbunden*.

Freizeit lässt sich daher gemäß Nahrstedt nach bestimmten Kriterien analysieren:[10] Dazu gehören einerseits der Begriff der *Freiheit* und die *Zeit* als Begriff wie auch als übergeordnete Struktur. Damit zusammen hängt die Bewertung von *Arbeit* und *Nicht-Arbeit*, aber auch der zeittypischen *Nutzungsmuster* von Freizeit. Diese wiederum sind an kollektiv bedingte Möglichkeiten der Nutzung gebunden: Schwarzarbeit und die Arbeit von Hausfrauen, Jugendlichen und Pensionierten werden beispielsweise bei einer arbeitsorientierten Sichtweise ausgeschlossen. Definitionen, die Freizeit nach Abzug von Hygiene-, Schlaf-, Wartezeiten und Hausarbeit herausschälen, missachten wiederum, dass auch letztere Tätigkeiten subjektiv als Ausgleich bzw. als »freie Zeit« betrachtet werden können. Im Folgenden sollen die Begriffsbildung und Entstehungsgeschichte der Freizeit unter dem Aspekt von *Freiheit, Arbeit* und *Demokratisierung bzw. Popularisierung* betrachtet werden, um schließlich auf die in dieser Arbeit fokussierte Perspektive einer kulturellen Präformierung von *Zeit als Bedingung von Alltagserfahrung* überzuleiten.

Zunächst in Frankreich seit der Mitte des 18. Jahrhunderts und seit 1784 in Deutschland begann die Vorstellung von *Freiheit* im Zusammenhang mit der

---

8 Nahrstedt 1990: Die Entstehung der Freizeit, 22.
9 Lamprecht, Stamm 1994: Die soziale Ordnung der Freizeit, 33-38.
10 Nahrstedt 1990: Die Entstehung der Freizeit, 62-63.

Freizeit an Konturen zu gewinnen.[11] Zweck und Inhalt dieser »Zeit der Freiheit« wurden im Kontext der Aufklärung entwickelt und bezogen sich auf *Bildung, Genuss* und die Verwirklichung des Ideals der *Gleichheit für alle Menschen.* Genauso wie sich der neue Freiheitsbegriff der Aufklärung seit dem 18. Jahrhundert im Bereich des Glaubens, Denkens, des Gewerbes und der Politik durchzusetzen begann, modellierte er auch die Neugestaltung der Freizeit mit. Die wichtigsten Kennzeichen dieser neuen Freizeit waren: Verwirklichung der Freiheit in einer Zeit außerhalb der Arbeitszeit und das Recht auf eine solche Zeit für alle Menschen. Diese Zeit sollte der »Aufklärung« dienen, die sich vor allem durch Bildung, Genuss und Erholung von der Arbeit verwirklichen ließ. Die Entstehung der Freizeit stand also in engem Zusammenhang mit neuen Lebensformen, die sich jedoch zuerst auf Angehörige des dritten Standes, auf Bürger, Kaufleute und Gelehrte beschränkten. Für die *neuen Lebensformen* wurden *Institutionen* wie das Kaffeehaus, Abendgesellschaften, Klubs und Vereine geschaffen. Die Einrichtung der Kaffeehäuser als eine der ersten Freizeitstätten gelangte im 17. Jahrhundert aus arabischen Ländern nach Europa. Der Besuch der Kaffeehäuser war von genügend Geld und Zeit abhängig, einer Voraussetzung, die vor allem Bürger, Gelehrte und Kaufleute erfüllten. Die Lebensform des Kaffeehauses war von einer kultivierten Atmosphäre des geistigen Austausches und des gemäßigten Genusses geprägt und grenzte sich damit gegen die bekannte Unmäßigkeit des historisch älteren Wirtshauses ab. Während das Kaffeehaus eine öffentliche Stätte für geistigen Austausch wurde, begannen sich im 18. Jahrhundert im Bürgerhaus ähnliche Institutionen wie Abendgesellschaften und »Salons« zu etablieren. Als dritte neue Lebensform der Freizeit institutionalisierten sich Gesellschaften und Vereine mit verschiedensten Inhalten. Der freie Zugang für Männer und Frauen gehörte zu ihren Kennzeichen wie auch die bereits bekannten Inhalte Freiheit, politische Diskussionen, Lesungen, Kunstgenuss und Unterhaltung. Patriotische Vereine boten ebenfalls ein breites Spektrum an Freizeitgestaltungsmöglichkeiten unter der Flagge bürgerlicher Ideale. Alle nicht zur Berufsarbeit gehörenden Tätigkeiten wurden möglichst auf den Abend verlegt:

»Dieser neue Tagestyp stellte die dem vollendeten Arbeitsgedanken entsprechende Zeitform für die Handwerker und Arbeiter dar. Dieser Tagestyp hatte sich in der Mitte des 19. Jhs. unmittelbar vor Übernahme und Durchsetzen des Freiheitsbegriffs der Freizeit auch für ihre Zeitstruktur herausgebildet.«[12]

---

11 Ebd., 175-186.
12 Ebd., 221.

Die neue Zeitstruktur verbreitete sich zwischen 1850 bis 1920 allmählich auf die Tagestruktur der Arbeiter und Handwerker.[13] Der wachsende Einfluss von Gewerkschaften und der Sozialdemokratischen Partei führte Ende des 19. Jahrhunderts zu Arbeitskämpfen, die neben Lohnforderungen vor allem die Arbeitszeitfrage betrafen. Seit 1833 wurden in England Gesetze über die Arbeitszeit eingeführt und von anderen europäischen Staaten übernommen. Zu dieser Zeit drang auch der Freizeitgedanke anstelle des bisher vorherrschenden Arbeitsgedankens als bestimmendes Motiv der Lebensformen vor. Freiheit, Wohlfahrt und Wohlstand möglichst für alle wurden zum Leitgedanken breiter Bevölkerungsschichten. Das Ausmaß der Freizeit wurde zu einem Maßstab für die individuelle Freiheit. Die Forderung nach Freizeit auch für Handwerker und Arbeiter führte jedoch zu bürgerlichen Vorbildern ähnlichen Freizeitformen wie Arbeiterbildungsvereine, Lese-Clubs, Singvereine, Turnvereine usw. Sowohl die beschränkten finanziellen wie auch räumlichen Möglichkeiten prägten die Freizeitbeschäftigung der Arbeiterschaft. Arbeit und Arbeitszeit blieben eine bedeutende Orientierungsgröße bei der Konzipierung moderner Freizeitformen.

Zur Popularisierung der Freizeit als Bestandteil der Massenkultur

Die Verbreitung der Freizeit lässt sich für Nahrstedt als Sozialisierung und Rationalisierung der adligen Muße umschreiben.[14] Sie entstand, als sich das Bürgertum als wirtschaftliche Kraft gegenüber dem Adel durchzusetzen begann, und der vom Adel demonstrativ gepflegte Müßiggang für alle erreichbar werden und gleichzeitig nicht zur ziellosen Einschränkung der Berufsarbeit führen sollte – deshalb wurde er rationalisiert.[15] Die Freizeit wurde zu einer zentralen Kategorie für alle und rief eine neue Pädagogik hervor, die sich der Erziehung von mündigen Menschen in der kostbaren freien Zeit widmete. Der neu entstehende Frei-

---

13 Ebd., 263-274.
14 Ebd., 279-296.
15 Zum demonstrativen Müßiggang der Aristokratie vgl. Girtler 1989: Die feinen Leute: Von der vornehmen Art, durchs Leben zu gehen; Girtler 1987: Kleidung als Symbol demonstrativen Müßigganges bei Sandlern, Zuhältern und Aristokraten; bzw. des Bürgertums vgl. Tanner 1995: Freizeitgestaltung und demonstrativer Müßiggang im Bürgertum.

zeitbegriff ist damit eng mit der Entstehung der modernen Demokratie verbunden.

Einer ähnlichen Perspektive folgt Kaspar Maase, wenn er die Entwicklung der Massenkultur im Kontext einer umfassenden Demokratisierung analysiert.[16] Kulturpessimistische Einschätzungen sehen in der Verbreitung populärer Freizeitpraxen einen Niedergang.[17] Demgegenüber betrachtet Maase Massenkultur und einzelne Bereiche der *Freizeit als Teil der Demokratisierungsprozesse der Moderne.*

Zur Mitte des 19. Jahrhunderts dominierten Künste und Vergnügungen, die vom wohlhabenden und gebildeten Bürgertum gepflegt wurden, das mit »hoher Kultur« seinen Anspruch auf die Führung der Gesellschaft repräsentiert sah. Im Laufe von gut hundert Jahren hat bürgerliche Kultur in diesem Sinn ihren Platz an die moderne Populärkultur abgegeben:

»Ein kultureller Massenmarkt bildete sich heraus, beliefert von spezialisierten Unternehmen, die sich an den Wünschen der großen Mehrheit orientierten, [...]. Geld, Zeit und Aufmerksamkeit dieser Menschen waren knapp. Dafür erwarteten sie kräftige Vergnügungen, effektvoll, eingängig, auf ihre Erfahrungen bezogen. Alltägliche Künste sollten es sein, Gebrauchskünste, auch wenn sie Träume, außerordentliche Gefühle und Ausbruch aus der Enge boten. Hier ging es um Lebensbewältigung, Selbstverständigung, Spaß an starken Eindrücken und nachvollziehbarer Leistung, nicht zuletzt um den sinnlichen Genuss des Reichtums, den man tagtäglich in harter Arbeit produzierte.«[18]

Kulturindustrie strebte prinzipiell nach Gewinn, erzieherische oder erbauende Ziele waren sekundär geworden. Für Maase konnten gerade deswegen »die einfachen Leute die modernen Massenkünste ihren Vorlieben anpassen«.[19] Diese Wahlmöglichkeiten bedeuteten die Befreiung aus bürgerlicher Vormundschaft von Kirchen und Volksbildungsorganisationen. Seit den 1960er Jahren ist zudem mit der Pop-Art der kreative Austausch zwischen Hoch- und Massenkünsten hervorgetreten. Massenkultur ist zur herrschenden Kultur geworden, und die unterschiedlichen Wertsphären zwischen »einfachen Leuten« und kulturellen Eliten haben sich verändert:

»Heute bilden Befriedigungen aus dem Lebensbereich jenseits von Arbeit und Pflicht, aus der Freizeit im umfassenden Sinn, einen starken, für viele den stärksten Anreiz, Überdurchschnittliches zu leisten. Das gilt für alle Schichten. Auffassungen über Arbeitsmoral, Lebenssinn und

---

16 Maase 1997: Grenzenloses Vergnügen.
17 Vgl. z.B. Horkheimer, Adorno 1994: Dialektik der Aufklärung.
18 Maase 1997: Grenzenloses Vergnügen, 17.
19 Ebd., 17.

persönliche Erfüllung haben sich im breiten Mittelbereich nachbürgerlicher Industriegesellschaften weitgehend angeglichen; [...].«[20]

Groschenheft und Kino, die Macht der Bilder, neue Rhythmen und Tänze, Hinwendung zum Körper, Pop-Kultur, aber auch Schundkampf gehören für Maase zu den Bereichen der neuen Freizeit. Mit Beginn der 1970er Jahre ist Massenkultur »zur flächendeckenden Basiskultur«[21] und sind die Jugendszenen zu ihren wichtigsten Innovationszentren geworden.

Die *neuen Freizeitpraxen und Wertvorstellungen* stehen vor dem Hintergrund eines *mentalitätsgeschichtlichen Wandels*, auf den Wolfgang Kaschuba hinweist. Der nunmehr als »eigenes Leben« sich konstituierende, als selbstbestimmter Raum erfahrene Freizeitbereich unterscheidet sich vom vorindustriellen Zyklus der kirchlichen Feiertage, der das Arbeitsleben in einem bestimmten Rhythmus unterbrach:

»In der Mentalitätengeschichte wird dieses Festmotiv heute nicht mehr als Gegenstück zum Alltag aufgefaßt, sondern eher als dessen Spiegelfläche, auf der sich in symbolischer Überhöhung Alltagsbeziehungen reflektieren: soziale Bindungen, Repräsentationsbedürfnisse der Status- und Berufsgruppen, sakrale und profane ›Initiationsriten‹ lokaler Gemeinschaften.«[22]

Für Kaschuba lässt sich dies nicht allein mit der Trennung von Öffentlichkeits- und Privatsphäre oder der neu entstandenen Vereinsgesellligkeit erklären.[23] Vielmehr steht diese Entwicklung mit *wachsender Gruppenkonkurrenz* in Zusammenhang, die keine konfliktfreie öffentliche Präsentation gruppenspezifischer Festtradition mehr ermöglicht und eine »private Festkultur« geradezu erzwingt. Als Ersatz für die schwächer werdenden Familien- und Milieubindungen wurden Vereine seit dem letzten Drittel des 19. Jahrhunderts zu den wichtigsten Trägern organisierter Freizeit in halbprivaten Räumen. Sie verkörperten einerseits Institutionen verbürgerlichter Massenfreizeit, können aber in ihrer spezifischen Ausprägung als sozialdemokratische Arbeitervereine auch als »Klassenorganisationen« angesehen werden.

Gegenüber den zwei geschilderten Sichtweisen geht die *Konzeption von Freizeit als unfreie Zeit* davon aus, dass Normen, Habitus und Regelungspraxen der Arbeitswelt das Freizeitverhalten bestimmen und Freizeit nicht unmittelbar mit entspannter Freiheit in den Stilen der Lebensführung gleichgesetzt werden kann: Zu den bedeutendsten Vertretern dieser Position gehören die Philosophen

---

20 Ebd., 19.
21 Ebd., 265.
22 Kaschuba 1990: Lebenswelt und Kultur der unterbürgerlichen Schichten, 111.
23 Ebd., 111-112.

Theodor Adorno und Max Horkheimer.[24] Für Horkheimer und Adorno *ist die Freiheit der Freizeit in den Kontext von Produktion und Konsumptionszwang eingebunden* und damit von vorneherein eine von Zwängen bestimmte Freiheit. Der Mensch soll sich als Freizeitmensch an der Einheit der Produktion ausrichten. Als Konsument der Kulturindustrie soll er bereits in seiner Seele keine höheren Erwartungen haben als sie vom Schematismus der Produktion vorweggenommen worden sind. Schlager, Seifenopern, Filme und Stars werden zyklisch als starre Invarianten angeboten. Die Totalität der Kulturindustrie besteht in ihrer Forderung nach Wiederholung, die Kultur, Kunst und Zerstreuung unter einen Zweck stellt. Die Ideologie der Kulturproduzenten ist das Geschäft:

»Amusement ist die Verlängerung der Arbeit unterm Spätkapitalismus. Es wird von dem gesucht, der dem mechanisierten Arbeitsprozess ausweichen will, um ihm von neuem gewachsen zu sein. Zugleich aber hat die Mechanisierung solche Macht über den Freizeitler und sein Glück, sie bestimmt so gründlich die Fabrikation der Amüsierwaren, dass er nichts anderes mehr erfahren kann als die Nachbilder des Arbeitsvorganges selbst.«[25]

Die Kulturindustrie betrügt die Konsumenten um das, was sie unablässig verspricht. Das Vergnügen soll ohne Anstrengung funktionieren und wird deshalb zur Langeweile. Das Eigentliche soll um keinen Preis erreichbar sein, nur die Effekte der Ersatzprodukte der Kulturindustrie. Die Flucht aus dem Alltag, die die Kulturindustrie dem Konsumenten anbietet, fängt ihn am Ende wieder mit demselben Alltag ein: »Das Prinzip gebietet, ihm zwar alle Bedürfnisse als von der Kulturindustrie erfüllbare vorzustellen, auf der anderen Seite aber diese Bedürfnisse vorweg so einzurichten, dass er in ihnen sich selbst nur noch als ewigen Konsumenten, als Objekt der Kulturindustrie erfährt.«[26]

Während Horkheimer und Adorno die Freizeit als unmittelbare Verlängerung der Arbeitssphäre betrachten, steht *Freizeit* für Habermas *im Gegensatz zur Arbeit* und *bleibt dennoch eng mit deren Bedingungen verbunden*: »Sie verweist im Gegensatz zu den vorindustriellen Formen arbeitsfreier Zeit, wie Feierabend, Fest oder Müßiggang, nicht schon auf konkrete Inhalte; ihre Freiheit ist zunächst eine Freiheit von Arbeit und sonst nichts.«[27] Sie wird damit zur Privatsache und zur scheinbar individuell verfügbaren Zeit. Neben als von Berufsarbeit freie, »bloße« Restzeit hat Freizeit jedoch noch eine zweite Bedeutung als »gestaltete« Zeit:

---

24 Horkheimer, Adorno 1994: Dialektik der Aufklärung, 132-144.
25 Ebd., 145.
26 Ebd., 150.
27 Habermas 1958: Soziologische Notizen zum Verhältnis von Arbeit und Freizeit, 105.

»Eine solche Freizeit ist das gerade Gegenteil von etwas Unbestimmten, wird sie doch als eine Veranstaltung geplant und durchgeführt. Freizeit in diesem Sinne hat man nicht, man nimmt an ihr teil, und die Freiheit, die sie vergibt, besteht keineswegs in individuell disponibler, sondern in kollektiv disponierter Zeit. Am Ende erweist sie sich gar als ein kunstvoll arrangiertes System von Regeln, die verbindlich einzuhalten sind.«[28]

Es geht auch nicht um jene bürgerliche Freiheit und Privatsphäre, »die ihren konkreten Inhalt immer schon aus den Bedürfnissen des Berufs bezog«.[29] Die technischen und ökonomischen Voraussetzungen für unsere heutige Freizeit wurden zu Beginn der Industrialisierung erarbeitet, als vorindustrielle Formen freier Zeit zugunsten der Produktion aufs Äußerste minimiert wurden. Auch heute wird das Freizeitverhalten von den Bedürfnissen der Berufsarbeit bestimmt und erfüllt dazu bestimmte Funktionen. Habermas stellt drei komplementäre Funktionen der Freizeit im Verhältnis zur Arbeit gegenüber: neben der *regenerativen*, die vorwiegend der physischen Reproduktion dient, nennt er die *suspensive* und die *kompensatorische*:

»In einem Fall wird während der Freizeit ein Arbeitsverhalten geübt, das von der mit der Berufsarbeit verbundenen Fremdbestimmung, Abstraktheit und Unverhältnismäßigkeit suspendiert; [...]. Man findet sich mit den Versagungen nicht ab, will sie auch nicht bloß kompensieren, sondern im genauen Sinne suspendieren: die Freizeit verspricht eine Erfüllung, die echt ist und nichts von Ersatzbefriedigung an sich hat. Im anderen Fall wird während der Freizeit ein arbeitsfremdes Verhalten geübt, das die Arbeitsfolgen einer vorab psychisch erschöpfenden und nervös verschleißenden Tätigkeit kompensiert.«[30]

Man will abschalten, einen Strich ziehen zur Arbeit und die Leere ausfüllen. Habermas erwähnt verschiedene Freizeitsphären, die allesamt in enger Beziehung zur Berufswelt stehen:[31] a) als suspensive Tätigkeit bezeichnet er die Schwarzarbeit oder die Arbeit zuhause nach Dienstschluss; b) Verpflichtungen mit religiösem (karitative Aufgaben), politischem (Ehrenämter, Vereine) oder weltanschaulichem Charakter (Okkultismus, Reformbewegung) bieten genauso wie der Bildungseifer Identifikationsangebote, die die Berufswelt bestätigen; c) der Rückgriff auf vorindustrielle Produktionsformen wie Garten, Basteln usw. vermittelt Ganzheit und Übersichtlichkeit im Kleinen, die der Produktions- und Arbeitssphäre längst verloren gegangen sind; d) als regressive Sphäre bezeichnet Habermas den Rückzug in den kleinfamiliären Gruppenegoismus, auf das Zuhause, das nur scheinbar von den Ansprüchen der Berufssphäre verschont ist;

---

28 Ebd., 105.
29 Ebd., 105.
30 Ebd., 112.
31 Ebd., 113-116.

e) bei von der Kulturindustrie bereitgestellten Freizeitmitteln tritt das Missverhältnis von Kompensationsversprechen und -leistungen am deutlichsten zutage: wie die Produktion beruhen Amüsierbetrieb und Reiserouten auf Entlastung, Zweckmäßigkeit und Sicherheit; f) auch Spiel und Sport gehorchen Kriterien, die in der modernen Arbeitswelt entwickelt wurden:[32]

»Das jüngst von der Sportmedizin inaugurierte Intervalltraining kalkuliert die Pausen zwischen den einzelnen Übungen im Prinzip nicht anders als die von der Arbeitsphysiologie empfohlenen Refa-Methoden: auch diese nämlich beweisen ihre Überlegenheit gegenüber den älteren Verfahren Taylors gerade darin, dass sie die heimliche Nützlichkeit der ›Leerzeiten‹ zwischen den einzelnen Arbeitsverrichtungen zum höheren Zwecke der Leistungssteigerung mit in die Rechnung einbeziehen. Hier wie dort wird das rationalisierte Intervall zur ›lohnenden Pause‹.«[33]

Freizeit ist bestimmt durch das Diktat der Arbeit und durch die politische Aufgabe, einen allgemeinen und friedlichen Wohlstand zu sichern. Die Freizeit soll nach Habermas dazu verwendet werden, »eine bewusste Teilnahme am undurchdringlich gewordenen gesellschaftlichen Geschehen einzuüben«.[34]

Auch der Kulturwissenschaftler Dieter Kramer unterscheidet zwischen *Freizeit mit öffentlichem und privatem Charakter*. Zum öffentlichen Charakter gehören informelle oder institutionelle Geselligkeit wie Vereine, aber auch die gemeinsame Verwendung des gesellschaftlichen Reichtums, der sich in Freizeitbauten, aber auch in Festen äußert.[35] Dabei können sowohl in öffentlichen wie in privaten Freizeitbereichen Tendenzen zu einer Konditionierung für den Arbeitsmarkt festgestellt werden. Die seit den 1970er Jahren sich verbreitende *Freizeitpädagogik* setzte sich vor diesem Hintergrund zum Ziel, dass private Freizeitnutzer Zeitsouveränität, Zeitstrukturierung (Zeit als Ordnungsmittel) und ein eigenes Zeitprofil mit selbstbestimmtem Zeitstil (Zeit als Orientierungsmittel) zu entwickeln lernen.[36]

In den *letzten Jahrzehnten* haben Autoren hingegen Freizeitdefinitionen entwickelt, die *Freizeit als eigenständiges soziales Handlungs- und Orientierungssystem* mit konstitutiven Merkmalen bestimmen. Dabei stehen individuelle Handlungsmöglichkeiten und Selbstverwirklichung im Vordergrund:

---

32 Vgl. z.B. Kellmann 1997: Die Wettkampfpause als integraler Bestandteil der Leistungsoptimierung im Sport.
33 Habermas 1958: Soziologische Notizen zum Verhältnis von Arbeit und Freizeit, 116.
34 Ebd., 118.
35 Kramer 1977: Freizeit und Reproduktion der Arbeitskraft, 183-203.
36 Nahrstedt 1990: Leben in freier Zeit, 144-147.

Lüdtke untersuchte anhand von rund 400 Tagebüchern kollektive Typen des Freizeitverhaltens und der Zeitverwendung im Erklärungskontext von soziodemographischen Ressourcen, Lagebedingungen, Rollenzwängen und mentalen Merkmalen (Motivation, Einstellungen, Wertorientierungen, Selbstbilder).[37] Für Lüdtke haben Bildungsexpansion und die damit zusammenhängende Informatisierung der Gesellschaft die »Bedeutung des ›kulturellen Kapitals‹ als Mittel sozialer Distinktion und der Verfeinerung gesellschaftlicher Ungleichheit erheblich wachsen lassen (Bourdieu 1983, 1984)«.[38] *Lebensstile* ermöglichen im Rahmen von Handlungsalternativen die Wahl von Präferenzen anhand von typischen Kriterien der Selektion. Sie werden im privaten Alltag durch verschiedene, auch zeitliche, Dimensionen repräsentiert und werden zu Trägern und Transporteuren kultureller Symbole. Lebensstilinteressen können dabei auf indirekte Weise zu Agenturen der Interessensdurchsetzung werden und das Konsumverhalten beeinflussen.

Im Anschluss an Lüdtkes Untersuchung von Zeitverwendungsstilen stellt sich die Frage, inwiefern der Ansatz Bourdieus für Analysen über die kulturelle Prägung von Temporalmustern geeignet ist.[39] Sein Konzept mit den Leitbegriffen »Lebensstil« und »Habitus« geht von einem »Sozialen Raum« mit einer jeweiligen kulturellen Praxis aus, die er als »Habitus« bezeichnet. Der Soziale Raum wird durch ein bestimmtes Verhältnis von ökonomischem und kulturellem Kapital bestimmt, zu dem soziale Herkunft, Bildung, kulturelle Kompetenz, Geschmack und kultureller Konsum gehören. Die anhand von ästhetischen Merkmalen definierten Positionsgruppen (Lebensstile) können sich innerhalb des Sozialen Raumes auf- und abwärts bewegen. Gleichzeitig versuchen sie sich »nach unten« abzugrenzen und »nach oben« zu orientieren. Gerade im Bereich der Freizeit, aber auch der Arbeitspausenkultur lassen sich sowohl im Umgang mit Sachen (Auswahl der Freizeitkleidung, Kaffeetassen usw.), aber auch in der Verwendung von Sprachstilen und der Wahl von Gesprächsthemen Lebensstilbedingte Zuordnungen zu Positionsgruppen analysieren. Zeitbezogene lebensstilistische Präferenzen und deren Konsequenzen sind jedoch empirisch nach wie vor ungenügend untersucht.

Eine weitere Möglichkeit besteht darin, den Freizeitbegriff aus den *Einschätzungen der Akteure* zu gewinnen, was mit quantitativen und qualitativen Erhebungen erreicht werden kann. Der Freizeitbegriff enthält demnach sowohl ob-

---

37 Lüdtke 1995: Zeitverwendung und Lebensstile, 31-38.
38 Ebd., 10.
39 Vgl. Bourdieu 1989: Die feinen Unterschiede.

jektive (zeitliche) wie auch subjektive (emotionale) Handlungselemente. Lamprecht und Stamm unterscheiden daher zwischen:[40] 1. Freizeit als freie Zeit, die nach Abzug der vom Individuum subjektiv als Pflicht erlebten Zeit bleibt – quantitative Dimension von Freizeit; 2. Freizeit als Summe von Aktivitäten, deren Ausübung vom Individuum subjektiv als freiwillig eingeschätzt werden – Handlungsaspekt; 3. Freizeit als soziales Subsystem mit besonderen Leistungen im Bereich von Sinnstiftung und Identitätsbildung sowohl für die Akteure als auch für die Gesellschaft. *Freizeit als eigenständiges Handlungssystem* wird sich daher vor allem dort entfalten, wo *freie Zeit mit subjektiv gewählten freiwilligen Handlungen ausgefüllt werden kann.*

Auch Akteur-zentrierte Ansätze lassen sich jedoch durch kritische Betrachtung der subjektiven Einschätzung von Zeitfreiheit relativieren. Obwohl im Laufe des 20. Jahrhunderts die Mehrheit der Bevölkerung sich an Freizeitaktivitäten beteiligen konnte, kann nicht von einer allgemeinen Demokratisierung und Entnormierung der Freizeit gesprochen werden.[41] Unterschiedliche finanzielle Möglichkeiten lassen auf Differenzierungen und Hierarchisierungen schließen, die sowohl das kulturelle Angebot wie auch die Unterschiede bei der Auswahl von Urlaubsreisen betreffen. Dabei ist insbesondere zu berücksichtigen, dass Handlungsmöglichkeiten nicht automatisch zu Handlungen führen. Die Entwicklung von Bedürfnissen und von Fähigkeiten, Angebote auch wirklich zu nutzen, ist empirisch schwer nachzuvollziehen. Sie steht auch im Zusammenhang mit der Möglichkeit, bestimmte Konsumtechniken zu nutzen, und ist wiederum von der sozialen Herkunft und vom sozialen Status der Person abhängig. Aber auch geschlechterspezifische Nutzungsmuster sind normativ vorgegeben, zum Beispiel der Konsum von Pornofilmen. Da Bedürfnisse durch Angebote geschaffen werden, muss nicht jede neue Freizeitaktivität Ausdruck eines Bedürfnisses sein. Während die Grundbedürfnisse nach Regeneration in der Freizeit weitgehend befriedigt sind, entwickeln sich aufgrund sozialer Ungleichheitsstrukturen differenzierte, gruppenspezifische und individuelle Bedürfnislagen:

»Sekundäre Bedürfnisse entstanden in dynamischer Weise aus der Zersetzung von traditionellen Strukturen und Pflichtvorstellungen, strukturellen Veränderungen im Schichtungs-, Wirtschafts- und Wertesystem und dem anschließenden Transfer von unerfüllbaren Wünschen und Wertehaltungen in die Freizeit.«[42]

---

40 Lamprecht, Stamm 1994: Die soziale Ordnung der Freizeit, 39.
41 Ebd., 103-116.
42 Ebd., 117.

Neben exogenen Determinanten der Freizeitentwicklung hat der Freizeitbereich auch endogene Wandlungsprozesse in Gang gesetzt und Einfluss auf andere gesellschaftliche Teilbereiche gewonnen. Dazu gehören stabilisierende Funktionen der Freizeit vor dem Hintergrund verschärfter Anforderungen im Erwerbsleben, beim Ausbau des außerbetrieblichen Bildungswesens sowie im Sinne einer Vorbildfunktion beim Vereinswesen oder in der Form des Fairplay beim Sport.

Für Lamprecht und Stamm bietet die *Freizeitforschung* bisher kein überzeugendes Modell zur Analyse der Freizeit, obwohl nach groben Schätzungen der moderne Mensch nur jede sechste Stunde in der Schule oder bei der Arbeit verbringt und rund ein Fünftel des Einkommens in der Schweiz für Freizeitausgaben eingesetzt wird.[43] Freizeitforschung wird denn auch relativ unabhängig von verschiedenen Teildisziplinen der Sozialwissenschaften betrieben: Freizeitgeographie, -psychologie, -pädagogik; Historiker, Ethnologen, Volkskundler, Ökonomen und Politikwissenschaftler befassen sich nicht nur mit der Genese der Freizeit und ihrer Interpretation, sondern auch mit der Konzeption von Freizeit als bedeutende gesellschaftliche und wissenschaftliche Kategorie.[44]

Die Autoren plädieren trotzdem nicht für die These einer *Freizeitgesellschaft*, insbesondere da auch der Begriff *Arbeitsgesellschaft* fragwürdig bleibt:

»Es lässt sich zeigen, dass häusliche Aktivitäten insgesamt bedeutsamer sind als solche, die das Verlassen des Wohnumfeldes notwendig machen. Dieser Befund ist ein weiteres Indiz dafür, dass sich Freizeit nicht nur auf das Spannungsfeld zwischen Arbeit und Freizeit reduzieren lässt, sondern in entscheidendem Maße vom familiären und Wohnumfeld mitbestimmt wird.«[45]

Vielmehr sehen sie die Vorstellung eines *multizentrierten Lebensmodells* im Vordergrund, innerhalb derer ein *relativer Bedeutungsverlust der Erwerbssphäre* zu konstatieren ist:[46]

»Zwischen sozialer Schichtung, Arbeitsbedingungen und Persönlichkeit bestehen Abhängigkeiten in dem Sinne, dass einerseits soziale Lage und Arbeitsbedingungen korreliert sind und andererseits die Arbeitsbedingungen die Werthaltungen und Orientierungen der Arbeitenden beeinflussen.«[47]

Ausgehend von der Annahme, dass soziale Ungleichheit nach wie vor Einfluss auf soziales Handeln hat, entwickeln Lamprecht und Stamm einen mehrdimensionalen Ansatz, der verschiedene Ebenen und Formen von Benachteiligung bzw.

---

43 Ebd., 17-22.
44 Ebd., 40.
45 Ebd., 167.
46 Ebd., 172-173.
47 Ebd., 245.

Privilegien miteinbezieht:[48] 1. *Das Zentrum-Peripherie-Modell* geht von ökonomisch Aktiven auf der einen und von aufgrund von Alter und Geschlecht am Rande lebenden Gruppen auf der anderen Seite aus: Alte, Hausfrauen, Arbeitslose, Junge, Produzenten in Ausbildung. 2. Der klassische Schichtbegriff wird durch den Begriff der *sozialen Lage* und der *Statusgruppen* im Sinne von Ordnungsgrößen ersetzt, die nicht ein klar ausgeprägtes Gruppenbewusstsein im Sinne von Klassen- und Schichtungsansätzen voraussetzen. 3. Der *Interaktionskontext* gibt den von der sozialen Lage mitgeprägten Rahmen für konkrete Interaktionssituationen vor, der Grenzen und Möglichkeiten umfasst (z.B. Arbeits-, Freizeit-, familiäre Situation). 4. Der *Habitus* verweist auf die strukturell geprägte Seite von Personen und ihren Denk-, Wahrnehmungs- und Beurteilungsschemata. 5. Das Zusammenwirken von Interaktionskontext und Habitus hat aber auch Einfluss auf die Bildung von bestimmten *Lebens- und Freizeitstilen*. Während der Interaktionskontext die Handlungsbedingungen und -chancen umreißt, bestimmt der Habitus, welche Chancen genutzt werden.

Die Autoren untersuchten anhand des beschriebenen Strukturmodells die Bereiche Sport und Ferienreisen.[49] Im Zentrum des empirischen Teils stand eine Mitarbeiterbefragung zum Thema Arbeit und Freizeit im Raum Zürich Winterthur bei fünf mittleren bis größeren Firmen und der Einbezug von repräsentativem Datenmaterial der schweizerischen Wohnbevölkerung aus den späten 1980er Jahren. Die Mehrheit der Befragten (70.3%) beurteilte den Stellenwert von Arbeit und Freizeit als gleichwertig. Arbeitssituation und Arbeitsbedingungen wurden überwiegend positiv beurteilt, der Entscheidungs- und Kontrollspielraum als breit geschildert. Beim Thema Arbeitswahrnehmung stehen die Begriffe »Leistung« und »Pflicht« an erster Stelle, während die Begriffe »Freude« und »Spaß« bei der Freizeit im Vordergrund stehen, was für ein komplementäres Verhältnis der beiden Bereiche sprechen würde. Bei den Umschreibungen »Sinn«, »Zufriedenheit« und »Abwechslung« finden sich hingegen identische Charakterisierungen für Arbeit und Freizeit, auch negative Gefühle wie »Angst« und »Langeweile« sind bei beiden gleichermaßen von geringer Bedeutung. Während »Zwang« mit der Freizeit kaum in Verbindung gebracht wird, tritt der Begriff auch im Zusammenhang mit Arbeit viel weniger auf als etwa »Spaß« und »Freude«, die klassisch zu den Freizeiteinschätzungen gezählt werden. Auch bei der Arbeit können ausgeprägter Sinngehalt und Zufriedenheit auftreten, während umgekehrt bei der Freizeit nicht nur Spaß und Faulenzen maßgebend sind.

---

48 Ebd., 279-280.
49 1'100 ausgefüllte Fragebogen 1992. In: Ebd., 294-425.

Auch Prahl spricht von der Schwierigkeit, einen einheitlichen Freizeitbegriff zu definieren und erwähnt im Besonderen Ansätze, die sich von negativen Definitionen bzw. von Freizeit als von Arbeit freier Zeit lösen.[50] So kann Freizeit als *Freisein von Rollenzwängen*, nach ihren Funktionen (z.b. von Entspannung und Erfüllung) oder auch als eigenständiger Lebensbereich betrachtet werden:

»Ganz allgemein ist die Freizeit ein Ausdruck der gesellschaftlich definierten Zeitverwendung; die in der Gegenwart als feststehend erfahrenen Zeitstrukturen (z.b. Siebentagewoche, tägliche Arbeitszeiten usw.) sind historisch durchaus anders organisiert gewesen und in der Zukunft veränderbar; [...].«[51]

Damit verweist Prahl auf die Bedeutung einer kulturorientierten Sichtweise von *Freizeit als Teil der gesellschaftlichen Konstruktion von Alltagszeit*, ihrer dialektisch angelegten Ordnungsmuster und auf entsprechende Forschungslücken. Auch Lüdtke spricht von einem nach wie vor bestehenden Defizit bezüglich einer übergreifenden Theorie der sozialen Zeit, die er auf die nach wie vor *dominierende Relevanz von Arbeit als Orientierungskategorie*, auf die Besetzung des Themas Freizeit durch Pädagogen und Tourismusforscher sowie die Einbettung von Freizeitaspekten in andere Gebiete wie Sport, Konsum usw. zurückführt.[52] Lüdtke beschreibt moderne Gesellschaften als zeitbezogenes Tätigkeitensystem mit einer bestimmten Aktivitätsstruktur:

»Temporale Muster, definiert als die Verteilung von Spannen und Orten in einem Intervall der Makrozeit (Woche, Monat, Jahr) für bestimmte Tätigkeiten, stellen einen ergänzenden [...] Aspekt von Tätigkeitssystemen dar: das Ordnungsgerüst der Zeitverwendung zwischen Zwang und Freiheit als multifaktoriell erzeugtes, zunächst unauflösbar scheinendes Ergebnis von Organisationsregeln, ökonomischen Zwängen, individuellen Präferenzen und kulturell geprägten Gewohnheiten. Sie sind das Ergebnis der abgestimmten, teils optionalen, teils strukturell zwangsläufigen, teils gewohnheitsmäßigen Allokation von Tätigkeiten und Orten durch Personen: Schemata der Ordnung des Alltagsflusses.«[53]

Zeit wird dabei für Lüdtke in modernen Gesellschaften als Ressource und Orientierungsmedium immer bedeutsamer und ihre Verwendung zu einem prekären Problem. Sie kann im Gegensatz zu Geld auch nicht erhalten oder kumuliert werden, was sie zu einer Quelle von Verlust- und Stresserfahrung macht. Subjektiv befriedigende temporale Muster sind Ergebnisse des Ausbalancierens externer (z.B. Arbeit, Wohnstandorte, Freizeitverpflichtungen) und interner (z.B.

---

50 Prahl 1977: Freizeit-Soziologie, 20-21.
51 Ebd., 13.
52 Lüdtke 2001: Freizeitsoziologie, 1.
53 Ebd., 5, in Anlehnung an Rosenbladt 1969, 49-79.

individuelle Präferenzen, Tageslauf-Gewohnheiten) Zeitgeber. Die Genese von individuellen temporalen Mustern und ihrer typischen Verläufe und Strukturen lässt sich jedoch für Lüdtke nicht befriedigend erklären:

»Wir wissen nicht einmal, welche allgemeinen theoretischen Perspektiven bei der Spezifizierung der besonderen kognitiven Leistungen des Aufbaus und des Ausbalancierens temporaler Muster sinnvoll konkurrieren können: z.B. kongruenztheoretische, nutzen- und entscheidungstheoretische, sozialisationstheoretische, eher wahrnehmungs- oder eher sozialpsychologische Ansätze?«[54]

Trotz schwierig erfassbarer kognitiver Vorgänge bei Individuen beschreibt Lüdtke folgende Aspekte, die man als theoretisch relevant aus der Analyse temporaler Muster herauslesen kann:
1. Reale temporale Muster repräsentieren die Alltagsordnung der zeitlichen Verknüpfung von unterschiedlichen Orten und Tätigkeiten und sie erleichtern Orientierung und Habitualisierung innerhalb dieser Alltagsordnung. 2. Temporale Muster bilden immer eine Mischung zwischen Zwang und freiwilligem Orientierungsschema. Die Frage, welches überwiegt, lässt sich nur im Kontext einer übergreifenden Lebensorganisation eruieren. 3. Vor dem Hintergrund der wachsenden Tendenzen nach Ver- und Entzeitlichung lassen temporale Muster erkennen, wie Individuen ihre Eigenzeit verteidigen und wo sie über Zeitfenster verfügen. 4. Die Diskrepanzen zwischen idealen und realen temporalen Zeitmustern lassen verschiedene Bedingungen der Zeitplanung, der Zeitkompetenz und Quellen von Zeitstress oder Zeitwohlstand erkennen. 5. Präferenzen von Zeitmustern lassen auf Formen psychosozial oder kulturell bedingter Bewertungskriterien von und Erwartungen an bestimmte Zeitabschnitte schließen.
6. Sofern sich individuelle temporale Muster zu kollektiven Typen gruppieren lassen, ermöglichen sie Erkenntnisse über Strategien der Zeitplanung, Zeitordnungen und Zeitkultur bestimmter Bevölkerungsgruppen sowie über Orte der Verdichtung von Tätigkeiten und kollektive Zeitfenster.

Vor dem *Hintergrund temporaler Alltagsmuster* versteht Lüdtke unter *Freizeit* eine *besondere Qualität des Zeiterlebens* und einen Handlungsraum mit hauptsächlich *expressivem, erlebnisorientiertem Charakter*. Freizeit ist für ihn Angelpunkt im Alltag, »der dessen Routine mit subjektiven Bedeutsamkeiten unterbricht und dadurch reorientierend wirkt, nämlich auf eine den Rhythmus der Arbeits- und Verpflichtungszeiten konterkarierende Weise«.[55]

---

54 Lüdtke 2001: Freizeitsoziologie, 11.
55 Ebd., 148.

Freizeit eignet sich vordergründig als Kategorie, zeitliche Zäsuren unter dem Gesichtspunkt der »eigenen Zeit« und des »freien Sinns« zu betrachten. Überraschenderweise wird sie jedoch in den dargelegten Untersuchungen und wissenschaftlichen Positionen mehrheitlich als Bereich konzeptionalisiert, in dem eigener Sinn in Zeitpraxen prekär und von arbeitsweltlichen und milieuspezifischen Normen befangen bleibt.

Der Kalender als Ordnungsinstrument und Symbolsystem

Innerhalb des weit aufgefächerten Feldes von Alltagspraxen und Deutungsmustern, die unter dem Begriff »Freizeit« subsumiert werden können, lassen sich verschiedene zeitstrukturell und sozio-kulturell bedingte Subsysteme unterscheiden. Im Gegensatz zu den im vorangegangenen Kapitel beschriebenen Konzeptionen von Freizeit befassen sich *zeitstrukturelle Ansätze mit kulturell bedingten kalendarischen Rhythmen innerhalb des Zeitflusses*. Kalender betten als zeitliche Landkarten, als »Temporal maps« das Individuum innerhalb zeitlicher Gliederungsstrukturen ein und erfüllen damit *Orientierungs- und Entlastungsfunktionen*. Sie lenken in Verbindung mit Wertungen die persönlichen und wirtschaftlichen Chancen von Individuen und erfüllen gleichzeitig sozialintegrative Funktionen: »Zeitgleiche Handlungen eines Kollektivs zu einem vorab durch Konvention geregelten Zeitpunkt sind Ausdruck respektive Darstellung gemeinsamer Sinnbezüge der Menschen.«[56]

Neben mit Fotografien, Bildern und Sprüchen versehenen Wandkalendern wurden in der zweiten Hälfte des 20. Jahrhunderts zahlreiche Kalendertypen für Terminplanung und Zeitverwaltung entwickelt, die mit 80 Mio. hergestellten Exemplaren allein in Deutschland eine weite Verbreitung finden.[57] Für Wendorff ist der Kalender keine technische Erfindung wie die Uhr, sondern ein gedankliches Schema, das jedoch gegenüber der Uhr in den Hintergrund getreten ist:

»Ein Jahr fließt nicht unauffällig in das nächste hinüber, sondern als eine (den Kalender konstituierende) Einheit hat es einen Anfang und ein Ende. [...] Wie auch in anderen früheren Kulturen wurde in Babylonien zuerst das alte Jahr ausgetrieben. Dann kam gewissermaßen ein Moment der Zeitlosigkeit und danach die Entstehung des neuen Jahres als eine Art Schöpfungsakt, der die ursprüngliche Schöpfung der Welt symbolisch wiederholt.«[58]

---

56 Rinderspacher 1994: Die Welt am Wochenende, 267.
57 Wendorff 1993: Tag und Woche, Monat und Jahr, 185.
58 Ebd., 27.

Das Zeitgitter diente bereits in vorchristlichen Kulturen dazu, Alltagsprobleme einer komplex organisierten Gesellschaft zu bewältigen: Städte- und Tempelbau, ein Wirtschaftssystem mit Preisen, Geld, Zinsen, die Verwaltung des Staates, Handel und Landwirtschaft mussten geregelt werden. Die Legitimation kalendarischer Systeme war immer an die herrschenden politischen Verhältnisse gebunden und Neuerungen oft mit sozialen Umbrüchen verknüpft. Die Vereinheitlichung des Weltrhythmus beruht im Wesentlichen auf einer »Verwestlichung« durch christliche Missionierung und europäische Kolonialisierung. Religiöse und auf natürliche Zyklen bezogene Legitimationen haben im Verlauf der Modernisierung an Einfluss eingebüßt und sind von hedonistisch-konsumptiven Lebensstilfaktoren überlagert worden. Sie relativieren die alten Begründungsmuster und schaffen *neue Höhepunkte des gesellschaftlichen Lebens* wie das Wochenende oder den Urlaub.

Weder die Bezeichnung »Feiertag« noch »Ruhetag« ist verallgemeinerungsfähig. Gemeinsam ist jedoch allen Kulturen, dass periodisch wiederkehrende ausgezeichnete Phasen im Sinne von »Peak-Periods«[59] auftreten. Dazu gehören besondere Rituale, Kleidung, Speisen, Verhaltensvorschriften und eine zeitweise Ausweitung von Mäßigkeitsnormen. In einer »Wohlstandsgesellschaft« verlieren solche Anreize ihren materiellen Wert und sind jederzeit herstellbar:

»Die kontinuierlich über das Jahr bestehenden Attraktionen, vom Wildschweinbraten bis zum Sonnenurlaub, entheben von Abhängigkeiten, verändern damit jedoch grundsätzlich den Charakter von peak-periods. Das Exzeptionelle muss darum in anderen Dimensionen gesucht werden. Vor allem aber ist das Exzeptionelle nun weniger denn je an kollektiv vereinbarte Zeitpunkte gebunden.«[60]

Die *Woche oder der Wochenrhythmus* bezeichnet eine der wichtigsten zeitlichen Gliederungseinheiten innerhalb des Jahreslaufs. Kulturgeschichtlich sind weltweit regelmäßig wiederkehrende Wochenrhythmen zwischen vier und neunzehn Tagen belegt.[61] Innerhalb einer Woche wechselt sich eine zeitlich festgelegte Periode von Arbeitstagen mit kollektiv anerkannten Ruhetagen ab. Sie markieren

---

59 Der Begriff Wochenruhetag ist für Rinderspacher nicht verallgemeinerungsfähig, da es sich oftmals um mehrere Tage handelt (z.B. Weekend) und weder die Bezeichnung Feiertag noch Ruhetag gerade für gegenwärtige Wochenhöhepunkte zutreffend ist: »Wir verstehen – mit Blick auf den internationalen Vergleich – die regelmäßig wiederkehrenden Höhepunkte der Woche als peak-periods.« Sie umfassen periodisch oder unregelmäßig innerhalb der Temporalstrukturen eingeschriebene exzeptionelle Situationen. Vgl. dazu Rinderspacher 1994: Wochenruhetage im interkulturellen Vergleich, 268.
60 Rinderspacher 1994: Wochenruhetage im interkulturellen Vergleich, 269.
61 Ebd., 259-282.

eine Pause, eine regelmäßig wiederkehrende Erholungs- und Freizeitphase innerhalb der linearen Abfolge der Wochen. Die Frage nach Rolle und Alltagspraxen dieser wöchentlichen Pausen führt zwangsläufig auch zur Frage nach der Entstehungsgeschichte und nach dem Wandel ihrer Funktionen.

Das *europäische Wochenende* ist keine weltweit etablierte Institution. Ihre Entwicklung, soziale Bedeutung, rechtliche Absicherung und gelebte Praxis ist bisher kaum Gegenstand von Untersuchungen, insbesondere auch nicht von weltweit vergleichenden. Die Bestrebungen vieler Produktionszweige und Dienstleistungsunternehmen, ihre Betriebszeiten auszuweiten, führten zudem in den letzten Jahrzehnten zu einer Um- und Neubewertung des Wochenendes. Europäische Großunternehmen fordern zunehmend die Aufhebung des Verbots für Nacht- und Sonntagsarbeit und möchten den seit fast dreißig Jahren institutionalisierten freien Samstag wieder zu einem normalen Arbeitstag machen. Die so erzeugte Linearisierung gesellschaftlicher Rhythmen hat wesentliche Auswirkungen auf die Lebensweise und soziale Struktur hochindustrialisierter Gesellschaften.

Vor rund fünf Jahrtausenden wurden die Schaffung und der Ausbau unseres Zeitsystems mit Jahresgliederung durch Kalender und die chronologische Zählung der Jahre initiiert.[62] Die Entwicklung der zwei beschriebenen Zeitsysteme erfolgte nicht kongruent und etablierte sich als einheitliches Modell mit Gültigkeit für alle Länder erst seit rund hundert Jahren. Der Monat ist kalendergeschichtlich früher entstanden als die Woche, da er – astronomisch zunächst als echter Mondmonat erkennbar – als unveränderliche Größe ablesbar war. Die Woche diente dazu, wiederkehrende Tage für Markt, Muße und Gottesdienst festzulegen. Die Sieben-Tage-Woche setzte sich zur Zeit Christi im Römischen Reich durch und ist seither zu einer unveränderten kalendarischen Einheit geworden, der heute alltagspraktisch eine konkretere Bedeutung zuzukommen scheint als dem Monat. Ihre Verbreitung verdeutlicht den Einfluss des Christentums auf die europäische Kultur und diejenige Europas auf die ganze Welt. Seit der Durchsetzung der Sieben-Tage-Woche ist das christliche Jahr durch den Wochenrhythmus und den Kreislauf der christlichen Feste gegliedert:

»Wenn die stets positiv bewerteten Sonntage und Festtage erwartungsvoll herbeigesehnt werden, geht es nicht nur um das Prinzip Freizeit oder Nichtarbeitszeit, sondern auch um die besondere Atmosphäre, die uns an diesen Tagen erfasst, und in der etwas nachschwingt, was sich in früheren Jahrhunderten als religiös bestimmte Zeiterfahrung herausgebildet hatte.«[63]

---

62   Wendorff 1994: Die Woche, 17-26.
63   Ebd., 24.

Im Gegensatz zum jüdischen Sabbat, der von vornherein als Ruhetag galt, war der christliche Herrentag oder Sonntag zunächst nur eine religiöse Institution. Erst als das Christentum 321 zur Staatsreligion erklärt wurde, wurde der Tag der Sonne zum Ruhetag. Das Niederlegen der Arbeit sollte jedoch vor allem den Besuch des Gottesdienstes ermöglichen und galt nicht für landwirtschaftliche Arbeiten. Es wurden auch keine Strafen für Arbeiten am Sonntag eingeführt. Einzig Schauspiele wurden verboten, um Ablenkungen von der kirchlichen Feier zu unterbinden. Erst im 17. Jahrhundert wurden nach dem 30-jährigen Krieg wieder staatliche Verordnungen über die Sonntagsruhe eingeführt, und in der zweiten Hälfte des 19. Jahrhunderts wurde in Deutschland, anfangs des 20. Jahrhunderts in romanischen Ländern, nicht mehr so sehr aus religiösen, sondern aus sozialen Gründen, das Arbeiten an Sonn- und Feiertagen gesetzlich eingeschränkt. Die sonntägliche Arbeitsruhe setzte sich daher erst einige Jahrhunderte später in breiten Bevölkerungskreisen durch.

Andreas Bimmer hat sich mit der volkskundlichen Erforschung des *Sonntags* seit dem 19. Jahrhundert befasst.[64] Lange Zeit wurde der Sonntag als Forschungsgegenstand in der Volkskunde nur in Verbindung mit religiösen Kontexten genannt, in einigen Fällen im Zusammenhang mit seiner Funktion als Strukturelement der Arbeitswoche. Immerhin bezeichnete Karl Ilg den Sonntag 1945 als »Ordnungsprinzip ersten Ranges«.[65] Bimmer erklärt ähnlich wie Ilg die Missachtung des Sonntags mit seiner »Alltäglichkeit« und weist damit gleichzeitig auf einen Wandel der volkskundlichen Forschungsperspektiven hin zu einer Ausrichtung auf Alltag und Gegenwart. Als beiläufig erwähntes Thema ist der Sonntag häufiger anzutreffen, dies vor allem als Tag für Familientreffen, Besuche und Feiern, aber auch in der Glaubens- sowie der Nahrungs- und Kleidungsforschung. Von größerer Bedeutung ist der Sonntag hingegen im Zusammenhang mit Freizeitforschung, aber auch hier tritt er vor allem als Teil des Wochenendes auf und verbindet sich in seinen Konnotationen zunehmend mit dem Samstag. Bimmer weist auf die fehlenden Forschungen zu Funktionen und Phänomenologie des Sonntags hin, die aus Sicht der Alltagskulturforschung als Ergänzung zu Studien anderer Disziplinen unternommen werden sollten. Einige Untersuchungen, die sich in den 1990er Jahren aus historischer Perspektive dem *Wochenende in europäischen Ländern* angenommen haben, sollen im Folgenden im Hinblick auf Funktionswandel und interkulturelle Differenzen dargestellt werden.

---

64 Bimmer 2001: Sonntag. Ein Wochentag und seine Rezeption in der Volkskunde, 71-79.
65 Karl Ilg, zit. bei: Ebd., 72.

Dass das Wochenende eine besondere Stellung einnimmt, belegen nicht zuletzt Redewendungen wie in *Frankreich*: »C'est pas tous les jours dimanche« oder »Comment vas-tu – comme un lundi!«[66] Der Sonntag war lange Zeit vor allem in bürgerlichen Kreisen ein besonderer Tag, der mit Sonntagsritualen wie dem Kirchgang, dem Sonntagsspaziergang, dem Sonntagsmahl und dem Verwandtenbesuch ausgefüllt wurde. Sein gewohnter Ablauf führte aber auch dazu, dass er als langweilig und ereignislos empfunden wurde. Seit den 1980er Jahren haben sich die Sonntagsrituale verändert. Der Kirchenbesuch ist drastisch zurückgegangen, die gesellschaftlichen Kontakte haben sich in den privateren Kreis der Familie verlagert oder werden mit Freizeitaktivitäten unter Freunden ausgefüllt.

Entsprechend der Entstehungsgeschichte gegenwärtiger Freizeitformen war der *Sonntag immer wieder Gegenstand moralischer und volkspädagogischer Bemühungen* unterschiedlicher Interessenslagen: In Frankreich setzten sich die »Assoziation für die Beachtung der Sonntagsruhe«[67], der »katholische Gemeindekirchenrat«[68], die »Internationale Föderation für die Beachtung des Sonntags«[69] auf protestantischer Seite sowie die bewusst nicht religiös motivierte »Volksliga für den freien Sonntag«[70] seit 1853 mit Tausenden von Mitgliedern und unterschiedlichen Beweggründen für den freien Sonntag ein. 1880 wurde das religiös bedingte Gesetz zur Einhaltung der Sonntagsruhe wieder abgeschafft. Dies verlangte nach neuen Argumenten zur Durchsetzung der Sonntagsruhe. Die sozial motivierten Bewegungen für den freien Sonntag brachten solche Argumente vor und forderten denn vor allem, weder Briefe zu versenden, noch Waren anliefern zu lassen und dem Hauspersonal frei zu geben. Medizinisch wurden wöchentliche Ruhepausen mit der Wiederherstellung der Arbeitskraft und dem Erreichen eines längeren Lebens begründet. Ökonomische Standpunkte gingen von einer höheren Produktivität aus und bürgerliche Kreise sahen darin die wichtige Aufgabe, das Zusammensein der Familie zu ermöglichen. Parteien und die Kirche schließlich betonten die Chance, sich am Sonntag politisch zu betätigen und sich am religiösen Leben zu beteiligen. 1906 wurde die Sonntagsruhe für alle ArbeitnehmerInnen eingeführt. Nicht eingeschlossen waren Haus-

---

66   Bosch 1994: Die Rolle des Wochenendes in Frankreich, 28-48.
67   Vgl. franz.: »L'association pour le repos et la sanctification du dimanche«: 1853 entstanden und zählte mehrere tausend Mitglieder.
68   Vgl. franz.: »l'oeuvre dominicale de France«: 1873 entstanden und 250'000 Mitglieder.
69   Vgl. franz.: »la fédération internationale pour l'observation du Dimanche«: 1876 gegründet.
70   Vgl. franz.: »la ligue populaire pour le repos du dimanche«: 1889 gegründet, 5'000 – 7'000 Mitglieder.

angestellte, Beschäftigte in der Landwirtschaft, Selbständige und zahlreiche Ausnahmen wurden staatlich bewilligt. Die Arbeiterbewegung sah in der Sonntagsruhe eine bürgerliche Freizeitkonzeption und stand ihr entsprechend kritisch gegenüber. Dennoch setzten sich in der Arbeiterschaft zu Beginn des 20. Jahrhunderts bürgerliche Alltagspraxen für die Nutzung des Sonntags durch: ein reichhaltiges Sonntagsmahl und der Sonntagsspaziergang mit Sonntagskleidern gehörten zum Hauptprogramm. Die Franzosen grenzten sich jedoch immer vom »englischen oder toten Sonntag« ab und behielten beispielsweise die Konditoreien offen.

Seit 1982 wurde in Frankreich aus ökonomischen Gründen das Sonntags- und das Nachtarbeitsverbot für Frauen mit gewerkschaftlich ausgehandelten Tarifverträgen aufgelockert. Mit den Extensionsbestrebungen der Öffnungszeiten auf Seite der Unternehmen entbrannte die Diskussion über die Sonntagsarbeit von neuem. Besonders Detailhandelsbetriebe wie Ikea, Warenhäuser und Anbieter in Tourismusregionen argumentierten, dass der Sonntag ein Drittel des Wochenumsatzes ausmache. Seit Mitte der 1980er Jahre hat die Sonntagsarbeit denn auch stark zugenommen. Demgegenüber führen die Gegner an, dass es keine Gesellschaft auf der Welt gäbe, die ohne Unterbrechung arbeite. In dieser Debatte zeigt sich der gegenwartstypische Widerspruch einer Überflussgesellschaft mit neuen Konsumtionsformen und dem auf Traditionen beruhenden Bedürfnis nach Sonntagsruhe.

Zu den Lieblingsbeschäftigungen am Sonntag in *Italien* gehören Familientreffen zuhause oder in Restaurants.[71] Rund ein Drittel der ItalienerInnen ging zu Beginn der 1990er Jahre am Sonntag noch zur Kirche, weit mehr, nämlich 85% beanspruchen das kirchliche Angebot einer sakramentalen Ausgestaltung von wichtigen Lebensstationen. Vor allem bei Männern beanspruchen alle zwei Wochen die Fußballspiele der A-Liga die Aufmerksamkeit am Sonntag. So dürfen beim Sonntagsspaziergang die ans Ohr gedrückten Transistorradios mit der Übertragung des Fußballspiels keinesfalls fehlen. Die Beschäftigungsmuster am Wochenende entsprechen gemäß einer 1984 in Turin durchgeführten Untersuchung eingefahrenen Gewohnheiten wie Hausarbeit, Einkäufe, Kulturkonsum, Angehörige und Freunde besuchen usw. In der gleichen Untersuchung wurden 23 in Norditalien wohnhafte Jugendliche zu ihren Sonntagserfahrungen befragt. Die Mehrheit erlebt den Sonntag als beklemmend, weil die unmittelbar bevorstehende Arbeitswoche sie belastet, eine Minderheit erlebt ihn als Tag wie jeden anderen.

---

71 Mayr 1994: Süßsaure Wochen, halbfrohe Feste, 65-90.

Der Autor geht von einer relativ geringen Verinnerlichung vorgegebener Zeitschemen in Italien aus, so dass nach dem verminderten Einfluss der religiösen Sinngebung eine weltliche Verinnerlichung von weltlichen Sonntagsgewohnheiten nicht an deren Stelle trat. Italienische Städte weisen neben monofunktionalen Zentren oft kleinräumig organisierte Strukturen mit Kleinläden, Handwerksbetrieben und lokalen Freizeitzentren auf, so dass solche Viertel auch an Sonntagen belebt sind. In Tourismusgebieten Italiens werden zudem sonntags Dienstleistungen wie an anderen Wochentagen angeboten, die wiederum zu einer höheren Zahl von Beschäftigten führen. Die hohe Zahl von Selbständigen und von Schwarzarbeitern (z.B. Landarbeiter im Süden Italiens) führt ebenfalls dazu, dass der Sonntag oft zum Arbeitstag wird. Traditionen, Wertvorstellungen, ökonomische Bedingungen, Arbeitslosenrate und der Einfluss der Gewerkschaften unterscheiden sich denn auch im Norden und Süden Italiens. Trotzdem stellt der Autor infolge der Abnahme der Religionsausübung und aufgrund aufkommender konservativer politischer Bewegungen eine Schwächung des Wochenendes in Aussicht.

Der *Samstag* nimmt als zeitliche Institution eine besondere Stellung innerhalb der Wochenruhetage ein.[72] Er ist einerseits als untrennbare Einheit mit dem Wochenende verbunden, andererseits gilt er als beliebterer Vorhof für den traditionsreichen Sonntag. Zusammen mit dem Sonntag hat er sich seit Mitte der 1950er Jahre zu einem Kern moderner Freizeitkultur entwickelt. Im Gegensatz zu anderen Feiertagen oder sonst hervorgehobenen Perioden im Verlauf der Woche bestehen für den Samstag weder institutionelle noch symbolische Absicherungen, die seinen Sinn mitbegründen könnten. Daraus ergibt sich eine hermeneutisch schwierige Situation: Die Selbstverständigung über Sinn und Symbolik des freien Samstags kann nicht bei Institutionen gesucht werden, sondern es müssen zuerst Institutionen dafür gesucht werden: »Der freie Samstag ist von seiner Konstruktion her gewissermaßen ein Tag der Selbstorganisation, d.h. eine Zeitinstitution der spontanen Evolution neuer Formen und neuen Sinnes.«[73] Die Gewerkschaften haben ihn zwar ermöglicht, ihn jedoch nicht sinnhaft besetzt und der Eigendynamik der Freizeitgesellschaft überlassen. Trotzdem gilt er als Projektionsfläche für Utopien und unerfüllte Zeitwünsche:

»In diesem Sinne bezeichnet der freie Samstag ein Doppeltes: Die möglichst weitgehende Freiheit von Erwerbsarbeit wie die Freiheit zum Überschreiten des Alltäglichen generell, die

---

72 Fürstenberg, Herrmann-Stojanov, Rinderspacher (Hg.) 1999: Der Samstag, 17-25.
73 Ebd., 21.

Ermöglichung exzeptioneller Situationen. In der amerikanischen Jugendkultur steht dafür der Begriff *Saturday night fever*.«[74]

Im Gegensatz zum nicht eigentlich Arbeitsruhe, sondern Tätigkeitsruhe verlangenden Sabbat im Judentum ist die durchgehende Arbeitsruhe beim christlichen Sonntag gemäß biblischen Zeugnissen und je nach kirchengeschichtlicher Epoche nicht zwingend. Das orthodoxe Judentum versteht den »Stillstand als symbolische Geste, als Zeichen des Dialogs des Menschen mit Gott, als Vergewisserungshandlung in einem religiösen Kontext«.[75] Diese Formen und Funktionen der Tätigkeitsunterbrechung unterscheiden sich diametral von regelmäßigen kollektiven Unterbrechungen zum Stressabbau wie sie unter den gleichförmigen Bedingungen des industriegesellschaftlichen Arbeitsalltags erforderlich sind. Der Samstag bedeutet pragmatisch formuliert die »Möglichkeit erweiterter Freistellung abhängig Beschäftigter von Erwerbsarbeit«.[76] Er ist aus dieser Perspektive gesehen daher auch kein Feiertag:

»Nach unserer Auffassung ist das freie Wochenende als ganzes aber gerade dadurch gekennzeichnet, dass es die unterschiedlichen Traditionen und Symbole des freien Samstag einerseits und des christlichen Sonntag andererseits in einer gemeinsamen, gleichwohl pluralen Zeitinstitution miteinander verbindet, wie Tradition und Modernität, Alltagspraxis und Kultur, Trivialität und Utopie und vieles andere mehr.«[77]

Im Vergleich zu traditionellen Peak-Days, die von Macht-bezogenen Instanzen eingeführt worden sind, gehören der als Volksbewegung gegen die Autoritäten durchgesetzte Karneval, der blaue Montag sowie der Samstag zu einer strukturell ähnlichen Kategorie. Der Samstag als eindeutig moderne Institution bezieht seine konstituierenden Merkmale aus dementsprechend modernen soziokulturellen Determinanten: Im Gegensatz zum blauen Montag setzt sich der freie Samstag jedoch nicht gegen die industrielle Disziplin durch, sondern mit ihr. Er ist ein Ergebnis der jahrhundertelang »erfolgreich praktizierten gesamtgesellschaftlichen Zeitdisziplin, eines disziplinierten Sozialcharakters, dem gerade die Fähigkeit zur spontanen Faulenzerei abhanden gekommen ist. Das was früher das Brauchtum und im weiteren Sinne der unorganisierte biologische Rhythmus

---

74 Ebd., 17-18.
75 Ebd., 29. Dieses Motiv ist auch aus der griechischen Antike bekannt: Gott als höchstes Wesen, müsste die Zeit anhalten können, die Entzeitlichung der Welt bewirken können, um sich als Gottheit zu beweisen.
76 Ebd., 29.
77 Ebd., 30.

für die Hervorbringung einer Zeitinstitution waren, wird in der Industriegesellschaft der organisierte Tarifvertrag«.[78]

Gestalt und Sinngebung des freien Samstags zeichnen sich durch seine *Alltagspraxis* aus. Diese selbstreferentielle Begründungsstruktur mit der gelebten Praxis als weitere Instanz ist verglichen mit anderen Peak-Days einmalig. Die reflexive Praxis, d.h. die Fähigkeit eines Subjektes, sich selbst aus externer Perspektive zu beobachten, die Hinterfragung von Selbstverständlichkeiten des Alltags, weist bei einer Institution wie dem Samstag auf seine Vitalität hin. Er hat eine »eigene Gefühlsqualität« und steht zwischen Recht und Lebenswelt.

Gleichzeitig gilt er als Konsumtag und wird damit zu einem Kristallisationspunkt der Freizeitproblematik:[79] In den 1950er und 1960er Jahren wird er mit Einkaufen, Schwimmbadbesuchen, Tanzvergnügungen, Arbeiten in Haus und Garten, Fernsehen und Besuchen verbracht. Demgegenüber führt die Privatisierung der Freizeit in den 1970er und 1980er Jahren zu neuen geschlechterspezifischen Tätigkeitsfeldern. Männer schauen Sportberichte, gehen einkaufen, Bier trinken, arbeiten am Auto; die Frauen nutzen den Samstag zum Einkaufen, Haushalten und Leute besuchen, wobei die Automobilisierung der Gesellschaft zu vermehrtem Verkehrsaufkommen vor allem in Einkaufszentren führt, die sich mit Attraktionen aus dem Bereich der Eventkultur dem neuen Bedürfnis nach Samstagskonsumvergnügen anpassen.

Klara Löffler geht davon aus, dass der Samstag im Vergleich zum Sonntag variabler besetzt ist und unterscheidet zwischen drei Konstruktionen: 1. Der Samstag als »voller Tag« dient der Erledigung von Haus- und Gartenarbeiten, Einkaufen usw.; 2. als »offener Tag« mit freien Gestaltungsmöglichkeiten vor allem im Bereich von Muße und Geselligkeit sowie 3. als »neuer Sonntag«, der mit Samstagmorgen-Frühstück zum modernen Familientag wird.[80]

Zum Funktionsverlust traditioneller Wochenhöhepunkte

Das Modell der Modernisierung bzw. der technisch-wissenschaftlichen Strukturierung der Gesellschaft bezieht seine Legitimation aus funktionalen und Effizienzkriterien, die traditionelle Elemente der zeitlichen Alltagskultur ersetzen.

---

78 Ebd., 31.
79 Ebd., 151-229.
80 Löffler 1995: Der lange Samstag. Eine Möglichkeitsform, 74-75.

Die Begründung der modernen Peak-Periods beruht auf der gestiegenen Produktivität der Gesellschaft und deren Umwandlung in das Konsumgut »Freizeit« und bleibt als Komplementärerscheinung ohne Wertungen inhaltsleer. Arbeitsunterbrechungen und Feste im historischen Kontext fanden gegen oder ohne Bezug zur ökonomischen Logik statt, während der ökonomische Erfolg hier zum Entstehungsgrund wird:

»Es existieren somit zwei Typen der Konstitution, das heißt der Einsetzung, Veränderung und Bewahrung von peak-periods, die *Begründungstypen* genannt werden sollen: Der eine Typ findet seine Begründung in religiösen Geboten oder staatlichen Darstellungsbedürfnissen, der andere darin, dass sich die Gesellschaft mehr leisten, in diesem Falle, mehr Freizeit leisten kann. Ob sich diese in Form eines längeren Wochenendes oder in mehr Urlaub darstellt, ist schließlich eine Frage der Aufteilung des vorhandenen Zeit-Wohlstandes über einen gegebenen Zeitraum.«[81]

Auch innerhalb der Woche lassen sich anhand kollektiv geteilter Einschätzungen bestimmter Wochentage Rhythmen erkennen, die »sich aus einem Hinaufschwingen und Abschwingen und ständig sich wiederholendem Wechsel von Anspannung und Entspannung«[82] ergeben:

»Der Montag ist eben jener Tag, wo es mit der Arbeit und der Pünktlichkeit wieder ernst wird, wo man die privaten Interessen etwas zurückstellen und arbeiten muss. Dass dieser Übergang eine besondere moralische Anforderung bedeutet, wird sichtbar im Phänomen des Blauen Montags, der auch in früheren Jahrhunderten in Europa schon bekannt war. Der Dienstag wirkt relativ blass, nachdem man sich an die Arbeit gerade wieder gewöhnt hat. Der Mittwoch stellt innerhalb von fünf Werktagen die Balance her: [...]. Der Donnerstag wird manchmal schon mit der Erleichterung gespürt, dass am nächsten Tage die Arbeit ausläuft [...]. Der Freitag wird in manchen Großstädten der westlichen Industrieländer nicht mehr ganz ernstgenommen: Wer etwas telefonisch erledigen will, muss zusehen, dass er seinen Partner noch rechtzeitig erwischt.«[83]

Neben der großen Bedeutung des international gültigen bürgerlichen Kalenders, neben religiösen und staatlichen Feiertagen gab es immer Tage, die die Monotonie des Alltags mit besonderen Anlässen bereicherten: Glücks- und Unglückstage, bestimmte günstige Tage für Aderlass, Taufe usw. sorgten regional unterschiedlich für eine inhaltliche Prägung von Kalendertagen. Heute noch ist der Freitag, der 13. bekannt, und Sonntagskinder gelten als Glückskinder. Das Anschwellen auf Höhepunkte und deren Abschwellen innerhalb der Woche vermitteln Halt und Abwechslung. Moderne Peak-Periods stehen jedoch auch innerhalb

---

81 Rinderspacher 1994: Die Welt am Wochenende, 275.
82 Wendorff 1993: Tag und Woche, Monat und Jahr, 120.
83 Wendorff 1993: Tag und Woche, Monat und Jahr, 121.

der Woche immer in Zusammenhang mit Arbeit und weniger mit Ritualen. Ein staatliches Regelungsbedürfnis weist eher auf die Gefährdung einer Peak-Period hin, während ein stabiler sozio-kultureller Kontext stark regulativ wirken kann: »Insofern sind ungeschriebene Gesetze, unhinterfragt eingehaltene Gebräuche (Teepause, Siesta, Karneval), gerade Indikatoren für eine (noch) starke Verankerung zeitlicher Reglements in der Gesellschaft.«[84]

Anhand von zwei typischen Zeitorganisationsmustern lassen sich mögliche zukünftige Entwicklungen in der Zeitnutzung aufzeichnen:[85] Die gesellschaftszeitlichen Abläufe werden als Schwingungen betrachtet, bei denen Parameter wie Periode/Dauer, Amplitude, Wellenform und Phase unterschieden werden. Mayr bezeichnet »Peak-Days« als »Hoch-Zeiten« innerhalb einer Mittellage bzw. einer durchschnittlichen Periode der Arbeitsintensität, der sozialen Kontakte, des Konsums, der Nahrungsaufnahme usw. Dabei kommt in der Wellenform der Schwingung (Amplitude) die Abruptheit bzw. Sanftheit des Übergangs zum Ausdruck.

Vom 25-Jahreszyklus des heiligen Jahres bis zu den wenigen Sekunden dauernden Anrufungszyklen der Litaneien umfaßte die kirchliche Zeitstrukturierung zahlreiche zyklisch wiederkehrende Rhythmen, die wiederum in Perioden eingeteilt waren. Die Hierarchisierung innerhalb der Feste bestimmte auch die Steigerungsrate dieser »Hochzeiten«. »Tiefzeiten« wie die Fastenzeit sowie Vorbereitungsphasen wie der Advent bestimmten Phasen unterschiedlicher Intensität und Ausrichtung und stärkten somit die Wirkung einzelner »Hochzeiten«. Mit dem zurückgehenden Einfluss der katholischen Kirche ist auch ihre zeitordnende Macht zurückgegangen. Der Autor geht davon aus, dass kirchliche Hochfestkreise in stärkerem Maße als weltliche durch graduelle »Ein- und Ausschwingperioden« bzw. Intensitätssteigerungen in Vor- und Nachbereitungsphasen gekennzeichnet sind: »Während die Rolle der Kirche in der Entfaltung der abendländischen Künste seit langem gewürdigt wird, steht die Anerkennung ihres Beitrages zur Ästhetisierung der Zeit noch aus.«[86]

Trotz der geringen Bedeutung des transzendenten Bezugsrahmens wird einem Teil des liturgischen Festkalenders auch in gegenwärtigen säkularisierten Gesellschaften eine große vor allem finanzielle Zuwendung entgegengebracht. Gegenwärtige Entwicklungen deuten darauf hin, dass unsere Zeitmuster weitgehend durch Marktmechanismen, immer komplexer werdende Synchronisie-

---

84 Rinderspacher 1994: Die Welt am Wochenende, 277.
85 Mayr 1994: Süßsaure Wochen, halbfrohe Feste, 78-90.
86 Ebd., 81.

rungsprozesse und in geringerem Maße politische Faktoren bestimmt werden und dass sich längerfristig die Rund-um-die-Uhr-Gesellschaft mit geringen Amplitudenschwankungen zwischen den einzelnen Perioden und Phasen durchsetzen wird.

Nach Meinung von Mayr ergeben sich zwei mögliche Szenarien: 1. Das nach Funktionen getrennte raumzeitliche Zuweisungsprinzip verstärkt sich und die daraus hervorgehende zunehmende zeitliche Zersplitterung führt bei einer Rund-um-die-Uhr-Gesellschaft und bei voll individualisierten Arbeitsschichten zu variablen Tages- und Wochenabläufen. 2. Die raumzeitliche Zuweisung ist trotz Rund-um-die-Uhr-Gesellschaft durchbrochen, Computerarbeitsplätze und Kommunikationsmöglichkeiten zuhause sowie verstärkte Maßnahmen in Richtung funktionaler Durchmischung regen zu einer neuen Durchmischung raumzeitlicher Strukturen an. Das »Wochenendprinzip« bleibt in aufgelockerter Form erhalten:

»Verstärkte Aufmerksamkeit wäre daher der Frage zuzuwenden, wie unter den Bedingungen der kontinuierlichen Gesellschaft kohäsions- und partizipationsfördernde Amplitudenverteilungen und Wellenverläufe zu entwickeln und zu vermitteln wären. Und zwar einerseits in direkter Einbeziehung für die jeweils zahlenmäßig begrenzten Gruppen, die arbeitsfreie Zeit gemeinsam zu verbringen, in der Familie, in der Religionsgemeinschaft, im Verein und so weiter; [...].«[87]

Wege zu einer kontinuierlichen Gesellschaft

Die Stadt spielt als Ausgangspunkt, Taktgeber und Motor für eine kontinuierliche Gesellschaft eine wichtige Rolle, wobei auch ländliche Gegenden zunehmend von Kontinuierlichkeit betroffen sind.[88] In Deutschland ist beispielsweise nur noch ein Drittel der Arbeitnehmer zu Normalarbeitszeiten beschäftigt, während weltweit die Zahl der Arbeitnehmer, die in Wechselschicht arbeiten, seit dem Zweiten Weltkrieg verdoppelt wurde. Die vermehrt auf aktive Gestaltung ausgerichtete Freizeitpraxis führt ebenfalls zu intensiveren Betriebszeiten rund um die Uhr (Unterhaltungsbranche, Fitnesszentren usw.). Die Ausdehnung der aktiven Zeiten und die Aufweichung fester Zeitgrenzen führen zu einer Abschwächung von Nutzung und Wahrnehmung der kollektiven Wochenruhetage. Abgesehen von 26 Prozent Sonntagsbeschäftigten in touristisch genutzten ländli-

---

87 Ebd., 86.
88 Henckel, Hollbach 1994: Die Stadt als Taktgeber?, 283-294.

chen Gebieten, lässt sich bei ca. 19 Prozent von am Sonntag arbeitenden Städtern davon ausgehen, dass Städte tatsächlich Taktgeber für eine Rund-um-die-Uhr-Gesellschaft sind und dass die Erosion des Sonntags als kollektiver Ruhetag hier am weitesten fortgeschritten ist.

Obwohl der Druck in Richtung kontinuierliche Gesellschaft weltweit zunimmt, ist davon auszugehen, dass sich die Kontinuierlichkeit geographisch ungleichmäßig verteilt. Eine Fotomontage von Satellitenbildern ergibt zum Beispiel die Beleuchtung verstädterter Gebiete als ein mögliches Indiz für günstige Bedingungen für eine kontinuierliche Gesellschaft. Die Autoren gehen davon aus, dass die Kontinuierlichkeit in allen Netzen zugenommen hat, dass aber die Ströme innerhalb und zwischen den Verdichtungsregionen besonders angewachsen sind (Ausbau von Hochgeschwindigkeitszügen zwischen Großstädten, Schließen von kleinen Bahnhöfen, Ladenöffnungszeiten an Bahnhöfen, Flughafenaktivitäten die ganze Nacht usw.). Die steigende Nachfrage nach Netzen erhöht wiederum die Kontinuierlichkeit in Verdichtungsräumen, die globale informative Vernetzung eine wechselseitige zeitliche Anpassung in Richtung kontinuierliche Aktivität in Wissenszentren, und die Nachfrage nach Massenkommunikation führt zur Ausweitung der Kontinuierlichkeit auch im privaten Bereich (z.B. TV-Programm). Soziale Versorgungsnetze (z.B. Spitäler) und automatisierte Dienste (z.B. Verkaufsautomaten) mit kontinuierlichem Angebot finden sich wegen der Bevölkerungsdichte vor allem in Zentren. Automatisierte Dienste erfordern rund-um-die-Uhr Personal zur Überwachung bei Notfällen. Zudem zeigen beispielsweise Geldautomaten, dass automatisierte Dienste Aktivität auf anderen Gebieten fördern (z.B. Freizeitkonsum in der Nacht).

Tendenzen zu kontinuierlicher Aktivität in ländlichen Regionen wie beispielsweise in Feriengebieten haben im Unterschied zu »städtischer Kontinuierlichkeit« keine Kolonisierung anderer Räume zur Folge. Städte können daher als Zentren einer kontinuierlich aktiven, sich auf ein lineares Aktivitätsspektrum hin entwickelnden großstädtischen Gesellschaft bezeichnet werden, die andere Regionen in ihren Sog ziehen, jedoch nicht unbedingt urban im Sinne eines anregenden Kulturlebens sein müssen. Die kulturelle Hegemonie des fordistischen Modells sowie die Mythologisierung des westlichen Lebensstils führen zur Verbreitung von starren Zeitmodellen und entsprechenden Wertsystemen und Vorurteilen (z.B. »faule Eingeborene«).[89] Dennoch gilt in neu industrialisierten

---

89 Kössler: Synchronität und kulturelle Hegemonie in der Weltgesellschaft, 307-316.

Ländern wie Japan und Korea der Sonntag bisher nur für große Unternehmen, Banken und die öffentliche Verwaltung als Ruhetag.[90]

Trotz Entwicklungen zu einer zeitlich gleichförmig strukturierten Freizeitgesellschaft beherrscht die Symbiose zwischen »Sinnwelt Arbeit« und »Sinnwelt Freizeit« deren Funktionen und Wertsysteme. Denn die Zeitdisziplin der industriellen Arbeitswelt blieb nicht auf die Arbeitszeit beschränkt, sondern »betraf als Folge gesellschaftlicher Über-Unterordnungs-Verhältnisse, auch die Verwendung der Teilzeiten«.[91] Die Arbeit verliert an dominanter Prägkraft, behält aber sinnstiftende Funktion, während der Einfluss außerberuflicher Lebenserfüllung zunimmt.[92] Gemäss Wolfgang Lipp nehmen zudem Phasen ungesicherter Erwerbsarbeit heute einen immer größeren Zeitraum ein, wobei Arbeit und Nichtarbeit nur einen Aspekt betreffen.[93] Auch der gestiegene Lebensstandard und die Konsumgüterproduktion haben unseren Alltag verändert. Neben der »Mechanisierung des Körpers« kommt im 19. Jahrhundert die »Industrialisierung des Bewusstseins« auf der Ebene des Zeitbewusstseins hinzu. Zeitgesetze werden als Verhaltensmaximen verinnerlicht, und Verstöße dagegen gelten als Verstoß gegen das bürgerliche Arbeitsethos:

»Nicht die Maschine ›taktet‹ den Menschen, sondern erst die Verbindung von Maschinentempo und verkörperlichtem und verzeitlichtem Arbeitsbewusstsein. Wir kennen die Folgen: Das Zeitdiktat der Industriearbeit wächst sich aus zum Zeitregime des Lebens insgesamt, zur ›Systemzeit‹ als standardisiertem, normativem Lebenstakt.«[94]

Auch in anderen Bereichen wie dem Familienleben, Sport, Tanz und Kommunikation werden die Messbarkeit von Zeit und das »Tempo« als Richtgröße zum neuen gesellschaftlichen Leitbegriff:

»Für Weber bildet also die zeitliche Dimension die zentrale Erfahrungsfolie, auf der sich [...] die Wahrnehmung von Herrschaft und Entfremdung abbilden. Herrschaft über Arbeit und Körper wird erlebt als Herrschaft über Zeit, als Zeitnot, [...]. Die ›Industrialisierung des Menschen‹ wird erfahren als ständiger Widerspruch zwischen mechanischer Norm und körperlichem Bedürfnis, als ein Kampf um Zeit. Gegen Einebnung von Tag- und Nachtzeit, gegen Reduzierung der Feiertage und das Verbot des ›blauen Montags‹, gegen den Wechsel vom

---

90 Rinderspacher, Henckel, Hollbach (Hg.): Die Welt am Wochenende, 317-328.
91 Huck (Hg.) 1980: Sozialgeschichte der Freizeit, 14-15.
92 Opaschowski 1998: Feierabend?, 40.
93 Lipp 1987: Der industrialisierte Mensch, 37.
94 Kaschuba 1993: Arbeitskörper und Freizeitmensch, 49.

lebensweltlich geordneten Arbeiten zum Normalarbeitstag stemmt sich das Beharren der Menschen auf ›Eigenzeit‹, [...].«[95]

Kaschuba bezeichnet informell gemachte Rauch- und Kaffeepausen daher als »Bedürfniszeit«. Diese seien nicht einfach Fußnoten der industriellen Geschichte, sondern damit werde um die kulturelle Bedeutung von Arbeitsordnungen und -normen gerungen. Aber auch in der scheinbar von »Körperbefreiung« und »Zeitentlastung« geprägten postindustriellen Phase seien Konzentrationsanforderungen zum Beispiel in Computerbranchen gestiegen, wobei dort nicht starre, sondern flexible Reaktionen erforderlich seien. Im Freizeitbereich verlange die »innere Uhr« immer mehr erlebnisintensive Freizeit und führe zur Erfahrung von Zeitmangel. Abweichungen vom Normalarbeitstag wie Arbeitslosigkeit müssten immer noch durch umständliche symbolische Leistungsnachweise kompensiert werden. Kaschuba fragt sich konsequenterweise, ob das »kulturelle Paradigma der Arbeitsgesellschaft« wirklich in Frage stehe:

»Der gepeinigte Blick in den Terminkalender, das [...] Piepsen der Armbanduhr, das zögernde Eingeständnis, gestern abend – ›aber nur ganz kurz‹ – in eine Fernsehsendung hineingeschaut zu haben, oder die Meldung aus den USA, dass in den dortigen Opernhäusern die Funk-Rufgeräte an der Garderobe abgegeben werden müssen, seitdem sich Scharen von Managern, Chefärzten und Wissenschaftlern mitten aus der Aufführung rufen ließen, um dem beeindruckten Publikum ihre Unentbehrlichkeit und Zeitnot zu demonstrieren: All dies sind symbolische wie körpersprachliche Arbeits- und Bedeutungsnachweise. Über diesen industriellen Arbeitshabitus und vor allem über seine den Alltag überwuchernde Symbolsprache hat die Volkskunde bisher wenig gearbeitet.«[96]

Gorz unterscheidet drei Typen von Arbeit:[97] a) ökonomisch motivierte Erwerbsarbeit; b) Eigenarbeit, die dem eigenen Wohl, Genuss, dem Zusammenleben in der Intimsphäre und in der Lebensgemeinschaft dienen (z.B. Hausarbeit); c) Autonome Tätigkeiten, die Selbstzweck sind und ohne äußere Notwendigkeit erfüllt werden. Sie dienen der Selbstentfaltung, können jedoch harte Arbeit und Disziplin verlangen: schöpferische, wissenschaftliche, erzieherische Arbeit, manuelle Eigenproduktion:

»Nicht die notwendige instrumentelle Arbeit, sondern die Entfaltung freier Selbstbestätigungen, die sich Selbstzweck sind, werden in Zukunft sinnstiftend sein können. Nicht Leistungsethik, Akkumulation und Selbstaufopferung, sondern Selbstbestimmung und menschliche

---

95   Ebd., 51.
96   Ebd., 58.
97   Gorz 1988: Jenseits von Arbeitsutopie und Arbeitsmoral, 183-187.

Entfaltung müssen in den Mittelpunkt der Moral gestellt werden. Nicht die Notwendigkeit, sondern allein die Freiheit kann sinnerfüllte Lebensinhalte bestimmen [...].«[98]

Zeitabschnitte werden jedoch durch Handlungsabschnitte gegliedert, die Zeit ist durch einen handlungsbezogenen Charakter geprägt. Jedes Ding braucht seine Zeit, die nicht metrisch genau planbar ist:

»Dies hat Folgen beispielsweise für das Verhältnis von Arbeitszeit und Freizeit. Wenn es außerhalb der Tätigkeiten keine Zeit gibt, dann ist es schwer, so etwas wie freie Zeit zu fixieren; es lassen sich allenfalls innerhalb und zwischen Tätigkeiten entspannende und angespannte Phasen unterscheiden. Nur dort, wo Zeit als eigenständige Struktur den Tätigkeiten gegenübergestellt ist, kann sie auch in Arbeits- und Freizeit zerlegt werden.«[99]

Bei Erinnerungen alter Bäuerinnen fällt der Bezug auf wichtige Ereignisse im Leben wie Krankheit, »Dürrejahre« usw. auf. Die Arbeiten erfolgten periodisch im Wechsel der Jahreszeiten und der kalendarischen Zyklen. Ein wesentliches Merkmal der Zyklen ist deren »Gestaltgleichheit« und Wellenförmigkeit: »Die Eigentümlichkeit der Zyklen, nicht zu vergehen, ohne schon wieder im Kommen zu sein, also nicht linear gerichtet zu sein und damit nur ein Vorher/Nachher als Maß für zeitliche Abfolge zu erzeugen, lässt die zyklische Zeit eigentümlich statisch erscheinen.«[100]

Kalendarische Zyklen, die durch kulturelle Zuschreibungen gestaltet sind, repräsentieren inhaltliche Werte eines kollektiv getragenen Sinns und vermitteln gleichzeitig als wiederkehrende Rhythmen Sicherheiten einer schon einmal dagewesenen und als bekannt wiederkehrenden Zeit. Im Sinne von Schütz/Luckmann ermöglichen sie daher eine routinisierte Form der Alltagserfahrung von Zeit. Eine meiner Thesen lautet, dass *Alltag im Wesentlichen durch dialektisch angelegte Zuordnungen von kulturell bedingten Zeitvorstellungen und daraus hervorgehenden Praxen konstituiert wird.* Die Bedeutung der Freizeit und ihr mögliches Potential an Freiheit stehen daher in engem Zusammenhang mit Konzeptionen und Erfahrungen von Alltag und dem alltäglichen Zeitfluss. Klaus Laermann geht davon aus, dass der Gebrauch von Uhren eine wichtige Voraussetzung für die Herausbildung des »grauen« Alltags ist: »Der Alltag hingegen, der durch die entqualifizierte Zeit der Uhren konstituiert wird, lässt hinter deren Zeitangaben die konkreten Tätigkeiten der Menschen und ihre unterschiedlichen Ergebnisse verschwinden, indem er sie alle in eine Zeit zusammenbringt.«[101]

---

98 Ebd., 189.
99 Inhetveen 1988: »Schöne Zeiten, schlimme Zeiten« – Zeiterfahrungen von Bäuerinnen, 195.
100 Ebd., 207.
101 Laermann 1988: Alltags-Zeit, 326.

Alltagswahrnehmung hängt mit der Erkenntnis zusammen, dass Zeit durch Geld ersetzbar und in Form von Arbeitszeit käuflich ist. Damit ist der Alltagsbegriff nicht von der Durchsetzung des industriellen Kapitalismus zu trennen:

»Jede wissenschaftliche Beschäftigung mit dem Alltag, die das vernachlässigt, bleibt Kulturkritik. Sie vermag die ungeheure Veralltäglichung nicht zu reflektieren, die davon ausgeht, dass die Menschen ihre Arbeitskraft als Ware zu Markte tragen. Unter dem Zwang des Kapitals, dem sie sie verkaufen, setzt sich eine Veränderung ihrer Zeiterfahrung durch, die nicht auf den Arbeitstag beschränkt bleibt, sondern ihr ganzes Leben erfasst.«[102]

Zeiterfahrung wird unabhängig vom Produkt, und Alltagszeit ist abstrakt und gleichförmig geworden. Die zunehmende Arbeitsteilung führt zur Wiederholung als dominantem Zug von Arbeitsvorgängen im Alltag: »Erst durch die Wiederholung gewinnt der Alltag seine charakteristische Monotonie. Sie wird vor allem deshalb als Belastung empfunden, weil sie an den repetitiven und fremdbestimmten Nachvollzug von Gleichförmigkeit im Arbeitsablauf erinnert.«[103]

Im Gegensatz zur Arbeit werden Körperfunktionen wie Atmen, Essen, Schlafen usw. als weniger belastend und monoton empfunden, weil sie nicht einer linearen, sondern einer zyklischen Zeiterfahrung unterliegen:

»Denn als gesellschaftlicher Herrschaftsmechanismus der Kontinuitätssicherung ist die Wiederholung immer auch eine Ritualisierung oder Verdrängung der Körperlichkeit und ihrer auf Wiederholungen anderer Art gegründeten Zeit. Darin steckt eines der schwierigsten Probleme bei der Bewältigung des Alltags.«[104]

Laermann unterscheidet also zwischen linear und zyklisch strukturierter Wiederholungszeit. Wenn die Wiederholung der Sicherung gesellschaftlicher Kontinuität dient, verzahnt sich gleichzeitig die eigene Zeit mit derjenigen der anderen. Die Berührungsebenen mit anderen erfordern zeit-räumliche Koordinierung, Terminabmachungen und Pünktlichkeit: »Es entsteht der für den Alltag vieler charakteristische Termindruck, bei dem die Termine nicht nur zeitlich so gestaffelt sind, dass sie voneinander abhängen, sondern darüber hinaus in einer Weise wahrgenommen werden, dass sie immer neue Termine erzeugen.«[105] Die Erfahrung der Knappheit von Zeit erweitert sich auch auf Alltagsbereiche, die nicht direkt einem Produktionszwang unterliegen (z.B. Sport):

---

102 Ebd., 328.
103 Ebd., 333.
104 Ebd., 334.
105 Ebd., 334.

»In dieser Ungerichtetheit der alltäglichen Zeit tritt ihre größte Sehnsucht zutage, die Sehnsucht nach ihrem Ende. Obwohl der Alltag alles scheint erfassen zu können, hat er seine Grenzen. Sie liegen da, wo plötzlich etwas Unerwartetes geschieht, wo ein Ausnahmezustand eintritt, ein Abenteuer, ein Erlebnis besonderer Art, ein Fest oder eine Katastrophe. Im Subjekt liegt die Grenze der alltäglichen Zeiterfahrung in der Spontaneität.«[106]

Diese wachsenden Spontaneitätserwartungen führen jedoch oft zu Überforderungen, zum Beispiel in Liebesbeziehungen. Wenn Alltag die intimsten Bereiche der Realität zu durchdringen beginnt, tritt Spontaneität auf den Plan, um sich davor zu schützen. Diese aber bleibt wiederum prekär und in ständiger Gefahr, vom Alltag wieder verdrängt zu werden:

»Im Gegensatz zu früheren Gesellschaftsformen, in denen Arbeit auch Fest und Fest auch Arbeit war, [...] steht der Begriff der Arbeit in der industrialistischen Produktionsweise für eine freudlose, möglichst zu verkürzende Tätigkeit, der die nicht arbeitsgebundene Zeit, die Freizeit, fremd gegenübersteht.«[107]

Der dahinter liegende industrielle Lebensrhythmus lässt sich in künstliche, gleichförmige und kalkulierbare Arbeitstage aufteilen. Bedürfnisse werden während der Arbeit verdrängt und auf den Feierabend verschoben. Genussmittel wie Kaffee sollen gezielt und in kurzer Zeit Müdigkeit überwinden und wiederbeleben:

»Kaffee, Tee und/oder Zigaretten zur Belebung des Kreislaufs am Morgen; in möglichst kurzer Zeit, damit wenig Freizeit oder Schlafzeit verloren geht, heißt es reaktionsfähig sein für die Autofahrt, kommunikationsbereit und -fähig für den Betrieb, körperlich leistungsfähig und motiviert. [...] Abends zur Beruhigung auch schon mal zwischendurch – Alkohol, Musik zum Feierabend. Stimulierung der sexuellen Bedürfnisse zur gewünschten und innerhalb der zur Verfügung stehenden Zeit. Anachronistisch und charakteristisch zugleich ist für die kontinuierliche Lebensweise industrialisierter Gesellschaften der ständige Wechsel von Anspannung und Muße, die Heftigkeit des Abbremsens und Beschleunigens, die kontrastierenden Anforderungen und Zeitnormen von Arbeitszeit und sogenannter freier Zeit.«[108]

Nicht nur Genussmittel in den Pausen, sondern auch die Mahlzeiten dienen weniger der Kommunikation, sondern der schnellen Nahrungsaufnahme (z.B. in Imbissbuden). Beruhigungsmittel auf der einen, Aktivierungspräparate auf der anderen Seite gehören zur gezielten Aktivierung zu bestimmten Zeitpunkten. Solche Entspannungs- bzw. Aktivierungstechniken und -mittel werden nicht nur während der Arbeit, sondern auch in der Freizeit eingesetzt, wo sie vor allem

---

106 Ebd., 337.
107 Schmahl 1988: Industrielle Zeitstruktur und technisierte Lebensweise, 348.
108 Ebd., 351.

gezielte Genussfähigkeit fördern sollen.[109] In möglichst kurzer Zeit bzw. mit intensiveren Nutzungsformen der Zeit soll möglichst viel konsumiert werden:

»Der *subjektive* Eindruck von Zeitknappheit resultiert [...] aus der Differenz zwischen dem, was in einer Situation alles *möglich* wäre, und dem, was tatsächlich verwirklicht werden kann. Unter der Perspektive beliebig erweiterbarer Bedürfnisse in unserer Konsumgesellschaft wird das Gefühl nicht ausreichender Zeit daher zu einem dominanten Lebensgefühl.«[110]

Es wird versucht, Zeit für alltägliche Verrichtungen zu sparen, um mehr Zeit für Genuss und das Besondere zu haben. Freizeit wird mit soviel Glückserwartungen befrachtet, dass der Freizeit-Alltag dies gar nicht erfüllen kann und Frustrationen entstehen. Trotz Zeitersparnis durch Technik konsumiert der Unterhaltungswert neuer Medien auch wieder freie Zeit:

»Das hervorstechendste Merkmal von Alltagstätigkeiten ist: Sie brauchen Zeit. Und da das (repetitive) Arbeiten in unserer Gesellschaft als nutzlose, verlorene Zeit betrachtet wird, erscheint der menschliche Lebens*alltag* mit all seinen Routinen, Gewohnheiten und Wiederholungen als reine Zeitverschwendung. Und so versuchen die Menschen alles, was auch nur den Anschein von Zeitverschwendung hat, aus ihrem Alltag zu verbannen.«[111]

Der Freizeitsoziologe Dumazedier und andere Autoren gehen davon aus, dass es eine Freizeit gibt, die so definiert werden kann, dass sie der persönlichen Verwirklichung als höchstem Ziel dient, wenn berufliche, familiäre, politische und religiöse Verpflichtungen bereits erfüllt sind.[112] Für Lalive d'Epinay stehen drei Freizeitfunktionen im Vordergrund: Befreiung von Erschöpfung durch *Entspannung*, von Langeweile durch *Zerstreuung* und von Spezialisierung durch *Entwicklung* geistiger und körperlicher Fähigkeiten nach eigenen Interessen.[113] Die Vorstellungen, was ein Freizeitvergnügen ist, ordnet Lalive d'Epinay einer individuellen und die Abhängigkeit der Wirtschaft vom Konsum einer gesellschaftlichen Untersuchungsebene zu:

»Das Verbindungsglied zwischen Gesellschaft und Individuum ist also ein doppeltes: das ökonomische System tauscht Arbeit gegen eine bestimmte Geldsumme, von der die Individuen wiederum einen Teil der Gesellschaft rückvergüten, damit sie ihnen die nötigen Einrichtungen für ihre Freizeitgestaltung zur Verfügung stellt.«[114]

---

109 Vgl. z.B. Franke 1998: Optimierung von Arbeit und Erholung. Ein kompakter Überblick für die Praxis.
110 Schmahl 1988: Industrielle Zeitstruktur und technisierte Lebensweise, 359-360.
111 Ebd., 362.
112 Vgl. z.B. Dumazedier 1974: Sociologie empirique du loisir, zit. bei: Lalive d'Epinay 1988: Die soziale Ambivalenz der Freizeit, 413.
113 Lalive d'Epinay 1988: Die soziale Ambivalenz der Freizeit, 414-415.
114 Ebd., 416.

Damit wird die Unterscheidung zwischen Arbeit als Zwang und Freizeit als Freiheit wiederum erschwert. Eine solche Ökonomisierung und Individualisierung der Freizeitfunktionen vernachlässigt aus dem Blickwinkel der vorliegenden Arbeit die Sinn vermittelnde Dimension einer kulturell und kollektiv geformten Konstruktion von Zeit als Hintergrundfolie für Erfahrungen im Alltag. Denn die vorherrschende Zeitkultur trennt nicht nur Arbeits- und Freizeit, sondern legt auch unterschiedliche Bewertungen von Lebensbereichen wie zum Beispiel die »Chronokratie« des Normalarbeitsverhältnisses fest.[115] Für Opaschowski sollten daher im 21. Jahrhundert Tätigkeiten als Arbeit gelten, die gesellschaftliche Werte schaffen wie Hausarbeit, Hobby-Arbeit, freiwillige Arbeit im Verein und im sozialen Bereich:

»Vielleicht erleben wir in Zukunft einen *Wandel von der Geldkultur zur Zeitkultur*, in der nicht mehr der *homo oeconomicus* und das Primat des Gelderwerbs den Ton angeben. In der neuen Zeitkultur wird das Zeitbudget genauso wichtig wie das Geldbudget: In Zukunft könnten mehr Zeit zum und mehr Freude am Leben auch mehr Lebensqualität bedeuten.«[116]

Je mehr Existenzsinn durch die Arbeit direkt oder indirekt verbunden ist, desto positiver wird sie vom Menschen erfahren, während eine bloß der Existenzerhaltung dienende Arbeit umso problematischer ist.[117] Trotz der engen Verflechtung von Produktion, Konsum und Freizeit, gehen »optimistische« Freizeittheoretiker wie Dumazedier davon aus, dass das gesellschaftliche System, das den Kontext zur Freizeit bildet in beträchtlichem Maße autonom ist und die Logik sowie Ordnungsprinzipien des ökonomischen Systems durchbricht:[118]

»Die Sackgasse der Freizeitsoziologie rührt einerseits aus ihrer Ideologie, andererseits aus der Antinomie ihres Forschungsgegenstandes. Dieser verweist zum einen auf die Mikrosoziologie des Alltagslebens, auf die Untersuchung des Privatlebens, in dem die Individuen ihre Freizeit subjektiv als Selbstentfaltung und Freiheit erleben; zum anderen sind diese Individuen – aus makrosoziologischer Sicht – Gegenstand staatlicher Planung, wirtschaftlicher Investitionen und sozialer Kontrolle.«[119]

Obwohl also zeitlich gesehen im Laufe des 20. Jahrhunderts immer mehr Freizeit zur Verfügung steht, sind Zeitmangel und Stress in postindustriellen Gesellschaften zu wesentlichen Erfahrungszusammenhängen von Zeit und Freiheit ge-

---

115 Kurz-Scherf 1988: Zeit(t)räume per Tarifvertrag, 544-545.
116 Opaschowski 1998: Feierabend?, 53.
117 Drescher 1996: Arbeit zwischen Lebenssinn und Existenzerhaltung, 1-18.
118 Vgl. Dumazedier 1974: Sociologie empirique du loisir. Paris 1974, zit. bei Lalive d'Epinay 1988: Die soziale Ambivalenz der Freizeit, 421.
119 Lalive d'Epinay 1988: Die soziale Ambivalenz der Freizeit, 421.

worden. Rieken möchte anhand der zunehmenden Mechanisierung unseres Alltagslebens aufzeigen, weshalb trotz gewachsener Freizeit keine Zeitfreiheit gewonnen wurde.[120] Die Renaissance habe den wissenschaftlichen Rahmen für die Entwicklung der Mechanik ermöglicht, die schließlich zur weitreichenden Mechanisierung und Technisierung der Welt führte. Individualisierung, moderner Lebensstandard und Entlastung von mühseliger Routinearbeit sieht Rieken auf der anderen Seite der Errungenschaften. Der freien Zeit am Feierabend und an Wochenenden stehen für ihn die Regelmäßigkeit und der physiologische Imperativ der Regeneration für den Arbeitstag gegenüber. Auch das Fernsehen bietet zwar Unterhaltung, doch funktioniert es gleichzeitig als Taktgeber der Freizeit. Fernsehen dient nach Ansicht Riekens wie Urlaub dazu, zwischen Bedürfnis nach Vertrautem und Fremdem gleichzeitig Monotonie und Leistungsdruck der modernen Erwerbsgesellschaft zu kompensieren.

Die Krise der modernen Zeiterfahrung besteht für Zoll aus der Unfähigkeit, Gegenwart zu erleben.[121] Obwohl alles schneller geht und wir überall Zeit sparen, haben wir subjektiv das Gefühl von weniger Zeit als je zuvor:

»Aber vor allem: noch nie gab es im Abendland eine solch große Zahl von Menschen, die einen anderen Umgang mit Zeit regelmäßig üben in der Form von Meditation. Dabei kommt es nicht auf eine bestimmte Methode an, auch nicht, ob dieses Tun von den Individuen überhaupt Meditation genannt wird. Das kann autogenes Training sein, Entspannungsübungen vielerlei Art, bestimmte Therapieformen oder anderes, immer aber eine regelmäßige Übung des Sichbesinnens, des Innehaltens, des Hinaustretens aus der linearen Zeit, des Sichselbstöffnens und des Fürsichselbstdaseins.«[122]

Der ständige Versuch, Gegenwart durch intensiveres Erleben aufzuwerten, führt durch den schwindenden Bezug zu Vergangenheit und Zukunft zu einer noch grösseren Fragmentierung der Gegenwart. Die Krise der Zeiterfahrungen äußert sich in den Subjekten auch als Krise der Identität: »Das mit sich selbst identische Individuum gibt es aber nicht ohne Zeit, ohne Geschichte, ohne Vergangenheit und Zukunft. [...] Die Krise der Zeiterfahrung stellt uns als Subjekte dieser Gesellschaft vor die Alternative Zerstörung oder Wiederaneignung von Zeit.«[123]

Das Bedürfnis nach Zeit in Freiheit bzw. die Zeit anhalten zu können, führt gleichzeitig zu Fragen der Forschungsperspektiven und Methoden: Wenn wir mit Lalive d'Epinay davon ausgehen, dass eine weiterführende Problematisierung der

---

120 Rieken 1997: Freizeit, Zeitmangel und Mechanisierung, 329-353.
121 Zoll 1988: Krise der Zeiterfahrung, 9-15.
122 Ebd., 16.
123 Ebd., 17.

gestellten Fragen nicht nur auf eine soziale, sondern auch auf eine *methodische Ambivalenz der Freizeitforschung* hinweist, so kann eine *phänomenologische Zugangsweise* auf die gegenseitige Bedingtheit zweier Perspektiven hinweisen. So führen Normalarbeitsverhältnisse als Teil Herrschaft sichernder Strukturen und als Bestandteil einer normativ ausgerichteten Makrosoziologie zu »normativ« geprägten Lebensentwürfen. Auf einer mikrosoziologischen Ebene des Alltagslebens bzw. aus der Sichtweise einer *qualitativ orientierten kulturwissenschaftlichen Perspektive* führen zeittypische Alltagskonflikte jedoch zu Bewältigungsstrategien, die sich einer normativen Deutungsebene entziehen. Sie orientieren sich gleichwohl an einem Bestand kollektiver, mental verankerter Deutungsmuster, die sich nicht allein über bewusste Ebenen erschließen lassen.

Barbara Müller berichtet in einer qualitativen Studie zu diesem Thema von einem Bandarbeiter, der Pausen als Zeiträume erfährt, die er zur Rekonstitution des eigenen durch gleichförmige Bandarbeit gefährdeten Subjekts reflexiv einsetzt und darauf aufbauend Bedürfnisse formuliert. Der betreffende 38-jährige Interview-Partner hat nach fünfzehn Jahren als Facharbeiter bei einer Werft in einen Fahrzeugbetrieb gewechselt, wo er am Band arbeitet. Die zu produzierende Stückzahl pro Arbeiter wurde laufend und bewusst bis an die Grenzen der Belastbarkeit hinaufgesetzt. Müller beschreibt, wie der Betreffende begann, um mehr Zeit zu kämpfen:

»Pausenzeit in ihrer doppelten Bestimmung als physische Erholungszeit und als soziale Pause diente nicht nur funktionaler Leistungssteigerung, wäre Raum zu individueller Verfügung, wäre Wiederaneignung entfremdeter Zeit, wäre human. Das Pausenlose ist das Unmenschliche – das Menschliche ist die Pause.«[124]

Der Betreffende verlangte einen zweiten Mann, damit wieder eine Pause drinlag. Mittags und abends war er so erschöpft, dass er sich gleich hinlegen musste:

»Die in einem Halbsatz eingebaute Aussage ›[...] ich hatte kaum ein Erinnerungsvermögen [...]‹ zeigt deutlich [...], dass die extreme Linearisierung von Zeit in der Arbeitszeit ein Stillstehen von Zeit, die Zerstörung von Zeit überhaupt bewirkt. Die soziale Zeit mit ihren Begriffen der Vergangenheit, Gegenwart und Zukunft ist für ihn zur Gegenwartsstruktur geworden, in der er lediglich abwechselnd arbeiten und schlafen kann.«[125]

Ohne Erinnerungsvermögen ist Zeit nur noch eine Anhäufung von Jetztpunkten, ein Prozess, der sich beim Betroffenen in Atem- und Kreislaufbeschwerden äußerte.

---

124 Müller 1988: Das Zeitregiment der Bandarbeit oder: Das Menschliche ist die Pause, 231.
125 Ebd., 231.

Empirie und Metaphorik von Alltag lassen unzählige Vorstellungen zu, die von Arbeit, der täglichen Zeitansage am Radio um die Mittagszeit, dem »grauen Alltag«, Entfremdung bis zur »Gefühlsskala der arbeitsfreien Zeit, von Überdruss über Langeweile bis zu Gelassenheit und Glück, je nach beruflichen, erotischen, literarischen, freundschaftlichen und theoretischen Freuden/Leiden«[126] reichen. Trotz Ausbeutung und Entfremdung als Kennzeichen modernen Alltags können die Gründe für politkonformes und loyales Verhalten nicht allein in einer heteronomen erfolgreichen Manipulation des Subjektes gefunden werden. Der Doppelcharakter des Alltags besteht aus Entfremdungsprozessen wie Aneignungschancen bestehender Identitätspotentiale gleichermaßen. Deshalb sind Alltag und Identität keine absoluten Gegensätze – die Lebenswelt »als Einheit von entfremdungskonformen und von befreienden Momenten«[127] ist widersprüchlich strukturiert. Genuss wird nicht unmittelbar erlebbar, sondern durch vernünftige Aktivierung der Sinne und sinnliche Vernunft als »Arbeitsgenuss« von »Filmen, Literatur, Alltagsbanalem, Natur, sozialen Beziehungen und sich selbst vermittelt«[128], ihre Formen und damit ihre Formbestimmtheit beeinflussen auch den Inhalt:

»Die Frage der Aufhebung des Alltags stellt sich negativ als Aufgabe der kontinuierlichen Identitätsarbeit gegen Fluchtwege, Passivitätsformen und Scheinidentitätsangebote. Ein positives Ziel existiert heute als Idealvorstellung in den Köpfen einer sehr kleinen Minderheit mit einem allzu oft bestehenden ›unglücklichen kritischen Bewusstsein‹.«[129]

Im Kontext einer umfassenden Problematisierung der Frage von Zwang und Freiheit im Alltag wird Zeit und Zeiterfahrung dann zu einem nicht mehr schlicht gegebenen Lebensbereich einer Wirklichkeit und Welt in Reichweite, wenn die Vorstellung, den Zeitfluss anhalten zu können von Subjekten nicht mehr als intersubjektiv geltendes kulturell generiertes Deutungsmuster abgerufen werden kann. Damit verweist die Frage von *Freizeit und Zeitfreiheit* nicht nur auf die Dimensionen einer kulturkritischen Betrachtungsweise im Sinne von Horkheimer und Adorno oder einer historisch-hermeneutischen im Sinne Max Webers mentaler Ausprägung von Zeitpraxen und Zeitmustern, sondern auf eine *Dekulturalisierung und Dekonstruktion von Alltagserfahrungen und ihrer zeitlichen Dimensionen*:

---

126 Ebd., 1.
127 Ebd., 161.
128 Ebd., 161.
129 Ebd., 219.

»Die Erfahrung der Zeitaufhebung macht der Mensch in der Ekstase, ob sie ein Moment tiefen Glücks, ein Orgasmus oder eine mystische Erfahrung sei. Ex-Stasis heißt ja Außer-sich-sein, außerhalb der Zeit zu sein; aber zugleich außer dem Ich und dennoch bei sich selbst, also in der Zeit sein. [...] Vielleicht wird damit deutlich, dass hinter der zwangsneurotischen Wiederholung der Wunsch nach Zeitaufhebung in der Ekstase steht, der sich pervertiert in den zwanghaften Versuch, Zeit stillzustellen. Aber dieser Zeitstillstand ist nur möglich als Gegensatz zur Bewegung, zur Zeit; [...].«[130]

Der Zerfall von Sinnsystemen und fehlende alltagspraktische Muster für Freizeit als Pause oder für die Erfahrungen von Zeitstillstand deuten daher auf eine grundlegende Krise des Alltagsbegriffs und von Alltagserfahrung hin, aber auch auf die zunehmend prekär gewordenen Möglichkeiten, Zeit in einem zyklisch oder rhythmisch strukturierbaren Deutungszusammenhang von Vergangenheit und Zukunft einzuordnen. Auch die zunehmende Tendenz, Freizeit mit Gegenwartserlebnissen und pausenlosen Events aufzuwerten, verweist auf ein grundlegendes Defizit, Alltagszeit als Teil einer selbstverständlichen Welt in Reichweite erfahren zu können:[131]

»Ein Event, der nur das gleiche bietet wie ein Vorgänger, ist von vorneherein zum Scheitern verurteilt, weshalb auch die Veranstalter von Events deren ›Einzigartigkeit‹ mit allen medialen Mitteln herausstellen und aggressiv vermarkten. Der Event drängt zur ständigen Überbietung der einmal erlebten Reize.«[132]

Die geplante und »organisierte Einzigartigkeit« von Events deutet darauf hin, dass die Rituale im Dienste der Erlebnissteigerung nicht vollzogen werden, um anderes zu bewirken, sondern um eine Gemeinschaft zu stiften, »die Erfahrungen schafft. Und genau dies ist wohl auch der Grund, warum die ›Gemeinschaft‹ posttraditional, folgenlos und damit auch in ihrer Dauerhaftigkeit prekär bleibt.«[133]

---

130 Grenkowitz 1988: Die Zwanghaftigkeit von Zeitstrukturen, 450.
131 Muri 1999: Aufbruch ins Wunderland?, 76-81.
132 Gebhardt, Hitzler, Pfadenauer (Hg.) 2000: Events, 20.
133 Knoblauch: Zur Begrifflichkeit und Theorie des Events, 49.

5. Pausen im Jahreslauf: Urlaub und Festbräuche

Die dieser Arbeit zugrunde liegende Fragestellung postuliert, dass *Temporalmustern des Alltags kulturell generierte Zäsuren eingeschrieben sind*, die ein alltagsspezifisches, kollektiv lesbares System von Zeit repräsentieren. Sie geht daher von einem breit konzipierten Pausenbegriff aus, der Urlaub und Festbräuche miteinbezieht. Urlaub und Festzeiten können als zeitlich festgelegte, besondere Phasen innerhalb gesellschaftlicher Temporalstrukturen bezeichnet werden:

»Reisen ist ja in der Tat in den Jahresrhythmus eingebunden wie die alten Brauchtumsdaten: Reisen gehört zur Kultur der Deutschen wie Weihnachten, Ostern und die Saisonabläufe der Fußball-Bundesliga. Zu diesen Jahresrhythmen gehört für einen großen Teil der Bevölkerung die Reise in den Urlaub.«[1]

Ihre gemeinsamen Charakteristika ergeben sich aus kulturell präformierten und kollektiv geteilten Deutungsmustern von Zeiterfahrung als Teil von Alltags- und Lebenswelt. Im Sinne einer weiterreichenden Kontextualisierung des Forschungsgegenstandes sollen im Folgenden Pausen im Jahreslauf wie der Urlaub und verschiedene Formen von Festen und Festbräuchen anhand ihrer wissenschaftlichen Kategorisierungen wie auch anhand alltagspraktischer Bedeutungszuschreibungen analysiert werden. Zeitstrukturelle, institutionelle und mentale Voraussetzungen sollen unter dem Gesichtspunkt der Funktionen und *Bedingtheit von Alltag und Außeralltäglichkeit*, aber auch im Hinblick auf alltagsrelevante Zeit- und Sinnhorizonte wie Sehnsucht nach Freiheit, Gemeinschaftserfahrung und Glück dargestellt werden.

---

1 Köstlin 1995: Wir sind alle Touristen – Gegenwelten als Alltag, 5.

Der Urlaub als Zeitraum für eine »Sprache der erweiterten Bedürfnisse«

Reisen gilt als eine der populärsten Formen von Glück. Es ermöglicht Orts-, Szenen- und Rollenwechsel und bietet Befreiung vom Alltagstrott: Vom »Ausflug« über »Massen- und Freizeittourismus« bis zur »Pauschalreise« haben sich in Praxis und Forschung des Tourismus zahlreiche Begriffe und Spezialbezeichnungen herausgebildet.[2] Noch nie ist denn auch seit der Entstehung des modernen Tourismus soviel gereist worden. Bereits Mitte der 1990er Jahre steuerte der Tourismus zehn Prozent des Bruttosozialproduktes zur Weltwirtschaft bei. Jeder neunte Arbeitsplatz hängt weltweit vom Tourismus ab. Während gemäß Erhebungen der WTO (World Tourist Organization) 1950 weltweit rund 25 Millionen Touristen unterwegs waren, waren es 1990 400 und im Jahr 2000 bereits 657 Millionen. Der Jahresurlaub ist eine Entwicklung des 20. Jahrhunderts und betrug für Industriearbeiter im Jahre 1995 in Europa 20 (Belgien) – 37,5 Tage (Finnland), in der Schweiz 24,1 Tage, während er in den USA nur 12 und in Japan nur 11 Tage umfasste.

Verschiedene Tourismusforscher sehen im Bedürfnis nach Flucht vor dem Alltag einen Grundzug des menschlichen Lebens. Opaschowski betrachtet das subjektive Reiseerlebnis, den Aufbruch, die Befreiung des eigenen Ichs vor dem Hintergrund der humanistischen Bewegung und als Kennzeichen der beginnenden Neuzeit:[3] Während im 16. und 17. Jahrhundert die Kavaliersreisen der Adligen zum Erziehungsprogramm von jungen Männern gehörten, dienten die Wanderungen junger Handwerksgesellen der Ausbildung und der Förderung einer international gepflegten Solidarität unter Handwerkern. Im Laufe des 18. und 19. Jahrhunderts entwickelte sich die Bildungsreise als Mittel der Erziehung und Charakterbildung zur typisch bürgerlichen Reisekultur. Daneben kamen vom 15. bis zum 17. Jahrhundert Forschungs- und Entdeckungsreisen der Abenteuer-, Gewinn- und Machtgier der Menschen in Europa entgegen. Literarisch-wissenschaftliche Naturbeschreibungen weckten im 16. (vgl. z.B. Konrad Gessner) und im 18. Jahrhundert (vgl. z.B. Albrecht von Haller) die Sehnsucht nach alpinen Reiseerlebnissen. Mitte des 18. Jahrhunderts wurde der zunächst von englischen Alpenvereinen initiierte Alpinismus zu einem regelrechten Boom, der die Tourismusentwicklung in Berggebieten aufblühen ließ. Zudem entwickelten

---

2 Opaschowski 1996: Tourismus, 22-29.
3 Ebd., 65-87.

sich jugendspezifische Formen des Reisens wie Schülerreisen und die Wandervogelbewegung um 1900. Die Verbreitung des neueren Massentourismus lässt sich auf die 1950er Jahre zurückführen, als sowohl finanziell, als auch aufgrund der gewährten Urlaubstage sowie aufgrund der wachsenden Bedeutung der Freizeit das Reisen für die Mehrheit der Bevölkerung möglich und erstrebenswert wurde. Mit dem Struktur- und Wertewandel in der Arbeitswelt hat sich auch die Beziehung von Alltag und Urlaub verändert: Während der Urlaub in den 1950er und 1960er Jahren eine klare Funktion und begrenzte Bedeutung als Ergänzung d.h. Anhängsel des Arbeitslebens hatte, wird er seit den 1970er Jahren immer mehr zum Eigentlichen, Erstrebenswerten, zum Höhepunkt des Freizeiterlebens. Demgegenüber wird der Arbeitsalltag zur Erwerbsquelle für das Erlebnis von Freizeit und Urlaub. Urlaub wird damit zu einem Symptom für Verunsicherung und Sinnkrisen, das auf eine Störung der Funktionen von Alltag und Außeralltäglichkeit hinweist:

»Denn der Bedeutungsverlust des Alltags spiegelt sich gleichermaßen in der Substanzlosigkeit des Urlaubs wider. Urlaub kann dem Leben aus sich heraus kaum Sinn, Zusammenhang und Perspektive geben. [...] Und der Sinn des Alltags wird darauf beschränkt, in erster Linie den Urlaub zu ermöglichen.«[4]

Der Urlaub erleichtert den Alltag nicht mehr, da er umso »erfolgreicher« war, je grauer der Alltag abgewertet wird. Im Gütestempel »gelungener Urlaub« spiegelt sich ein Teil jener Selbsttäuschung, die der Polarisierung von Alltag und Urlaub zugrunde liegt. Der Zeitraum des Urlaubs ist von vornehrein begrenzt. Der Ort wird gewechselt, die Rollen werden kurzfristig nach Vorbildern in Reisekatalogen angenommen, Berufs- und Geldsorgen werden verdrängt, aber der Mensch und der Lebenssinn können nicht grundlegend gewandelt werden: »Charakteristisch ist eine breite, aber flache Emotionalisierung (falsche Euphorie): Eine Fülle von Klischees und Stereotypen. Inhaltlich und bezüglich der Ich-Ferne erinnert der Urlaub deutlich an das Bedeutungsumfeld des Freizeitbegriffs.«[5] Vorgefertigte Klischeewelten dienen als Strukturhilfen und vermitteln die trotz Abenteuerlust angestrebte Stabilität. Das Experimentelle am Urlaub ist begrenzt auf geringfügige Veränderungen wie etwas länger ausgehen und ausschlafen, einige Male exotisch essen gehen usw.[6] Demgegenüber gehören negative Aspekte wie das Warten in der Autoschlange, das schlechte Essen, das schmuddelige Hotel usw. zum gelungenen Urlaub, indem sie Beweismaterial für das trotzdem erfolg-

---

4 Ebd., 109.
5 Ebd., 111.
6 Ebd., 111-129.

reiche Meistern, für den Urlaub als Leistung liefern. Darin kommt auch die existentielle Bedrohung durch den Freiheits-Sicherheits-Konflikt der Urlauber zum Ausdruck. Gegenüber der strukturierten, zwanghaften, jedoch auch Stabilität und Sicherheit vermittelnden Arbeits- und Alltagswelt, wären die Rhythmen und Regeln in der bestimmbaren Freiheit des Urlaubs beliebig wählbar. Dies würde jedoch einen *souveränen Umgang mit Freiheit* bedingen und bedeutet für die meisten Menschen Überforderung und damit bedrohliche Konfliksituationen. Dazu gehören die Angst, die Herausforderung Urlaub nicht zu meistern, nicht mehr in das gewohnte »Alltagssystem« zurückkehren zu können und schließlich durch einen Identitätsverlust ein anderer zu werden. Das »gelungene« Urlaubsgefühl wird mit einer Reihe von Vorsichtsmaßnahmen umfassend abgesichert (z.B. Preisvergleiche, Hotelreservierung, Reiseschecks, Reiseapotheke, Schutzimpfung, auf Hygiene achten, richtige Kleidung usw.). Das subjektive Gefühl der Befreiung überdeckt das urlaubsspezifische System von Normen und Regelungen, so dass Urlaub reisen, ohne anzukommen bedeutet. Für Opaschowski bleibt Urlaub trotzdem die populärste Form von Glück.

Auch für Enzensberger bezieht Tourismus seine Kraft aus der Sehnsucht nach dem Glück der Freiheit.[7] Damit stellt sich gleichzeitig die Frage, aus welchem Alltag heraus sich diese Sehnsucht nach einigen Wochen Freiheit entwickelt. Sowohl Enzensberger als auch Prahl sind der Ansicht, dass Tourismus davon ablenkt, wie weit sich die Gesellschaft von den eigenen Idealen entfernt hat:

»Der Tourismus bietet wohl eine Gegenwelt zum Alltag, er bietet aber keine reale gesellschaftliche Freiheit, weil die Dauer der Urlaubsreise begrenzt und das touristische Produkt durch gesellschaftliche und wirtschaftliche Interessen geprägt ist. Die ›kostbarsten Tage des Jahres‹ erfüllen unter diesem Aspekt ein Ventil, das die Gesellschaftsstrukturen und Herrschaftsinteressen stabilisiert.«[8]

Für Armanski befreit Urlaub als Produkt des bürgerlichen Lebens von Arbeitsleid, von sozialer Verarmung in modernen Städten und von kleinfamiliärer Enge:

»Der Urlaub soll die im Alltag versagte Lebenserfüllung ersetzen. An die Stelle von Zerrissenheit, Zerstörung und Einsamkeit soll die Erfahrung der Welt und von sich als Ganzheit, Gemeinsamkeit, Natürlichkeit treten. Das bürgerliche Leben hat diese archaischen Glücksmomente aus einem gewöhnlichen Gang ausgeschlossen. Deshalb erscheinen sie nur außerhalb dieser Sphäre habhaft zu sein. Hier liegen der Mythos und die Sprengkraft des Tourismus.«[9]

---

7 Enzensberger 1971: Theorie des Tourismus, 199 ff.
8 Prahl 1979: Der Millionen-Urlaub, 240.
9 Armanski 1978: Die kostbarsten Tage des Jahres, 25.

»Die innere Dynamik glücksverlangenden und -versagenden Lebens«[10] erhält damit in der touristischen Mobilität eine äußere Bewegungsform. Gleichzeitig unterscheiden sich für Armanski Herstellung und Vertrieb der touristischen Dienste in nichts mehr von den Bedingungen des vorherrschenden kapitalistischen Wirtschaftens und verändert der Tourismus in bereisten Ländern lokale Produktions- und Gesellschaftsstrukturen. Für Konrad Köstlin ist die Urlaubswelt denn auch »nur eine von vielen, nebeneinander bestehenden Welten, deren Sprachen wir gelernt haben«.[11] Das Prinzip der Gegenwelten hat für ihn seine Schuldigkeit getan und durchdringt Urlaub wie die permanente Festkultur der Freizeit gleichermaßen.

Trotz dieser ständigen »Begleitung des Touristen durch den Alltag« bezeichnet Armanski Tourismus als eigene Lebenssphäre mit »selbständiger Gestalt mit eigenem Gewicht und eigenen Gesetzen«.[12] Der moderne Tourist ist zwar als Rollenträger innerhalb der industrialisierten Ferienindustrie eingebunden, kann sich aber innerhalb dieser Rolle durch Konsumstile und Verhaltensmuster abgrenzen.[13] Prahl kritisiert diese Sichtweise insofern, dass aus den gesellschaftlich begründeten Institutionen Rollen- und Bedürfnisproduzenten geworden sind und dass damit zuwenig auf das Wesen des untersuchten Gegenstandes geschlossen werden kann. Gleichzeitig weist Werner Georg darauf hin, dass touristisches Handeln lediglich ein Teil des symbolische Zugehörigkeit und Identität markierenden Stils im Alltag bleibt und damit keine eigenständige Verhaltenssphäre konstituiert.[14]

Tourismus ermöglicht für Prahl trotzdem Befreiung von repressiven gesellschaftlichen Zwängen und suggeriert Freiheit durch Mobilität. Prahl schlägt als Alternative zum gesellschaftlich produzierten Fluchtbedürfnis im Tourismus die Integration der Veränderungsbedürfnisse in die eigene Gesellschaft vor.[15]

Damit stellt sich aus alltagswissenschaftlicher Perspektive die Frage nach den Funktionen touristischer Erlebnissphären für die Touristen:

---

10 Ebd., 25.
11 Köstlin 1995: Wir sind alle Touristen – Gegenwelten als Alltag, 7.
12 Armanski 1978: Die kostbarsten Tage des Jahres, 74.
13 Knebel: Soziologische Strukturwandlungen im modernen Tourismus, 6-10, zit. bei: Prahl 1979: Der Millionen-Urlaub, 231.
14 Georg 1994: Lebensstile in der Freizeitforschung – ein theoretischer Bezugsrahmen, 19-20.
15 Prahl 1979: Der Millionen-Urlaub, 261.

Armanski unterscheidet mit Knebel zwischen »außengeleitetem Tourismus«, bei dem der Tourist vereinzelt und die Welt auf entinnerlichte Weise erlebt.[16] Er unterliegt Tourismusmoden und erlebt Reisen als »demonstrativen Erfahrungskonsum«, der stereotype und museale Welten anstelle von Verstehen setzt.[17] In Bezug auf andere Autoren sieht Armanski im Tourismus jedoch auch spezifische Lern- und Erfahrungsfelder, die zumindest die Chance eines Glücksverlangens durch die Begegnung mit Fremden, Natur und sich selbst eröffnen: »Außengeleiteter touristischer Charakter und touristische Sehnsucht und Utopie bilden eine widersprüchliche Einheit, [...] noch ausgegrenzte Sphäre von Glück und Hoffnung, die durch die Humanisierung des Lebens und der Arbeit [...] allgemein werden kann.«[18]

Die während Reisen angeeignete kommerzialisierte Collage der Wirklichkeit, in Fotos und Souvenirs verdinglicht, zirkuliert nachher »als Signal, losgelöst aus seinem eigentlichen Zusammenhang, entstelltes, verschlüsseltes Traumfragment. Es ist damit auch Abbild der touristischen Erlebnisweise als einer besonderen Art von Realitätsverlust. [...] Der Tourist stellt so eine touristische Metamorphose und Neuzusammensetzung der Welt her, die von der sozialen Realität des Besuchten abhebt und zugleich die eigene vergessen machen will, während sie doch ihre Spuren in und mit sich trägt.«[19] Urlaub im Sinne einer Gegenwelt ist für Armanski also möglich, jedoch geformt und eingeschränkt von der bürgerlichen Lebenswelt, aus der der Tourist zu fliehen versucht. Für Enzensberger zeigt sich im Widerspruch des Tourismus »die Kraft einer blinden, unartikulierten Auflehnung, die in der Brandung ihrer eigenen Dialektik immerfort scheitert«.[20]

Konrad Köstlin weist zu Recht auf die Problematik eines als klassisch moderner Konflikt gedeuteten Antagonismus zwischen entfremdetem Alltag und utopisch aufgeladener Urlaubszeit hin.[21] Dabei variieren die dialektisch angelegten Begriffszuordnungen vom entfremdeten Alltag zum glückverheißenden Urlaub als »Fremdes« und »Anderes«, über einen Alltag und Urlaub, deren Gegensätzlichkeit durch eine marktwirtschaftlich gelenkte Ausstattung oder die Unentrinnbarkeit lebensweltlich bedingter Zwänge in beiden Sphären geschmälert wird bis zum Urlaub als Alltag, bei dem Menschen in der Gegenwelt eine

---

16 Vgl. Knebel 1960: Soziologische Strukturwandlungen im modernen Tourismus, bei Armanski 1978: Die kostbarsten Tage des Jahres, 74.
17 Armanski 1978: Die kostbarsten Tage des Jahres, 74.
18 Ebd., 74-75.
19 Ebd., 76.
20 Enzensberger 1971: Theorie des Tourismus, 204.
21 Köstlin 1995: Wir sind alle Touristen – Gegenwelten als Alltag, 1-13.

eigentliche, letzte noch existierende Welt suchen, die »Authentisches« vermitteln soll:

»Die Produktion von Welt und neuen Wirklichkeiten durch den Tourismus scheint mir besonders wichtig. [...] Der Reisende wünscht, einzutauchen in die authentische Kultur der bereisten Regionen, aber dieser Wunsch muss scheitern angesichts der Tatsache, dass der Tourismus in Wirklichkeit eine neue Welt produziert.«[22]

Die *Wissenschaft als Deutungsmacht hat dabei den Alltag wie touristische Realitäten mitgeformt* und die Suche nach gesellschaftlichen Räumen, die »Tiefe« und »Echtheit« versprechen ist längst durch Alltagspraxen widerlegbar, in denen wir uns zwischen Gegenwelten verschiedenster Art bewegen, vom dauerfestivalisierten Kaufhaus bis zum mit Palmen bestückten Fitnessstudio. Für Köstlin sind »die Merkmale der Unterscheidung zwischen Urlaub und Nichturlaub aufgebraucht«[23], und er plädiert für eine empirische Herangehensweise anstelle kulturkritischer Deutung.

Der Dialektik zwischen Alltag und touristischem Alltag als Teil unterschiedlicher Tourismuskonzepte setzt Ueli Gyr die begriffliche Unterscheidung einer Kultur *für* und einer Kultur *der* Touristen entgegen: *Touristenkultur* oder touristisches Verhalten lassen sich durch eine ausgeprägte Standardisierung und Ritualisierung charakterisieren:[24] Gruppenausflüge, sog. Sightseeing, verlaufen auf standardisierten Pfaden, die eine pausenlose Beschäftigung des Touristen gewährleisten. Informationen, Photohalte, Berührung von Monumenten, ritualisierte Grenzüberschreitungen (z.B. Polarkreis) sowie selektive Begegnungen mit Bewohnern und kulinarischen Spezialitäten des bereisten Landes gehören zum festen Repertoire. Die stellvertretend vorgeführten Zeichen und Symbole einer bestimmten Kultur werden im Allgemeinen in zwei Phasen angeeignet: durch Bestätigung und Fixierung mittels visuell festgehaltener Berührung, Foto, Video, Ansichtskarte, Souvenir usw. sowie Verarbeitung durch kognitive Klassifizierung mittels einfacher Kategorien wie Alltag – Fest, Stadt – Land, arm – reich, schön – hässlich usw. Gleichzeitig unterstreichen kulturell normierte Rollen- und Rhythmuswechsel die angestrebte Distanzierung zum Alltag: Touristen fallen durch demonstrativ-expressives Urlaubsverhalten auf. Sie schmücken sich mit vor Ort gekauften Amuletten und Hüten oder verlieren bei Volkstänzen in sogenannt traditionellen Originalkostümen ihre im Alltag geübte Selbstkontrolle. Die

---

22 Kramer 1994: Kulturwissenschaftliche Tourismusforschung, 13.
23 Köstlin 1994: Wir sind alle Touristen – Gegenwelten als Alltag, 3.
24 Gyr 1992: Sightseeing, Shopping, Souvenirs und Spezialitäten, 229.

alltägliche Zeitstruktur wird durch nächtliche Festprogramme oder Tauchausflüge und anderes mehr durchbrochen.

Demgegenüber bemüht sich *Kultur für Touristen* darum, die touristische Aneignung eines bereisten Raumes als durchstrukturierten Ablauf mit Ritualen und standardisierten Handlungsmustern zu organisieren. Gelenkte Erlebnisse im Gruppenkollektiv und ritualisierte Abläufe wirken entlastend. Das Angebot von weltweit etablierten Tourismustraditionen und Standardvergnügungen wie historische Monumente, Schauplätze, Museen, Naturschauspiele, Märkte, Hafenanlagen, eindrückliche Verkehrsmittel, Menschen bei der (handwerklichen) Arbeit, inszenierte Folklore, entspricht den Erwartungen der Touristen und beugt somit Enttäuschungen vor.[25] Es wird eine subtil dosierte Exotik mit vertrauten Strukturelementen angeboten. Original und Kulisse sind gleichzeitig erwünscht – sobald der Tourist sich jedoch mit dem Fremden einlassen muss, verliert die Reise den angestrebten Fluchtcharakter. Die Realität wird auf einfache Symbolstrukturen reduziert, die als überschaubare Gegenwelt zu einer von Informationen überschwemmten Alltagswelt betrachtet werden kann.[26]

Die Unterscheidung zwischen typisch alltäglichen und typisch touristischen Symbolstrukturen weist auf *charakteristische Funktionen des Urlaubs als Temporalmuster* hin: Der Urlaub als Kontrastbegriff zum Alltag ist Sammelbecken für Möglichkeiten, Hoffnungen und neue Erfahrungen. Er verkörpert die Idee vom anderen Dasein: »Abschalten«, »die Seele baumeln lassen« oder »rumhängen« sind wesentliche Teilansprüche an dieses andere Dasein und stehen im Kontrast zum Arbeitsalltag:

»Am Ende steht ein durch irdische Faktoren (z.B. Geld, Zeit, Raum) eingeschränktes Bild vom Paradies. Zwischen subjektiven Wünschen und objektiven Möglichkeiten wird der Urlaub zu einem echten Balanceakt zwischen Rahmenbedingungen und Projektionsfläche: es gibt einen feststehenden Rahmen, aber kein Bild.«[27]

Die vage Vorstellung vom Bild des »Anderen« gleicht der Vorstellung vom Glück, das überall und nirgends sein kann und daher weder Ort noch eine genaue Stunde kennt. Die Wahrnehmungen und Funktionen »des Fremden, der Freiheit, der Natur, des Raumes, der Zeit und der Arbeit«[28] bleiben eingebettet in historische Prozesse des Wandels, in spezifische Milieus, mentale und ideologische Kontexte:

---

25 Ebd., 227-235.
26 Vgl. MacCannell 1976: The Tourist. A new theory of the leisure class.
27 Opaschowski 1996: Tourismus, 97.
28 Spode 1995: »Reif für die Insel«, 123.

»Abenteuer- oder Erlebniswelten können keinesfalls isoliert vom Gewöhnlichen analysiert werden, denn sie entschlüsseln indirekt kulturelle Standards. Im Abenteuer manifestieren sich Wunschbilder, Tagträume und Utopien, die im Rückschluss viel darüber aussagen, wie Kultur organisiert wird und welche Vorstellungen Menschen von einem anderen und/oder besseren Leben haben. Weil das, was Menschen als erlebnisreich oder als ›abenteuerlich‹ empfinden, kulturell geprägt ist, sind Abenteuer Ausdrücke kollektiver Wunschvorstellungen und Sehnsuchtsbilder.«[29]

Die Suche nach etwas und die Flucht vor etwas konstituieren als Kompensationsmotiv gegenüber dem subjektiv erfahrenen Leiden am Alltag(strott) und weniger durch konkrete Vorstellungen das Urlaubsglück: Der Tourist in der Rolle des Glücklichen als Erwartungshaltung. Er will Nicht-Alltägliches erleben, »ein Stück Vertrautheit in der Seitentasche«[30] behalten.

Die Vorstellungen von Glück und Exotik lassen sich jedoch nicht nur – so eine These dieser Arbeit – auf wertende Kategorisierungen von Tourismus und seinen Funktionen beziehen, sondern sie sind letztlich auch *Ausdruck von Bedürfnissen nach zeitinhärenten Pausenphasen*. Ritualisiertes touristisches Verhalten lässt sich nicht nur aus rollentheoretischer oder lebensstilorientierter Perspektive analysieren. Entsprechend der in dieser Arbeit definierten Konzeption von Zeit werden *in touristischen Alltagspraxen nicht nur Neuinterpretationen von Raum bzw. Distanzerfahrung* sowie *von kultureller Andersartigkeit* relevant, *sondern auch vom Alltag abweichende Bilder von Zeit bzw. von Zeitnutzung durch spezifische Symbolstrukturen vermittelt.* Die Semantik touristischer Angebote vom Urlaubskatalog über ritualisierte Formen der Reisegestaltung bei Flugreisen (Begrüßung, konstanter Ablauf der Serviceleistungen, Klatschen nach Landung usw.) bis hin zu standardisiertem Erlebniskonsum ermöglicht ein *situatives Anderserleben von Zeit,* das durch immer gleiche Symbolstrukturen als *tourismusspezifisch* entschlüsselt werden kann. Tourismus kann daher auch als »semantisches Universum«[31] gelesen werden, das innerhalb der Temporalstruktur des Alltags bereits während der Vorbereitungen zuhause, bereits beim sehnsüchtigen Durchblättern des Urlaubskataloges eine andere Form von gegenwärtigem, aber auch in die Zukunft projiziertem bzw. nach der Reise in Erinnerungen präsentem Zeiterleben ermöglicht. Gemäß dem dieser Arbeit zugrundeliegenden kultur- und alltagswissenschaftlich ausgerichteten phänomenologischen Zugang wird Urlaub hier nicht nur in funktionaler Beziehung zu touristischen

---

29 Köck 1990: Sehnsucht Abenteuer, 9.
30 Opaschowski 1996: Tourismus, 106.
31 Zum Begriff des Symbolsystems bzw. des semantischen Universums vgl.: Hülst 1999: Symbol und soziologische Symboltheorie, 339.

Bedürfnissen und einem als »grau« interpretierten Alltag betrachtet: Urlaub und Reisen werden vielmehr zu semantisch auf spezifische Weise ausgefüllten Erfahrungskontexten innerhalb der kulturellen Konstruktion von Alltagszeit. Als *Elemente eines komplexen Zeitbegriffs* können sie zu einer Erfahrungskategorie zusammengefasst werden, die sich sowohl während des Alltags zuhause als auch auf Reisen *auf bestimmte Zeit- und Sinnhorizonte* bezieht, die mit *kollektiven Vorstellungen von anderem Leben, von Freiheit, von Sehnsucht und Glück* konnotiert werden.

Zur Dialektik von Fest, Feier und Alltag

Andere Funktionen und Bedeutungen erhält das Austreten aus alltäglich-gleichförmigen Temporalstrukturen im Zusammenhang mit Festen und Feiern. Max Weber fasst sie als außeralltägliche Kräfte unter dem Begriff des Charisma zusammen. Alltag und Charisma stehen sich als eigenständige Typen sozialen Handelns gegenüber: das Außeralltägliche lässt sich als eigener Wirklichkeitsbereich vom Alltag ausklammern.[32] Alltagshandeln ist für Weber immer dauerhaft, stetig und wiederholt sich in regelmäßigen kleinen Abständen. Er unterscheidet die Elemente »traditionales Handeln«, das unbewusst und unhinterfragt in den Bahnen des Gewohnten abläuft und »zweckrationales Handeln«, das den Zweck, die dazu verwendeten Mittel und die zu erwartenden Nebenfolgen rational abwägt. Das »außeralltägliche Handeln« tritt zu allen Formen des Alltagshandelns in Widerspruch und unterscheidet sich in der geringeren Häufigkeit, in seiner Wirtschaftsfremdheit, durch sein unstetes Wesen, die Momente von Zorn, Hingabe und Glauben vom Alltagshandeln. Das »Wesen« des Charisma wird durch die Suche nach Ekstase und außeralltäglichen Kräften bestimmt, wobei diese Fähigkeit nicht von allen erreicht werden kann. Charisma kann für Weber nicht nur von Personen, sondern auch von Dingen, Ideen und Weltbildern ausgehen. In seiner reinen Form lehnt Charisma alltägliche Ordnung ab und bedeutet Hingabe an das Außerordentliche und Unerhörte. Die von »innen« wirkende, die Zwänge des Alltags abstreifende Kraft des Charisma charakterisiert auch jenen nicht rationalisierbaren, geheimnisvollen »Rest« des außeralltäglichen Handelns. Reine Formen des Charisma stehen dem Alltag klar gegenüber:

---

32 Weber 1924: Wirtschaft und Gesellschaft, 245 ff., zit. bei: Gebhardt 1987: Fest, Feier und Alltag, 21-36.

»Das Dilemma, das sich aus der Unvereinbarkeit von außeralltäglichen Erlebnissen und den (vor allem materiellen) Erfordernissen des Alltags ergibt, führt für Weber nun in aller Regel zu dem Versuch, die Gaben und Errungenschaften außeralltäglicher Zuständigkeiten für den Alltag zu sichern und, in einem weiteren Schritt, das Charisma als Quelle dieser Gaben und Errungenschaften selbst in den Alltag zu überführen, d.h. es zu institutionalisieren.«[33]

Entscheidender Grund dafür ist die treibende Kraft beider Wirklichkeitsbereiche, ohne die der Mensch nicht leben kann.[34] Alltag sichert das »physische« und Charisma das »metaphysische Überleben«. Mit der Institutionalisierung des reinen Charisma wechselt außeralltägliches Handeln Form und Charakter, indem situativ auftretendes affektuelles und emotionales Handeln zu wertrationalem Handeln entwickelt wird. Institutionalisiertes Charisma kann in Form von Weltbildern, einer Kulturidee oder einer gesellschaftlichen Institution auftreten und nach einem Prozess der Veralltäglichung so im Alltag aufgehen, dass es seine sinnstiftende Funktion zur Aufrechterhaltung individueller und sozialer Ordnungen verliert. Diese sinnstiftende Funktion muss zu ihrer dauerhaften Gültigkeit legitimiert werden, was nur in Bezug auf überrationale Quellen der Rechtfertigung möglich ist. Auch Fest und Feier unterliegen einem Prozess der Veralltäglichung. Dazu gehören die Etablierung von typischen Handlungsabläufen, Zeremonien, Rituale, die Einführung von festen Symbolen – das Charisma wird in Formen gekleidet und verliert damit seine Kraft. Die revolutionäre, schöpferische Kraft des Charisma kann Altes zerstören und Neues schaffen, während das institutionalisierte Charisma stabilisierend und bewahrend wirkt. Es hilft damit, die Kraft und Bedeutung des Neuen im Alltag lebendig zu erhalten. Im Dualismus von Charisma (Ideell-Kulturelles, sinn- und bedeutungsstiftend) und Alltag (gewohnt, zielgerichtet, planmäßig) führt der Mensch sein Leben und gestaltet sich gesellschaftliche Wirklichkeit:

»So gesehen stehen Feste und Feiern als eigenständige Wirklichkeitsbereiche zwar allen Arten und sozialen Formen des Alltagshandelns, worin wir in Anlehnung an Max Weber alle eingelebten, gewohnten und zweckrationalen Verhaltensweisen verstehen wollen, gegenüber, ihre Bedeutung aber lässt sich nur durch ihre Beziehung zum Alltäglichen adäquat erfassen. Feste und Feiern einerseits, der Alltag andererseits sind zwar als grundsätzlich eigenständige Wirklichkeitsbereiche zu denken, sie gewinnen aber ihre Einheit in der menschlichen Lebensführung und in den Konstitutionsprinzipien sozialer Ordnungen.«[35]

---

33 Gebhardt 1987: Fest, Feier und Alltag, 27.
34 Ebd., 30-36.
35 Ebd., 52-53.

Das Bewusstsein, ein »gutes«, »richtiges«, »sittliches« Leben zu führen ist für den Menschen und die Legitimation sozialer Ordnungen unabdingbar. Unter dem durch Institutionalisierung dauerhaft gemachten Einfluss von außeralltäglichen Ideen erst ist eine konsequente Lebensführung möglich. Feste und Feiern umfassen alle Bereiche des menschlichen Lebens, Beruf, Familie, Freizeit usw. und können daher als universale Vergemeinschaftungs- und Vergesellschaftungsformen bezeichnet werden. Sie helfen den Menschen, die Wirklichkeit und das Wesentliche der alltäglichen Erscheinungen festzuhalten.[36] In Ergänzung zu den alltagstheoretisch fundierten Überlegungen Max Webers unterscheidet Gebhardt verschiedene theoretische und konzeptionelle Ansätze zu Begriff und Praxis des Festes: Da steht einerseits das Fest als *Freiheit und Ausbruch von den repressiven Ordnungen des Alltags*, als Exzess, als Flucht aus der Wirklichkeit[37] und damit als *Ort der individuellen und kollektiven Regeneration*. Eine zweite Gruppe von Ansätzen sieht im Fest Funktionen der *Sinngebung* im Alltag, der *Ruhe und Kontemplation*[38] sowie einer *universellen Zustimmung zur Welt*[39]. Das Fest gerät seit den 1950er Jahren jedoch zunehmend in Konkurrenz zur Freizeit, wo festliches Handeln zu »einem veralltäglichten und animierten Massenkonsum organisierter Trivialitäten degradiert«[40]. Zu den drei charakteristischen Festformen der Moderne gehören die politische Feier, die den öffentlichen Sinnhorizont repräsentiert, das öffentliche Volksfest und die private assoziationale Feier.

»Feste und Feiern sind spezifische Vergemeinschaftungs- und Vergesellschaftungsformen, in denen außeralltägliches Handeln institutionalisiert ist, wobei der soziale Typ der Vergemeinschaftung eher dem Fest, der soziale Typ der Vergesellschaftung eher der Feier zuzuordnen ist. Fest und Feier sind somit Ausdruck einer spezifischen Grundform aktiver menschlicher Verhaltensweisen, die grundsätzlich durch ihre enge, weil notwendige Beziehung zu charismatischen Phänomenen bestimmt ist.«[41]

Während für das Fest Ekstase zentral ist, sind es für die Feier Ruhe, Besinnung, Ordnung und Nachdenklichkeit. Die Feier beruht auf einer ausgearbeiteten Idee, die in ihr aktualisiert wird und die bewusst Herkunft, Aufgabe, Bedeutung und Zukunft von Individuen, Gruppen und Institutionen reflektiert. Sie ist Ort der

---

36 Ebd., 37-43.
37 Vgl. Gebhardt in Anlehnung an: Freud 1972.
38 Vgl. Gebhardt in Anlehnung an: Kerenyi 1971.
39 Vgl. Gebhardt in Anlehnung an: Pieper 1963.
40 Gebhardt: Fest, Feier und Alltag, 15.
41 Ebd., 52.

Wertsetzung und -bestätigung und hält Traditionen in Vergangenheit (z.B. Gedächtnisfeier) und für die Zukunft (z.B. Gründungsfeier) aufrecht: »Feiern also teilen die Zeit in überschaubare Einschnitte. Sie strukturieren den Alltag und ermöglichen damit eine an zeitlichen Fixpunkten orientierte Handlungsvoraussage und Handlungsplanung.«[42] In der Feier wird nicht wie beim Fest mit Normen gebrochen, sondern sie werden im Gegenteil bestätigt. Die Feier schreibt dem Alltag Sinn zu, indem sie seine Werte als bedeutsam und wertvoll bekräftigt. Sie ist Teil der individuellen wie kollektiven Sinnfindung.

Trotz ihrer Auszeichnung als eigenständige Wirklichkeitsbereiche definiert Gebhardt Feste und Feiern durch ihre spezifische Beziehung zum Alltag. In ihnen ist die grundsätzliche Dialektik von Außeralltäglichem und Alltäglichem verkörpert:

»Feste und Feiern sollen uns jene Vergemeinschaftungs- und Vergesellschaftungsformen heißen, die, durch ihre Beziehung auf etwas außeralltäglich Gedachtes, der individuellen wie kollektiven Bewältigung des Alltags dienen und zwar auf qualitativ unterschiedliche Art und Weise. Das Fest hilft, den Alltag zu bewältigen, indem es ihn aufhebt. Die Feier hilft, den Alltag zu bewältigen, indem sie ihn bewusst macht, d.h. ihn als ein sinnvolles Geschehen ins Bewusstsein hebt. [...] Fest soll uns nun eine Form der Vergemeinschaftung heißen, in der affektuelles Handeln institutionalisiert und folglich die alltägliche Wirklichkeit auf Zeit aufgehoben ist.«[43]

Zum Fest gehört die Ekstase, die durch Festgelage und Rauschmittel gefördert wird. Tanz, Licht, Blumen und Farben statten die Festkulisse aus, genauso wie Lockerheit, sexuelle Ausschweifungen und Verstöße gegen geltende Ordnungen zur zeitweiligen Aufhebung sozialer Hierarchien, jedoch auch zum Erleben von Einheit führen. In Anlehnung an Weber sieht Gebhardt das Fest als »Charisma auf Zeit«, als Freiraum mit einem bestimmten Anfang und Ende, »der die im Alltag verbindlichen Regeln und Normen des Handelns außer Kraft setzt«[44] und nach aktuellem, emotional aufgeladenem Handeln und dem Gebrauch entsprechend stimulierender Hilfsmittel wie Alkohol geradezu verlangt. Das Fest ermöglicht das Erproben alternativer gesellschaftlicher Modelle auf Zeit, ohne damit die Gesellschaft zu gefährden. Es hält bestimmte Ideale hoch, die alltäglichem Handeln Perspektiven und Sinn verleihen können.[45]

---

42 Ebd., 64.
43 Ebd., 53.
44 Gebhardt 1994: Charisma als Lebensform. Zur Soziologie des alternativen Lebens, 76.
45 Ebd., 78.

Im frühneuzeitlichen Europa waren Lustbarkeiten und Festlichkeit sozial gebunden und differenzierten sich nach Arbeitsweise, sozialer Lage, Konfession, der materiellen und mentalen Ausstattung in ständische Szenerien:

»Im agrarischen und im gewerblichen Milieu, bei ehrbaren und bei armen Leuten, bei Katholiken und Protestanten waren jeweils bestimmte Formen gebräuchlich. Doch die Teilkulturen, die solche horizontale Bindung fügte, standen in den vertikalen Bindungen einer klar gestuften, relativ geschlossenen Gesellschaft. [...] Kirchlicher Kult, fürstliche Repräsentation, der Stil von Adelsfesten und Ratsfeiern, das Gepränge des Militärs prägten seine Formen [...].«[46]

Die um 1800 dominierenden kirchlichen Feste verbanden sinnliche Effekte, reiche symbolische Ausstattung und Speisen und Getränke für die sonst karg lebenden breiten Volksmassen mit liturgischen Elementen.[47] Aussaat, Ernte und Dreschen gehörten zu den Festen, die sich im bäuerlichen Milieu der Arbeit ergaben und neben den kirchlichen Festtagen hauptsächlich den Rhythmus von Anspannung und Entspannung bestimmten. Knabenschaften dominierten zudem das ländliche Terminbrauchtum.

»Diese Vergnügungen und Feste, wie unterschiedlich ihr Aufwand, ihre Reichweite, die Teilnehmer auch waren, verband, dass sie als überkommener Brauch bestimmten sozialen und kulturellen Konfigurationen fest zugeordnet waren. Nicht nur beim Ernst des Lebens hatte jede Verrichtung ihren Tag [...]; auch die Formen der Muße hatten jeweils ihre Zeit und ihren Ort. Sie folgten [...] aus Jahreslauf und Arbeitsrhythmus, aus den milieutypischen Bedingungen des gewöhnlichen Lebens also, welches sie überhöhten und kontrastierten. Den Menschen bot sich Entspannung, Genuss, Hochstimmung im Rahmen und im Maß eng umgrenzter Lebenswelt, die im allgemeinen keinen Ausbruch zuließ.«[48]

Seit dem 18. Jahrhundert unterlag die barocke Volkskultur einem Prozess zunehmender philanthropischer Bestrebungen, die Vernunfts- und Leistungsorientierung anstelle von Ergötzung und Lustbarkeit verbreiten wollten. Die alten Feste galten als vulgäre Zeitvergeudung und sollten nunmehr der maßvollen Reproduktion der Arbeitskraft dienen. Beamte, Lehrer und Geistliche kämpften mit neu geschaffenen Institutionen und populärer Literatur *für gesittete und moralisch hochwertige Vergnügungen ohne Ausschweifungen*. Die »ideale Norm nützlicher moralischer Unterhaltung« war jedoch nur unter Druck erfolgreich und setzte sich in protestantischen und in städtischen Gebieten nachhaltiger durch. Erst die Verbürgerlichung, die nach und nach ins Kleinbürgertum drang,

---

46 Blessing 1984: Fest und Vergnügen der »kleinen Leute«, 353.
47 Ebd., 354-359.
48 Ebd., 360.

und die Industrialisierung der Lebensformen führten zu einer tiefgreifenden Veränderung der Festformen.

»Seit der Aufklärung, in der eine neue, säkularisierte und dekorporierte kulturelle Elite entstanden war, tendierten Vergnügungen und Geselligkeit überall dort, wo die Tradition als Richtschnur schwand, dazu, freie Zeit zu werden im Sinn einer individuell freien Verfügung über ihre Gestaltung.«[49]

Dies führte zu einer tief greifenden Veränderung eines jahrhundertelang gültigen kulturellen Modells. Bürgerlich organisierte Festkultur führte den Normierungsprozess an, der weitgehend bekannte Formen der Geselligkeit mit Mustern der von Aufklärung und Romantik geprägten bürgerlichen Selbstdarstellung, entsprechenden Riten und Symbolen stilisierte.

In der zweiten Hälfte des 19. Jahrhunderts wurden öffentliche Vergnügungen aus ständischen Bindungen gelöst und für das ganze Volk geöffnet. Die industrielle Lebensform mit der saisonunabhängigen Trennung von Arbeitsplatz und Wohnung, Arbeit und Nichtarbeit, Zeitdisziplin und »leerer« Zeit – Langeweile, die ohne vorgegebene Bräuche unausgefüllt blieb, verlangte nach neuen Vergnügen, die dem Charakter einer Massengesellschaft entsprachen. Zu Beginn des 20. Jahrhunderts hatte sich die Arbeiterklasse zunehmend eigene Feste geschaffen, wobei sich proletarischer und bürgerlicher Überbau immer mehr in die Quere kamen: »Die bürgerliche Festlichkeit ist geprägt von der ›sonntäglichen Sehnsucht‹, über alle gesellschaftlichen Klüfte und Abgründe hinweg ›Gemeinschaft‹ (statt dissonanter ›Gesellschaft‹) zu demonstrieren; sie erweist sich damit als wesentlicher Teil ›affirmativer Kultur‹.«[50]

Das moderne Fest als Teil einer konsumorientierten Eventkultur

Die Verbreitung der Massenkultur hatte eine starke *Nivellierung und Veralltäglichung der Festkultur zur Folge*. Das Fest verliert seine Monopolstellung als Ort von Ausgelassenheit. Georg Soeffner hat sich mit den Darstellungsfiguren des Außeralltäglichen und Außergewöhnlichen in der Gegenwart befasst und geht damit den Gründen einer veralltäglichten Festkultur nach.[51] Er unterscheidet zwischen *Charisma*, das das Erleben von Außeralltäglichkeit, das Aufbrechen

---

49 Ebd., 365.
50 Glaser 1981: Maschinenwelt und Alltagsleben, 137.
51 Vgl. Soeffner 1989: Die Ordnung der Rituale, 177-202.

des Neuen gegenüber den Routinen des Gewohnten ermöglicht, während *Populismus* das Gewohnte in aufdringlichen, bunten Bildern überhöht und den Alltag in kleine Feste verkleidet:

»Populismus zielt auf das Weiterfahren des gesellschaftlichen Karrens in immer wieder benutzten, unmerklich, aber unaufhaltsam tiefer werdenden Spuren. – Gesellschaftlich hergestelltes Charisma dagegen markiert die Strukturstelle für das Neue.«[52]

Der Charismatiker ist demzufolge Spezialist für das Außeralltäglich-Bedeutsame und Wesentliche, während der Populist als Generalist sich in der Kleinkunst der Zerstreutheit, der Überhöhung alltäglicher Muster versteht und sich in leichten Genres, Shows und auf Rummelplätzen bewegt. Die charismatische Gestalt des Alltags äußert sich in der Wiederholung immer gleicher Zeremonien und Rituale aus einem begrenzten Repertoire:

»[...] der Sparsamkeit im Umgang mit Darstellungsmitteln steht die Verschwendung bei der Wiederholung der im wesentlichen immer gleichen Inszenierungen gegenüber. In der Wiederholung wird die Zeit symbolisch zum Stillstand gebracht und mit ihr die Gemeinschaftsüberzeugung auf Dauer gestellt, allerdings auf eine Dauer, deren Zeitmodus die Gegenwart des Erlebens ist – er prägt Öffentlichkeit und Wiederholung der Inszenierung. Sein Signum ist der Augenblick, manifestiert in (angeblich) magischem Blick und magischer Berührung des Auserwählten.«[53]

Trotz Anleihen aus charismatischen Inszenierungen nutzt Popularität sich durch Wiederholung des Gleichen ab und führt durch immerwährende Aktivität *nicht zur Erfahrung von Dauer und Augenblicken*, sondern eines *veralltäglichten Zeitflusses*. Für Soeffner leben wir daher nicht in Zeiten eines Antiritualismus, sondern eines ritualisierten Antiritualismus und der Veränderung überkommener Riten durch naiven, inflatorischen Ritualismus.[54]

Auch die Freizeit verliert durch ihre regelmäßige Wiederkehr in kurzen Abständen ihren außeralltäglichen und entlastenden Charakter. Deshalb muss er mit immer gewagteren Attraktionen und Sensationen intensiviert werden. Der unpersönliche Charakter und die nicht verpflichtenden Beziehungen der Freizeitwelt haben zudem den Verlust der gemeinschaftsbildenden und -bestätigenden Kraft von Festen zur Folge. Freizeit kann demzufolge nicht als Äquivalent des Festes betrachtet werden: »Die Freizeit und das öffentliche Volksfest helfen nicht mehr,

---

52 Ebd., 196.
53 Ebd., 198.
54 Soeffner erläutert den ritualisierten Antiritualismus am Beispiel sozialer Bewegungen in Mitteleuropa seit den 1960er Jahren und den inflatorischen Ritus am Fallbeispiel einer Papstreise aus dem Jahre 1987. In: Ebd., 103-130.

die alltägliche Wirklichkeit zu bewältigen, sie helfen nur noch, sie zu ertragen.«[55] Das Event als gegenwartstypische spezifische Variante des Festlichen steht im »Schnittpunkt aller möglichen Existenzbereiche« und bedient sich inhaltlich eines »kulturellen und ästhetischen Synkretismus«:[56]

»Zum einen vernetzen sich unterschiedlichste ästhetische Ausdrucksformen wie Musik, Tanz, Theater, Akrobatik, bildende Kunst etc. zu einem ›einheitlichen Ganzen‹. [...] Zum anderen vermischen sie – meistens wahllos – ganz unterschiedliche kulturelle Traditionsbestände, wobei gerne auf ›fremde‹, exotische Einsprengsel zurückgegriffen wird. [...] Mit diesen Mitteln der Vernetzung, der Verfremdung und der Kontextverschiebung unterschiedlichster kultureller und ästhetischer Ausdrucksformen soll ein alle Sinne des Menschen ansprechendes und deshalb ›totales Erlebnis‹ geschaffen werden, ein aufreizendes, anrührendes und über den Moment hinaus in guter Erinnerung bleibendes, kontrapunktisches ›Lifestyle-Gesamtkunstwerk‹ in Szene gesetzt werden.«[57]

Mit den *zeitkulturellen Veränderungen* sind schließlich auch *sozialräumliche Folgen* verbunden: In der Stadt haben halböffentliche Lebensbereiche zugunsten des polaren Wechselverhältnisses zwischen öffentlichen und privaten Sphären an Bedeutung verloren. Städtische Handlungs- und Ausdrucksmuster sind massenkulturell geprägt, genauso wie moderne Feste:

»Feste sind modern in diesem Sinne dort, wo sie den unmittelbaren bald privaten, bald rollenverengten sozialen Lebenskreis transzendieren und dem Menschen Anlass geben, unter die Leute zu kommen, die Welt zu sehen und Neues zu erfahren. Sie machen Erfahrungen dieser Art erst möglich [...] im Medium der Großstadt.«[58]

Messen, Ausstellungen, Vergnügungs- und Freizeitparks, Festivals und Shows wie Film- und Pop-Festivals sowie Szenen auf Strassen, in Fabrikhallen und ganzen Stadtteilen können als typische Ausprägungen gegenwärtiger städtischer Festpraxis bezeichnet werden. Auch die Technokultur hat für die Street Parade in Zürich eine städtische Bühne gewählt.[59] Den Hintergrund zum Umzug bildet eine typische Sommerkulisse: Badeanlagen und Parks bieten Bühnen für Freizeit und Vergnügen, für die Selbstdarstellung jugendlicher Szenen, aber auch für die Körperkultur von Trendsportlern. Offenheit, Großzügigkeit und Repräsentativität der räumlichen Kulisse, Freizeit und Selbstdarstellung als auffallende Merkmale ihrer Nutzung, entsprechen den an der Street Parade zelebrierten Wertvorstellun-

---

55 Gebhardt 1987: Fest, Feier und Alltag, 171.
56 Gebhardt, Hitzler, Pfadenauer (Hg.) 2000: Events, 20.
57 Ebd., 20.
58 Lipp 1987: Gesellschaft und Festkultur. In: Hugger (Hg.): Stadt und Fest, 235.
59 Muri 1999: Aufbruch ins Wunderland?, 92-110.

gen. Sie ist zum exemplarischen Beispiel eines modernen Sommerfestes mit Show- und Festivalcharakter geworden: Mit traditionellen Festbestandteilen wie Umzug, Lärm, Musik, Tanz, Wasser, Buntheit, Rollentausch, Verkleidung, Ekstase, aber auch mit Elementen jüngerer Brauchentwicklung wie Massenkultur, Kommerzialisierung, Mediatisierung, moderne Organisationsformen, Tourismus und Folkorisierung. Ihre gemeinschaftsverstärkende Funktion bezieht sich auf das Erleben der großen Masse als Einheit.

»Ein festliches Erlebnis, das ideologisch oder weltanschaulich heimatlos ist, vermittelt kaum mehr dauerhaften sinn- und identitätsstiftenden Halt. Gleichwohl scheint das Bedürfnis, im festlichen Erleben einen Sinn zu finden, der dem eigenen Leben Orientierung bietet, bestehen zu bleiben.«[60]

Im Zentrum steht das Ereignis, die fulminante Inszenierung, von der am Ende »nichts weiter übrig [bleibt] als jenes Feuerwerk, das vollkommene Kunstwerk, das im Augenblick, in dem es aufzischt [...] auch schon wieder verglüht«.[61]

Auch im nicht mehr ständisch geprägten Arbeitsalltag zeugen Betriebsfeste von typisch modernen Sinnbezügen: Eva Hesslingers vergleichende Ethnographie über zwei *Betriebsfeiern* setzte sich zum Ziel, anhand eines Mikrobereichs empirisch zu überprüfen, ob Betriebsfeiern auch unterschiedliche Formen von »Firmenkulturen« repräsentieren. Dabei geht sie von zwei entgegengesetzten Deutungsansätzen der Festtheorien aus, die entweder dem Fest eine Kompensations- oder eine bestätigende Funktion zuweisen. Beim zweiten Zugang dienen Betriebsfeiern der Bestätigung beispielsweise der führenden Rolle und Autorität von Vorgesetzten, beim ersten Ansatz werden an der Betriebsfeier Statusunterschiede und arbeitsweltliche Feindschaften aufgehoben, in einer erweiterten Form durch humoristisch-kritische Darbietungen von untergeordneten Betriebsangehörigen bestehende Hierarchien temporär außer Kraft gesetzt. Die Weihnachtsfeier einer Elektronikfirma enthielt so eine Vielzahl von Unterhaltungsangeboten, die von Kulturmanagern als organisierte Fortsetzung der entsprechenden Firmentraditionen die Grenzen zwischen privater Lebenswelt und Firma verwischten, während die selbstorganisierte Feier einer Autobau AG den informellen Charakter eines »Basisfestes« trug, und zahlreiche Normbrüche zuließ:

»Die Spontaneität der Interaktion, die Witze und Gags, die die Kommunikation der Feiernden kennzeichnen, sind homolog zu den Umgangsformen im Arbeitsalltag, die geprägt sind von der langen Betriebszugehörigkeit und der häufig auch außerbetrieblichen Bekanntheit vieler Angestellter. Heterolog zum Arbeitsalltag der Abteilung sind dagegen die fast ausschließlich priva-

---

60 Gebhardt, Hitzler, Pfadenauer (Hg.) 2000: Events, 27.
61 Lipp 1987: Gesellschaft und Festkultur. In: Hugger (Hg.): Stadt und Fest, 245.

ten Gesprächsthemen während der Feier sowie die ›Scherzbeziehung‹, die während der Feier zwischen Abteilungsleiter und Angestellten etabliert wird.«[62]

Die Autorin schließt aus der sehr unterschiedlichen Festkultur der beiden Betriebe, dass zwar Ansätze zu Parallelen zwischen Betriebsalltag und Festkultur bestehen, dass jedoch vom Mikroereignis Betriebsfeier nicht unmittelbar auf zentrale Symbole und Elemente der Firmenkultur geschlossen werden kann.[63]

Auch in der Gestaltung moderner Betriebsfeiern zeigt sich also der Variantenreichtum der »kleinen Feste«, der einen »ritualisierten Antiritualismus« der mehr oder weniger austauschbaren Witze und Gags pflegt. Im Gegensatz zu ständisch geprägten Festen früherer Jahrhunderte repräsentieren solche Feste weder einen Teil der gesellschaftlichen Ordnung in der Öffentlichkeit noch die Firmenkultur. Der Augenblick oder das Charismatische einer besonderen Zeit außerhalb des Arbeitsalltags bleiben in der Erfahrung von bekannten Festbestandteilen gefangen.

Das Festliche wird erst dadurch als solches erlebbar, dass es eine Ausnahme bildet.[64] Nichtstuer bringen es nicht fertig, ständig Feste zu feiern. Das Fest lässt sich jedoch nicht allein als Entgegensetzung zum Alltag definieren. Die Arbeitsruhe des Festes[65] ist auch nicht vergleichbar mit der »neutralen Pause, die als Glied in die Kette der werktäglichen Zeit eingelassen ist.«[66] Die Festtagsruhe bringt einen »Ausfall« an Nutzungsgewinn mit sich: Die Bewusstheit dieses Verzichtes ist ein wesentliches Element des Festes. Nicht genutzte Zeit ist jedoch in einer Welt, die durch das Prinzip der Nutzung geprägt ist, umstritten. Das Fest wird von existentiellem Reichtum getragen: Dazu gehören Verschwendung des Arbeitsertrages und das Nicht-Rechnen, aber auch exzessive Verschleuderungen. In einer Konsum- und Wohlstandsgesellschaft ist Verzicht kein alltagskonstituierender Faktor mehr, und Verschwendungsmuster sind zu einem lebensstilistisch ausdifferenzierten Ausdrucksfeld im Alltag geworden.[67] Das Fest hat daher sowohl als kulturelle Praxis der kollektiv geteilten Verausgabung mit Sinnqualitäten wie auch als kulturelles Muster einer »Zeit des Besonderen« seine Funktionen als Sphäre der Außeralltäglichkeit verloren.

---

62 Hesslinger 1992: Betriebsfeiern als Spiegel des Betriebsalltags?, 161.
63 Ebd., 162.
64 Pieper 1963: Zustimmung zur Welt, 16-26.
65 Vgl. Platon: Feiertag = Atempause; Symposion 212 a. In: Pieper: Zustimmung zur Welt, 26-38.
66 Pieper 1963: Zustimmung zur Welt, 36.
67 Obwohl in der gegenwärtigen »westlichen Wohlstandsgesellschaft« zahlreiche Bevölkerungsgruppen von »neuer Armut« betroffen sind, beziehen sich ihre Lebensentwürfe mehrheitlich auf konsumorientierte Wertmuster.

Feste, Festbräuche und Feiern sind aber auch Höhepunkte, kulturell geformte besondere Abschnitte innerhalb des alltäglichen Zeitflusses, die Übergänge auf bestimmte Weise gestalten und ritualisieren und damit das Gewöhnliche des gesellschaftlichen Alltags erweitern oder das Ungewöhnliche bewältigen helfen. Die Funktion von Festbräuchen hängt davon ab, ob und wie die Ausübenden, wie die Zuschauenden deren Sinn erkennen:

«Bräuche beziehen sich also stets auf einen Teil der Gesellschaft, für den sie als Zeichen einer Norm verpflichtend sind. [...] Gleiche und ähnliche Braucherscheinungen können sich auf ganz verschiedenen Bewusstseinsebenen abspielen: [...]. Wichtig für den Forscher bleibt die Brauchgebundenheit an soziale Zeit und sozialen Raum und die Erkenntnis seiner subjektiven Rolle für die Gruppe, die ihn benutzt. Sie bilden ein Mikrosystem innerhalb der umgebenden grösseren kulturellen Systeme [...].»[68]

An Fest und Feier wie auch an Festbräuchen lässt sich daher die dialektische Beziehung von Temporalmustern und Alltag verdeutlichen. Als «Zeiten des Besonderen», Erfahrungskontexte für Ausseralltäglichkeit, als Pausen und Zäsuren gliedern sie die alltägliche Wahrnehmung des Zeitflusses und stehen damit in Bezug zur Zeit. Als kollektiv geteilte kulturelle Muster der Verausgabung und als Zeichen bestimmter gesellschaftlicher Normen und kultureller Ordnungen repräsentieren sie nicht Zeit, sondern Gesellschaft und ihr besonderes zeitimmanentes Verhältnis zu Alltag und Alltäglichkeit.

---

[68] Weber-Kellermann: Saure Wochen. Frohe Feste, 16-17.

6. Pausen im Lebenslauf und ihre kulturellen Bewältigungsmuster

Pausen im Lebenslauf treten in unterschiedlichsten Lebenslagen, Altersstufen und Kontexten auf. Sie können als willkommene Pausen bei einem längeren Auslandaufenthalt oder im Falle einer längeren Krankheit als belastend erfahren werden. Bei Pausen im Lebenslauf gewinnt zudem die Divergenz zwischen kollektiv zugeschriebener und individuell bewältigter und gedeuteter Pausenerfahrung an Bedeutung. So stehen beispielsweise beim Welschlandjahr, Schwangerschaftsurlaub, Menopause oder Scheidungen geschlechterspezifische Zuschreibungsmuster von außen divergenten subjektiven Erfahrungen und Deutungsmustern gegenüber.

Aus alltagskultureller Sicht steht die Frage im Vordergrund, inwieweit individuelles Handeln und Erleben im Erzählen über das eigene Leben in einen Sinnzusammenhang gebracht wird und damit Zeit und Pausenerfahrungen innerhalb der Deutung der eigenen Biographie rekonstruiert werden. Dabei interessieren vor allem Zugänge, die der kulturell präformierten Eigeninterpretation der Subjekte gewidmet sind und sich von individualpsychologischen Deutungsansätzen unterscheiden.

Alltags- und Lebenszeit

Die Überlagerung von Alltags- und Lebenszeit erfordert von uns Synchronisationsleistungen. Obwohl Alltagszeit und Lebenszeit strukturelle Unterschiede aufweisen, treten häufiger Verbindungen zwischen ihnen auf, als uns vielleicht bewusst ist:

»*Alltagszeit* bezeichnet die Perspektive aktuell-spontaner Handlungsorientierung, die vor allem für die Routinen des tagtäglichen Lebens benötigt wird. Sie hat eher *zyklischen* Charakter. *Lebenszeit* dagegen aktiviert einen weiteren Horizont. Sie steht für ›Sequenzialisierung‹ einzelner Handlungen und Erlebnisse, für die subjektive ›Kontinuität‹ und ›Kohärenz‹, und ist deshalb eher auf *Linearität* angelegt.«[1]

Oft erfordert die Synchronisation beider Zeitperspektiven ein »In-Ordnung-Bringen«, als ob man zwei Leben zu koordinieren hätte. Alltagszeitliche Strukturen müssen immer wieder aufgrund biographischer Ereignisse angepasst werden, und Alltagserlebnisse wiederum beeinflussen unsere lebenszeitliche Perspektive. Alltagsroutinen sind gewöhnlich durch ihre »unmittelbare« und »spontane« Bewältigung gekennzeichnet. Alheit beschreibt drei Problemkonstellationen, bei denen biographische Thematisierungen den Alltag durchwirken:[2] 1. Das *Verlassen alltäglicher Routinesituationen* ist relativ häufig und führt auch selten zu einer vollständigen Abkehr von etablierten Selbstverständlichkeiten. Beim Kneipenbesuch wollen wir den Alltag vergessen und finden dies in einer wiederum vertrauten Umgebung beim Konsum ewiggleicher Getränke. Beim Urlaub suchen wir einerseits Orte, an denen wir gleich Sprechende und ähnliches Essen wie zuhause finden. Beim Verlassen von Alltagszwängen wird das Vakuum wieder ausgefüllt mit Routinen auf neuem Niveau und öffnet sich der alltagszeitliche Rahmen andererseits, indem man wieder eher bereit ist, lebenszeitliche Perspektiven einzunehmen (z.B. man überdenkt das eigene Leben im Urlaub). 2. Der Eintritt in neue Lebensphasen wie Berufsausbildung, Umzug in eine neue Stadt, familiäre Ereignisse usw. führt zu Bewältigungsstrategien, die nach Erklärungsmustern, Orientierungsmustern und Selbstvergewisserungsmechanismen verlangen. Wir normalisieren und legitimieren unsere neue Lebensphase. 3. In Lebenskrisen wiederum stützt die Alltagszeit, indem sie unerträgliche Lebensperspektiven mit konkreten Zeiterfahrungen ausfüllt und indem der alltagszeitliche Rahmen stabilisierend wirkt (vgl. z.B. »Zeit heilt Wunden«): »Wir konstruieren gleichsam ›*Ersatz-Zeitpläne*‹ im alltagszeitlichen Rahmen. Wenn sie funktionieren, sind wir in der Lage, auch die lebenszeitlichen Perspektiven neu zu ordnen. Auch hier also hat der Rekurs auf den Alltag die Funktion des ›In-Ordnung-Bringens‹.«[3] Sowohl der alltagszeitliche als auch der lebenszeitliche Horizont erfordern immer wieder Neuorientierungs- und Bewältigungsleistungen:

»Die beobachteten ›Heilungsversuche‹ zwischen den beiden Zeitindizes Alltagszeit und Lebenszeit sind deshalb möglicherweise nur *Erscheinungsformen* eines tieferliegenden Widerspruchs zwischen verfügbarer, gestaltbarer und erinnerbarer Zeit einerseits und entleerter,

---

1 Alheit 1988: Alltagszeit und Lebenszeit, 373.
2 Ebd., 374-379.
3 Ebd., 379.

äußerer, fremdbestimmter Zeit andererseits. [...] Das ›Perspektivische‹, die Hoffnungen und Pläne, mit denen wir unser Leben zu gestalten versuchen, wird bedroht durch die mechanistische Uniformität und Linearität institutionalisierter Karrieremuster. Deshalb kompensieren wir die Routinen mit perspektivischen ›Ausbruchsversuchen‹; oder wir füllen die etablierten biographischen Ablaufmuster mit narrativen Erinnerungen.«[4]

Gemäss Alheit stecken wir in einer Krise der Zeiterfahrung und es dienen die Heilungs- und Rettungsversuche von Nischen einer als »unsere Zeit« erfahrenen Zeit als Widerstand gegen enteignete und fremdbestimmte Zeitstrukturen:

»Das Gefühl, ›keine Zeit zu haben‹, ist weit mehr als eine täglich wiederkehrende Trivialerfahrung. [...] Die Zeit, in der wir leben ist *tatsächlich* nicht ›unsere‹ Zeit. Die scheint verloren gegangen zu sein. Vielleicht haben wir gerade deshalb oft den Eindruck, ›keine Zeit mehr verlieren zu dürfen‹. Die Umgangssprache zeigt hier erstaunliche Sensibilitäten.«[5]

Wissenschaftler haben ein schlechtes Gewissen, wenn sie Mußestunden genießen, berufstätige Frauen befürchten, den sozialen Erwartungen an Frauen- und Mutterrolle nicht gerecht zu werden und Arbeitslose betrachten den objektiven Zeitgewinn oftmals nicht als Chance, sondern als ein Stillstehen der Zeit:

»Die Art, wie wir alle mit den uns zugänglichen Zeithorizonten umgehen, die Strategien, mit denen wir Alltagszeit und Lebenszeit ›in Ordnung‹ zu bringen versuchen, machen uns durchaus zu potentiellen ›Rebellen‹.«[6]

Ein »gutes Leben« zu führen, Werkzeuge und Bausteine für ein eigenes Konzept dafür zu entwickeln, gehört zu den zentralen Anforderungen unseres menschlichen Daseins, was immer das auch für den Einzelnen bedeuten mag. Dazu dienen Systeme, Prinzipien, die die vielfältigen Möglichkeiten des Lebens ordnend klären helfen. Das *Selbst-Konzept* umfasst jenen Aspekt des Lebenskonzeptes, der die Frage »Was möchte ich selbst sein?« abdeckt, wobei die Antworten darauf keineswegs konfliktfrei sind.[7] Demgegenüber steht das *Umweltkonzept*, wobei die Abstimmung mit personenbezogenen Systemen wesentlich durch Kommunikation stattfindet. *Lebenskonzepte* sind Approximationen und lassen sich nur annähernd verwirklichen. Im existentiellen Handeln sind Lebenskonzepte Ziel-Entwürfe, um gutes Leben in der Gemeinschaft verschiedener Lebensbereiche wahrscheinlicher erreichen zu können. Inneres Argumentieren im Sinne von »Selbstberatung mit Sprache« greift lenkend dem Handeln vor und verhilft zu Handlungskompetenz.

---

4 Ebd., 381.
5 Ebd., 382.
6 Ebd., 383.
7 Baltes 1993: Lebenstechnik. Eine kritische Theorie des Alltags, 54-75.

Gemäss Martin Kohli stehen Lebensalter und Lebenslauf in den entwickelten Gesellschaften des Westens heute im Zentrum der gesellschaftspolitischen Auseinandersetzung.[8] Lebenslauf und Lebensalter wurden zunächst statisch als Ordnungsprinzip einer als dauerhaft angenommenen Sozialstruktur gesehen. In der neueren Forschung richtet sich die Perspektive auf Geschichte und Veränderung:

»Es geht um die Formen und Institutionen, mit denen Gesellschaften den Ablauf von Zeit bewältigen, und zwar sowohl der historischen wie der individuellen Zeit. Im Extremfall können solche Formen dem Versuch einer Stillstellung oder ›Entzeitlichung‹ von Zeit gleichkommen, aber auch dann bleibt Zeit als bedrohliche potentielle Veränderung ihr Bezugspunkt. Als Verknüpfungslinien von gesellschaftlicher und individueller Entwicklung sind Lebensalter und Lebenslauf zentrale Gegenstände einer Analyse historischer Prozesse, die [...] wie es in den zeitgenössischen gesellschaftstheoretischen Programmen angestrebt wird Struktur und Handeln, Makro- und Mikroebene zueinander in Beziehung setzt.«[9]

Die Veränderungen, die ein Mensch im Laufe eines Lebens erfährt, lassen gewisse überindividuelle Regelmäßigkeiten, Phasen, Stufen, Wendepunkte und sozial bedingte Durchgliederungen erkennen: Das wissenschaftliche Interesse richtet sich dabei »auf typische Lebensläufe und nicht auf das einzelne Leben und seine Individualität«.[10] Martin Kohli beschreibt die historische Institutionalisierung des Lebenslaufs in den westlichen Gesellschaften in den letzten zwei Jahrhunderten als Struktur- und Erfahrungstransformation in fünf Punkten:

1. Die Entwicklung zur Moderne wird als Prozess der Verzeitlichung des Lebens gesehen. Die Bedeutung des Lebenslaufs als soziale Institution hat dabei stark zugenommen. An »die Stelle einer überwiegend statisch bzw. situational – d.h. über stabile Zugehörigkeit – geordneten Lebensform ist eine überwiegend biographisch – d.h. über lebenszeitliche Ablaufprogramme – geordnete getreten«[11].

2. Die Verzeitlichung des Lebens orientiert sich vorwiegend am chronologischen (kalendarischen) Alter, wobei soziales Alter zunehmend mit chronologischem zusammenfällt. Diese Chronologisierung fördert die Entwicklung eines standardisierten »Normallebenslaufes« als Folge der schärferen Profilierung der Altersmarken und einer Zunahme der Prävalenz des Normalverlaufs (z.B. in Beruf und Familie).

---

8 Kohli 1990: Lebenslauf und Lebensalter als gesellschaftliche Konstruktionen, 11-23.
9 Ebd., 13.
10 Leitner 1982: Die kulturelle Konstruktion von Zeit in der Biografie, 14.
11 Kohli 1990: Lebenslauf und Lebensalter als gesellschaftliche Konstruktionen, 15.

3. Die Verzeitlichung bzw. Chronologisierung ist Teil des Individualisierungsprozesses, während dem sich die Einzelnen von den (ständischen und lokalen) Bindungen der vormodernen Lebensformen freigesetzt haben.
4. Dieser Wandel hat sich vor dem Hintergrund des Übergangs von der Haushaltsökonomie zu einer Ökonomie auf der Grundlage freier Arbeit vollzogen. Der Lebenslauf ist um das Erwerbssystem herum organisiert und gliedert sich in Ausbildungs-, Erwerbs- und Ruhestandsphasen.
5. Das lebenszeitliche Regelsystem bezieht sich einerseits auf systemisch geordnete Positionssequenzen bzw. Karrieren, die den Individuen auferlegt sind oder offen stehen, andererseits auf biographische Orientierungsschemata: »Lebenslauf als Institution bedeutet also zum einen die Regelung des sequentiellen Ablaufs des Lebens, zum andern die Strukturierung der lebensweltlichen Horizonte, auf die hin die Individuen sich orientieren und ihre Handlungen planen.«[12]

Kohli sieht im Laufe der Moderne eine zunehmende Standardisierung des Lebenslaufes, die in den 1960er Jahren ihren Höhepunkt erreicht und seit den 1970er Jahren stagniert bzw. sich sogar de-institutionalisiert. Die Standardisierung überrascht im Kontext des allgemein der Moderne zugeschriebenen Differenzierungsprozesses, bezieht sich jedoch auf die Grobstruktur der wichtigsten Lebensereignisse als wirkungsvolles Vergesellschaftungsprogramm. Dazu gehören die Vorhersehbarkeit der Lebensereignisse (orientierungswirksamer Normalfall), die Herausbildung des modernen Familienzyklus (geringere Altersvarianz der familialen Übergänge) und die Strukturvorgaben der Erwerbsarbeit (Bildungs- und Rentensystem).

Während im 19. und zu Beginn des 20. Jahrhunderts Zahl und Art der Lebensphasen definiert und von Ritualen begleitet waren, können sie heute durch Scheidung – Wiederverheiratung, Berufswechsel, Wohnortswechsel usw. neu angegangen werden. Die Deutung der Ablaufstruktur des Lebens wird in der Moderne vom eigenen Ich organisiert. Das Leben wird zur gestaltbaren Aufgabe und zum individuellen Projekt. Die zeitliche Festlegung von Ereignissen, aber auch die Sanktionierung von entsprechenden Entscheidungen haben an Bedeutung verloren. Trotzdem bleibt Lebensplanung nicht unabhängig von gesellschaftlichen Orientierungsangeboten.

Meulemann und Wiese untersuchten zu diesem Thema 1969/70 3240 nordrhein-westfälische Gymnasiasten im Alter von 16 Jahren und befragten sie über berufliche Zukunftspläne und 15 Jahre später über ihren beruflichen und privaten

---

12 Ebd., 16.

Werdegang.[13] Dabei stand die Frage im Vordergrund, inwieweit der Lebenslauf zum Zeitpunkt der Untersuchungen normiert sei. Die frühen Übergänge wie Abitur[14] und Auszug aus dem Elternhaus bildeten Zäsuren, die fast alle Mitglieder des Jahrgangs betrafen, während der Studienabschluss und die Familiengründung als Passagen bezeichnet werden können, die zeitlich gestreckt werden konnten. Während das Abitur bzw. die Zäsuren durch staatliche Vorgaben standardisiert waren, wird der weitere Lebenslauf weder von Traditionen noch von staatlichen Regelungen gelenkt. Zäsuren hatten daher eine Standardisierung zur Folge, während die Passagen eine Individualisierung ermöglichten. So konnte das Ende der ausgedehnten Jugend, das Moratorium zwischen Ausbildung und Auszug bei den Eltern und vor Gründung einer eigenen Familie ausgedehnt werden. Soziale Normen wirkten daher weder einschränkend noch unterstützend. Dennoch konnte zum Beispiel ein Moratorium ohne Abschluss zur Auffassung eines gescheiterten Lebens führen.

Pausen und Brüche im Lebenslauf

In der individuellen Alltagspraxis müssen Strategien entwickelt werden, wie mit fehlenden zeitlichen Zwängen und Sicherheiten umgegangen werden kann und wie Alltags- und Lebenszeit reorganisiert werden können, wenn gewohnte biographische Muster außer Kraft gesetzt werden. So treten Menschen bei *Arbeitslosigkeit* aus den Zeitstrukturen der Erwerbsarbeit und es verlieren bisher vertraute Zeit- und Sinnhorizonte an Bedeutung. Verschiedene Untersuchungen zum Thema Arbeitslosigkeit haben sich denn auch dem Problem von *unfreiwilligen Pausen* im Kontext von zeitlichen Lebensperspektiven zugewandt.

Siegfried Heinemeier untersuchte das Zeiterleben von männlichen, dauerarbeitslosen Facharbeitern, Führungskräften und Ungelernten, deren Alltag von »Zeitstrukturkrisen« geprägt war.[15] Unter »Zeitstrukturkrisen« versteht der Autor

---

13 Meulemann, Wiese 1989: Zäsuren und Passagen, 41-64.
14 Vgl. dazu auch: Burckhardt-Seebass, Liebl 1964: Maturavergnügungen der Basler Schülerinnen; eine Untersuchung über die symbolische und rituelle Ausstattung dieses Übergangs aus den Jahren 1950-1963.
15 Heinemeier 1991: Zeitstrukturkrisen: 47 Informanten – ehemalige Langzeitarbeitslose, die mindestens sechs Monate arbeitslos und nicht länger als achtzehn Monate wieder im Beruf waren, wurden 1979 in autobiographisch-narrativen Interviews zur Arbeitsphase und zur Phase der Post-Arbeitslosigkeit befragt.

den Verlust von objektivierten Zeitstrukturen der Erwerbsarbeit und die Transformation des Verhältnisses von individueller und sozialer Zeit innerhalb von normativen Zeitbezügen. Zwänge wie stetige Arbeitsleistung und Anpassung an einen betrieblich definierten Zeitrahmen fallen weg. An ihre Stelle treten biographischer Zeitdruck, neue Zeitstrukturen durch das Arbeitsamtsverfahren und die Neugestaltung alternativer Zeitpläne. Ein Merkmal der gewandelten Zeiterfahrung ist das Verhältnis von fremd- zu selbstbestimmter Zeit:

»Die individuell eingespielten Muster, in denen Alltagszeit und Lebenszeit in Zusammenhang gebracht wurden, werden ebenfalls transformiert. Die Desorganisation dieser wechselseitigen Verweisungsstruktur wird zu einem zentralen Problem. Damit ist auch die Frage berührt, ob und inwieweit Arbeitslosigkeit ein Prozess ist, durch den persönliche Identität transformiert wird; denn Zeit ist konstitutiv für den Vorgang der Identitätsbildung.«[16]

Heinemeier bezieht sich hier auf Thomas Luckmann, der persönliche Zeit als fortlaufende Synthese zwischen der inneren Zeit bzw. Dauer, der intersubjektiven Zeit und der biographischen Zeit definiert und die (Re-)konstruktion des Lebenslaufes in sinngebenden Abschnitten bei jedem Menschen voraussetzt.[17] Durch Arbeitslosigkeit werden solche selbstverständlich gewordenen Muster, die durch Syntheseleistungen Identität gewährleisten, in Frage gestellt.

Heinemeier plädiert in seiner Untersuchung für »den Blick der Forscher für die spezifischen alltags- und lebenszeitlichen Kontexte [...], in denen wechselnde Konstellationen von spezifischen Be- und Entlastungen durch Arbeitslosigkeit überhaupt relevant werden«.[18] Er kritisiert hingegen die in der Arbeitslosenforschung vorherrschende einseitige Debatte der Dichotomie Belastung – Entlastung und problematisiert den verbreiteten Ansatz, der die im Arbeitsleben vorherrschende »Zeitrationalität« auch auf Zugänge zur Arbeitslosenforschung anwenden will:

»Wenn also das Konzept von ›Zeitrationalität‹ unter der vorherrschenden Prämisse methodischer Lebensführung im Sinne der protestantischen Ethik in die forschungsleitende Fragestellung eingeht, werden die Erkenntnischancen der Untersuchung in spezifischer Weise eingeengt, [...]. Zeitstrukturierende Überlebenstechniken oder Formen der sozialen Vernetzung von Arbeitslosen, die nicht auf diesem methodischen Kalkül beruhen, werden dementsprechend durch die theoretische Vorentscheidung ausgeblendet bzw. können dann nur mehr unter Gesichtspunkten wie ›Zeitverfall‹ oder ›Entstrukturierung der Zeit‹ thematisiert werden.«[19]

---

16 Ebd., 8.
17 Vgl. Luckmann 1986: Zeit und Identität, 41.
18 Heinemeier 1991: Zeitstrukturkrisen, 15.
19 Ebd., 18.

Eine Freisetzung von wesentlichen Bereichen sozialer Realität muss nicht zwingend auch die Freisetzung von Orientierungsmustern zur Folge haben: Für Wacker beispielsweise löste die Entkoppelung von sozialer und individueller Zeit bei Arbeitslosen die Erfahrung des Stillstandes aus, und die individuell verfügbare Zeit wurde ihrer Sinnhaftigkeit beraubt.[20] Wacker geht davon aus, dass Arbeitslose so sehr an die in kapitalistischen Gesellschaften vorherrschende Maxime der Lebenszeit als Arbeitszeit gebunden sind, dass sie ihre neu gewonnene Zeit nur mit vermehrten Hobbys oder mit »Totschlagen« füllen können. Wacker geht im Gegensatz zu Heinemeier von einem verdinglichten Zeitbegriff aus, der zu einer Vermischung von sozialen Beziehungen und Machtverhältnissen mit scheinbar neutralen Kategorien wie Zeit führt:

»Elias deutet hier als Charakteristikum für die Phänomene der Verdinglichung von Zeitlichkeit zunächst an, dass Zeitkategorien mit Eigenschaftskategorien von Prozessen verwechselt werden. Zeit ist demzufolge nicht mit den Wandlungsaspekten von Prozessen zu identifizieren, sondern ist lediglich deren symbolischer Repräsentant auf hohem Abstraktionsniveau.«[21]

Heinemeier schlägt für seine Untersuchung das Konzept der Realabstraktion vor, da es sowohl eine gesellschaftliche Praxis des »Zeitens«, die von konkreten Ereignis- und Handlungsmerkmalen absieht, charakterisiert »als auch den sozialökonomischen Konstitutionszusammenhang der Zeitabstraktion als impliziten Bestandteil der Warenabstraktion analysierbar macht«.[22] Das Konzept der Realabstraktion interpretiert das Problem der Verdinglichungstendenz von Zeitkategorien als Ergebnis von im Handeln begründeten Reduktionsprozessen und plädiert damit auch für einen Zugriff auf Zeitphänomene, die allein mit quantifizierenden Verfahren nicht erfasst werden können.

Der Arbeitsplatzverlust geht mit einem Bruch der Zeiterfahrung bzw. dem Verlust der Integration in betriebliche Zeitstrukturen einher. Es erfolgt dabei eine Freisetzung aus ökonomisierten Arbeitsvollzügen, aus zeitlichen Rahmenstrukturen der Erwerbsarbeit und aus externen und internen Zeitkontrollen. Die Krisenerfahrung von Arbeitslosigkeit hängt jedoch wesentlich von ihrem Zeitpunkt und ihrem Bezug zur Normalbiographie ab: Arbeitslosigkeit nahe an der Pensionsgrenze kann als Bruch »im interpretierenden Rückgriff auf Orientierungsmuster der Normalbiographie lebensgeschichtlich ›entschärft‹ werden«.[23]

---

20 Vgl. Wacker 1983: Arbeitslosigkeit. Soziale und psychische Folgen, 117, zit. bei: Ebd., 20.
21 Heinemeier 1991: Zeitstrukturkrisen, 23-24.
22 Ebd., 27.
23 Ebd., 35.

»Eine allgemeine Konsequenz der Zeitökonomie der Arbeit besteht darin, dass Erwerbstätige einer weitgehenden zeitlichen Fremdkontrolle innerhalb der Arbeitsvollzüge unterworfen sind, die bei evtl. Arbeitslosigkeit ihren Sinn, ihren Anwendungsbezug und ihre Realisierungsbedingungen verliert.«[24]

Die Kontrollmacht des Zeitdrucks wird an der Oberfläche durch Sachlogik legitimiert und daher ist ihre Abhängigkeit von Herrschaftsstrukturen schwer erkennbar. Bevor beantwortet werden kann, inwiefern die Befreiung von externem Zeitdruck auch emanzipatorisch genutzt werden kann, müssen verinnerlichte Formen der Zeitkontrolle untersucht werden. Neben marktstrukturellen und mentalen Faktoren spielen jedoch auch individualgeschichtliche Aspekte bei verinnerlichter Arbeitsdisziplin eine bedeutende Rolle. Elias verweist in diesem Zusammenhang auf die Bedeutung von »Zeit als soziale Institution«, die ein wichtiger Bestandteil von Lernprozessen während der Sozialisation bildet. Obwohl Heinemeier die normative Wirkung von Zeitregulierungen anerkennt, sieht Elias seiner Meinung nach die Geltung des Zeitzwangs als zu universell im Sinne einer hypostasierten (vergegenständlichten) »Selbstzwangsapparatur«. Er vernachlässige, dass der Umgang mit »Zeitzwängen« sozialstrukturell unterschiedlich differenziert ist und »dass die Internalisierung von Zeitregulierungen sich nicht ausschließlich als Zwang niederschlägt«.[25]

Zur lebensgeschichtlichen Rekonstruktion des »Selbst«

Während Elias nicht näher auf den Wandel von Fremd- in Selbstzwänge eingeht, thematisiert Heinemeier den individualgeschichtlichen Aufbau von Zeitperspektiven. Er bezieht sich dabei auf identitätstheoretische Arbeiten von George Herbert Mead und seinen Ansatz einer *intersubjektivistischen Theorie des Zeitbewusstseins*:

»Meads Theorie muss ihre Fruchtbarkeit darin beweisen, dass sie eine überzeugende Interpretation der Konstitution der in der Realitätstheorie gedachten Phänomene und darüber hinaus überhaupt eine Theorie der Bedingungen der Zeiterfahrung des Menschen genannt werden kann.«[26]

---

24 Ebd., 40.
25 Ebd., 48.
26 Joas 1980: Praktische Intersubjektivität. Die Entwicklung des Werkes von G.H. Mead, 182.

Der Fluss der *Erfahrungen in Vergangenheit und Zukunft* kann für Mead gegenüber einem unmittelbaren Jetzt *nur in der Reflexion bewusst werden*.[27] Nach Mead existieren Zeitperspektiven objektiv und sind Bestandteil der jeweiligen Identität, während andere Interaktionspartner wiederum eine andere Zeitperspektive repräsentieren.[28] Die unterschiedlichen Zeitperspektiven differieren jedoch nicht im physikalischen, sondern im kulturell-sozialen Sinn: »Die Entstehung einer gemeinsamen Welt ist durch gemeinsame Praxis gebunden. [...] Eine gemeinsame Zeitperspektive kann deshalb in einer gemeinsamen Praxis konstituiert werden, weil sich die Zeit in einem gegenwärtigen Handeln strukturiert.«[29]

Im Rückgriff auf Joas und Mead kann davon ausgegangen werden, dass *Ich-Identität* nicht ein »unbewegliches Sichselbstgleichbleiben« ist, sondern dass sie *ein ständiges rekonstruktives Verarbeiten von Erfahrungen und das Entwerfen von Handlungen* miteinschließt. Folgt man diesem Ansatz, so hängt der mögliche Freiheitsgrad verinnerlichter Zeitkontrolle von der Flexibilität von Identität ab. Für Mead besteht Identität aus festen und sich neu konstituierenden Teilen. Er ordnet die gewohnheitsmäßig organisierten Bestandteile dem Charakter zu und bezeichnet sie als der Identität nicht bewusste Teile. Beim Auftreten von Problemen wird die nun entstehende Desorganisation mit unterschiedlichen, sich widersprechenden reflexiven Gedanken aufgefangen und in einem moralischen Prozess neu organisiert.

Bei Arbeitslosigkeit werden gewohnheitsmäßige Instrumente der Zeitkontrolle im Charakter im Sinne Meads desintegriert. Heinemeier betont in diesem Zusammenhang, dass Zeitlichkeit in jedem Handeln enthalten ist, unabhängig davon, ob Zeit zum Gegenstand des Handelns wird und nennt dies »implizite Zeitlichkeit«:

»Mit Blick auf unser Problem der Arbeitslosigkeit kann also angenommen werden, dass Zeitprobleme auch unterhalb der Ebene expliziter auf Zeitkonzepte bezogener Handlungen bei Arbeitslosen vorzufinden sind. Zeit ist im Handeln, den orientierungsleitenden Handlungsentwürfen und auch im Behandeltwerden von Arbeitslosen enthalten.«[30]

Für Mead ist entscheidend, dass das menschliche Individuum nur dann über eine Ich-Identität, insbesondere auch eine zeitliche Identität, verfügt, wenn es zu sich selbst die Einstellung eines anderen einnimmt: »Aufgrund der Erkenntnis, dass die Identität im Bewusstsein nicht als ein ›Ich‹ auftreten kann, sondern stets

---

27 Vgl. dazu auch Schütz, Luckmann 1975: Strukturen der Lebenswelt.
28 Joas 1980: Praktische Intersubjektivität. Die Entwicklung des Werkes von G.H. Mead, 184-186.
29 Ebd., 187.
30 Heinemeier 1991: Zeitstrukturkrisen, 50.

Objekt ist, d.h. ein ›Mich‹, möchte ich eine Antwort auf die Frage vorschlagen, was es heisst, dass die Identität ein Objekt ist.«[31] Als erste Antwort schlägt Mead vor, dass ein Objekt immer auch ein Subjekt voraussetzt, d.h. ein »Mich« ohne »Ich« unvorstellbar ist. Trotzdem bleibt dieses Subjekt eine Voraussetzung, niemals aber eine Vorstellung bewusster Erfahrungen, denn sobald man sich das »Ich« vorstellt, wird es zum Objekt. Bei Erinnerungsvorgängen, bei denen man sich fragt, ob man etwas richtig oder falsch gemacht hat bzw. der Selbstbeobachtung, wird man sowohl zum Beobachter als auch zum Beobachteten:

»So findet man in der wiederhergestellten Identität des jeweils vergangenen Augenblicks sowohl ein Subjekt wie ein Objekt. Aber man stößt auf ein Subjekt, das jetzt zum Objekt der Beobachtung geworden ist und von gleicher Natur ist wie die Identität als Objekt, wie wir sie uns im Verkehr mit den Menschen unserer Umgebung vorstellen.«[32]

Die Subjekthaltung kann also nur als etwas vorgestellt werden, das wir bereits erfahren haben. Sobald das »Ich« spricht, hört das »Mich« zu. Mead geht nun davon aus, dass das Subjekt durch eine gleich geartete Handlungsbeziehung zu sich selbst konstituiert wird, wie es durch die Handlungen anderer betroffen ist:

»Das ›Ich‹ der Introspektion ist die Identität, die in soziale Beziehungen mit der Identität der anderen tritt. Es ist nicht das ›Ich‹, das mit der Tatsache gegeben ist, dass man sich als ein ›Mich‹ vorstellt. Und das ›Mich‹ der Introspektion ist dasselbe ›Mich‹, welches das Objekt des sozialen Verhaltens der anderen ist.«[33]

Die Verbindung von erinnerter Identität, die gegenüber der Identität anderer handelt, wird zum wesentlichen Bestandteil selbstbewusster Ich-Identität. Um uns der eigenen Identität bewusst zu werden, können wir also die Rollen anderer übernehmen und beziehen dabei Gedächtnisbilder anderer mit ein: »Da ist dann ein anderes ›Mich‹, das kritisiert, zustimmt, Vorschläge macht und bewusst plant, also die reflexive Ich-Identität.«[34] Dabei ist bemerkenswert, dass alltägliche Identität sich als »bloße Organisation von Gewohnheiten« nicht bewusst ist. Sobald Desintegration der gewohnten Organisation und Konflikte auftreten, wird reflexives Denken bedeutsam, um ein neu auftretendes Objekt aufzunehmen. Dabei können moralische Werte der alten Identität mit der neuen Situation in Konflikt geraten:

---

31 Mead 1987: Soziale Identität, 241.
32 Ebd., 241.
33 Ebd., 243.
34 Ebd., 244.

»Die neue Identität kann nicht als entscheidender Faktor ins Spiel kommen, weil sie erst bewusst vorhanden ist, wenn ein neues Ziel formuliert und akzeptiert worden ist. Die alte Identität kann nur als ein Element gegenüber den anderen beteiligten persönlichen Interessen auftreten. [...] Eine Lösung ist erreicht, wenn durch die Konstruktion einer neuen Welt, welche miteinander in Konflikt liegende Interessen zu einer Harmonie bringt, eine neue Identität auftritt.«[35]

Bei grösseren kollektiven Zusammenhängen sind es organisierte Einstellungen, die relevant werden:

»Wenn wir nun soziale Kontrolle im Anschluss an Mead als zeitliche Kontrolle von Handlungen spezifizieren, dann lässt sich sagen, dass diese spezielle Form der Kontrolle ebenfalls von dem Ausmaß abhängt, in dem das Individuum die Einstellungen seiner Mitakteure im Rahmen von gemeinsamen sozialen Handlungen einnimmt. Zeitkontrolle im Meadschen Sinne wäre dann an Handlungsprozesse gebunden und von den sozialen Objekten bzw. vom Ausmaß der Perspektivenübernahmen abhängig.«[36]

Die intersubjektive Praxis bestimmt daher über das Ausmaß zeitlicher Kontrolle und führt schrittweise zum Aufbau internalisierter Muster von Zeitkontrolle. Im Rückgriff auf Mead geht nun Heinemeier davon aus, dass Ich-Identität nicht ein »unbewegliches Sichselbstgleichbleiben« ist, sondern dass sie ein ständiges rekonstruktives Verarbeiten von Erfahrungen und das Entwerfen von Handlungen miteinschließt und daher gerade auch bei Arbeitslosigkeit kreative Reaktionen auf gesellschaftliche Zwänge und Normen offenhält.[37]

Arbeitslosigkeit bedeutet Verlust von Arbeitszeit als übergreifendes Ordnungssystem, von gewohnten Lebensrhythmen wie dem Schema Freizeit und Arbeitszeit oder der etablierten Tagesordnung. Heinemann geht aus heuristischer Perspektive davon aus, dass Arbeitszeit als ein Gesamtkomplex »von zeitstrukturellen Regelungen des Erwerbslebens« betrachtet werden kann, der »für Erwerbstätige einen alltags- und lebenszeitlich bedeutsamen und [...] flexiblen Rahmen für alle mit der Erwerbsarbeit in Zusammenhang stehenden Handlungen darstellt«.[38] Der Arbeitsrahmen kann nur auf der Ebene von Betriebsvereinbarungen, Tarifverhandlungen und staatlichen Gesetzen verändert werden und ist für den Einzelnen als institutionelle Struktur erfahrbar. Gleichzeitig steht Arbeitszeit mit den historisch gewachsenen Bedingungen, zum Beispiel der Beziehung zwischen Kapital und Arbeit in Zusammenhang und ist Ausdruck von kulturell geprägten Lebensrhythmen einer Gesellschaft:

---

35 Ebd., 247-248.
36 Heinemeier 1991: Zeitstrukturkrisen, 51.
37 Ebd., 53.
38 Ebd., 55.

»Arbeitszeiten stellen einen strukturellen Kern von Vorgaben dar, die sowohl hinsichtlich des alltäglichen Lebens (Tages- und Wochenarbeitszeit), als auch der biographischen Perspektive (Lebensarbeitszeit und Pensionsregelungen) von Erwerbstätigen bei der Gestaltung ihres Lebens in hohem Maße einzubeziehen sind.«[39]

Arbeitslosigkeit kann einerseits zur Belastung werden, weil diese Bezugsstrukturen fehlen, andererseits aber auch als Befreiung aus einem starren Zeitgefüge erlebt werden. Bei flexiblen Arbeitszeitordnungen stellt sich zusätzlich die Frage, inwieweit sie in geringerem Maße eine Diskrepanz zwischen Alltagsgestaltung bei Beschäftigung und bei Arbeitslosigkeit zur Folge haben. Die Beantwortung dieser Frage hängt auch damit zusammen, ob Flexibilisierung mit einer kulturellen Neubewertung von Arbeit einhergeht. Neben dem Funktionsverlust der Arbeitszeit müssen sich Arbeitslose auch mit der Auflösung des gewohnten Lebensrhythmus befassen:

»[Sie] können sich zwar etwa auf den Sonntag als Vorgabe noch beziehen, doch der Sonntag ist bei ihnen aus dem zeitstrukturellen Kontext herausgelöst und verliert dadurch seinen Sinn als überlieferter Bezugspunkt der Ruhe, der religiösen Feier bzw. der säkularen Freizeitaktivitäten nach vollzogener Arbeit.«[40]

Der Sonntag kann jedoch trotzdem für Arbeitslose als arbeitszeitunabhängiger Bezugspunkt eine wichtige Funktion erhalten, solange er nicht wiederum durch Sonntagsarbeit bzw. Ladenöffnungszeiten als besonderer Ruhetag bereits an Bedeutung verloren hat. Denn bei einer kontinuierlich aktiven Gesellschaft ist der Lebensrhythmus noch stärker auf Erwerbsarbeit ausgerichtet. Erosionstendenzen der gesellschaftlich normierten Tagesordnung durch informelle Ökonomie im Bereich Haushalt, Schwarzarbeit usw. können die Diskrepanz zum Arbeitstag aufweichen, stehen jedoch oft in Verbindung mit Rollenkonflikten und finanziellen Einbussen:

»Für die Zeitprobleme von Arbeitslosen ergeben sich daraus ambivalente Konsequenzen. Zum einen erscheint es uns höchst unwahrscheinlich, dass Diskrepanzerfahrungen verschwinden, zum anderen deuten die gegenwärtigen Entwicklungen aber auch an, dass der Übergang von der Erwerbsarbeit in die Arbeitslosigkeit einen dramatischen Bruch alltäglicher und biographischer Kontinuität nicht mehr zwingend impliziert.«[41]

Während Heinemeier von einem zeitlichen »Loch« im Alltag spricht, verwendet er im berufsbiographischen Zusammenhang den Begriff der »stillgelegten« Biographie: »Die Biographie hat keine alltägliche Verankerung mehr und die alltäg-

---

39 Ebd., 56.
40 Ebd., 59.
41 Ebd., 62.

lichen Handlungen können nicht mehr routinemäßig, als für die eigene Lebensgeschichte bedeutungsvoll, verbucht werden.«[42]

Heinemeier geht im Folgenden auf die Interdependenzen von Alltagszeit und Lebenszeit ein.[43] Vom Arbeitsmarkt gehen immer wieder Prozesse der Trennung und Wiederzusammensetzung von Alltagszeit und Lebenszeit aus. Dabei ist zu berücksichtigen, dass die alltägliche Lebenswelt in der Moderne nicht als zusammenhängende Wirklichkeit beschrieben werden kann und dass Sinngebung im Sinne einer symbolisch umgreifenden Dauerorientierung mehrheitlich zu einer privaten Angelegenheit geworden ist. Demgegenüber unterliegt die »Welt der Erwerbsarbeit« nicht »kleinen Lebenswelten«, sondern einer bestimmenden Wertordnung und Struktur. Obwohl die Zugehörigkeit zu Berufswelten als zentraler Faktor beim Aufbau und Erhalt von Erwachsenenidentität gilt, ist die Bindung an Berufswelten in hohem Masse ambivalent und beinhaltet auch persönliche Entwicklungschancen:

»[...] zum einen werden den Berufstätigen Anpassungsleistungen abgefordert, insbesondere an Zeitnormen, Kooperationsanforderungen, Leistungsstandards; zum anderen bietet die Teilhabe am Berufsleben Chancen der Lebensbewältigung im Sinne sozialer Integration, der Stabilisierung von Lebensperspektiven, der Entlastung von Entscheidungsdruck bzw. vom Zwang zur Eigenstrukturierung von Zeit.«[44]

Auch der Alltag selber unterliegt ähnlichen Ambivalenzen: Die Menschen leiden unter der Monotonie der alltäglichen Routine, bei ihrem Verlust müssen jedoch erhöhte Anstrengungen unternommen werden, um alltagsähnliche Bezugspunkte wiederherzustellen. Ein weiterer Faktor neben der Ambivalenz der Alltagserfahrung bildet der Verlust von sozialen Beziehungen im Betrieb. Während Arbeitslose geringere Möglichkeiten zur Verknüpfung alltäglicher Handlungen haben, bietet die Teilnahme an täglichen Interaktionen in vernetzten sozialen Zusammenhängen eine erhöhte Chance dazu. Heinemeier unterscheidet fünf Typen der sozialen Unterstützung: affektive (z.B. emotionale »Solidarität«); instrumentelle Unterstützung (z.B. alltagspraktische Hilfestellungen); kognitive Unterstützung (Informationen, Kontaktadressen); der sozialen Identität (Ermutigungen) sowie praktische Unterstützung beim Aufbau sozialer Kontakte. Während nichtkommerzielle Nischen der Alternativ- und Selbsthilfestrukturen kostenlos sind, deren Zugänglichkeit aber bisweilen ideologisch eingeschränkt ist, sind Angebote der kommerzialisierten Sinnproduktion (z.B. Therapien) und des die Frei-

---

42 Ebd., 63.
43 Ebd., 65-78.
44 Ebd., 69.

zeit dominierenden Erlebniskonsums kostspielig und können als isolierte und frei kombinier- bzw. konsumierbare »Erlebnisinseln« nur in geringem Maße zur Strukturierung von Alltagszeit beitragen:

»Das zeitstrukturelle Vakuum, in dem sich Arbeitslose kurz nach ihrer Entlassung befinden, kann im Alltag in vielfältiger Weise ›aufgefüllt‹ werden. Im Konsumbereich geschieht dies so, dass nicht kontinuierliche und reflektierte Erfahrungen, sondern isolierte ›Erlebnisse‹ zeitstrukturierend wirken. Die zeitliche Logik des Erlebnisses entspricht derjenigen ›digitalisierter Zeit‹: [...] zerstückelte ›Zeitteile‹ sind zwar relativ beliebig kombinierbar, konstituieren aber keine kontinuierlichen Prozesse.«[45]

Für Arbeitslose besteht ein Problem darin, die Neubestimmung von alltagsbezogenen Zeitplänen und Zukunftsperspektiven in einem durch den Arbeitsplatzverlust reduzierten sozialen Netz zu bewältigen: 1. So können Arbeitslose das Warten auf Entscheide heteronomer Instanzen wie das Bewilligungsverfahren von Unterstützungsleistungen als Zwang zum Warten unter gleichzeitigem finanziellem Zeitdruck erleben. 2. Bei neu auszuhandelnden Aktivitätsmustern mit Familienmitgliedern oder Peers handelt es sich hingegen um paritätisch abzustimmende Zeitpläne. 3. Demgegenüber stehen bei autonom organisierten Zeitplänen weniger interaktive Aushandlungsprozesse als das Individuum als Entscheidungszentrum im Vordergrund. Aus biographischer Perspektive wirken heteronome Instanzen wie Ämter oder ehemalige Arbeitgeber bestimmend darüber, wie ein Arbeitsloser mit seinen Zukunfts- und Erwartungsperspektiven umzugehen hat, so zum Beispiel dass er nach gewisser Zeit eine schlecht qualifizierte Arbeit annehmen sollte.

Arbeit und Zugehörigkeit zu einem Betrieb tragen daher nicht nur dazu bei, dass die Basissicherheit für den Alltag und die unmittelbare Zukunft gewährleistet ist, sondern sorgen als selbstverständliche Wechselbeziehung zwischen Alltagszeit und Lebenszeit für Zeitperspektiven auch in weiterer Zukunft. Heinemeier definiert demnach drei fundamentale Unsicherheitsfaktoren bei Arbeitslosigkeit:[46] 1. kurzfristige alltagsbezogene Zeitperspektiven; 2. Identitätsunsicherheit bezüglich auf Erwerbsarbeit bezogener Identität; 3. Identitätsunsicherheit und mangelnde Perspektiven auf berufsbiographischer bzw. biographischer Ebene allgemein.

Konkretere Einblicke in den Alltag von Arbeitslosen bietet eine frühe soziologische Untersuchung aus den 1930er Jahren.[47] Obwohl der Kampf um freie

---

45 Ebd., 78.
46 Ebd., 80-92.
47 Jahoda, Lazarsfeld, Zeisel 1960: Die Arbeitslosen von Marienthal, 72-79.

Zeit damals eines der zentralen Anliegen der Arbeiterschaft war, wurde die durch Arbeitsplatzverlust »gewonnene« Freizeit als »tragisches Geschenk« betrachtet:

»Losgelöst von ihrer Arbeit und ohne Kontakt mit der Außenwelt, haben die Arbeiter die materiellen und moralischen Möglichkeiten eingebüßt, die Zeit zu verwenden. Sie, die sich nicht mehr beeilen müssen, beginnen auch nichts mehr und gleiten allmählich ab aus einer geregelten Existenz ins Ungebundene und Leere.«[48]

Die Befragten standen stundenlang auf der Strasse herum, schauten vorbeifahrenden Wagen nach und führten langsame Gespräche, damit die Zeit vorbeiging: »Denn was zwischen den drei Orientierungspunkten Aufstehen – Essen – Schlafengehen liegt, die Pausen, das Nichtstun ist selbst für den Beobachter, sicher für den Arbeitslosen schwer beschreibbar. Er weiß nur: Einstweilen wird es Mittag.«[49]

In den für die Untersuchung ausgefüllten Zeitbogen wurden Tätigkeiten, die sonst fünf Minuten beanspruchen, mit einer Stunde verrechnet. Nur wenige Handlungen, die als sinnerfüllt erlebt wurden, zum Beispiel die Kinder waschen, die Hasen füttern, wurden als Orientierungspunkte aufgeschrieben. Neben Nichtstun standen Aufenthalte im Arbeiterheim (Kartenspielen, Schachspiel, Plaudern), Haushaltsarbeiten, Zeitunglesen, sich mit den Kindern beschäftigen, auf dem Sofa liegen usw. im Vordergrund, wobei die jüngeren Männer mehr Zeit im Arbeiterheim und weniger mit Haushalthilfe verbrachten. Ganz anders sah der Tag von »arbeitslosen« Frauen aus, der von Hausarbeiten als »sinnvollen Beschäftigungen« ausgefüllt war, die aufgrund des fehlenden Geldes noch aufwändiger waren. Dies führte manchmal zu Konflikten, wenn der Mann der Ansicht war, die Frau brauche zuviel Zeit für den Haushalt, und die Frau sich darüber ärgerte, dass der Mann nicht einmal pünktlich zum Mittagessen kam, obwohl er arbeitslos war. Trotz der vielen Arbeit wollten jedoch die Frauen nicht nur wegen des Geldes zurück in die Fabrik. Sie bedeutete auch soziale Kontaktmöglichkeiten und ein vom Mann unabhängigeres Selbstverständnis. Da die Ortschaft Marienthal umfassend von Arbeitslosigkeit betroffen war, hatten auch die Sonn- und Feiertage ihre Bedeutung als Höhepunkte verloren. Hingegen hatte der 14-täglich wiederkehrende Auszahlungstermin der Unterstützungsgelder ähnliche Funktionen übernommen. Einzig die Schulkinder brachten noch einen Teil der bisherigen Wochenrhythmen in die Familien. Die neuen Verhältnisse wurden nicht dem gewohnten Zeitschema untergeordnet, sondern der arm

---

48 Ebd., 68.
49 Ebd., 71.

gewordenen Ereignis- und Anforderungswelt entsprechend entwickelte sich eine »ärmere Zeitordnung«.

Marie-Elisabeth Rehn untersuchte 1985 den Alltag von Arbeitslosen im Alter von 17 bis 59 Jahren in der süddeutschen Kleinstadt Konstanz anhand von 43 Lebensgeschichten. Ähnlich wie in der Untersuchung aus den 1930er Jahren stellt die Autorin im Umgang mit Zeit eine Tendenz zur Zeitraffung fest:[50] Der Alltag wird als »Leerlauf« beschrieben und Ereignisse werden als häufig bezeichnet, die höchstens einmal in der Woche stattfinden (z.B. Besuche beim Arbeitsamt). Eine andere Strategie, der plötzlich im Übermaß zur Verfügung stehenden Zeit einen gesellschaftlich legitimierten Sinn zu geben, ist das Aussteigen in eine Krankheit, die mit einem ärztlichen Attest bestätigt wird.

Die wenigsten Menschen können von einer Berufsbiografie ohne Brüche ausgehen. Das Leben gliedert sich in mehrere, durch zeitlich begrenzte Vertragsverhältnisse bemessene Perioden.[51] Die Ergebnisse der drei Untersuchungen weisen einerseits auf die Bedeutung von *Zeit als Alltag und Lebenswelt legitimierende Institution* hin. Arbeitswelt, Zeitstrukturen der Hausarbeit und die Schule erscheinen dabei als primäre *Vermittlungsinstanzen* und Garanten einer *mental verankerten Zeitordnung.* Andererseits zeigen die konkreten Probleme bei wenig gegliederten Zeitspannen auch die *Bedeutung einer sozial und kulturell gestalteten Temporalstruktur im Alltag* auf: Jenseits einer dinglich aufgefassten Zeitkonzeption dient der kollektiv geteilte Umgang mit Zeit der Bewältigung des Lebens und dem Erhalt der Identität als Subjekte. Das soziale Image wird vielmals damit aufrechterhalten, dass die Arbeitslosen am Morgen wie gewohnt das Haus verlassen und abends wieder zurückkehren. Die zur Wirklichkeit entstehende Diskrepanz erfordert deshalb ein hohes Maß an Handlungsenergie und Lernbereitschaft.

Im Gegensatz zu Arbeitslosigkeit treten bei unfreiwilligen *krankheitsbedingten Pausen im Lebenslauf* andere Erklärungsmuster in den Vordergrund. Die Volkskundlerin Jutta Dornheim hat Mitte der 1970er Jahre 58 Personen (Erkrankte, Angehörige, medizinisches Personal) in mehrstündigen Gesprächen zum Thema Krebserkrankung befragt.[52] Die Diagnose einer Krebserkrankung erlebten Betroffene als plötzliches Hinausgeworfenwerden aus der Normalität mit existen-

---

50 Rehn 1988: »Besser als im Kohlenpott malochen?« Arbeitslosenalltag in Konstanz, 105.
51 Wiens 1996: Arbeitszeit – Wartezeit – Lebenszeit, 24.
52 Dornheim 1983: Kranksein im dörflichen Alltag, 95-131 und Dornheim 1986: »Diese ungereinigten Faktoren im Leben«, 65-66.

tieller Bedrohung von alltäglichen Lebensvollzügen und Identität. In dieser Situation griffen sie häufig auf die eigene Lebensgeschichte zurück, die als in die Vergangenheit erweiterter Zeithorizont dazu dienen sollte, die beschädigte Identität zu reproduzieren. So wurde beispielsweise das eigene Leben als eine Kette von Ungerechtigkeiten erfahren, von denen die eigene biographische Betroffenheit durch den Zweiten Weltkrieg einer der vielen negativen Faktoren war:

»Selbst Herr Denz, dem wichtige konstitutive Momente seiner persönlichen und sozialen Identität dadurch bedroht erscheinen mussten, dass er in der Klinik auf eine einzige Rolle, die des gefügigen Patienten verpflichtet war, gewann Handlungsorientierung in seiner neuen Lage aus Vergleichen zwischen der ärztlichen Berufsrolle, mit der er jetzt konfrontiert ist, und der eines Handwerkers, die er selbst erfahren hat.«[53]

Die Umstrukturierung der eigenen Identität anhand biographischer Bezüge stand ähnlich wie bei Arbeitslosigkeit in enger Verbindung mit der beruflichen Rolle, an die sich je nachdem positive oder destruktive Erklärungsmuster der eigenen Situation anbinden ließen.

Während der Verlust des gewohnten Rollenverständnisses bei sozialwissenschaftlich ausgerichteten Untersuchungen zu Brüchen im Lebenslauf im Vordergrund steht, verlagert eine kulturwissenschaftliche Herangehensweise die Perspektive auf die Ebene kollektiv-symbolischer Bewältigungsmuster. In traditionellen Gesellschaften dienten zumeist religiös geprägte Rituale dazu, die Verarbeitung von Brüchen, Pausen und Übergangsphasen im Leben zu erleichtern. Im Laufe der Enttraditionalisierung und Modernisierung westlicher Gesellschaften haben kollektiv getragene Rituale einerseits an Bedeutung verloren und haben sich andererseits neue Formen von Pausenerfahrungen im Lebenslauf verbreitet.

Für die Volkskundlerin Christine Burckhardt-Seebass birgt der seit den 1970er Jahren verbreitete *Zerfall der Norminhalte auch bei Ritualen des Lebenslaufes* nicht nur Verlusterfahrungen, sondern auch Befreiung von Zwang und Möglichkeiten für spontane Gestaltung. Moderne Heiratsrituale beispielsweise seien zwar nicht mehr Ausdruck einer kosmischen Ordnung, jedoch einer »Zustimmung zu sich selbst, also eine Form der individuellen, nicht sozialen, Identitätsversicherung«.[54] Gerade Heiraten werden seit den 1990er Jahren, unterstützt durch Hochzeitsmessen und Ritualberater, mit immer intensiverem Aufwand zu einem aufwändig inszenierten Erlebnis gestaltet. Trotz der Zunahme an Lebenslaufbrüchen fehlen aber gleichzeitig für Scheidungen, Wiederverheira-

---

53 Dornheim 1986: »Diese ungereinigten Faktoren im Leben«, 68.
54 Burckhardt-Seebass 1989: Zwischen McDonald's und weissem Brautkleid, 107.

tungen, aber auch für das Zusammenziehen von Konkubinatspaaren kollektiv geltende Rituale. Selbst bei Krankheit oder beim Durchfallen durch eine Prüfung werden in der Regel Blumen oder tröstende Geschenke überreicht. Die Geschiedenen müssen ihre Situation individuell bewältigen.[55] Die Verarbeitung hat prozessualen Charakter und abgesehen von Kursen und psychologischen Beratungen werden die meisten Phasen alleine durchlebt.[56] Als Gründe dafür nennt Burckhardt-Seebass das Scheitern einer von der Gesellschaft immer noch als erfolgreich angesehenen Institution, aber auch das Fehlen einer sozial definierten Gruppe, in die man als geschiedene Person eintritt.

Solche Überlegungen, die den Ritualbegriff als Ganzes einbeziehen, weisen darauf hin, dass Rituale eines überindividuellen Bezugssystems bedürfen. Auch die erwähnten empirischen Untersuchungen zum Thema Arbeitslosigkeit und Krankheit deuten auf die entscheidende Funktion des eigenen Rollenverständnisses und damit auf kollektive Interpretationsmuster hin, die bei der Bewältigung von unfreiwilligen Brüchen im Lebenslauf den Orientierungsrahmen bieten. Rituale stellen in diesem Falle die symbolisch überhöhte Form einer Bewältigung dar, die jedoch ohne dahinter liegendes Kollektiv als System von Werten und Normen, genauso wie ein nicht vorhandenes Rollenmodell, eine Rekonstruktion der beschädigten Identität erschweren. Die empirischen Untersuchungen von unfreiwilligen Pausen im Lebenslauf weisen mit Ausnahme von religiösen Erklärungsmustern bei Krankheit in der Mehrzahl auf ein Defizit an Bewältigungsritualen hin. Solche Brüche im Lebensverlauf haben daher mehr oder weniger ausgeprägt bzw. ausschließlich ein Zurückgeworfensein auf das »Selbst« zur Folge.

Pausen im Lebenslauf unterscheiden sich daher grundlegend von Arbeitspausen, Freizeitpausen und Phasen von Außeralltäglichkeit, wie sie im Urlaub gesucht oder in Festen erlebt werden. Es fehlen kollektiv gepflegte Pausenrituale der Arbeitswelt genauso wie massenkulturell vermittelte Angebotsstrukturen in der Freizeit und bei Festen. Trotz vorwiegend individuell und individualpsychologisch auftretenden Problemen und Lösungen kommen jedoch alltagskulturell erschließbare Deutungsmuster und Bewältigungsstrategien zum Tragen: Bei Problemen wird die entstandene Desorganisation entlang der eigenen Lebensgeschichte in *reflexiven Prozessen* neu geordnet. Lösungsansätze werden hier zum

---

55 Burckhardt-Seebass 1990: Lücken in den Ritualen des Lebenslaufs, 146-147.
56 Zur geschlechtsspezifischen Benachteiligung während der Scheidungsphase von Frauen vgl. z.B. Lucke 1990: Die Ehescheidung als Kristallisationskern geschlechtsspezifischer Ungleichheit.

Beispiel in neuen Rollenzuschreibungen gesucht. Sofern dies überhaupt möglich ist, wird die Alltagswelt zugleich in interaktiven Praxen innerhalb einer Gruppe von ebenfalls Betroffenen, im Umgang mit staatlichen und sozialen Institutionen sowie in der Familie stabilisiert.

Ziel von *reflektierenden Gesprächen über das eigene Leben* ist, eigenes Handeln und Erleben in einen Sinnzusammenhang zu bringen. Das Muster dafür ist der Rahmen des Lebenslaufs. Das Zustandekommen von Handeln und Identität wird dabei rekapituliert: »Im Fortgang der Erzählung rekonstruiert sich der Sinn der Gegenwart, [...]«.[57] Eine Erzählung über den eigenen Lebenslauf (re-)konstruiert ihn als Biographie, ist nie nur Beschreibung, sondern immer Darstellung. Ob wir einem Arzt unsere Krankengeschichte, einem Arbeitgeber unseren beruflichen Werdegang, einem Ethnologen unser Leben, einem Psychoanalytiker unsere Erlebnisse oder vor Gericht einen bestimmten Lebensabschnitt schildern, ist ein grundlegender Unterschied. Lebenslauf ist nur als narratives Konstrukt zugänglich:

»Die Aufgabe der Theorie besteht nicht darin, selber Biographien zu konstruieren, indem sie Lebensläufe re-konstruiert; sie hat vielmehr zu zeigen, wie Menschen ihre Identifikationen selber konstruieren, nach welchen Regeln sie das tun und inwiefern diese Identifikationen sinnhafte Realitätskonstrukte sind.«[58]

Dass sich soziale Realität in der Lebensgeschichte abbildet, ist in der Biographieforschung umstritten.[59] Die Reflexion über den und die Thematisierung des Lebenslaufes erfolgen immer über selektive Vergegenwärtigungen, die nicht der »ursprünglichen Realität« und deren Erlebnisgehalt entsprechen:

»Im Mittelpunkt der lebensgeschichtlichen Erhebungen steht die Erzählung über und die Erinnerung an individuelle und kollektive Erlebnisse und Ereignisse. Es geht darum, wie Erlebtes im eigenen biographischen Zusammenhang strukturiert und wie darüber erzählt wird. Dabei finden sich als häufigste Erzählformen [...] zum einen die Erinnerung an Fakten [...], die sich ggf. sogar nachrecherchieren lassen, zum anderen Darstellungen, in denen das eigene Leben in einem selbstgewählten Erinnerungsschema zusammengefasst wird.«[60]

Der Lebenslauf ist nur als nachträglich rekonstruierter, »fiktiver« Text zugänglich. Damit ist dieser Vorgang auch Teil der Sinnproduktion und kann dem Forscher zum Anstoß für eine perfekt, d.h. illusionär konstruierte Lebensgeschichte werden. Das Wissen um eine Normalbiographie dient als Orientierungsfolie für

---

57 Leitner 1982: Die kulturelle Konstruktion von Zeit in der Biographie, 8.
58 Ebd., 19.
59 Siebers 1996: Zwischen Normalbiographie und Individualisierungssuche, 39-46.
60 Neumann 1998: Berührungspunkte von Oral History und Psychoanalyse, 217.

Modifikationen der eigenen Biographie, im Sinne der Identitätserhaltung. Kulturelle Traditionen, die als Verhaltensregeln, Bilder, Strukturierungshilfen und Deutungsmuster in einer Gesellschaft zur Verfügung stehen, werden als Orientierungswissen innerhalb der Eigeninterpretation der jeweiligen Biographie funktionalisiert. Die Vorstellung der Normalität bzw. Erwartbarkeit von Ereignissen entlastet und ist Teil einer als positiv erfahrenen Verarbeitung. Biographische Thematisierung ist damit ein bestimmter Teil der Alltagspraxis und dient der Orientierung. Wenn bestimmte Ablaufserwartungen und -muster ausfallen, *dient biographische Selbstthematisierung der Sicherung von Kontinuität*:

»Festzuhalten bleibt zunächst, dass sich in der Biographierekonstruktion beide Formen lebensgeschichtlichen Erzählens wiederfinden können: sozial und kulturell vorgeformte Muster der biographischen Artikulation *und* Erfahrungsorganisation und individuelle Anteile der Sinnkonstitution und Kontinuitätssicherung in den Formen der biographischen Selbstthematisierung und Zuwendung zum gelebten Lebenslauf.«[61]

Die historische Wahrheit einer erzählten Lebensgeschichte ist keine Reproduktion, sondern sie macht aus dem erlebten Stoff etwas, fasst Einzelheiten zu einem Sinn zusammen und formt die Vergangenheit zu einem Stoff, der ihn für den Erzähler zu einem sich lohnenden Bilde macht.[62] Lehmann unterscheidet vier Funktionen lebensgeschichtlichen Erzählens:[63] 1. Individualisierende Funktionen: Erzählungen, die auf die Einzigartigkeit des Erzählers hinweisen sollen; 2. Erzählungen, die durch das Bedürfnis von Solidaritätserlebnissen in einer Gruppe geprägt sind; 3. Sedative Funktionen: Erzählungen erfüllen die Funktion, das seelische Gleichgewicht des Erzählenden wiederherzustellen; 4. Legitimierende Erzählungen oder Rechtfertigungsgeschichten.

Zeit müssen wir einerseits mit unseren alltäglichen Bedürfnissen, Anforderungen und Sinn erfüllen, andererseits sind wir jedoch auch der Zeit ununterbrochen ausgeliefert. Lehmann bezeichnet die Wissensform von Geschichte(n), die über die Erinnerung in unserem Gedächtnis aufbewahrt sind, als Möglichkeit der Auseinandersetzung mit unserer Existenz. Diese Geschichten können mit der »großen Geschichte« in Verbindung gebracht werden und Antworten auf die Frage nach unserer Rolle in dieser großen Geschichte bringen. Neben dieser Geschichtlichkeit spricht Lehmann von der Naturzeit (Jahreszeiten, Tage, Nächte usw.) und den lebensgeschichtlichen Zeitkategorien als zweite und dritte Dimen-

---

61 Siebers 1996: Zwischen Normalbiographie und Individualisierungssuche, 57.
62 Messerli 1987: Darstellungsformen und Darstellungsprobleme in autobiographischen Texten, 106.
63 Lehmann 1980: Rechtfertigungsgeschichten, 57.

sion unserer Geschichtlichkeit. Mit Hilfe von kulturell determinierten Altersgruppen-Konzepten ist Selbstinformation und Selbsteinordnung innerhalb des eigenen Lebenslaufs möglich:»Was auf diese Weise entsteht, ist also eine sozial und kulturell formulierte lebensgeschichtliche Chronologie, die in Übereinstimmung ist mit subjektiven Vorstellungen einer Mehrzahl der unserer Kultur angehörenden Individuen.«[64]

Der Einzelne benötigt immer eine zeitliche Gliederung zur Ordnung des eigenen Lebens. Diese subjektive Ordnung ist Grundlage der Selbstreflexion, welche wiederum die Basis jeder lebensgeschichtlichen Erzählung bildet und auf den Erlebenden als Ganzheit bezogen ist:

»Dem strukturellen Zusammenhang des Lebens entspricht eine auf den Lebensprozess bezogene Erzählstruktur. Diese erweist sich als ein Sinnsystem, das für den Sprecher und für seine Zuhörer Ordnung und Verständlichkeit in die disparaten Erfahrungen eines Lebens bringen soll.«[65]

Die Orientierung an übergeordneten, aufeinander bezogenen Ereignissen nennt Lehmann »Leitlinie des lebensgeschichtlichen Erzählens«, wobei bei einer erzählten Lebensgeschichte immer mehrere Leitlininen ineinander greifen. Lehmann betont, dass es sich dabei lediglich um ein heuristisches Instrument oder eine analytische Kategorie im Sinne einer gegenstandsbezogenen Theorie des Erzählens handelt.

Lehmanns Aussage, dass das menschliche Leben stets der subjektiven Einteilung bedürfe, begründet er mit dem lebensphilosophischen Ansatz Wilhelm Diltheys. Dilthey geht von der *Zeitlichkeit des Daseins als primäre kategoriale Bestimmung* aus: Obwohl der Einzelne die Zeit als rastloses Vorrücken der Gegenwart erfährt, ist sie von Vergangenheit erfüllt und birgt die Zukunft in sich.[66] Im Laufe der Entwicklung des Lebens bedarf diese Entwicklung der Gestaltung durch den Menschen und einer durch Gestaltung entstehenden Struktur zur Erfahrung von Konstanz des eigenen Lebens, an der Veränderungen und Vergänglichkeit erlebt werden: »Der Lebensprozess wird vom einzelnen als Ganzheit empfunden. Jeder weiß, dass er auf dem Wege seines Lebens verschiedene Stationen bereits hinter sich gebracht hat und dass andere noch vor ihm liegen.«[67]

---

64 Lehmann 1983: Erzählstruktur und Lebenslauf, 16.
65 Ebd., 18.
66 Dilthey 1997: Der Aufbau der geschichtlichen Welt in den Geisteswissenschaften.
67 Lehmann 1983: Erzählstruktur und Lebenslauf, 284.

Lehmann unterscheidet zwischen zwei lebensgeschichtlichen Erzählarten: der mehr anschaulichen in Anlehnung an alltägliches Erzählen und dem eher nüchternen Bericht:

»Die Diskursart der Erzählung wurde dann bevorzugt, wenn ein ganz bestimmtes aus dem Alltagsgeschehen herausgehobenes Ereignis dargestellt werden sollte. Indessen näherte sich die Darstellung der Beschreibung oder dem Bericht, wenn eine Vielzahl einzelner Erlebnisse zusammengefasst wurde. Leicht verallgemeinernd kann gesagt werden, dass das Besondere nach der Erzählung verlangt, während der Bericht die alltägliche Wirklichkeit in abstrahierter, geraffter Form, gewissermaßen als Aufschichtung bereits ad acta gelegter Einzelereignisse zusammenfasst.«[68]

Alltägliches Erzählen führt zudem immer wieder zum Versuch, den Text ästhetisch zu gestalten:

»Dabei wird sowohl die Auswahl eines ästhetischen Moments als auch seine Deutung von indviduellen wie von teilkulturell spezifischen Erfahrungen und Maßstäben beeinflusst. Solche ästhetischen Phänomene zeigten sich in den Forschungsgesprächen etwa in Form einprägsamer Bemerkungen, bewusst eingesetzter Formulierungen mit illustrativem Charakter.«[69]

Für Dilthey ist die Selbstbiographie die höchste Form, mit der uns das Verstehen des Lebens ermöglicht wird.[70] Der Einzelne, der seinen Lebenslauf versteht, ist identisch mit demjenigen, der ihn hervorgebracht hat. Gegenwärtiges und Vergangenes wird durch ihre gemeinsame Bedeutung zusammengehalten. Werte, Zweck, Bedeutung, Gestaltung und Entwicklung unseres Lebens tragen dazu bei, dass wir das Leben zu einem Ganzen verbinden können. Beim Zurückblicken erfassen wir die einzelnen Stationen des Lebenslaufes unter ihrer Bedeutung, in der Gegenwart nach ihren Werten und in der Zukunft nach ihren Zwecken. Verstehen bedeutet, die Beziehungen zwischen Äußerem und Innerem zu ermitteln, der Versuch, Unbestimmtes zu bestimmen, den Wechsel zwischen Teilen und Ganzem:

»Leben steht zur Erfüllung der Zeit in einem nächsten Verhältnis. Sein ganzer Charakter, das Verhältnis zur Korruptibilität in ihm, und dass es doch zugleich einen Zusammenhang bildet und darin eine Einheit hat (das Selbst), ist durch die Zeit bestimmt. In der Zeit ist Leben in dem Verhältnis von Teilen zu einem Zusammenhang derselben da.«[71]

---

68 Ebd., 65.
69 Ebd., 68.
70 Dilthey 1997: Der Aufbau der geschichtlichen Welt in den Geisteswissenschaften, 246-283.
71 Ebd., 283.

Im Nacherleben und Erinnern wird die Bedeutung von Teilen für das Ganze, für die Totalität des auffassenden Subjekts, deutlich.[72] Gegenwart fassen wir als Einheit zusammen und noch weiter fassen wir in der Erinnerung das Erlebte in einem Strukturzusammenhang. Introspektiv sind wir nicht in der Lage, das Vorwärtsrücken des psychischen Verlaufs aufzufassen, da jede Fixierung anhält. Es lässt sich nur im Verhältnis Erleben, Ausdruck und Verstehen auffassen. Bedeutung ist die umfassende Kategorie, die das Leben zusammenhängend erscheinen lässt und das Verhältnis der Teile zum Ganzen umschreibt. Die Bedeutungsbeziehungen, die im Laufes eines Lebens auf eine bestimmte Art geprägt werden, sind abhängig vom entsprechenden Milieu der betreffenden Personen. Jede Lebensäußerung gewinnt ihre Bedeutung nur durch das Zeichen und den Ausdruck, die auf etwas hinweisen, das Leben an sich bedeutet nicht etwas anderes. Dabei erhält das Verstehen eine zentrale Bedeutung und bei der Selbstbiographie das Verstehen seiner selbst.

Dilthey und Mead befassen sich beide mit den Bedingungen der Zeiterfahrung des Menschen, die sie in Beziehung zur Konstitution von Identität und Subjekt setzen. Im Vergleich zu Mead geht Dilthey jedoch von einem positivistisch und essentialistisch ausgerichteten Ansatz aus, der das Ganze und die Einheitlichkeit des Individuums betont und dabei dynamische und flexible Identitätsanteile vernachlässigt. Bei Mead bezieht sich die selbstreflexive Entwicklung der Identität auf interaktive Praxen und daraus hervorgehende Bedingungen, die im Hinblick auf zukünftige Möglichkeiten reflektiert werden. Bei Dilthey zielt reflexives Zurückblicken auf Vergangenes und Gegenwärtiges, auf die Konstitution von Sinn, der das in Teilen erfahrbare eigene Leben in Zusammenhang mit der äußeren Welt zu einer Erfahrung von Ganzheit fügt.

Die in dieser Hinsicht kontrastierenden Ansätze lassen sich jedoch für die Interpretation des zeitlichen Ordnens in Phasen von Pausen und Brüchen des Lebenslaufes fruchtbar nutzen. Unfreiwillige Pausen im Lebenslauf lassen sich mit Dilthey als Phasen beschreiben, in denen das Verstehen der eigenen Biographie nicht als Ganzes, sondern in ungefügten Teilen erfahrbar wird. Bei Mead führt die fehlende Erfahrung einer kollektiv geteilten Zeitpraxis im Sinne eines »generalisierten Anderen« zum Verlust an intersubjektiv geteilten Entwurfsmöglichkeiten für zukünftiges Handeln, die zur Stabilisierung der Identität beitragen könnten. Intersubjektiv geteilte Zeitpraxen und Zeitperspektiven ermöglichen im einen Fall, die Zeitlücke mit Handlungsalternativen aufzufüllen und selbstreflexive Prozesse zu generieren, im anderen Fall eine subjektiv gültige

---

72 Ebd., 283-307.

Zeitstruktur mit ganzheitlichem Charakter. Aus alltagskultureller Perspektive ist Meads Konzept daher geeigneter, gegenwärtige biographische Erfahrungen zu deuten, die die Individuen *aufgrund fehlender traditioneller Deutungsmuster für Lebenslaufbrüche immer wieder zur Neuinterpretation von zeitlichem Handeln zwingen*. Vor dem Hintergrund der sozialen und kulturellen Konstruiertheit von Zeit verweist diese Sichtweise jedoch nicht nur auf die prekäre, aber gleichzeitig flexible Ausgangslage moderner Lebensläufe hin, sondern auch auf *defizitäre Möglichkeiten, das eigene Leben als Teil eines Zeitflusses* zu interpretieren, *der sich als Erfahrung von Vergangenheit, Gegenwart und Zukunft zu einem Ganzen schließt*.

Wir gehen aus alltagswissenschaftlicher Perspektive davon aus, dass alle Menschen Praktiker und Theoretiker der Zeit sind und dass der Prozess symbolischer Wertung von Vergangenheit, Gegenwart und Zukunft als paradigmatisch für den Wandel unserer kollektiven Zeitvorstellungen betrachtet werden kann.[73] Gleichzeitig können wir annehmen, dass die Gewohnheit, Zeit in abstrakten Einheiten zu messen und im Alltag zu verbrauchen und der Verlust an transzendent begründeten zeitlichen Strukturierungs- und Sinnsystemen zu einer Dekulturierung der Zeithorizonte geführt hat. Helga Nowotny betrachtet die weltweit zunehmende Gleichzeitigkeit als einen der Hauptgründe für das wachsende Bedürfnis nach Eigenzeit.[74] Zugleich führen die Ko-Präsenz verschiedener Eigenzeiten zum Eindruck fehlender Differenz unter den individuellen Zeiten und die Anforderung, die Eigenzeit mit Fremdzeiten zu koordinieren, zu einem Konflikt mit Identitäts-erhaltenden Prozessen. Gleichzeitig lassen sich jedoch mit Dilthey Ansprüche auf Eigenzeiten aus Defiziterfahrungen einer aus Vergangenheit, Gegenwart und Zukunft herstellbaren Ganzheit der Subjekterfahrung deuten. Im Anschluss an Mead führt zudem die Ko-Präsenz verschiedener System- und Eigenzeiten zur Erfahrung fehlender kollektiv geteilter Zeitpraxen, die in Identitäten generierenden Prozessen zur Orientierung in Vergangenheit, Gegenwart und Zukunft beitragen könnten. In Verknüpfung und Differenzierung der Ansätze von Dilthey, Mead und Nowotny lassen sich daher veränderte Bedingungen der Erfahrung von Zeitfluss in Vergangenheit, Gegenwart und Zukunft auch als *Krise der Subjekte* nachvollziehen.

Die zeittheoretischen Überlegungen zur Verlusterfahrung lebenslaufbezogener Zeithorizonte lassen sich bei einer Betrachtung curricularer Rituale weiterführen. Weder zur Bewältigung unfreiwilliger Arbeitslosigkeit noch für die emo-

---

73 Vgl. dazu auch Nowotny 1995: Eigenzeit, 7.
74 Nowotny 1995: Eigenzeit.

tionale Bewältigung einer Scheidung kennen wir besondere Riten.[75] Moderne Gesellschaften versuchen, potentielle Gefährdungen der Lebensführung mit vorwiegend ökonomisch fundierten Ver-Sicherungen aufzufangen:

»Unterbrechungen dieser Kontinuität und Lücken im Netz sozialer Sicherheit werden nun zunehmend als gesellschaftlich produziert, als Risiken interpretiert. Es scheint, dass diese die Sicherheit der Lebensführung garantierenden Institutionen und sozialen Kalender für einen wachsenden Teil der Bevölkerung ihren selbstverständlichen Orientierungswert verlieren.«[76]

Die Strukturen der lebensweltlichen Zeit überschneiden sich mit subjektiver Zeit, mit der inneren Rhythmik des Körpers, mit den Jahreszeiten, der Welt-Zeit und dem Kalender der sozialen Zeit.[77] Diese Inkongruenzen haben auf subjektiver Ebene das Warten zur Folge. Die Inkongruenz der Zeitdimension und die Anpassung an die vorgegebene Struktur von Gleichzeitigkeit und Abfolge führen dazu, dass das Bedürfnis nach einer zeitlichen Ordnung entsteht, in der Werthierarchien und Prioritäten normativ geregelt sind. In der gegenwärtigen Thematisierung der »Zeit« in wissenschaftlichen Veröffentlichungen, aber vor allem in der steigenden Bedeutung des Themas in der öffentlichen Diskussion sieht Brose ein Indiz dafür, dass die Wahrnehmung und Verwendung von Zeit nicht mehr selbstverständlich gegeben ist.[78]

Geschlechterspezifische Pausendeutungen im Lebenslauf

Erwerbsarbeit bildet den Orientierungsrahmen für Standardmodelle der Normalbiographie und für Vorstellungen von Kontinuität und Diskontinuität von Lebensläufen. Das Geschlecht einer Person hat dabei einen wesentlichen Einfluss auf die Formierung einer Status- bzw. Normalbiographie.[79] Bei Frauen wird trotz abweichender Praxen immer noch der Familienzyklus als Zeithorizont für Normalbiographien vorausgesetzt und damit zusammenhängend werden Unterbrechungen nach der Heirat oder der Geburt von Kindern erwartet. Diese Annahmen wiederum haben schwerwiegende Auswirkungen auf Positionen und Entlöhnung, die Frauen angeboten werden, selbst dann wenn diese sich klar nicht für

---

75 Bellebaum 1992: Abschiede. Trennungen im Leben, 20-21.
76 Brose, Wohlrab-Sahr, Corsten 1993: Soziale Zeit und Biographie, 13.
77 Vgl. Schütz, Luckmann 1975: Strukturen der Lebenswelt.
78 Brose, Wohlrab-Sahr, Corsten 1993: Soziale Zeit und Biographie, 35-47.
79 Levy 1977: Der Lebenslauf als Statusbiographie, 43.

eine Mutterschaft oder Arbeitszeitreduktionen nach Geburten entschieden haben. Maria Funder hat sich auf der Basis eines 1992 am Institut für Arbeitswissenschaft der Ruhr-Universität Bochum durchgeführten Forschungsprojekts der Diskontinuität weiblicher Lebensläufe gewidmet und mit 90 Voll- und Teilzeit beschäftigten Frauen Intensivinterviews durchgeführt.[80] Sie folgert daraus, dass die Unterbrechung von Erwerbsbiographien entscheidend von der Berufsausbildung abhängt, wobei Zahl und Dauer der Unterbrechungen mit steigendem Ausbildungsgrad abnehmen: »Die Koordination von Familie und Beruf stellt einen Balanceakt für die meisten Frauen dar, der häufig zu Lasten ihrer eigenen Ansprüche, z.B. an Regenerations- und Eigenzeit, ausgeht.«[81] Die empirischen Befunde belegen, dass die Unterbrechungsphasen bei den betreffenden Frauen mehrheitlich als unbefriedigend und mit sozialer Isolation in Verbindung gebracht werden.

Typisch weibliche Lebensentwürfe werden nicht nur mit diskontinuierlichen Erwerbsbiographien konnotiert, sondern orientieren sich an der Vorstellung, dass Frauen sich in der Gestaltung der Arbeitsverhältnisse an die Zeiten der Männer anpassen.[82] Arbeitszeiten der Männer stehen bis auf wenige Ausnahmen kaum für die Abstimmung auf Familienzeiten zur Disposition. Kehren Frauen von der Arbeit zurück, beginnt für sie meist ohne Pause die zweite Schicht, die wiederum auf familiäre Reproduktionsleistungen bezogen ist.[83]

Gerade bei typisch weiblichen Lebenslaufmustern fällt auf, dass die Deutung von mehr oder weniger institutionell geregelten Unterbrechungen und Pausen im Lebenslauf Teil eines kollektiv geteilten Alltagswissens ist. Mutterschaftsurlaub und Menopause als bedeutendste Beispiele beziehen sich auffallenderweise auf biologisch begründete Ursachen,[84] obwohl bei beiden Phänomenen sowohl Zuschreibungen von außen als auch entsprechende Selbstdeutungs-, Handlungs- und Wahrnehmungsmuster bis hin zu körperlichen Symptomen als kulturell bedingt nachgewiesen werden können:

---

80 Funder 1992: Die (Dis-)Kontinuität weiblicher Lebensläufe, 68-78.
81 Ebd., 74.
82 Vgl. Glanz 1992: Männerzeit: Zeit für sich, Frauenzeit: Zeit für andere?, 80-93.
83 Von den befragten Frauen nehmen sich 42% der Frauen und 77% der Männer nach Arbeitsende Zeit, erst mal zu entspannen. Nur 29% der Frauen sind der Meinung, dass sie über *Eigenzeit* verfügen. Vgl. Glanz 1992: Männerzeit: Zeit für sich, Frauenzeit: Zeit für andere?, 87-91.
84 Der Ausdruck »Menopause« bezeichnet aus medizinischer Sicht den Zeitpunkt, an welchem die weibliche Zyklustätigkeit endet. Vgl. z.B. Birkhäuser: Endokrinologie der Peri- und Postmenopause. In: Keller (Hg.) 1995: Menopause, 12.

»The construction of menopause as a drastic, universal sexual and biological health event breaks the continuity of a woman's life in the middle. [...] The public discourse is one in which the menopausal women is seen as aging, as infirm, as socially contaminated. These perceptions are reinforced through the marketing of health fitness, youth, sexuality, and medicine itself, and through deeply entrenched cultural biases against older women. [...] Indeed, these negative accounts of menopause are now so culturally intrusive that it is difficult for women to resist them.«[85]

Demgegenüber erfährt beispielsweise die Menopause beim Mann bzw. die Andropause eine ganz andere Deutung.[86] Die Männer erleben keine vergleichbare Zäsur ihrer biologischen Fortpflanzungsfähigkeit, »obwohl der Begriff der ›männlichen Menopause‹ bereits 1848 als Synonym für verschiedene psychologische und soziologische Aspekte der sogenannten ›Midlife-Crisis‹ verwendet wurde und auch immer wieder durch die Medien geistert«.[87] Die »Midlife-Crisis« oder Andropause wird oft im Sinne eines Ausbruchs aus gewohnten Beziehungsbahnen interpretiert, in geringerem Masse auf körperliche Vorgänge bezogen und erst in jüngster Zeit auch öffentlich thematisiert.[88]

Bezeichnenderweise fehlen kulturwissenschaftliche Forschungsarbeiten zu großen Pausenphasen in geschlechterspezifischen Zusammenhängen weitgehend, mit Ausnahme historischer und neuerer Arbeiten zu Schwangerschaft und Nachgeburtsphase. Eine umfassende Darstellung dieser Themenbereiche würde insbesondere eine eigene Arbeit bedingen, da die Berücksichtigung einer über Jahrhunderte durchwegs männlichen Deutung des weiblichen Körpers[89] und damit verbundener Geschlechtscharaktere miteinbezogen werden müsste und gerade eine Behandlung gegenwärtiger männlicher Pausenphänomene im Lebenslauf eine empirische Überprüfung notwendig machen würde. Zudem wird im Falle der Menopause der Begriff »Pause« zwar eindeutig erwähnt. Die Nennung eines zeitlichen Phänomens, das die Umschreibung »Pause« rechtfertigt, bleibt jedoch fragwürdig:[90]

---

85 Komesaroff, Rothfield, Daly 1997: Mapping Menopause: Objectivity or Multiplicity?, 8.
86 Vgl. z.B. Diamond 1997: »Male menopause is not the beginning of the end, as many fear, but the end of the beginning. It is the passage to the most passionate, powerful, productive, and purposeful time of man's life.« In: Diamond: Male Menopause, ix.
87 Kirchengast 1999: Frauen in den Wechseljahren, 13.
88 Der Präsident der American Academy of Anti-Aging Medicine soll die Menopause des Mannes als eines der best gehüteten Geheimnisse bezeichnet haben. Vgl. Dr. Ronald Klatz, zit. bei: Diamond 1997: Male Menopause, xi.
89 Vgl. z.B. Honegger 1991: Die Ordnung der Geschlechter.
90 Vgl. z.B. eine 1990 von Jeanne Daly durchgeführte qualitative Untersuchung in Australien mit 150 befragten Frauen zum Thema Menopause: Eine Studie, bei der die Erfahrungen und Zu-

»There are the cultural interpretations that view menopause as a social construction, arising in relation to systems of discourse and communication. There are interpretations that fall within mainstream conceptions, and there are those that do not. [...] Each is embedded in its own way in the spaces of lived experience. Each must provide answers to questions about the nature of corporeality, about the end of fertility, about the experience of change, about the meaning of aging, illness, and death. The sources and dynamics of personal meanings are always complex. They depend on the symbolic and imaginary constructions of bodies in relation to specific cultural settings and practices.«[91]

Der Hinweis auf eine jüngere Arbeit zu diesem Thema soll daher lediglich eine kulturspezifische Betrachtung umreißen, jedoch keineswegs eine umfassende Behandlung beanspruchen.[92] Der Begriff Menopause umschreibt einerseits eine biologisch bestimmbare Lebensphase, in der die Reproduktionsfunktion der Frau unwiderruflich endet, lange bevor physiologische Erscheinungen des Greisenalters auftreten.[93] Die Menopause war denn auch lange Zeit Untersuchungsgebiet der Medizin. Dabei wäre gemäß Kirchengast gerade die Kulturanthropologie geeignet, die zahlreichen Varianten im Umgang der Gesellschaft und der Individuen mit dem Ende der reproduktionsfähigen Phase zu untersuchen. Gerade die fehlende Synchronie der Lebensläufe zwischen den Geschlechtern führt zu zeitlich unterschiedlich verlaufenden Krisen- bzw. Veränderungsphasen und entsprechenden Bewältigungsstrategien. So führt der Auszug von Kindern bei auf die Hausfrauen- und Mutterrolle zentrierten Biographientwürfen zu einem ähnlichen Status- und Identitätsverlust wie die Pensionierung bei Männern und fällt oft gleichzeitig mit dem Klimakterium zusammen.[94] Entscheidend ist jedoch die sozio-kulturell bedingte Rollenorientierung, die insbesondere auch von schichtspezifischen Faktoren abhängt und sich auch auf die Wahrnehmung von kli-

---

schreibungen stark variierten: »The changes the women themselves associated with menopause (often referred as symptoms) varied in intensity and frequency, but women had various degrees of resilience or vulnerability in meeting these changes depending on their health in general, their social circumstances including families and friends, resources (financial and educational), and the degree of negative stereotyping in the social group to which they belong. At one extreme were women entering midlife with happy confidence while, at the other, there were women already living miserable, disrupted lives.« Vgl. Daly 1997: Facing Change. Women Speaking about Midlife, 161.

91 Komesaroff, Rothfield, Daly 1997: Mapping Menopause: Objectivity or Multiplicity?, 10.
92 Kirchengast 1999: Frauen in den Wechseljahren.
93 Ebd., 9-13.
94 Vgl. Lopata 1971: Occupation: Housewife, zit. bei: Levy 1977: Der Lebenslauf als Statusbigraphie, 55-56.

makterischen Symptomen auswirkt. »Endogen«-biologische, soziale und kulturelle Faktoren sind generell schwierig voneinander abzugrenzen:[95]

»Ein weiterer Grund für die späte Aufmerksamkeit, die auch in der Soziologie dieser Problematik gewidmet wurde, mag – neben der ebenfalls langdauernden generellen Vernachlässigung der Frauendiskrimination – in der verschleiernden Wirkung des häufigen zeitlichen Zusammenfallens von Klimakterium und Aufgaben der Mutterrolle liegen [...], aufgrund dessen die für diese Phase des Frauenlebens typischen Depressionen als Klimakteriumsdepressionen und nicht als Statusunvollständigkeits- oder Pensionierungsdepressionen gesehen wurden.«[96]

Die Menopause beginnt in Industrieländern zwischen dem 50. und 52. Lebensjahr. Die Pause beim Begriff »Menopause« symbolisiert das Ende des zyklischen Geschehens. Sie beginnt mit der letzten spontanen Menstruationsblutung, ist jedoch erst nach zwölf Monaten sicher, kann daher nur retrospektiv festgestellt werden.

Van Gennep charakterisierte die Menopause durch drei Aspekte:[97] 1. Es sind keine besonderen Riten damit verbunden; 2. Die Menopause stellt den Beginn einer neuen Lebensphase dar; 3. Der frühere Status der Frau wird durch die Menopause umgekehrt. Das mangelnde Interesse der Anthropologie und Ethnologie an der Menopause dürfte denn auch mit fehlenden Riten in Zusammenhang stehen, ganz im Gegensatz zur Menarche, die in vielen Kulturen mit Initiationsriten verbunden ist. Das Fehlen auffälliger Riten zur Menopause kann auch damit erklärt werden, dass sie nur retrospektiv bestimmt werden kann.

Zahlreiche Untersuchungen belegen »dass der Verlauf des Klimakteriums in hohem Masse von kulturellen Faktoren beeinflusst wird«.[98] Ein kulturwissenschaftlicher Ansatz untersucht die betreffende Lebensphase unter dem Gesichtspunkt von sozialen, sozio-ökonomischen und kulturellen Parametern: zum Beispiel Statusveränderungen, Umgang mit möglichen Beschwerden usw. Das biologisch einsetzende Menopausenalter wird denn auch durch verschiedene Faktoren wie psychosoziale (z.B. Stress), sozio-ökonomische, Stadt-Land, Körperbau und Ernährung, genetische Determination, Nikotinkonsum usw. beeinflusst. Zu den psychosozialen und kulturellen Faktoren gehören negative Konnotationen des Alters (Jugendlichkeitsideal), von alten Frauen (Spottworte, Hexen usw.), die

---

95 Levy 1977: Der Lebenslauf als Statusbiographie, 58.
96 Ebd., 67.
97 Vgl. Van Gennep: »Anscheinend gibt es keine Riten, die den Beginn der Menopause oder das Grauwerden der Haare begleiten, obwohl beide Phänomene den Eintritt in eine neue Lebensphase markieren [...].« In: Van Gennep 1986: Übergangsriten, 141.
98 Kirchengast 1999: Frauen in den Wechseljahren, 22-67.

»Midlife-Crisis« der Männer bzw. Partner in ähnlichem Alter, fehlende berufliche Anerkennung, die der Mann häufig gerade in diesem Alter erfährt usw. Klimakterische Syndrome wie Wallungen, Schwitzen, Herzbeschwerden, Schlafstörungen usw. können durch biotische, soziale und psychosoziale Faktoren hervorgerufen werden. Da die Menstruation in vielen Gesellschaften als bedrohlich empfunden und tabuisiert wird, kann nach der Menopause auch eine Statuserhöhung für die Frau auftreten. Inderinnen hatten nach der Menopause plötzlich die Freiheit, andere Haushalte zu besuchen, mit Männern zu essen und zu scherzen. Sie kannten keine klimakterischen Beschwerden, während die nordamerikanischen Frauen an typischen somatischen Klimakteriumsbeschwerden litten. Sie erlebten einen erheblichen Statusverlust, da die Kinder den Haushalt verlassen hatten und die Ehemänner selbst gerade ihre Midlife-Crisis erlebten:

»Während die Statusaufwertung der indischen Frauen durch das Ende ihrer Menstruationsblutungen und das Ende des damit verbundenen periodischen Unreinwerdens bedingt ist, steht das Flüggewerden der Kinder sowie die Eskapaden des Ehemannes nicht in direktem Zusammenhang mit dem Ende der Fruchtbarkeit der Frau. Dennoch fallen diese Ereignisse rein zeitlich mit dem Klimakterium zusammen und führen so zu einer negativen Einstellung der Frau zu ihrem Lebensabschnitt.«[99]

Klimakterische Beschwerden in dieser Lebensphase können als ein kulturabhängiges Phänomen betrachtet werden. Ergebnisse jüngerer medizinischer Untersuchungen sprechen jedoch »gegen eine ausschließliche Kulturgebundenheit der Bewertung menopausaler Beschwerden«.[100] Die hier anhand der Untersuchungen von Kirchengast exemplarisch skizzierten Erhebungen müssten zweifellos auf der Basis empirischer Untersuchungen erweitert werden und würden bestimmt aus der Sicht kultureller Präformierungen weiblicher und männlicher Menopausenmuster ergiebiges Material zutage fördern.

---

99   Ebd., 93.
100 Ebd., 97.

7. Zeit und Raum als Erfahrungskategorien von Welt und Lebenswelt

Die Fähigkeit des Menschen, mit Zeit umzugehen, bildet eine Grundvoraussetzung für die Organisation des »sozialen Handelns und Denkens und damit für die Bewältigung des Alltagslebens«.[1] Obwohl Zeitlichkeit oder Temporalität eine universelle Kategorie darstellen, lassen sich sowohl bezüglich der Konzeptionalisierungen als auch der Formen ihrer Nutzung große Unterschiede zwischen Kulturen feststellen:

»Deutlich voneinander abweichen können etwa die Vorstellungen von und die Einstellungen zu Zeit sowie die sich daraus ergebenden zeitlichen Orientierungen und die konkreten Formen des Umgangs mit Zeit; mit der zeitlichen Orientierung wiederum ist, um ein Beispiel zu geben, die Einstellung zu Geschichte, zu individuellem und kollektivem Erinnern wie auch der Umgang mit der Vergangenheit auf das Engste verbunden.«[2]

Gerade diese Elemente des kulturellen Systems sind dem Einzelnen jedoch in der Regel nicht bewusst und gehören zu den unhinterfragten Selbstverständlichkeiten und vermeintlich universellen *Normalitäten* des Alltags. Konflikte über unterschiedliche Zeitauffassungen treten erst dann auf, wenn Kulturkontakte stattfinden. Mit der europäischen Modernisierung ist eine rapide Verbreitung linearer Zeitvorstellungen verbunden. Trotzdem spielen in konkreten internationalen Kontakten unterschiedliche Einstellungen zur Zeit eine wichtige Rolle und führen oft zu Konflikten. Auch intrakulturelle Differenzen innerhalb der Zeitauffassungen können zu Divergenzen führen (z.B. Stadt – Land).

Raum- und Zeitwahrnehmung sind voneinander abhängig:[3] Der Ethnologe Edward Hall filmte Gruppen auf öffentlichen Plätzen, Straßen, an Festen usw. und stellte bestimmte Rhythmen und auf Zentimeter geregelte Distanzen zwischen ihnen fest, deren sich vor allem die okzidentalen Teilnehmer kaum bewusst waren. Die Dauer von Körperhaltungen und Gesten wird interkulturell

---

1 Roth 1999/2000: Zeit und interkulturelle Kommunikation, 25.
2 Ebd., 25.
3 Hall 1984: La danse de la vie, 174-190.

unterschiedlich interpretiert. Zeitliche Regeln sind daher kulturspezifisch und äußern sich in verschiedenen, auch widersprüchlichen Rhythmen des alltäglichen Lebens.

Hall stellt sich die Frage, wie Zeit in verschiedenen Kulturen bewusst und unbewusst ausgedrückt, genutzt und strukturiert wird:[4] Er versteht *Zeit als Organisationsprinzip aller Aktivitäten*, als Synthese- und Integrationsfaktor, als eine Art die Prioritäten festzulegen, als *Kontrollmechanismus und Normengefüge*, das uns ermöglicht, Kompetenzen und Erfolg zu beurteilen und schließlich als *Mitteilungssystem*, das die gegenseitige Wahrnehmung der Individuen untereinander regelt.

Hall unterscheidet eine Welt der Worte und eine des Verhaltens bzw. der verbalen und nonverbalen Kommunikation. Es gibt auf kultureller Ebene ein Zusammenspiel von unausgesprochenen Regeln, die implizit unser Verhalten, unsere Werte bestimmen und unserem Leben ihren Rhythmus aufzwingen. Hall nennt das Ensemble dieser verdeckten Paradigmen die Ebene der *primären Kultur* bzw. »Hardware«. Auf der anderen Seite steht die *bewusste, explizite, manifeste Kultur*, über die man spricht bzw. die »Software«.[5] Obwohl die primäre Kultur unser Leben strukturiert, werden Unterschiede zwischen Kulturen oft nur auf der Ebene der bewussten Kultur überhaupt wahrgenommen. Die Ebene der primären Kultur setzt sich aus fundamentalen Gegebenheiten zusammen, die unsere Art zu denken strukturieren. Eine Besonderheit dieser Ebene ist die Schwierigkeit, solche Denkgewohnheiten und Regeln von außen zu manipulieren oder durch Gesetze und Gewalt zu ändern, weil sie internalisiert sind.

Damit zusammenhängend unterscheidet Hall drei Funktionsebenen von Kultur: 1. Die bewusste, technische Ebene, auf der Worte und Symbole einen bestimmten Wert und eine wichtige Rolle einnehmen; 2. Die private Ebene, die sich auf eine bestimmte Gruppe von Menschen bezieht und von der andere wiederum ausgeschlossen sind; 3. Die unbewusste Ebene der primären Kultur. Auf der dritten Ebene spielt »Zeit« eine besonders wichtige Rolle. Sie ist ein Aggregat aus Konzepten, Phänomenen und Rhythmen. Da Sprache bei den ersten beiden Ebenen wichtiger ist als bei der dritten, erscheinen Kulturen oft ähnlicher als sie sind. In unserer industrialisierten Welt lassen sich aus kultureller Perspektive bis zu neun verschiedene Zeittypen unterscheiden, die auf der Ebene der primären, impliziten Kultur alltagsrelevanter sind als Konzepte der Philosophie und der Geisteswissenschaften.

---

4 Ebd., 11-24.
5 Ebd., 14-15.

Hall differenziert zwischen Kulturen mit schnellem Zeitfluss, bei denen die Zeit heilt (z.B. Weiße, die ihre Grausamkeiten als Vergangenheit verdrängen) und solchen, bei der sie nicht heilt. Auffallend sind auch Unterschiede zwischen nordeuropäischen *monochronen Kulturen*, bei denen die Organisation sehr wichtig ist und *polychronen Kulturen* wie zum Beispiel in Lateinamerika oder im Orient, bei denen mehrere Dinge gleichzeitig gemacht werden und Wert auf zweckfreie, informelle soziale Begegnungen gelegt wird. In der okzidentalen Kultur ist die Zeit ein leeres Gefäß, das gefüllt werden sollte. Wenn man Zeit verliert oder warten muss, geht unerfüllte Zeit verloren. Das Vergehen der Zeit scheint demnach in verschiedenen Kulturen oder bei besonderen Augenblicken im Leben unterschiedliche Geschwindigkeiten zu haben.

Klaus Roth diskutiert verschiedene Ansätze, die für die drei entscheidenden Aspekte *interkultureller Interaktion zum Thema Zeit* maßgebend sind: 1) Wahrnehmungen, Vorstellungen, Konzeptualisierungen; 2) zeitliche Orientierungen und Werthaltungen; 3) Formen der Nutzung und des Umgangs mit Zeit.[6]

Zyklische Zeitauffassungen spielen vor allem in Agrargesellschaften eine Rolle, in denen der Alltag von den Rhythmen der Natur bestimmt wird. In seinen Untersuchungen über kabylische Bauern kommt Bourdieu zum Schluss, dass der vorkapitalistischen Ökonomie die Vorstellung einer Zukunft als Feld von Möglichkeiten fremd ist.[7] Die *lineare* Zeitauffassung, die sich potentiell unbegrenzt in Vergangenheit und Zukunft erstreckt, führt gerade in industrialisierten Gesellschaften zu einer ausgeprägten Zukunftsorientierung und Zweckrationalisierung:

»[...] die Disziplinierung der landflüchtigen Bauern zu pünktlichen Fabrikarbeitern mit linearer Zeitauffassung und rationalem Zeitmanagement war im 19. Jahrhundert gewiss einer der wichtigen sozialen Erziehungsprozesse. Andererseits ist freilich auch zu beobachten, dass alte Rhythmen und Zyklen durch neue ersetzt worden sind, etwa durch die Zyklen *Arbeitswoche – Wochenende* und *Arbeitsjahr – Urlaub*.«[8]

Auch in Industriegesellschaften bleibt daher lineare *absolute* (historische) Zeit mit der zyklischen *relativen* Zeit verbunden. *Liminale* Zeit wird als immer vorhandene Zeit ohne Ort, als Traumzeit angesehen, die eng mit mythischen Vorstellungen verbunden ist und v.a. in außereuropäischen Kulturen zu finden ist. Auch in Museen, Denkmälern und Archiven, in denen historische Ereignisse für immer festgehalten sind, kann liminale Zeit zum Ausdruck kommen. Obwohl alle drei Zeitvorstellungen in allen Gesellschaften vorhanden sind, gibt es be-

---

6 Roth 1999/2000: Zeit und interkulturelle Kommunikation, 25-34.
7 Bourdieu 1976: Entwurf einer Theorie der Praxis, 378.
8 Roth 1999/2000: Zeit und interkulturelle Kommunikation, 28.

trächtliche Unterschiede in ihrer Bedeutung. Die unterschiedlichen Zeitauffassungen führen zu Konflikten beim Kontakt zwischen unterschiedlichen Kulturen, da Zeitauffassungen und Umgangsformen mit Zeit zum unbewussten kulturellen Basisrepertoire gehören und daher als unhinterfragte Normalitäten erst in Frage gestellt werden, wenn Diskrepanzen auftreten. Während im Urlaub der andersartige Umgang mit Zeit noch weniger ins Gewicht fällt, wird er bei Geschäfts- und Arbeitskontakten oft zum Problem und kann Anlass zu negativen Stereotypisierungen sein. Sprachliche Ausdrucksformen lassen ebenfalls Rückschlüsse auf unterschiedliche Zeitauffassungen zu: 1. z.B. engl. *colored people's time*; mexikan. *hora inglesa* [englische Stunde = pünktlich]; 2. Sprichwörter: ›Alles zu seiner Zeit‹, ›time is money‹; 3. Erzählungen und Witze z.B. über langsame Berner.[9]

Robert Levine ist kulturell determinierten Zeitauffassungen nachgegangen, indem er nach typischen Strukturen von Arbeits- und Ruhezeiten, nach Regelmäßigkeiten und nach Synchronizitäten in sozialen Aktivitäten von Menschen gesucht hat.[10] Eine Forschungsgruppe von Levine hat den Lebenstakt in 31 verschiedenen Ländern untersucht. Sie maßen die durchschnittliche Gehgeschwindigkeit, die am Arbeitsplatz für bestimmte Tätigkeiten benötigte Zeit und verglichen die Genauigkeit von fünfzehn zufällig ausgewählten Uhren an Bankgebäuden. Daraus leitete Levine fünf Grundfaktoren für das Tempo einer Kultur ab. Als wichtigsten Faktor für schnelles Tempo betrachtet er die Wirtschaft. Gleichzeitig ist in solchen Ländern das Bruttoinlandprodukt pro Kopf, der Wohlstand des Durchschnittsbürgers und die durchschnittliche Kalorienaufnahme pro Kopf am höchsten: »Menschen in Regionen mit einer blühenden Wirtschaft, einem hohen Industrialisierungsgrad, einer grösseren Einwohnerzahl, einem kühleren Klima und einer auf Individualismus ausgerichteten kulturellen Orientierung bewegen sich tendenziell schneller.«[11]

Bezug nehmend auf andere Studien, geht Levine davon aus, dass größere Städte ein schnelleres Tempo haben als kleinere. Auch die Temperaturen spielen eine Rolle: Während Mexiko, Brasilien und Indonesien die langsamsten Werte zeigten, so wiesen die Schweiz, Irland und Deutschland die schnellsten auf:

»Diese Konzentration auf Leistung führt normalerweise zu einer Zeit-ist-Geld-Einstellung, die wiederum in den Zwang mündet, jeden Augenblick irgendwie zu nutzen. In Kulturen, in denen

---

9 Ebd., 33-34.
10 Levine 1998: Eine Landkarte der Zeit, 22-48.
11 Ebd., 38.

soziale Beziehungen Vorrang haben, findet sich auch eine entspanntere Einstellung der Zeit gegenüber.«[12]

Während die anglo-amerikanische Kultur ihr Bedürfnis nach Wechsel mit neuen Moden, Wohnorten und Reisen zum Standard erklärt hat, erwartet die meisten Menschen auf dem Rest der Welt lebenslänglich derselbe Wohnort, dasselbe soziale Umfeld und dasselbe Essen. In anglo-amerikanischen Kulturen wären heute dennoch viele Menschen bereit, weniger zu verdienen, wenn sie dafür mehr Zeit für sich hätten.[13] In Japan hat die Arbeitssucht dazu geführt, dass Angestellte vor dem Wochenende oder Ferien unter einem weit verbreiteten Urlaubssyndrom leiden. Aber auch innerhalb der eigenen Kultur gibt es Tempounterschiede. So lassen sich Menschen mit Herzinfarktgefahr als ungeduldig, zu schnell gehend, essend und als äußerst pünktlich beschreiben.[14]

Auch Dringlichkeit wird in verschiedenen Kulturen unterschiedlich beurteilt. In westlichen Kulturen wird mit Aktivitäten und Ereignissen erfüllte Zeit als schnell vergehend betrachtet, während Nichtstun sinnloses Warten und Leere bedeutet:

»In einigen Kulturen wird das Nichtstun als etwas sehr Wertvolles betrachtet. [...] Die Japaner zum Beispiel empfinden besondere Hochachtung für das Konzept des *ma* – des Zwischenraumes zwischen Gegenständen oder Aktivitäten. Menschen aus dem Westen beschreiben den Raum zwischen einem Tisch und einem Stuhl vielleicht als leer. Japaner dagegen definieren den Zwischenraum als ›voll von Nichts‹. Für sie ist das, was nicht geschieht, oft wichtiger als das, was geschieht, ein Konzept, das westliche Besucher ziemlich irritiert.«[15]

Das Nicht-Beantworten einer Frage kann zum Beispiel »nein« bedeuten, das allgemein selten benutzt wird, deshalb sollte man in Japan in Gesprächen das nicht Gesagte aufmerksam verfolgen:

»Es gibt zwei Wege, dieses verbalisierte ›Nein‹ auszudrücken. Der gebräuchlichste ist eine Pause vor dem ›Ja‹. [...] Die zweite, klarer erkennbare Möglichkeit besteht darin, überhaupt keine direkte Antwort auf die Frage zu geben. In beiden Fällen ist es eigentlich die Stille, die die Bedeutung übermittelt, während die gesprochenen Worte nichts zum Verständnis beitragen.«[16]

---

12 Ebd., 49.
13 Ebd., 209-272.
14 Ebd., 50-70.
15 Ebd., 77.
16 Ebd., 78.

Die an einem Gespräch Beteiligten erhalten in Japan die Möglichkeit, in der Stille die Information zu verarbeiten oder genauer zuzuhören. In westlichen Gesellschaften ist das Gegenteil von reden nicht zuhören, sondern warten:

»Viele Menschen in anderen Teilen der Welt erkennen allerdings, dass eine oberflächliche Ruhe noch nicht bedeutet, dass es keine Veränderungen gibt. Zeiträume der Inaktivität werden als notwendiger Vorlauf für eine sinnvolle Tätigkeit verstanden. Die Chinesen zum Beispiel gelten als Meister des Wartens auf den richtigen Augenblick. Sie glauben, dass das Warten selbst erst diesen richtigen Augenblick schafft.«[17]

Ein wichtiger Faktor, um die Zeitgewohnheiten anderer Kulturen besser verstehen zu lernen, besteht gemäß Levine darin, das »Nichtstun«, den Umgang mit Pausen, Schweigen, Warten und Untätigkeit richtig interpretieren zu lernen. Der Sabbat sei zum Beispiel keine Pause wie bei uns bisweilen das Wochenende, sondern der Höhepunkt des Lebens – ein Palast der Zeit.

Orte und Räume des Wartens

»Wie verbringen Menschen ihre Zeit? Immer an bestimmten Orten und in bestimmten Räumen.«[18] Zeitpraxen und Zeitvorstellungen lassen sich nicht nur kulturräumlich differenzieren, sondern auch an unterschiedliche Räume binden, in denen sich typische Alltagskonstellationen auf besondere Weise »zeitlich« manifestieren. So gibt es Räume, die sich durch bestimmte beabsichtigte oder durch Alltagspraxen herausgebildete Strukturen und Atmosphärenkonstellationen als *Orte und Räume der Pause und des Wartens* auszeichnen: Der Schulhausplatz, die Kaffee-Ecke, das Theater- und Konzertfoyer, der Bahnhof, der Wartesaal, die Aufenthalts- und Shoppingbereiche im Flughafen, die Warteräume in Arztpraxen oder Korridore in Amts- und Auskunftsstellen. Dabei lassen sich Mikrostrukturen einer bestimmten personellen, zeitlich variablen Zusammensetzung und *typische Interaktionsmuster, insbesondere nonverbaler Kommunikation* ausmachen. Diese Erkenntnisse wiederum lassen sich anhand bestimmter theoretischer Ansätze und ethnographischer Untersuchungen analysieren und verdeutlichen.

---

17 Ebd., 79.
18 Stanko, Ritsert 1994: Zeit als Kategorie der Sozialwissenschaften, 10.

»Natürlich scheint Warten zuallererst eine Frage der Zeit. Zeit aber ist eine Frage der Kultur.«[19] Rainer Paris bezeichnet das Warten als eine »mehr oder minder lang andauernde ortsgebundene Tätigkeit, ein stationäres Verweilen, [...] bei der eine oder mehrere Personen ihre Aufmerksamkeit auf ein künftiges Ereignis richten und sich mental darauf vorbereiten«.[20] Der Begleitcharakter der Zeit, die teleologische Struktur, erzwungenes Nichtstun und Passivität, Selbstbezogenheit und Abhängigkeit vom Ereignis, das dem Warten ein Ende bereitet, kennzeichnen für ihn bestimmte Strukturmerkmale des Wartens.[21] Gerade die Abhängigkeit von Personen, die dem Warten ein Ende bereiten können, betont den Zusammenhang zwischen Warten und der Erfahrung sozialer Macht, deren Art und Charakter in hohem Maße kontextabhängig ist. Nicht immer hat Warten jedoch mit Abhängigkeit zu tun: Das zeremonielle Warten bei Festen und Feiern beispielsweise stimmt auf eine kommende Situation ein, oder die Tatsache, dass jemand gern auf eine bestimmte Person wartet, kann ein Zeichen der Wertschätzung sein. Heinz Schilling bezeichnet das Warten »als eine Art homöostatisches Regulativ im Haushalt des Lebens, zwischen Entwurf und Handlung, zwischen Bedürfnis und Erfüllung, sich äußernd als Spannung und Entspannung«.[22] Es gibt also Warten als willkommene Stresspause, als Form der Selbstdomestizierung beim Angeln, als lebensbegleitendes Warten auf ein Kind[23] oder Warten als lebensbestimmende Erfahrung bei Arbeitslosigkeit:

»Diese oft ausdruckslosen Zeitkonzepte des Handelns sind nicht als genormte chronometrische Größen zu verstehen, sondern als Handlungsformen und Handlungsbedingungen, ja als lebensweltliche Determinanten einer Warte-Kultur. Was beim alltäglichen Warten im Mikrobereich liegt, kann sich im langen Warten als lebensumfassende Größe erweisen. Zur Signatur des Lebens gehören alle diese zum Warten führenden Unterbrechungen, Aufschübe, Wiederholungen als Erfahrungskategorien.«[24]

Warten definiert den freiwilligen oder unfreiwilligen Aufschub eines Handlungsentwurfs vor dem Handlungsvollzug, umschreibt eine Schwelle und spielt sich im Kopf ab.[25] Es gibt normales, regelmässiges Warten auf ein Verkehrsmittel oder geschlechterspezifisch interpretiertes Warten:

---

19 Schilling 2002: Normalzeit, 36.
20 Paris 2001: Warten auf Amtsfluren, 706.
21 Ebd., 705-710.
22 Schilling (Hg.) 2002: Welche Farbe hat die Zeit, 14.
23 Vgl. Helbling, Rauber 2002: Andere Umstände, 45-78.
24 Schilling 2002: Zeitlose Ziele, 14.
25 Schilling 2002: Normalzeit, 37-38.

»Für Frauen hat das Warten als Pause im Alltagsstress eine hohe Bedeutung, Warten wird weniger als Wartenmüssen denn als Wartendürfen angesehen. [...] Warten ist schöpferisch. Man kann das menschliche Miteinander pflegen. [...] Man muss sich natürlich fragen, wie dieses überraschende Plädoyer weiblicher Äußerungen für das Warten sich erklären lässt. Frauen scheinen ›qualitativer‹, das heißt, emotionaler, Männer vielleicht ›quantitativer‹ [...] mit dem Thema umzugehen.«[26]

Im Gegensatz zu Schilling führe ich jedoch die unterschiedliche Sichtweise des Wartens auf die gegenüber Männern geringere Erfahrung von Macht und damit von Verfügungsgewalt über Zeit bei Frauen zurück.

»Beim Warten der Frauen scheint es sich um eines der letzten Tabus der Geschlechter in ihren gemeinsamen Räumen zwischen Öffentlichkeit und Privatheit zu handeln. Während sich ein den Zeitbegriff betreffender geschlechtsspezifischer Unterschied am Arbeitsplatz oder bei geschäftlichen Terminen kaum bemerkbar macht, kommt er im von außen ungleich schwerer einsehbaren privaten Raum umso stärker zum Tragen. Mütter, Ehefrauen, Lebens(abschnitts)gefährtinnen [...] könnten ein Lied davon singen [...].«[27]

Warten bedeutet die Erfahrung von Dauer und »unabweisbare Aufmerksamkeit gegenüber dem Verstreichen der Zeit«.[28]

»Wenn Warten als eine Art von Dazwischen gesehen werden kann, dann soll die These lauten, dass dieses Nicht-mehr/noch-nicht kein Nichts ist. Leerstelle wäre es lediglich aus der Sicht der Kontinuitätslogik der Moderne, wozu Begriffe wie Durststrecken und Talsohlen, Anpassungsschwierigkeiten und Überbrückungsphasen gehören: Zeit geht synchron weiter, Leben scheint desynchronisiert.«[29]

In unserer von Zeitknappheit beherrschten Gesellschaft erscheint es oft als »auferlegte Pause«[30], die uns innerhalb des Ereignisstroms zu Passivität zwingt:

»Die Leitvorstellung von Effizienz und Reibungslosigkeit, die Pausen nur als zeitliche Puffer zulässt, ist über das Funktionieren moderner Organisationen hinaus längst das zentrale Strukturierungsprinzip des Alltags der Mittelschichten und damit zum prägenden Lebensstil unserer Gesellschaft geworden.«[31]

Zu gesellschaftlich beeinflussten Einstellungen zum Warten kommen zudem persönliche Faktoren wie Ungeduld oder Gleichmut hinzu, die das Warten je nachdem als langweilig erfahren oder mit Gelassenheit ertragen lassen.

---

26 Ebd., 38.
27 Weigl 1995: Das Warten, 149.
28 Paris 2001: Warten auf Amtsfluren, 714.
29 Schilling 2002: Zeitlose Ziele, 249.
30 Paris 2001: Warten auf Amtsfluren, 712.
31 Ebd., 713.

Es gibt *Räume*, die aufgrund von bestimmten Alltagserfahrungen *paradigmatisch mit Warten in Zusammenhang* gebracht werden. Für Paris sind Flure multifunktionale Raumbereiche, Ausdruck der sequentiellen Zergliederung von Arbeit in Einzelbüros, der Funktionsmerkmale von Bürokratie, die die »Sachbedienung des Alltags«[32] zu ihren vordringlichen Prinzipien gemacht hat. Architektur als »verdinglichte Sozialität« wird hier im Sinne Foucaults zum Ort der vermuteten und immer möglichen Dauerbeobachtung:

»Der leere Flur signalisiert, dass alle in ihren Büros arbeiten. Amtskorridore sind deshalb aus der Perspektive eines reibungslosen Organisationsablaufs idealerweise *verwaiste Räume*. Die Alltagsgewissheit der Herrschaft und der Erledigung der Arbeit orientiert sich an der Maxime: Wenn niemand zu sehen ist, ist alles in Ordnung.«[33]

Die scheinbare Leere von Fluren als tote, unproduktive, zeitlose Räume täuscht über ihre Ergänzungsfunktionen bezüglich der eigentlichen Arbeitsräume hinweg. Davon zeugt die inszenierte Geschäftigkeit, die Eile, mit denen in den Büros Beschäftigte die Korridore durchschreiten, aber auch die Kargheit der symbolischen Ausstattung, die sich auf Hinweisschilder und Türbeschriftungen beschränkt und durch Halbdunkel und den »Schlauchcharakter« der Räume noch verstärkt wird: »Alles an diesen Räumen ist auf Anonymität, Unbequemlichkeit und Vereinzelung angelegt.«[34] Die Wartenden verwandeln diese Leere in Fülle und definieren Raum und Situation grundlegend um:

»Indem wir Räume erleben, beleben wir sie zugleich. [...] Allerdings bleibt die ursprüngliche Funktionsbestimmung der Flure auch dann erhalten, wenn sie als Warteräume dienen: Die Klienten verweilen in Räumen, die eigentlich Durchgangsräume sind. [...] Das Stationäre wird mit dem Transitorischen vermischt. Die Stuhlreihen oder Bänke sind längs der Wände aufgestellt, sodass in der Mitte ein Gang bleibt, auf dem der normale Bürobetrieb weitergeht.«[35]

Um Konflikte während des Wartens zu vermeiden, ist die Kanalisierung der Warteschlange von entscheidender Bedeutung.

»Wie in einem Brennspiegel verdichten sich in ihr [der Wartesituation, Anm. d. Verf.] die sonst eher abgespalteten und im Alltag zurückgedrängten Erfahrungen der Ungewissheit und Abhängigkeit, des Ausgeliefertseins an Umstände, Glück und Entscheidungen anderer.«[36]

---

32 Ebd., 717.
33 Ebd., 717.
34 Ebd., 718.
35 Ebd., 718.
36 Ebd., 730.

Warteräume und -bereiche zeichnen sich jedoch nicht nur als »leere« Orte des Ausgeliefertseins auf sich selbst, sondern auch als Sphären aus, bei denen *nonverbale Handlungsmuster zwischen Fremden* vorherrschend sind: »Man registriert die gegenseitige Anwesenheit und weiß sich fortan beobachtet.«[37]

Goffman beschreibt in diesem Zusammenhang die soziale Organisation gemeinsamen Wartens, wo Nähe an einem leeren und an einem gedrängt vollen Ort unterschiedlich bewertet wird.[38] Der Weggang einer Person kann genauso wie die Ankunft eine Neuverteilung der Plätze hervorrufen, indem zum Beispiel ein dicht neben einem anderen Sitzender weggeht, um nicht mehr so nah zu sitzen, was wiederum (z.B. visuelle) Sanktionen zur Folge haben kann bzw. bestimmten Regeln unterworfen ist.

Temporale Muster im Alltag sind daher mit räumlichen oder territorialen Verhaltensstrukturen verbunden. Der Ansatz von Goffman bezieht sich zwar auf modellhafte Konstruktionen von Alltagssituationen, verdeutlicht jedoch, dass Zeit nicht nur eine soziale Angelegenheit ist, sondern ähnlich einer dramaturgischen Typologie auch bestimmte Spuren im Raum hinterlässt, die kollektiv und kulturell präformiert sind und die sich nur durch raumsoziologische sowie situations- und gestaltungsanalytische Ansätze erschließen lassen.

Übergänge als Elemente von Zeit- und Raumstruktur

In den *Zeitfluss gewohnter Temporalstrukturen eingeschobene Zäsuren* und entsprechende Raumformationen lassen sich auch unter dem Aspekt von *Übergangs- und Schwellenphänomenen* betrachten. Sozial und kulturell definierte Übergange beziehen ihre Ordnungskraft aus zeitlichen und räumlichen Dimensionen. Auch die konkrete Ausgestaltung von Übergangsritualen weist in der Regel dramaturgische Komponenten auf, die einen festgelegten Zeitablauf in bestimmten Räumen vorsehen.[39]

Für Van Gennep umfasst jede Gesellschaft mehrere untereinander abgegrenzte Gruppierungen, und der Wechsel von einer zur anderen Gruppe ist von speziellen Übergängen bestimmt, wobei in modernen Gesellschaften nur noch

---

37 Ebd., 724.
38 Goffman 1982: Das Individuum im öffentlichen Austausch, 53-94.
39 Vgl. z.B. Belliger 1998: Ritualtheorien; Caduff 1999: Rituale heute; Soeffner 1992: Die Ordnung der Rituale; Werlen 1984: Ritual und Sprache.

eine Trennung zwischen säkulärer und religiöser Welt erkennbar ist.[40] *Les rites de passage* umschreiben den Wechsel von einer Gruppe zur anderen, von einer Altersstufe in eine andere, von einer sozialen Stellung in eine andere, der von speziellen Handlungen begleitet ist. Van Gennep unterscheidet drei zusammenhängende Phasen: a. Trennungsriten (Ablösungsphase), b. Schwellen oder Umwandlungsriten (Zwischenphase), c. Angliederungsriten (Integrationsphase). Die drei Phasen sind jedoch nicht bei allen Zeremonien gleich stark ausgebildet. Die Schwangerschaft bezeichnet er beispielsweise eindeutig als Übergangszeit (Abgrenzung, Nahrungs- und Sexualtabus, Einstellen der Erwerbstätigkeit usw.). Auch die Rückkehr zum normalen Leben führt über mehrere Phasen, weshalb die Niederkunft noch nicht das Ende der Übergangszeit bedeutet.

Victor Turner hat den Ansatz Van Genneps insofern weiterentwickelt, als er die mittlere Phase zum entscheidenden Abschnitt eines Übergangs erklärt hat. In dieser Phase der *Zwischenexistenz* ist die *gesellschaftliche Struktur und deren Ordnung temporär außer Kraft gesetzt*. Sie bekommt damit auch den Charakter einer Pause:

»In der mittleren ›Schwellenphase‹ ist das rituelle Subjekt (der ›Passierende‹) von Ambiguität gekennzeichnet; es durchschreitet einen kulturellen Bereich, der wenig oder keine Merkmale des vergangenen oder künftigen Zustands aufweist. [...] Die Eigenschaften des Schwellenzustands (der ›Liminalität‹) oder von Schwellenpersonen (›Grenzgängern‹) sind notwendigerweise unbestimmt, da dieser Zustand und diese Person durch das Netz der Klassifikationen, die normalerweise Zustände und Positionen im kulturellen Raum fixieren, hindurchschlüpfen.«[41]

Gesellschaften, die soziale und kulturelle Übergänge ritualisieren, verfügen daher über Symbole, die die Unbestimmtheit des Schwellenzustands zum Ausdruck bringen. Die Zwischenphase wird somit auf eine Weise kulturell gefasst, dass aus diesen Phasen gestärkt hervorgegangen werden kann:

»Wir werden in solchen Riten mit dem ›Augenblick in und außerhalb der Zeit‹, in und außerhalb der weltlichen Sozialstruktur konfrontiert, der – wie flüchtig er auch sein mag – das (wenn auch nicht immer sprachlich, so doch symbolisch zum Ausdruck gebrachte) Erkennen einer generalisierten sozialen Bindung offenbart, die aufgehört hat zu bestehen [...].«[42]

Nach Ansicht Turners kann das Leben daher als dialektischer Prozess gesehen werden, der die »sukzessive Erfahrung von Oben, Unten, Communitas und

---

40 Van Gennep 1986: Übergangsriten, 13-15.
41 Turner 1989: Das Ritual. Struktur und Anti-Struktur, 94-95.
42 Ebd., 96.

Struktur, Homogenität und Differenzierung, Gleichheit und Ungleichheit beinhaltet«.[43]

Eine besondere Form des Übergangs stellen *Transiträume* dar. Der Ethnologe Marc Augé postuliert eine wachsende Anzahl von *Nicht-Orten* für unsere Gegenwart.[44] Während Orte durch Identität, Relation und Geschichte gekennzeichnet werden, können Nicht-Orte als identitätslos sowie als nicht relational und nicht historisch definiert werden. Ein Ausdruck der großen Zahl an Transiträumen ist nicht zuletzt die hohe Mobilitätsdichte in unserer Gesellschaft, aber auch die Gesamtfläche von Nicht-Orten, die sich aus der Summe der benutzten Flächen durch Freizeitparks, Einkaufszentren, Bahnhöfe, Autobahnen usw. errechnen ließe.

Es gibt Transiträume, in denen sich verschiedene Arten der Territoriumsnutzung und des Wartens auf einer öffentlichen Bühne manifestieren und die durch ein besonderes Verhältnis zu Zeit, Dynamik und Bewegung gekennzeichnet sind. Dazu gehören alle Verkehrsknotenpunkte mit Wartefunktionen wie Busstationen, Flughafenhallen oder Bahnhöfe. Bahnhöfe dienen einerseits als Orientierungspunkte in der Stadt, als Ausgangs- und Knotenpunkte, Wahrzeichen, andererseits als Passagenräume, Schwellenräume und Tore zur Welt oder zur Heimat.[45] Bahnhöfe liegen im Spannungsfeld von Öffentlichkeit und Privatheit als Grundkomponente urbanen Lebens, gelten als Orte der Flüchtigkeit, der Anonymität und als Freiraum für unverfängliche Beobachtungen und Begegnungen mit Fremden. Nebst Aktiven und Eilenden gibt es jedoch auch Dauernutzer, Ecksteher, Wartende, denen der Bahnhof zur Heimat und Warten zum Selbstzweck geworden ist. Die durch die Dynamik der Verkehrsnutzer gekennzeichnete Öffentlichkeit des Bahnhofs ermöglicht eine Vielzahl an unsichtbaren, von einzelnen Nutzergruppen okkupierten Räumen, anhand derer sich eine Sozialtopographie des privaten Wartens, der *ständigen Pausenmacher* am Rande und von Zuschauern der mobilen Hauptbühne ablesen lässt: Randgruppen wie Alkoholiker, Drogenabhängige, Asylsuchende, Obdachlose oder Rentner schaffen sich im Bahnhof wettergeschützte Territorien, die sie verteidigen und die Kontaktmöglichkeiten schaffen. Sie nutzen den Schutz der Anonymität, um Nischen der Privatheit zu etablieren, finden jedoch auch eine ideale Kulisse, um der »Dauerpause«, dem »ewigen Warten« als Bestandteil ihres Alltags die Zeiterfahrung des

---

43 Ebd., 97.
44 Augé 1994: Orte und Nicht-Orte, 92-93.
45 Vgl. Hengartner 1994: Der Bahnhof als Fokus des städtischen Lebens?, 187-206.

Wandels und der Dynamik entgegenzusetzen und damit der sich in Zeit- und Perspektivelosigkeit äußernden Sinnlosigkeit der eigenen Existenz in einer zielgerichteten und zeitdichten Gegenwelt zu entfliehen.
Bei einer U-Bahnstation stellt das Warten einen Bruch in der Synchronisation von linearen, optimierten Zeitabläufen dar.[46] Gerade die zeitlich beschränkte Aufenthaltsdauer von Personen in einem Transitraum erfordert aus ethnographisch-kulturwissenschaftlicher Perspektive besondere Vorgehensweisen:

»Sans doute lui sera-t-il difficile, même s'il ne quitte pas le quai de la station où il prend d'habitude son métro, de construire comme un objet unique la somme des émotions, des calculs et des interêts que représente à un moment donné pur chacun et pour l'ensemble des voyageurs l'attente de la rame, mais ces éléments subjectifs et objectifs ne sont jamais vraiment totalisables; [...].«[47]

Der Benutzer bewegt sich in einem öffentlichen, funktional eingerichteten Raum mit beschränkten Handlungsangeboten wie dem visuellen Erkunden des Bahnsteiges, der Beobachtung anderer Wartenden, der Selbstdarstellung gegenüber Beobachtenden und der Wahrung persönlicher Reservate (z.B. Lesen oder Walkmanhören):

»Darüber hinaus können diese Tätigkeiten dazu dienen, den zeitlichen Normkonflikt aufzulösen, indem der Einzelne sich aus der linear ablaufenden Zeit herausnimmt und sich ein eigenes subjektives Zeitempfinden schafft. Aber das Beschäftigtsein mag nicht nur als Begründung für andere gelten, sondern auch für sich selbst. So mag das, was eigentlich als Normflucht gedacht war, gerade die Kriterien erfüllen, vor denen geflohen werden sollte: ›nutzlose‹ Zeit wird in ›nützliche‹ Zeit umgewandelt.«[48]

Kleinere kurzfristige Ziele ersetzen das Hauptziel des Fortkommens, das die Wartenden in einem auf Linearität angelegten architektonischen Rahmen miteinander verbindet.

---

46 Vgl. Wolf 2000: Der Rhythmus der Stadt oder: Die U-Bahnstation als Wartesituation, 19-23.
47 Augé 1994: Un ethnologue dans le métro, 88.
48 Wolf 2000: Der Rhythmus der Stadt oder: Die U-Bahnstation als Wartesituation, 23.

Die Theater- und Konzertpause als »Bühne zwischen der Bühne«

Die Pause während eines Theaters, eines Konzertes oder eines sonstigen Anlasses mit zuschauendem Publikum bietet Plattform für eine zeitlich beschränkte und räumlich ausgezeichnete Darstellung besonderer Art. So wird das bisher passiv zuschauende Publikum zu Darstellern und der Pausenraum zu einer mit Ausnahme der gemeinsamen Interessenlage und Erfahrung im Hauptbühnenraum zu einer weitgehend zufällig zusammengewürfelten kurzzeitigen Szene und Bühne. Lebensstilistisch bedingte bzw. milieuspezifisch erworbene Formen der Sozialdifferenzierung im Sinne Bourdieus dürften bereits bei Kleidung, Schmuck und Habitus eine symbolische Strukturierung des Pausenraumes und entsprechende gegenseitige Zuordnungsmuster hervorrufen. Nonverbale und verbale Kommunikationsstrategien gehören dabei zu den besonderen, in kurzer Zeit möglichst wirksam einzusetzenden Mitteln der Selbstdarstellung, während Rollen- und routinisierte Verhaltensmuster im Sinne Goffmans stabilisierende Funktionen erfüllen.[49]

Margaret Engeler untersuchte in den 1980er Jahren im Rahmen einer ethnographischen Analyse das Zürcher Konzertpublikum in der Tonhalle, einer Aufführungsstätte für klassische E-Musik. In diesem Zusammenhang widmete sie sich auch dem verbalen und nonverbalen Verhalten während Konzertpausen. Sie nennt verschiedene Vorbedingungen, die für das Publikumsverhalten maßgebend sind: Dazu gehören der Altersdurchschnitt, die Zugehörigkeit zu bestimmten Milieus, zu Insiderkreisen oder zu zufälligen Besuchern, der Ort und der Zeitpunkt der Konzerte. Die Autorin geht vom Rollenverhalten eines Konzertbesuchers aus, der aus der Alltagswelt in eine Kultur- und Freizeitwelt eintritt. Bereits mit dem Betreten der Vorhalle des Konzerthauses manifestiert sich ein spezifisches Rollenverhalten, »welches sich durch Zeichen, Symbole und Rituale verdeutlicht«[50] und das auch in der Pause seine Fortsetzung findet: Distanziertes und unverbindliches Zunicken, Händeschütteln, lächelnd-flüchtiges oder herzlich-erfreutes Küssen auf beide Wangen nennt Margaret Engeler als wichtigste nonverbale Kommunikationsmittel:

»Diese verschiedenen Begrüßungsriten vor dem Konzert oder in der Pause leiten über entweder zu einer professionellen, formalen oder gesellschaftlichen Kommunikation. Meistens ist das Gespräch von alltäglicher Substanz, aber doch von einer kulturellen Erwartungshaltung ge-

---

49 Vgl. Goffman 1971: Interaktionsrituale und Goffman 1969: Wir alle spielen Theater.
50 Engeler 1990: Das Zürcher Konzertleben, 29.

prägt. Es findet vor allem eine erste Kontaktnahme statt, die einem Rollenverhalten gleichkommt.«[51]

Die Pause bezeichnet Engeler als »gesellschaftliche Phase« und »das erneute Zuwinken, das rasche Wegeilen, das Durchblättern des Programmes oder das Besorgen eines Getränkes [als] symbolische Ablösungssequenzen im kommunikativen Verhalten des Konzertgängers«,[52] wie sie auch die zuweilen steife Haltung der Konzertbesucher als besondere Merkmale des Verhaltens in dieser Freizeitwelt der Tonhalle einordnet. Nach der Pause gehört die Wiederaufnahme einer bestimmten Erwartungshaltung vor dem zweiten Konzertteil wie das erneute Programmnachlesen zu den typischerweise gepflegten Ritualen. Die Kleidung ist ebenfalls Teil des symbolischen Verhaltens, sie bleibt bei einem gepflegten Konzerthaus wie der Tonhalle zumindest abends immer noch »sonntäglich« und drückt die berufliche und soziale Selbsteinordnung des Konzertpublikums aus.

Theater-, Konzert- oder ganz allgemein Veranstaltungspausen erweisen sich vor allem als ein Beobachtungsfeld subtiler lebensstilistischer Abgrenzung. Die Funktionen von Arbeitspausen als Institutionen des zeitlich-sozialen Ausgleichs zwischen ökonomischem System, Arbeitsalltag und Lebenswelt, geraten hier in den Hintergrund. An ihre Stelle tritt *gesellschaftliche Repräsentation* von Milieus und die Wiederherstellung von Ordnung innerhalb eines *temporär gebildeten Kollektivs*, deren Bedeutung jedoch auf eine *situativ-spielerische Ebene* beschränkt bleiben dürfte.

---

51 Ebd., 29.
52 Ebd., 29.

8. Knappheit als Zeiterfahrung der Gegenwart

Die jüngsten Entwicklungen von Pausen und der Pause verwandten Phänomenen sind Bestandteil bedeutender ökonomischer, sozialer und kultureller Wandlungsprozesse und entsprechender Umwertungen gesellschaftlicher Zeithorizonte und Zeitvorstellungen. Zeitdisziplin, die dazugehörende Pünktlichkeit und das Diktat der Beschleunigung sind zu den meistkritisierten Gegenständen der modernen Temporalverfassung geworden:

»Bekundungen des Zwangscharakters moderner Zeitverbringung sind ersichtlich zeitgemäß, und Zivilisationskritik ist heute nicht zuletzt Protest wider eine Zeit, die, statt als Freiheit, als Knebelung der Freiheit mittels Stundenplänen, Fahrplänen, Kalendern und Uhren erfahren wird.«[1]

So einig sich die meisten Zeitdiagnostiker über den Befund sind, so unterschiedlich sind deren Herleitungsmuster und Heilungsversuche:

Lothar Baier geht in seinem populärwissenschaftlich ausgerichteten Werk davon aus, dass die Beschleunigung, die in der Aufklärung als Mittel gesehen wurde, die Geschichte selbst in die Hand zu nehmen, in Verbindung mit Technik und Ökonomie zu einer nicht mehr steuerbaren Gewalt geworden ist.[2] Damit ist für ihn das große Befreiungsprojekt der Aufklärung, das Mündigwerden der Menschen, gescheitert. Aus den häufigen Klagen über Zeitknappheit lässt sich für ihn bereits der Ausdruck einer resignativen Anpassung herauslesen. Sie sind Bestandteil nicht nur einer »Kulturgeschichte moderner Hetze«, sondern auch einer »Kulturgeschichte der Leiden an dieser Hetze«.[3] Nach Ansicht Baiers ist uns ein besonderer Sinn für Zeit abhanden gekommen, der sich im französischen *bon moment* ausdrückt und der die Fähigkeit anzeigt, im Alltag Dinge zu tun oder als schicklich zu erachten, die zu einem anderen Zeitpunkt nicht gleichermaßen als richtig beachtet würden:

---

1 Lübbe 1994: Pünktlichkeit, 59.
2 Baier 2000: Keine Zeit! 18 Versuche über die Beschleunigung, 25-117.
3 Ebd., 12.

»Lange Zeit vor Einführung von Uhr und Kalender sprachen die Griechen vom *kairòs*, dem glücklichen, gut getroffenen oder vom den Göttern geschenkten Augenblick, dem rechten, passenden Zeitpunkt. Die Wahl des *bon moment* setzt zweierlei voraus: eine Tradition, die der Ausbildung des Sinns für Zeit einen Wert zuerkennt, und einen gesellschaftlich bestätigten Umgang mit der Zeit, der Sinn für Zeit die Freiheit lässt, ohne äußeren Druck den rechten Moment zu erkennen.«[4]

In Zeiten der kurzen Terminplanung des »Short-Terminism« hat der *bon moment* oft nur störende Auswirkungen. Beim Day-Trade können beispielsweise Minuten, die bei einem kurzen Mittagessen vergehen, hohe Geldverluste bringen:

»Der Mann war nur einmal schnell aus dem computerisierten Büro nach draußen gegangen und hatte in einer Snackbar einen Tacco hinuntergeschlungen, da waren bereits zigtausend Dollar verloren, da er fern vom Bildschirm die Papiere nicht rechtzeitig hatte abstoßen können, deren Werte innerhalb von Minuten absackten.«[5]

Dieser als »Tacco-Effekt« bekannt gewordene entscheidende Augenblick lässt Zeit bzw. ihre kurzzeitige Nichtbeachtung als feindliche Bedrohung erleben.

Auch der Sozialpsychologe Michel Baeriswyl sieht die Aufklärung als Grund für die Verabschiedung des abendländischen Wissens im Zeichen von Tradition und Bestandserhaltung: »Einst hatte Mensch genügend Zeit. Er stand auf, wenn die Sonne am Horizont erschien. Ging auf die Jagd, wenn er Hunger verspürte. Hörte auf, sich anzustrengen, wenn er gesättigt war. Nichts in der Welt trieb ihn zur Eile an.«[6]

Technik und Dynamik der Aufklärung führten zu einer Neuorganisation von Sozialstrukturen, Existenzformen und Zeitordnungen. Baeriswyl ist der Ansicht, dass nicht einfach der verbreitete Ruf nach Verlangsamung gegen die Zeitknappheit der Moderne weiterhilft, sondern dass nach kulturellen Zeitmaßen gesucht werden muss, »die sich mit den Rhythmen und Eigenzeiten der inneren und äußeren Natur des Menschen vertragen«.[7] Dazu gehört, den Dingen Zeit zu lassen und sie dem Diktat ökonomischer Nutzungsvorgaben zu entziehen. Es schließt gleichzeitig mit ein, Leitgedanken der Aufklärung aufzugeben, die darin bestehen, die Natur mit allen Mitteln beherrschen zu wollen. Eine sozialökologische Zeitkultur und Zeitpolitik, die sich auf Erkenntnisse der Chronowissenschaften stützt, sollte an einer Gesellschaft arbeiten, »die sich nicht am Takt der

---

4   Ebd., 124.
5   Ebd., 8.
6   Baeriswyl 2000: Chillout. Wege in eine neue Zeitkultur, 51.
7   Ebd., 17.

Ökonomie, sondern an den Rhythmen des Lebens orientiert«.[8] Das Prinzip der Nachhaltigkeit, Geschwindigkeitsreduktion beim Verkehr, die Produktionsverlagerung von Nahrungsmitteln in die Konsumgebiete und eine sozialwissenschaftliche Zeitforschung, welche die kulturspezifische Ausprägung von Festtagskalendern, Öffnungszeiten von Geschäften, aber auch Arbeitszeiten in ihre Analysen miteinbezieht, sollte der Nonstop-Gesellschaft Wege zu *Chronotopen* ebnen und den Sinn für Rhythmen und Pausen eröffnen:

»Alle Gesellschaften kennen kollektive Ruhepausen, kennen Zeiten der Anspannung und Zeiten der Entspannung, schaffen sich Inseln besinnlicher Ruhe als Gegenwelt zur hektischen Betriebsamkeit des Alltags und feiern Hoch-Zeiten der Unbeschwertheit und des Überflusses, die vom Gebot der Sparsamkeit und der Mäßigung abweichen und als Zäsuren im Lebenslauf des Einzelnen wie der Gemeinschaft dienen.«[9]

Bei Tanzveranstaltungen der Technokultur sieht er die Aufhebung der Zeitherrschaft und in der Ekstase der Raves Zeitlosigkeit verwirklicht, obwohl gerade die Technokultur eine von Leistung diktierte Bewegungs- und Körperkultur kennt:[10]

»Und wenn Glück die Absenz des Zeitempfindens sei, Vergangenheit und Zukunft irrelevant werden, nähern sich an Raves Hunderte, ja Tausende tanzend diesem zeitlosen Zustand.«[11]

Chillout-Bereiche sieht er als Räume der Stille, die er für die gesamte Gesellschaft als Mittel vorschlägt, damit wir wieder Herren der Zeit werden.

Reheis führt zahlreiche somatische und psychische Krankheiten in unserer Gesellschaft auf Zeitknappheit zurück.[12] Als Mittel dagegen schlägt er eine Form von Zeithygiene vor, die verschiedene Maßnahmen beinhaltet: Zeitmanager einbeziehen, Prioritäten setzen, nie zwei Dinge auf einmal tun, den Tag durch Fixpunkte gliedern, sich *Ruhepausen* und *Zeitinseln* reservieren.

Geissler nennt folgende Charakteristika, anhand derer sich die strukturellen Veränderungen von vormodernen zu postmodernen Phasen beschreiben lassen:[13]
1. Während in vormodernen Zeiten einflussreiche Landesfürsten, Unternehmer und kirchliche Würdenträger unser zeitliches Verhalten strukturierten, sind es

---

8 Ebd., 173.
9 Ebd., 198.
10 Vgl. dazu Muri 1999: Aufbruch ins Wunderland?
11 Baeriswyl 2000: Chillout. Wege in eine neue Zeitkultur, 218.
12 Reheis 1998: Die Kreativität der Langsamkeit.
13 Geissler 1999: Vom Tempo der Welt, 84-119; In einer von der Zeitschrift »Stern« durchgeführten Umfrage klagten am 13. Mai 1999 73% der Deutschen über Hektik und das Diktat der Schnelligkeit, in Japan fühlten sich 1991 70% der Befragten unter Zeitdruck. Bei Geissler 1999: Vom Tempo der Welt, 92.

heute Parlamente, Arbeitgeber und Gewerkschaften. Dabei lösen Deregulierung und Destandardisierung traditionelle Rhythmen zugunsten einer flexiblen Zeitordnung auf. 2. Die Individualisierung von Zeitordnungen bringt eine größere Zeitsouveränität mit sich, hat jedoch auch zur Folge, dass man jederzeit zeitsouverän sein muss. Die damit gewonnene Freiheit führt zugleich zu Unsicherheiten und verstärktem Orientierungsbedarf. 3. Mit den gesteigerten Erlebnis- und Erfahrungsmöglichkeiten steigen auch Zeitkonflikte. Mobilitätsbedingte Zeitgewinne können zu Zeitverlusten werden, weil die Schnelligkeit den Zeitdruck auf die Beschleunigung von Anschlusshandlungen erhöht. Ein Manager, der aus einem Meditationskurs in einem nepalesischen Kloster kommt und auf dem Flughafen das Bodenpersonal wegen eines verpassten Anschlussfluges beschimpft, wäre ein passendes Beispiel dazu. 4. Subjekte müssen die Zeitkoordination mit der Umwelt selber bewältigen und die individuell gesteuerte Synchronisation erfordert mehr Koordinationsaufwand. *Zeitwohlstand wird von Geissler als verpasste Errungenschaft unserer Zivilisation* dem Güterwohlstand gegenübergestellt:

»Eine Gesellschaft ist unter dieser Perspektive wohlhabend, wenn sie nicht nur viele Waren und Güter produziert und besitzt, sondern auch viele Zeitformen zulässt und realisiert. Wenn sie ihren Mitgliedern beispielsweise vielfältige Möglichkeiten eröffnet, Eigenzeiten zu leben, elastisch mit Zeitvorgaben umzugehen, das erwünschte Tempo im Alltag selber zu beeinflussen, [...] und ihre Zeitsouveränität im Arbeitsprozess zu erhöhen.«[14]

Hörning, Ahrens und Gerhard sehen gerade *in modernen Kommunikationstechniken kreative Spielräume für eine eigenständige Zeitgestaltung* in einer von Zeitknappheit geprägten Gesellschaft:

»Erst in der alltäglichen Nutzung zeigt sich, in welcher Weise technische Geräte Zeit in spezifischen eigenkontrollierten Zeitmustern verfügbar machen, ob die eingesetzte Technik als Zeitersparnis oder als Zeitverbringung Relevanz gewinnt, ob sie der Beschleunigung oder Dehnung von Zeit dient, ob sie zur Inszenierung von biographischen Erlebniszeiten oder zu Experimenten mit technisch ermöglichter Verzeitlichung eingesetzt wird.«[15]

Auf der Basis eines kulturtheoretisch fundierten Technikansatzes entwickeln die Autoren lebensstilspezifische Typen, die durch einen bestimmten Umgang mit Technik, Kommunikationsmitteln und Zeit charakterisiert sind (»technikfaszinierter Wellenreiter«, »kommunikationsbesorgter Skeptiker«, »zeitjonglierender Spieler«). Sie setzen den Schwerpunkt nicht auf Einstellungsmustern der Akteu-

---

14   Ebd., 190-191.
15   Hörning, Ahrens, Gerhard 1997: Zeitpraktiken, 12.

re, sondern auf deren Zeitpraktiken als wesentlichen Bestandteil der alltäglichen Lebensführung und damit nicht nur darauf, *was* sie tun, sondern auch *wie* sie es tun: »Die Aufgabe besteht [...] darin, einen Zeitbegriff ins Auge zu fassen, der den gängigen Knappheits- und Verwendungsdiskurs mit einem Zeitverständnis konfrontiert, das die Eigenqualität von Zeit betont.«[16]

Im Gegensatz zu Michel Baeriswyl sind die Autoren der Ansicht, dass Zeit nicht erst seit der Verbreitung kapitalistischer Ökonomie als kostbar begriffen wird. Die für spätmoderne Zeitverhältnisse charakteristischen Zuschreibungen »Temposteigerung«, »Flexibilisierung« und »Individualisierung« greifen für die AutorInnen zu kurz und werden durch ein reflexives, lebensstilbezogenes Zeitverständnis ersetzt: Zeit wird als *Medium* konzipiert, das sich in unterschiedlichen Zeitpraktiken verfügbar machen lässt. Zeitnot führen sie nicht auf sachliche und soziale Überforderungen, sondern auf zeitimmanente Probleme zurück. Die gängigen Lösungsstrategien der Flexibilisierung und Individualisierung »greifen zu kurz, weil sie sich auf eine vorgegebene Zeitlinearität beziehen, die zunehmend zur Disposition steht«:[17]

»Damit verstricken sich die gängigen Thematisierungen in einen Widerspruch, den wir nur derart paradox formulieren können: Sie verdecken, dass Zeitvorstellungen zeitlich sind und schaffen sich so eine Zeitvorstellung, nach der die Zeit ›stillgelegt‹ werden soll. Eine reflexiv gewendete Zeitkonzeption dagegen ermöglicht, jede Zeitpraxis als eine spezifische ›Lösung‹ des grundsätzlichen Dilemmas zu verstehen, in dem jedes ›Zeiten‹ steckt: dass man aus dem jetzt, dem aktuellen Moment der Gegenwart, nicht herauskommt und doch Nichtgegenwärtiges verhandeln muss.«[18]

Anhand der ausgewählten Lebensstiltypen lässt sich aufzeigen, wie mit neuen Techniken neue Ausgestaltungsmöglichkeiten von Zeit einhergehen.

Helga Nowotny umschreibt mit dem Begriff der *U-Chronien* in Ergänzung zu Utopien drei mögliche Szenarien, die Auswege aus der Zeitknappheit aufzeigen:[19] 1. Mehr Freizeit, Konsum, Vergnügen, weniger Arbeit, eine U-Chronie, die von der Werbeindustrie bestens genutzt wird; 2. Mehr Zeitsouveränität und Selbstbestimmung innerhalb der Arbeitszeit, ein weit beschwerlicherer Weg, der nur über langdauernde sozialpolitische Prozesse zu erreichen ist; 3. Das Erlernen von zeitlichen Rhythmen, die der vorherrschenden Linearität Lebenszeit entge-

---

16 Ebd., 47.
17 Ebd., 64.
18 Ebd., 64.
19 Nowotny 1995: Eigenzeit, 139-142.

gensetzen und Zeiträume für Unvorhergesehenes, Überraschungen und Wechselfälle des Lebens ermöglichen.

Das gescheiterte Projekt einer nicht mehr steuerbaren Beschleunigung seit der Aufklärung, der verloren gegangene Einfluss zeitbestimmender religiöser und staatlicher Instanzen und die zweifache Überforderung der Individuen, die verschiedenen Systemzeiten zu koordinieren und gleichzeitig die zur Verfügung stehende Zeit selbst zu gestalten, werden als Begründungen für die gegenwärtige Krise der Temporalverfassung angeführt. Eine vermehrte Zeithygiene, bei der mit der Setzung von Prioritäten neue »Zeitinseln« geschaffen werden, die Wiederentdeckung des »bon moment« als gut und glücklich getroffener Augenblick für eine bestimmte Tätigkeit oder der Hinweis auf »Pausen«, die selbst an der Börse das System funktionsfähig halten würden, werden in Alltagsratgebern und sozialwissenschaftlichen Abhandlungen zur Gesundung einer an ihrer Zeit erkrankten Gesellschaft vorgeschlagen. Die zahlreichen populärwissenschaftlichen Publikationen, die zum Thema Zeitnot und den Möglichkeiten, ihr zu entrinnen, in den letzten Jahren erschienen sind, verorten im Alltag der Individuen das zeitliche Ausgleichsbecken, das als Ergebnis historischer Prozesse und hegemonial wirkender Systemzeiten als letzter Bereich individueller Zeitchancen für eine Veränderung der Verhältnisse sorgen könnte. Den immer kürzeren Produktions- und Innovationsraten in der Wirtschaft, denen selbst das hastige Verzehren eines Taccos zum Opfer fallen kann, den omnipräsenten medialen »Zeitvernichtungsfeldern« und den die Welt umspannenden Auswirkungen globaler Gleichzeitigkeiten soll ausgerechnet das Individuum im Alltag Strategien entgegensetzen, im Alltag soll es »Pausen«, »Chillouts«, »Zeitinseln«, »Chronotope« pflegen. Im Alltag sollen sich »Eigenzeiten« politisch zu formieren beginnen, sollen »Eigenrechte« wahrgenommen werden, soll »Eigensinn« und »eigener Sinn« zu entdecken sein gegenüber einer krankmachenden Zeit.

Freiheit und Zwang als zeitliches und alltagskulturelles Konstrukt

Zeitdiagnostiker sind sich einig: Die in der Gegenwart vorherrschende Zeitverfassung schafft zunehmend Probleme und Defizite in Bezug auf das Gelingen des Lebens. Und dieses Gelingen hängt entscheidend mit der zeitlichen Einteilung menschlichen Handelns zusammen. Zeit bedeutet Möglichkeiten und Begrenzung zugleich. Das gute Leben besteht nach Ruh in der Optimierung von Freiheit und Notwendigkeit, Sinn und Zwang, Sehnsucht und Realität, Solidarität und Eigengesetzlichkeit.[20] Das Diktat der ökonomischen Bewirtschaftung von Zeit bestimmt auch die Bewertung anderer Tätigkeiten: sinnstiftende, soziale und kulturelle Tätigkeiten sind entweder nutzlos oder nur über den Markt erhältlich. Zeit für humane Dienstleistungen wie beispielsweise die Betreuung von Alten wird unbezahlbar. Ruh schlägt als Lösung sieben neue Tätigkeitsbereiche vor: Freizeit, monetarisierte Arbeit, Eigenarbeit, obligatorische Sozialzeit, informelle Sozialzeit, Ich-Zeit (Zeit für sich selbst: z.B. Gesundheitspflege, Sport, Kultur, Religion, Esoterik), Reproduktionszeit. Seine Vorstellungen stehen jedoch im Kontrast zu kulturellen Werthaltungen im Zusammenhang mit Arbeit und freier Zeit, die sich als mentale Strukturen verfestigt haben und die die Basis für vorherrschende Alltagsmuster bilden.

Alltagskultur ist für Hermann Lübbe dennoch der geeignete Bereich, um zu belegen, »dass Zeit in keiner Gesellschaft zuvor in wohlbestimmter Hinsicht verfügbarer war als in der modernen Industriegesellschaft«.[21] Trotz einem Viertel der verfügbaren Zeit, die der Fernsehkonsum verbraucht, blieben im Alltag noch relativ viele Stunden, um Freizeitbeschäftigungen nachzugehen:

»Wie ist das mit den eingangs geschilderten Klagen über die zivilisationsspezifisch fortschreitende Enteignung sogenannter Eigenzeit kompatibel? Was gilt denn nun: Freiheitsgewinn als Gewinn individuell disponibler, notwendigkeitsentlasteter Lebenszeit oder Freiheitsverlust durch enteignete Eigenzeit im Rahmen einer Zivilisation der omnipräsent gewordenen Uhr mit ihrer Zeigerweisung? Die Auflösung dieses scheinbaren Widerspruchs liegt im Faktum, dass Freiheit, und zwar gerade auch die Freiheit selbstbestimmt verfügbar gewordener Zeit, ihrerseits als Zwang erfahrbar ist.«[22]

Alltag und Zeit sind gesellschaftlich konstruierte Begriffe, deren Vieldeutigkeit einen systematischen Zugriff erschweren. Der dieser Arbeit zugrunde liegende alltagskulturelle Ansatz soll dazu dienen, die Gemeinsamkeiten begrifflicher Zuschreibungskategorien von Alltag und Zeit herauszuarbeiten und entlang dieser eine analytische Konzeption von Alltagszeit und darin eingeschriebenen Pausenmustern sowie einen über Zeitlichkeit generierten Alltagsbegriff zu erarbeiten.

---

20 Ruh 1997: Entwurf eines veränderten Umgangs mit der Zeit, 97-105.
21 Lübbe 1994: Pünktlichkeit, 62.
22 Ebd., 69.

Trotz zahlreicher theoretischer Definitionsversuche ist der *Begriff des Alltags* »merkwürdig diffus und schillernd geblieben. [...] So gibt es fast so viele Alltage wie es Autoren zu diesem Thema gibt.«[23] Einer Typik der gebräuchlichsten Alltagsbegriffe stellt Elias denn auch ihre implizit damit verbundenen Gegenbegriffe gegenüber:[24] Dem *Alltag* den Festtag, der *Routine* das Außergewöhnliche, dem *Leben der Massen* dasjenige Privilegierter, dem *Arbeitstag* das Leben in Luxus und ohne Arbeit, der Sphäre des *unreflektierten Erlebens* das reflektierte, künstlerische und wissenschaftliche Erleben und Denken usw. Zweifellos lassen sich diese Begriffszuordnungen in Frage stellen. So leben auch Privilegierte in Alltagen, wäre ein Fehlen von ideologischem und naivem Bewusstsein in künstlerischen und wissenschaftlichen Sphären vielfach widerlegbar. Bergmann sieht Alltag als *Sphäre des Handelns, die allen anderen Sphären zugrunde liegt*, als *Welt, in der alle Gesellschaftsmitglieder Handlungskompetenz besitzen*, die jeweils *subjektiv bzw. gruppenspezifisch ausgeprägt ist* (im Gegensatz zu institutionell und systembedingten Ausprägungen) und er konzipiert *Alltäglichkeit als eine in allen Sonderwelten anzutreffende Handlungs- und Wissensform*.[25] Er ergänzt damit die Typologie von Elias mit phänomenologisch hergeleiteten Kategorien, die eine umfassendere Auseinandersetzung mit dem Alltagsbegriff zur Diskussion stellen und die bei Elias hervorgehenden Wertsetzungen relativieren.

Auf die grundsätzliche *Problematik einer Verwissenschaftlichung des Alltags* weisen der Kulturwissenschaftler Konrad Köstlin sowie die Soziologen Hans-Georg Soeffner und Hans Peter Thurn hin. Köstlin beschreibt anhand der populären Denkfigur des Urlaubs als Gegenwelt zum Alltag die Gefahren einer Alltagsforschung, die Erfahrungen im Alltag durch ihre Konzeptionen vorwegnimmt und erklärt, ohne sie an empirischen Beispielen zu messen. Die Wissenschaft wird damit nicht nur zur Erklärungsinstanz von Erfahrungen, sondern »sie schafft Erfahrung«.[26]

Hans-Georg Soeffner vertritt die These, dass Wissenschaft und alltägliche Handlungspraxis trotz einer gemeinsamen Verankerung im Handlungs- und Sinnbereich des Alltags nicht verbunden werden können.[27] Die Kompetenz des Wissenschaftlers, der Alltagshandeln untersucht, unterscheidet sich grundlegend von der Kompetenz des Alltagshandelns. Alltag bezeichnet Soeffner als beson-

---

23 Lipp 1994: Alltagskulturforschung in der empirischen Kulturwissenschaft und Volkskunde, 81.
24 Elias 1978: Zum Begriff des Alltags, 22-29.
25 Bergmann 1981: Lebenswelt, Lebenswelt des Alltags oder Alltagswelt?, 54-55.
26 Köstlin 1995: Wir sind alle Touristen – Gegenwelten als Alltag, 10.
27 Soeffner 1989: Auslegung des Alltags – Der Alltag der Auslegung, 12-26.

deren Typus der Erfahrung, des Handelns und des Wissens, als Interaktionsraum der Selbstverständlichkeiten. Er bildet eine Welt ab, »in der man genau weiß, woran man ist und in der man daher kompetent ist und kompetent handelt«.[28] Sie zeichnet sich durch einen *kognitiven Stil der Praxis* aus, der *Normalität als konstitutiven Faktor* des Alltags konstruiert und eine Minimierung des Ungewöhnlichen anstrebt. Die Aufgabe der Wissenschaft besteht nun darin, Alltagserfahrung, Alltagswissen und Alltagshandeln reflektiert zu bearbeiten, sofern es in Texten und Protokollen von alltäglichem Handeln dokumentiert und rekonstruierbar ist. Während der kognitive Stil der Praxis des Alltags die Sicherung des Erkannten anstrebt, bezieht sich der analytisch-rekonstruktive und rational konstruierende der Wissenschaft auf Zweifel am Erkannten und Entfaltung des Erkennbaren.

Auch für Hans Peter Thurn liegt die Problematik des Alltagsbegriffs in seinen wissenschaftlichen Kategorisierungen und den sich davon unterscheidenden konkreten Lebensvollzügen.[29] Eine systematische Konzeption des Alltagsbegriffes stößt jedoch nicht nur aufgrund problematischer wissenschaftlich präformierter Sichtweisen an Grenzen. Kulturelle Entwicklung vollzieht sich auf gegenseitig sich durchdringenden Ebenen der Erweiterung der Makrokultur und dem Erwerb einer Mikrokultur durch Individuen in bestimmten Kulturmilieus.[30] Die makrostrukturelle Ausdehnung des Kulturangebots und seine weit ausgedehnte freie Zugänglichkeit führen in der Gegenwart zu einem permanenten Bedarf kultureller Verarbeitungsprozesse im Alltag und zur Anforderung an Individuen, sich zu Spezialisten zu entwickeln, die sich auf Teilbereiche konzentrieren und flexible Anpassungsleistungen vollbringen müssen. Die qualitative und vor allem quantitative Differenz zwischen partikularer Mikro- und universaler Makrokultur erfordern vom Einzelnen den Aufbau eines dynamisch reagierenden, kulturell-kommunikativen Verwandlungshaushalts und die Entwicklung entsprechender Lebenstechniken und Alltagskonzepte. Der von Emile Durkheim entwickelte Begriff der *théorie pratique* stellt der verbreiteten Dichotomie von Alltag als Gegenstand sozialwissenschaftlicher Theoriebildung einerseits und Alltag als unreflektierte Praxis der Individuen andererseits eine reflexive Ebene der Individuen im Alltag gegenüber.[31] Der Mensch legt für Durkheim

---

28 Soeffner 1989: Auslegung des Alltags – Der Alltag der Auslegung, 14.
29 Thurn 1980: Grundrisse einer Anthropologie des Alltagslebens, 1.
30 Thurn 1978: Grundprobleme eines sozialwissenschaftlichen Konzepts der Alltagskultur, 48-51.
31 Durkheim 1972 (1922): Wesen und Methode der Pädagogik. In: Erziehung und Soziologie, 50-71, bei Thurn 1978: Grundprobleme eines sozialwissenschaftlichen Konzepts der Alltagskultur, 49-57.

seinem Handeln in kontinuierlicher Selbstauslegung Ketten von Entwürfen zugrunde, die sich in *praktischen Theorien* zu einer persönlichen Handlungsprogrammatik im Alltag verdichten. Aus diesem Dilemma heraus entwickelt Thurn den Begriff der *Alltäglichkeit*, der die Art und Weise, in der sich alltägliche Daseinsgestaltung vollzieht, umschreibt:

»Sie hilft, die Beschaffenheit des Alltagslebens in ihren natürlichen, kulturellen, sozialen und ökonomischen und weiteren Komponenten aufzudecken. Die auf die Alltäglichkeit gerichtete Kernfrage ist nicht diejenige nach dem was, sondern jene nach dem wie. Sie zielt auf die Lebenstechniken, denen der Alltag sein so und so geartetes Erscheinungsbild verdankt.«[32]

Thurn postuliert ein analytisches Modell, das zwischen Alltag als Teil der Lebenswelt und *Alltäglichkeit als Kategorie der Modalität und des Vollzugs, als Erfahrungsform und Gestaltungsrahmen* unterscheidet.

Alltäglichkeit umfasst eine offene Kategorie, die Festzeiten und Feiertage miteinschließt. Sie lässt sich allein in ihrer Bezugnahme auf die realen Dimensionen der menschlichen Lebensgestaltung erfassen und wird damit zu einer *relationalen Kategorie*, die ihre charakteristische Plastizität in der Erfahrung Betroffener erhält und gleichzeitig sozialwissenschaftliche wie literarische Zugangsweisen eröffnet.[33] Mit Karel Kosik weist Thurn zudem auf den *zeitgebundenen und prozesshaften Charakter der Alltäglichkeit* als »*Gliederung* des individuellen Lebens der Menschen im Rahmen jedes Tages hin: die Wiederholbarkeit ihrer Verrichtungen ist in der Wiederholbarkeit eines jeden Tages, in der Zeiteinteilung eines jeden Tages fixiert. Das Alltägliche ist die Gliederung der Zeit und der Rhythmus, darin sich die individuelle Geschichte des einzelnen abspielt«.[34] Gleichzeitig betont er die *Bedeutung von Zäsuren* als Teil eines Alltäglichkeit konstituierenden Zeitflusses:

»Der Vorrang des durativen Gesichtspunkts in der Sprach- und Bedeutungsgeschichte kann nicht darüber hinwegtäuschen, dass die Alltäglichkeit in die Folge der Zeiten ihre eigenen Zäsuren gräbt. Ihr Temporalaspekt drückt sich darin aus, dass sie manche Phasen mit stärkeren Akzenten versieht als andere. Wenngleich die traditionelle Trennung von Werktag und Feiertag heute ihre reale und definitorische Gültigkeit eingebüßt zu haben scheint, ist doch unverkennbar, dass Alltag und Nicht-Alltag im Dasein der meisten Menschen einander abwechseln, dass das Leben nicht in Alltäglichkeit oder deren Gegenteil gleichmäßig dahinfließt.«[35]

---

32 Thurn 1980: Grundrisse einer Anthropologie des Alltagslebens, 27.
33 Ebd., 28.
34 Kosik 1967: Die Dialektik des Konkreten, 71, zit. bei: Thurn 1980: Grundprobleme eines sozialwissenschaftlichen Konzepts der Alltagskultur, 28.
35 Thurn 1980: Grundrisse einer Anthropologie des Alltagslebens, 28-29.

Mit der zunehmenden Freizeit gerät »die temporale Modellierung der Alltäglichkeit mehr und mehr in die Selbstverantwortung der einzelnen Menschen«.[36] Da die Wiederkehr von routinisierten Verhaltensformen heute in geringerem Masse einer übergeordneten kulturellen Zeiteinteilung folgt, ist Alltäglichkeit temporal variabler geworden.

Aufgrund der dieser Arbeit zugrundeliegenden Überlegungen zum Thema Zeit und in Anlehnung an Elias, Bergmann, Schütz und Luckmann sowie Soeffner und Thurn, aber auch in ergänzender Differenzierung gegenüber diesen Ansätzen definiere ich Alltag als wissenschaftliche Kategorie, die einen Handlungs- und Erfahrungskontext in Reichweite umfasst, die allen anderen Sphären zugrunde liegt. In der Sphäre des Alltags beseitzen alle Gesellschaftsmitglieder Handlungskompetenz. Diese Handlungskompetenz ist einerseits individuell bzw. gruppenspezifisch ausgeprägt, andererseits von strukturellen, institutionellen und systembedingten Einschränkungen und Ausweitungen betroffen. Im Alltag vorherrschende, selbstverständliche und routinisierte Gewohnheiten charakterisieren den Ereignisverlauf des täglichen Lebens, bleiben aber gleichzeitig auf unvorhergesehene Erfahrungen bezogen, die sowohl als Befreiung vom Alltag (z.B. im Fest), aber auch als Zwang und Krise erlebt werden können. *Alltag* bleibt damit immer eine *in dialektischem Verhältnis zu sich selbst stehende Kategorie*. Ihre begriffsimmanente Dialektik bezieht sich auf die widersprüchliche Anlage des Alltagsbegriffs zwischen gesellschaftlicher Bedingtheit und seiner modellhaften Konzeption. Ergänzend zu diesen Konzeptionen wird der Alltagsbegriff im Rückgriff auf Thurn mit der Kategorie der Alltäglichkeit erweitert, in der sich natürliche, kulturelle, soziale und ökonomische Bedingungen mit typisch alltäglichen Erfahrungsformen und Gestaltungsrahmen verbinden, und die sich durch bestimmte Temporalstrukturen, Zeiterfahrungen und Handlungsmuster auszeichnet. Geht man von *Normalität und Wiederholung* als für Soeffner grundlegende intersubjektive Erfahrungs-, Wissens- und Organisationsform alltäglicher Milieus aus, so muss diese Sichtweise vor dem Hintergrund der in dieser Arbeit entwickelten temporalen Alltagsdimension *relativiert werden*. Die ebenfalls nach Soeffner alltagstypische Sicherung des Erkennbaren lässt sich vor dem Hintergrund von alltagstypischen Pausenfiguren differenzieren. Die innerhalb des durch Wiederholung und Normalität gekennzeichneten alltäglichen Zeitflusses nach bestimmten kulturellen Mustern verlaufenden, im kollektiven Alltagswissen verankerten Pausenfiguren, dienen einer *Aufwertung der gleichförmigen zeitlichen Dimension des Alltgs mit Sinnhorizonten*, wie sie in diesem Buch an-

---

36 Ebd., 29.

hand der Bereiche Arbeit, Freizeit, kalendarischer Jahresverlauf und Feste aufgezeigt worden sind. Die Fokussierung auf zeitliche Dimensionen führt daher zu einer ergänzenden Perspektive der in diesem Kapitel diskutierten Alltagskonzepte, wie auch zu einer konzeptionellen Erweiterung der Erfahrungsdimensionen von Alltäglichkeit.

Gesichtsloser Alltag – pausenlose Alltagszeit?

Die meisten Zeitanalysen über unsere Gegenwartsgesellschaft betonen die Gemeinsamkeiten eines geschichts- und gesichtslosen, grauen Alltags mit dem Vorherrschen linearer Zeitordnungen, den fehlenden Zyklen von Arbeit und Erholung und dem Messen von Zeit in abstrakten entqualifizierten Einheiten. Eine »Zeit ohne Eigenschaften« bringt die Menschen und ihre konkreten Tätigkeiten in Temporalstrukturen zusammen, die ohne Unterschiede und ohne Pausen den Charakter einer endlosen Dauer erhalten.

Nach Ansicht Hermann Lübbes ist »Gegenwartsschrumpfung« ein wichtiges Kennzeichen moderner Temporalstrukturen.[37] Er versteht darunter die rückläufige Tendenz, mit Konstanz in einem gegebenen System rechnen zu können, was zum Beispiel in der Gültigkeitsdauer technologischer Erneuerungen erkennbar ist. Für ihn hat diese Entwicklung zeitkulturelle Konsequenzen, die uns *zu selbstbestimmtem Umgang mit Zeit zwingen*. Die zunehmende Bedeutung der Zeit-Planung ist nicht nur an der vermehrten Nutzung von Zeitplanern auch bei Kindern sichtbar, sondern auch an der Ausweitung des Kalenderangebotes mit Anderthalbjahres- oder gar Jahrzehntekalendern. In den durch Produktivitätssteigerung zunehmenden freien Zeiträumen würde nichts geschehen, »wenn es nicht selbstbestimmt geschähe«:[38] »Eben das macht wie nie zuvor die Fähigkeit [...] zu produktiver, lebensglückträchtiger Zeitverbringung nötig, und es ist daher kein Zufall, dass die Lebensorientierungsgröße ›Selbstverwirklichung‹ im Kontext des Wertewandels dominant wird – [...].«[39]

Lübbe bescheinigt der Gegenwart zwar schöpferische Fortschritte im Bereich der Alltagskultur, so der blühenden Lese-, Hausmusik- und Hobbykultur, weist jedoch gleichzeitig auf die *psychischen und sozialen Folgen der Selbstbestim-*

---

37 Lübbe 1994: Zivilisationsdynamik, 29-32.
38 Ebd., 34.
39 Ebd., 34.

mungsunfähigkeit hin. Die Fähigkeit zur Selbstbestimmung hängt nicht zuletzt von der Erziehung zu Sekundärtugenden im Umgang mit Zeit ab, die die Ordnungs- und Disziplinierungsfähigkeit, die Pünktlichkeit und die Mäßigkeit betreffen:

»Die der geschilderten Zeitverknappung komplementäre Freisetzung notwendigkeitsentlasteter Lebenszeit verschafft nicht nur Beliebigkeitsspielräume, in deren Zusammenhang sich die Individuen nach ihren Kulturniveaus differenzieren. Sie macht komplementär dazu zugleich auch die Orientierung an kulturellen Beständen nötig, die über den kulturellen Wandel hin gerade durch Konstanz ihrer Geltung ausgezeichnet sind.«[40]

Die immer und überall zur Verfügung stehenden Konsum- und Medienangebote und der Wunsch, Zeit pausenlos zu nutzen, machen uns zu Gefangenen unserer eigenen Wünsche. Das Fernsehen als sozialer Zeitgeber führt besonders plastisch die »Endloszeit« unserer Medienkultur vor Augen. Der Verlust kultureller Rhythmen mit Höhepunkten und Energieabfällen als charakteristische Zeitlogik der hochtourigen Moderne lässt sich jedoch nicht allein vor dem Hintergrund medialer Dauerbotschaften verdeutlichen. Der Volkskundler Hermann Bausinger weist zu Recht darauf hin, dass Mediengewohnheiten auch zu einer Ritualisierung und Rhythmisierung des Tages und zu einer atmosphärischen Einfärbung der Wochentage führen können.[41] Auch in einer Explorativstudie von Irene Neverla, die Zeit- und Fernsehnutzung von 37 Personen mit breiter Alters- und Berufsstreuung untersucht hat, ergibt sich ein differenzierteres Bild einer medial bedingten Gleichmäßigkeit von Temporalstrukturen.[42] In diesen Interviews wird Zeit einerseits als gestaltbares Objekt der Begierde betrachtet, andererseits wird ihre Flüchtigkeit und das Scheitern beim Versuch, sie in genügendem Maße gestalten zu können, beklagt. Im Kontext von leeren Zeiten wie Arbeitslosigkeit, Pensionsalter oder Krisen dient Fernsehen *als Beschäftigung*. Für Berufstätige mittleren Alters im Kontext knapper Zeit ist *Fernsehen als Marginale* typisch:

»Extrem knappe Zeit und entsprechend auch die stärkste Verbreitung von der Fernsehnutzung als Marginale findet sich bei berufstätigen Müttern. Hier wird die Zeitrationalität des Fernsehens durch komprimierende Verdichtungsstrategien verfolgt. Zwei oder mehrere Aktivitäten werden neben der Fernsehnutzung getätigt, wobei Fernsehen gelegentlich [...] eine Funktion nur noch als [...] Bild- und Geräuschkulisse einnimmt.«[43]

---

40 Ebd., 35.
41 Bausinger 1987: Alltägliche Herausforderungen und mediale Alltagsträume, 18-19.
42 Neverla 1994: Zeitrationalität der Fernsehnutzung, 79-88.
43 Ebd., 83.

Bei *Fernsehen als Ritual* wird die Fernsehzeit relativ begrenzt und findet zu bestimmten Zeiten innerhalb des Tages-, Wochen- und Jahreslaufes statt. Dahinter steht eine bewusste Strategie, die Zeiträume für andere Aktivitäten freihält und die Fernsehnutzung als Entschleunigung einplant. Die Zeit zu nutzen ist oberste Maxime, genauso wie eine optimale Gestaltung der Muße. Als *Fernsehen als Interim* beschreibt die Autorin Fernsehen im Kontext unstrukturierter Zeit, die vor allem bei Freiberuflern bzw. bei Menschen mit deregulierter Arbeitszeit auftritt: »Hier ist Fernsehnutzung gedacht als Übergangstätigkeit, die eine nicht genau vorhersehbare leere Zeitspanne des Tages oder Lebens ausfüllen und zugleich einen Rahmen für Muße schaffen soll.«[44]

Oft wird dieser zeitliche Rahmen jedoch nicht eingehalten und das Fernsehen verliert seine zeitrationale Funktion. Zum Fernsehen als Interim zählt die Autorin aber auch Fernsehen in »Auszeiten«, zum Beispiel bei einer Mutter, die froh ist, wenn die Kinder endlich im Bett sind und die Fernsehen als »Ausklang« und zur Entspannung richtiggehend »braucht«. Im Umgang der Menschen mit dem Medium Fernsehen lassen sich zugleich wichtige Aspekte des Umganges mit Zeit im Alltag ablesen. Fernsehverhalten ist einerseits Ausdruck der mental verfestigten Zeitrationalität des Alltagsverhaltens. Andererseits werden Mediengewohnheiten im Alltag zu Varianzen ermöglichenden Taktgebern der Zeit.

Das Glück der freien Zeit

Die Erfahrung von Knappheit der Zeit, der Funktionsverlust des Rhythmus als Orientierungskategorie, das Prinzip des »Immer« als Ausdruck pausenloser Zeitverdichtung und die »Nullzeit« der medialen Zeitstrukturen stehen den prekären Fähigkeiten und Möglichkeiten der Individuen gegenüber, Zeit selbstbestimmt zu gestalten und den Wunsch nach Glückserfahrungen mit freier Zeit zu erfüllen. Freie Zeit als Glückserfahrung kann zudem weder mit einer eindeutig bestimmbaren Erfahrung im Alltag erfasst noch losgelöst von historischen, sozialen und kulturellen Kontexten begriffen werden: »Außerhalb der Zeit gibt es keine Ereignisse. Alles was existiert, hat durch den Zusammenhang mit anderem Seienden zeitliche Strukturen. Weil nichts Existierendes beziehungslos ist, existiert alles in der Zeit.«[45]

---

44 Ebd., 85.
45 Hörz 1989: Philosophie der Zeit, 10.

Die Zeit kann nicht stillstehen, sondern allenfalls der alltagskulturell vertraute Rhythmus des Lebens. Zeit lässt sich auch im Alltag nur als konstruierte, reflexiv erschlossene Dimension erfahren. Und diese reflexiv erschlossenen kognitiven Prozesse wiederum sind an gesellschaftliche Bedingungen geknüpft – an ökonomisch-strukturelle und institutionelle wie auch an mentale bewusste und unbewusst verinnerlichte Zeitvorstellungen. Die »Flucht aus der Zeit«, die mit dem scheinbaren Stillstand des Augenblicks erreicht werden möchte, bedeutet in den vielen der in dieser Arbeit beschriebenen Alltagspraxen eine angestrebte »Flucht aus der Gesellschaft«, die jedoch als solche immer zum Scheitern verurteilt ist.[46] Außerhalb gesellschaftlich bedingter Strukturen, durch Ereignisse und Handlungen hervorgerufener Erfahrung und entsprechender Wertungen gibt es keine »freie Zeit«.

Die Erfahrung von »Zeitlosigkeit« kann mit dem Gefühl von etwas Fehlendem im Vergleich zur bewussten Erfahrung, beispielsweise einem fehlenden Horizont, einer fehlenden Dauer oder Richtung in Zusammenhang stehen.[47] Die Analyse von Pausen als Unterbrüche des Zeitflusses setzt damit eine *kulturell generierte Begriffsbestimmung der Dauer,* des ununterbrochenen Zeitflusses voraus: Die Sichtweise, die alltäglichen Zeitfluss als ein aus der Perspektive eines Subjektes sich verdichtendes Ineinandergreifen mehrerer sozial und kulturell bedingter Zeitordnungen betrachtet, wird in der bisherigen sozial- und kulturwissenschaftlichen Zeitforschung jedoch nur ungenügend rezipiert.

Der französische Philosoph Henri Bergson spricht zwar von einer *reinen Form von Dauer,* die die Sukzession unserer Bewusstseinsvorgänge annimmt, wenn unser Ich sich dem Leben überlässt und nicht zwischen gegenwärtigen und vorhergehenden Zuständen unterscheidet. Außerhalb aller symbolischen Vorstellungsweise gewinnt jedoch Zeit auch für ihn »niemals den Aspekt eines homogenen Mediums [...].«[48] Sobald wir über eine *in Freiheit vollzogene Handlung nachdenken,* wir uns an sie erinnern, wird sie *Teil einer kulturellen Ordnung von Temporalstrukturen, von kollektiven Vorstellungen der Dauer* und ihrer Unterbrüche. Das Problem der kaum zu erreichenden Zeitfreiheit geht für Bergson u.a. aus dem Missverständnis hervor, dass Qualität und Quantität der Zeit immer wieder vermengt werden.[49] Aus alltagskultureller Sicht können daher Erfahrungen von Freiheit und Glück, aber auch ein Austreten *aus* der Zeit nur über die

---

46 Kuntz 1986: Volkskundliche Reflexionen zum Thema »Zeit«, 175.
47 Fraser 1988: Die Zeit: vertraut und fremd, 336.
48 Bergson 1989: Zeit und Freiheit, 93-94.
49 Ebd., 177.

Erschließung von kulturell generierten Symbolstrukturen analysiert werden: »Die These der Zeit als sozial konstituierter Zeit in einem weiten Sinn weist so verstanden auf die unhintergehbare sprachliche, praktische und intersubjektive Vermitteltheit hin, die jeden Versuch, Zeit zu erfassen, begleitet.«[50]

Wir erinnern uns an frühere Ereignisse immer in Zusammenhang mit anderen Menschen, die im Gedächtnis auf bestimmte Weise verknüpft werden. Das individuelle Bewusstsein ist Durchgangsort der verschiedenen kollektiven Zeitströmungen, deren Quellen aus der Gruppe entspringen. Auch individuelle Erfahrungen von Dauer, von freier oder »leerer« Zeit sind das Ergebnis intersubjektiv vermittelter Erfahrungen. Wie in der Zeit gibt es auch im Gedächtnis keine »absolute Leere«. Wenn uns jemand von Ereignissen erzählt, an denen wir ebenfalls teilnahmen, wir uns jedoch nicht mehr genau daran erinnern, dann ist dieser leere Raum nur eine undeutliche Zone, »von der unser Denken sich abwandte, weil es dort zu wenig Spuren fand«:[51]

»Es gibt leere Stunden und Tage, während wir in anderen Augenblicken – sei es, dass sich die Ereignisse überstürzen, sei es, dass wir rascher denken oder uns in einem Zustand der Erregung oder Gefühlsaufwallung befinden – den Eindruck haben, innerhalb einiger Stunden oder Tage Jahre durchlebt zu haben.«[52]

Die verschiedenen Strömungen des kollektiven Denkens berühren sich in bestimmten Gruppen und Milieus mit denen anderer, obwohl sie sich nicht wirklich durchdringen. Es kann nicht davon ausgegangen werden, dass die Zeit in einer Gesellschaft schneller oder langsamer vergeht:

»Dass die Zeit während einer recht ausgedehnten Periode gewissermaßen unbeweglich bleiben kann, resultiert daraus, dass sie als gemeinsamer Rahmen des Denkens einer Gruppe dient, die sich selbst während dieser Periode nicht ändert, die annähernd die gleiche Struktur bewahrt und ihre Aufmerksamkeit denselben Dingen zuwendet.«[53]

Solange das Denken sich innerhalb einer solchen Zeit eines Milieus bewegt, hängen alle Elemente miteinander zusammen. Die Zeit darf dabei jedoch keinesfalls mit den Ereignissen verwechselt werden, die in ihr nacheinander gefolgt sind.

»Religiöse, politische, wirtschaftliche Gesellschaften, Familien, Freundes- und Bekanntengruppen und selbst ephemere Versammlungen [...], in einem Zuschauerraum, auf der Straße

---

50 Gimmler, Sandbothe, Zimmerli (Hg.) 1997: Die Wiederentdeckung der Zeit, 180.
51 Halbwachs 1985: Das kollektive Gedächtnis, 63.
52 Ebd., 81-82.
53 Ebd., 114.

lassen die Zeit auf ihre Weise stillstehen oder ihre Mitglieder der Illusion erliegen, dass zumindest während einer bestimmten Zeitspanne in einer Welt, die sich unaufhörlich wandelt, bestimmte Zonen eine relative Stabilität und ein relatives Gleichgewicht erworben haben, [...].«[54]

Solche Zeitspannen erfahren wir zum Beispiel in Transiträumen, in denen wir uns innerhalb des Zeitflusses der Verkehrsmittel für kurze Zeit als Kollektiv situativ und atmosphärisch durch gemeinsames Verbringen der Zeit, die Ähnlichkeit pragmatischer Alltagsziele und den gemeinsam geteilten Raum mit zufällig anwesenden Menschen verbunden fühlen. Jenseits kollektiver Zeiten gibt es für Halbwachs nichts mehr. Zeit wird nicht als reale Weltstruktur im Sinne ontologischer Zeitvorstellungen betrachtet, sondern *als Interpretationskategorie*:

»Zeit ist nur bestimmbar vom *Verstehen der Zeit* her, nur im Ausgang vom Zeitbewusstsein lässt sich das Wesen der Zeit bestimmen, was natürlich nicht die Subjektivierung der Zeit bedeuten muss. Entscheidend für den ontologischen Status der Zeit ist nicht der Ansatzpunkt beim subjektiven Zeitbewusstsein, sondern die Bestimmung des Bezuges von *Zeitverstehen* und *Zeit*.«[55]

Eine alltagskulturelle Herangehensweise betrachtet Zeit als kulturelle Dimension von Sinn. Aus dem Blickwinkel einer *verstehenden Kulturwissenschaft* versucht sie, die Innensichten von zeitlichen Alltagspraxen als Handlungs- und Bedeutungssysteme aufzuzeigen und die von den Menschen selbst entwickelten Deutungsmuster zu verstehen. *Kulturelle Zeit* bindet als symbolische Struktur das Vergangene sinndeutend in die Zukunft ein, beeinflusst Veränderungen aufgrund sozialen Wandels und ist damit Ausdruck einer spezifisch gesellschaftlichen Sinngebung.

Temporalität als Teil einer kulturellen Ordnung des Alltags

In konkreten Alltagssituationen überlagern sich Anforderungen gesetzlicher, institutioneller und habitueller Zeitordnungen und schaffen Handlungszwänge und Erfahrungsrahmen, die vom Individuum als Beschneidungen seiner Freiheit erfahren werden. Aus dieser Perspektive können *Pausen* als bestimmte Abschnitte innerhalb alltäglicher Temporalstrukturen bezeichnet werden, die Restzeiten von gesellschaftlich-zeitlichen Synchronisierungsprozessen oder verschiedener Systemzeiten ausgleichen. Aus *makrosoziologischer Perspektive* wirken sie damit *konfliktentlastend*. Aus *mikrosoziologischer Perspektive* können sie

---

54 Ebd., 125.
55 Bergmann 1981: Die Zeitstrukturen sozialer Systeme, 17.

hingegen als belastend und *konfliktiv erfahren* werden, wie es von mir anhand von Untersuchungen zum Thema unfreiwillig flexibler Arbeitszeitordnungen und Warten aufgezeigt worden ist. Entsprechend der sozialen und kulturellen Konstruiertheit von Zeit ergibt sich ihr Ordnungscharakter daher »nicht schon aus dem Verfließen der Zeit oder der zeitlichen Dauer sozialer Systeme, sondern aus ihrer normativen Wirkung auf die Strukturierung und Abstimmung von Handlungen«.[56]

Betrachten wir die Ordnungskraft von Pausenmustern innerhalb der Arbeitswelt, greift eine strikt *normative Herangehensweise* jedoch zu kurz. Die zunehmende Rationalisierung der Produktionsprozesse seit Beginn der Industrialisierungsphasen führte zwar zu einer ökonomisch motivierten Durchsetzung normierter Arbeitszeiten auf Arbeitgeberseite und einer sozial-politisch motivierten Kontrollierbarkeit der Arbeitsverhältnisse auf gewerkschaftlicher Seite mit entsprechend regulierten Pausenmustern. Sozialhistorisch und -anthropologisch angelegte Untersuchungen belegen jedoch, dass Pausenalltag selbst in Zeiten, als das tayloristische Modell der Wirklichkeit seinen leistungsorientierten Stempel einzuprägen begann, aufgrund normativer Gesichtspunkte nur ungenügend beschrieben werden kann. Prozesse, die als diskontinuierlich beschrieben werden müssen, führten zu einer Normierung der Zeitordnungen auf der einen Seite. Demgegenüber blieben andererseits Statusvorstellungen und ritualisierte Gewohnheiten einer nicht industriell geprägten »Binnenmoral« wirksam, die sich als Verhaltensfigur zwischen Anpassung und Abwehr bzw. als Beibehaltung expressiver Ausdrucksformen beschreiben lassen.

Normative Ansätze vernachlässigen zudem die *Ordnungskraft einer kulturell generierten Temporalstruktur als Dimension von Sinn*. Der schwindende Einfluss religiöser kalendarischer Systeme hat einerseits die Wahrnehmung zyklischer Zeitordnungen zugunsten linearer Zeiterfahrung geschwächt, ist aber gleichzeitig kaum Gegenstand zeittheoretischer oder empirischer Untersuchungen. Der Bedeutungsverlust der kalendarischen Ordnung und ihrer prägenden Instanzen bedeutet nicht, dass es keine gegenwartstypischen Gliederungen der Jahre, Monate, Wochen und Tage in aufschwingende und absteigende Phasen, in Höhepunkte und Tieflagen gibt. Die Medien beispielsweise als typisch moderne Institutionen der kalendarischen Brauchverwaltung verstehen sich jedoch nicht als Vermittlungsinstanzen von Sinn und repräsentieren im Gegensatz zu traditionellen kalendarischen Zeitgebern auch keine ganzheitlichen Sinnsysteme.[57]

---

56 Bergmann 1983: Das Problem der Zeit in der Soziologie, 476.
57 Vgl. Muri: Halloween zwischen Brauchverwaltung und Eventkultur, 260-272.

Gegenwärtige Auszeiten verlieren damit die Funktion, im alltäglichen Zeitfluss Orientierungssicherheit zu erhöhen und die Komplexität gesellschaftlicher Erfahrungen zu reduzieren. Stabilisierende Funktionen im Alltag erfüllen Pausen jedoch dort, wo sie, wie in historischen Beispielen belegt, »eigensinnige« Praxen der Zeit-Abhängigen habitualisieren, wo bei der Gestaltung der Pausenräume betriebsinterne Hierarchien semantisch unterstrichen werden oder wo sie kommunikative Aspekte firmenideologisch überhöhen und damit Verhaltenssicherheit vermitteln. Im Lebenslauf wiederum verhelfen Deutungsroutinen einerseits zu Orientierungssicherheit, und andererseits verursachen sie beim Fehlen kollektiver Deutungsmuster Probleme, die je nach Ausgangslage, in schöpferischem Sinne, mehrheitlich aber als Krisenerfahrung bewältigt werden müssen.

Da *Zeit sozial und kulturell konstruiert* ist, unterliegt auch das Austreten aus dem als gewohnt erlebten Zeitrhythmus immer gesellschaftlicher Interpretation und ist kulturell vermittelt. Abwesenheit von Handlung – zum Beispiel das ersehnte »Nichtstun in den Ferien« – oder das Erleben einer den Alltag auslöschenden Erfahrungsdimension – zum Beispiel der Wunsch, an einem Fest oder einer Party so richtig »abzutauchen« –, umschreibt daher lediglich die Erwartungshaltung, die Auszeiten charakterisiert. Selbst ekstatische Erlebnisse finden meist in kollektiven Zusammenhängen statt, in denen rituelle Elemente und der gemeinsame Konsum von Rauschmitteln die Erfahrung von scheinbarer Abwesenheit von Zeit gezielt fördern. Auch der Drogen-Tripp eines Einzelnen zuhause ist von ökonomischen Möglichkeiten und von kulturell bedingten Konsummoden abhängig, und meditative Seinserfahrungen werden in religiösen Gemeinschaften oder in Kursen als Techniken gelernt. Die These einer sozial und kulturell konstruierten Zeit weist »auf die unhintergehbare sprachliche, praktische und intersubjektive Vermitteltheit hin, die jeden Versuch, Zeit zu erfassen, begleitet«.[58] Was bedeutet nun die These einer alltagskulturell konstituierten Zeit für *die Funktionslogik von Auszeiten und Pausen?*

Zunächst sind damit *methodologische und methodische Konsequenzen* verbunden: Das Verstehen und Vermitteln von Innensichten alltäglicher Pausenpraxen als Handlungs- und Bedeutungssysteme und der dabei entwickelten Deutungsmuster. Nicht alltägliche Rollenmuster sowie expressives Verhalten und deren oft nur indirekt erschließbares symbolisches Kapital gehören genauso dazu wie die Analyse einer sowohl Pausenräume als auch Objekte umfassenden Semantik einer pausenspezifischen »material culture«. Schließlich geht es um das Aufzeigen einer spezifischen Funktionslogik von Auszeiten, die konstituierend

---

58 Gimmler, Sandbothe, Zimmerli (Hg.) 1997: Die Wiederentdeckung der Zeit, 180.

für individuelle wie kollektive Strategien der Bewältigung alltagszeitlicher Anforderungen und Bedürfnisse sind. Da eine qualitativ-phänomenologische Herangehensweise auch emotionale und unbewusste Ebenen zu erschließen versucht, gehören auch Wünsche und die Bedeutung von Zeithorizonten als kulturelle Dimension von Sinn zu den Erkenntniszielen.

An die Untersuchung von Pausen als Teil einer kulturellen Ordnung der Zeit lassen sich darüber hinaus *theoretische Überlegungen* anschließen. Pausen können unter dem Aspekt von kulturell generierten Temporalstrukturen als *zeitliches Regulativ zwischen Alltag und Außeralltäglichkeit* bezeichnet werden. Sie stehen als Erfahrungs- und Wahrnehmungszeiträume genau zwischen jener Dialektik, innerhalb derer Zwang und Freiheit als Teil der gesellschaftlichen Konstruktion von »Zeit« und »Alltag« untersucht werden können. Das »Leiden an der knappen Zeit« als typisch moderne Erfahrung ist deshalb auch *Ausdruck eines funktionalen Defizites der zeitlichen Institution Pause.*

Zusammenfassung: Zur Funktionslogik von Pausenfiguren im Alltag

Ein zusammenfassender Blick lässt daher Rückschlüsse über Funktionen und Defizite der wichtigsten Pausenfiguren im Alltag und deren Einbettung in den Wandel kulturell bedingter Temporalstrukturen zu.

Arbeit und Arbeitspausen

Die Entwicklung der *Arbeitspause* erfolgte vor dem historischen Hintergrund der Herausbildung mentaler Strukturen als Folge der Verbreitung protestantischer Ethik bis hin zu einer funktionierenden Disziplinargesellschaft mit einem hohen Grad an verinnerlichter Selbstdisziplinierung. Demgegenüber traten in Übergangsphasen der Frühindustrialisierung öffentliche Formen einer selbstbestimmten und als symbolisches Kapital inszenatorisch überhöhten, berufsspezifischen Pausenkultur hervor. Gerade der Nachweis eigensinniger Pausenpraxen in ausbeutenden Arbeitsverhältnissen bleibt aus historischer Perspektive problematisch, da die direkte Erschliessung einer möglicherweise im subversiven Sinne befreienden Wirkung verhindert ist. Gleichzeitig verweist dies auf problematische Zusammenhänge zwischen wissenschaftlichen Kategorisierungen von Zeit und Alltag und einer dadurch präformierten Sichtweise auf den Forschungsgegenstand, wie sie u.a. auch in den wissenschaftlichen Deutungskategorien der Freizeit als verhinderte bzw. als erreichte Erfahrung von Glück verbreitet sind.

Je mehr Existenzsinn mit Arbeit direkt oder indirekt verbunden ist, desto positiver wird sie erfahren. Arbeit und Zeitdisziplin werden damit zu bedeutsamen Sphären einer als sinnhaft erlebten Wirklichkeit. Die strikte Habituskontrolle des Pausenverhaltens in Dienstleistungsbetrieben der Gegenwart verdeutlicht trotz abweichender Selbsteinschätzung die *mental geprägte Seite* einer individuell *verinnerlichten Zeitdisziplin*. Die Kontroll- und Sanktionspraktiken sind im Vergleich zu den ersten Industrialisierungsphasen wesentlich subtiler geworden und erfolgen weitgehend unabhängig von hierarchisch vermittelten Disziplinierungsansprüchen. Freiheit und Disziplin stehen in einem dialektischen und sich gegenseitig befruchtenden Verhältnis im Sinne einer »unsichtbaren«, da nicht bewusst wahrgenommenen Beziehung von Zwang *als Praxis und Freiheit als dahinter liegendem Deutungssystem*.

Pausenräume, Pausenernährung und die symbolische Ausstattung einer pausentypischen »material culture« sind im Kontext der betrieblichen Disziplinierungsbestrebungen zu ebenfalls subtiler wirksamen Mitteln und Ausdrucksebenen von Kontrolle und Hierarchie geworden. Gleichzeitig lassen sich in »eigenmächtigen« Ausstattungen halbprivater Pausennischen Tendenzen gegen betriebliche Bedürfniszuweisung beobachten, wobei gerade Letztere meist als »Gegenwelten« gestaltet werden, die einerseits den Arbeitsalltag überwinden, andererseits als Ausdruck massenkulturell vermittelter Inhalte auf ihn bezogen bleiben.

Freizeit als Ausschnitt einer als sinnhaft erlebten Alltagswelt

Gerade die wissenschaftlichen Debatten zur *Freizeit* als klassische Sphäre der Gegenwelten zum Alltag werfen jedoch mehr Fragen zum Problem von *frei und glücklich* erlebten Pausenfiguren auf. Freie Zeit kann zwar nach Abzug der vom Individuum als Pflicht erlebten Zeit als Summe von Aktivitäten bezeichnet werden, deren Ausübung vom Individuum subjektiv als freiwillig eingeschätzt werden und die verschiedene Erfahrungen der Sinnstiftung ermöglichen. Freizeit lässt sich jedoch in ihrer quantitativen Dimension nicht erschöpfend behandeln. Sie lässt sich zudem nicht als eigenständiges Handlungssystem konzipieren, das unabhängig von kollektiven Bewertungen des Systems Arbeitswelt und von im Verlaufe der Sozialisation als symbolisches Kapital vermittelter Dispositionsmacht über Zeit betrachtet werden kann. Gerade die Entwicklung des Samstags als typisch moderner Wochenhöhepunkt bleibt eng auf die in einer Medien- und Konsumgesellschaft geltenden Wertmuster bezogen. Im Gegensatz zum Sonntag oder zum Sabbat fehlen ihm durch Institutionen vertretene transzendente Sinngebungen und damit zusammenhängende Verhaltensvorschriften. Gestalt und Sinngebung des freien Samstags zeichnen sich durch seine Alltagspraxis aus. Diese selbstreferentielle Begründungsstruktur mit der gelebten Praxis als weitere Instanz ist verglichen mit anderen »Peak-Days« einmalig: sie ist Ausdruck einer Desymbolisierung von Wochenhöhepunkten und Zeitordnungen.

Der Urlaub als Zeitraum für eine »Sprache der erweiterten Bedürfnisse«

Der Urlaub als Zeitraum für eine »Sprache der erweiterten Bedürfnisse« weist ein reiches Repertoire an vor allem durch Reiseveranstalter, jedoch auch in Alltagsdiskursen vermittelten Symbolstrukturen zum Thema *Freiheit und Abenteuer* auf. Die Doppelfunktion dieser Pausenfigur als Erholungszeit und Umschaltsituation und damit der Ausstieg aus alltäglichen Rollen- und Zeitmustern wird durch eine besonders ritualisierte Form der Gestaltung von Zeit aufgefangen. Ritualisierte Reisepraxen bei Flugreisen (Begrüßung, konstanter Ablauf der Serviceleistungen, Klatschen nach Landung usw.) bis hin zu standardisiertem Erlebniskonsum auf Reisen ermöglichen ein situatives Andersleben von Zeit, das durch immer gleiche Ablauf- und Symbolstrukturen als tourismusspezifisch entschlüsselt werden kann. Die Semantik touristischer Angebote vom Urlaubskatalog über die meist als »Kitsch« bewertete Gestaltung der Urlaubswelten bis zur expressiven Symbolik der Urlaubskleidung ist Ausdruck eines »semantischen Universums«, das bereits während der Vorbereitungen zuhause eine andere Form von Alltagsgestaltung und Zeiterleben vermittelt – als kulturindustriell produzierte, aber auch individuell und kollektiv *funktionale Vorstellungen von anderem Leben, von Freiheit, von Sehnsucht und Glück.*

Feste als Sphären einer individualisierten, lebensweltlichen Eventpraxis

Während der Urlaub eine die Erfahrung gleichförmiger Alltagszeit durchaus entlastende Pausenfigur darstellt, sind Feste als Vergesellschaftungsformen, die sich auf etwas außeralltäglich Gedachtes beziehen, zunehmend in Konkurrenz zur Freizeit geraten. Seit den 1950er Jahren ist festliches Handeln zu einem veralltäglichten und animierten Massenkonsum einer organisierten Eventkultur geworden. Ihre Funktionen als Regenerationsfeld des Kollektiven und als Sphäre einer kollektiv erfahrenen Alltagspause haben sich auf rund um die Uhr verfügbare lebensweltlich differenzierte Angebotspaletten verlagert, aus denen zwar individuell ausgewählt werden kann, deren Gestaltungspotential jedoch von persönlichen ökonomischen Möglichkeiten abhängt und damit eng mit dem System Arbeitswelt verbunden bleibt. So bezieht sich die symbolische Ausstattung bei typisch modernen Festen wie der Street Parade weitgehend auf materielle Kultur und den Körper als eines der letzten verbliebenen »Sinnreservate« der Nachmoderne.

Lebenslauf und biographische Selbsteinschätzung

Die zeitlichen Artikulationen innerhalb des Tagesablaufs sind eingebettet in zeitliche Artikulationen des Lebenslaufes. Damit treffen Sinnstrukturen größerer Spannweite auf die zeitliche Schichtung alltäglicher Sinnstrukturen. Die Typologie von Mustern biographischer Entwicklung dient der individuellen Interpretation von Formen der Wahrnehmung und Gestaltung von Lebens- und Alltagszeit. Die subjektive Ordnung ist Grundlage der Selbstreflexion, welche wiederum die Basis jeder lebensgeschichtlichen Erzählung bildet und auf den Erlebenden als Ganzheit bezogen ist. In Anlehnung an Dilthey und Lehmann erhält das Nacherleben und Erinnern des eigenen Erlebens die Bedeutung eines Sinnsystems, das Teile zu einem Ganzen werden lässt. Introspektiv sind wir nicht in der Lage, das Vorwärtsrücken des psychischen Verlaufs aufzufassen, da jede Fixierung anhält. Es lässt sich nur im Verhältnis von Erleben, Ausdruck und Verstehen auffassen. Bedeutung ist daher die umfassende Kategorie, die das Leben zusammenhängend erscheinen lässt und das Verhältnis der Teile zum Ganzen umschreibt. Deshalb ist die Erfahrung einer als pausenlos erlebten Alltagszeit auch mit der Schwierigkeit verbunden, das eigene Leben im Sinne einer »ganzheitlichen Geschichte der eigenen Zeit« zu ordnen, als sinnvoll zu deuten und damit zu bewältigen.

»Eigenzeit« und »Chronotope« als Inseln der Befreiung

Zeitknappheit als Merkmal gegenwärtiger Zeiterfahrung machen »Eigenzeit«, »Zeitinseln« und »Chronotope« zu erstrebenswerten zeitlichen Ansprüchen. Entsprechend vielfältig sind die Konsumangebote, die die zu Tage tretenden Bedürfnisse aufzufangen versuchen: Wellness, Zeitoasen in urbanen Zentren, »Zeitreisen«, Erlösung vom Zeitstress beim Konsum von Kaffee usw. Diese »neuen Pausen« sind jedoch vielmehr Ausdruck eines *defizitären als eines veränderten Umgangs mit Zeit*. Ähnlich wie die weit entfernte exotische Insel im Urlaub als erfolgreiches Glücksmodell mit Routinecharakter sind Zeitinseln Ausdruck gesellschaftlicher Defizite und Wünsche, die sich im alltäglichen Erleben nicht mehr verwirklichen lassen.

Pausen als Teil einer den Alltag konstituierenden Temporalstruktur

Alltägliche Temporalstrukturen, ob wir sie nun Arbeit, Pausen, Wochenende, Urlaub oder Fest und Feier nennen, sind immer Teil und Ausdruck einer kulturellen Konstruktion von Zeit. Die formellen und informellen Regelungen von Arbeitspausen, die Ausstattung der Kantinen nach Hierarchiestufen, Pausennischen mit Sonnenuntergängen, aber auch Urlaubskataloge, touristische Verhaltensregeln sowie festliche Rituale gehören zu einem pausenspezifischen semantischen Universum. Bestimmte Symbolstrukturen, Rollenmodelle, institutionalisierte und situative Handlungsroutinen, Wahrnehmungs-, Erfahrungs- und Interpretationsmuster *repräsentieren innerhalb dieses Universums ein kollektiv lesbares System von Zeit.* Die vorgestellten zeitlich unterschiedlich ausgedehnten Pausenfiguren erfüllen mehr oder weniger ausgeprägt sinnstiftende Funktionen im Alltag: Die Pause als Teilelement der Zeit ist auf Weiteres[59] bezogen, da deren Sinn- und Zeithorizonte weit über das hinausreichen, was in einer sogenannten »Alltagswissenschaft« noch als Alltag bezeichnet werden könnte. Die Beschreibung und Interpretation dieses gesellschaftlich geprägten alltäglichen und über das Alltagsdenken hinausreichenden Zeitmusters stellt »daher für alle historisch verfahrenden Sozial- und Textwissenschaften den Angelpunkt der Selbstreflexion, des Nachdenkens über die Bedingungen (einschließlich der gattungsgeschichtlichen) ihrer Möglichkeiten dar«.[60]

Die Erfahrung der Beschleunigung: Zur kulturellen Entwertung von Zeit

Die Erfahrung von Beschleunigung und Zeitknappheit wird gemeinhin in Zusammenhang mit ökonomisch bedingten Produktionsrhythmen, mit globalen Kommunikationsprozessen und medial beeinflussten Entwertungen von Zeitrhythmen erklärt. Aufgrund der in dieser Arbeit vorgenommenen Analysen und Interpretationen der Pause als alltagskulturelles Phänomen geht sie einher mit einer Quantifizierung und gleichzeitig mit einer umfassenden Dekollektivierung und Desymbolisierung von gesellschaftlichen Pausenpraxen und damit einer Entwertung dahinter liegender kultureller Deutungsmuster und Zeitsemantiken sowie der Erfahrung von Dauer als Sicherheit vermittelnder Zeithorizont.

Der ständige Versuch, Gegenwart durch intensiveres Erleben aufzuwerten, ist Ausdruck eines schwindenden Bezugs zu Vergangenheit und Zukunft und führt

---

59 Vgl. dazu auch Elias 1984: Über die Zeit, 79.
60 Luckmann 1983: Lebensweltliche Zeitkategorien, 24.

gleichzeitig durch den fehlenden Hintergrund kultureller kollektiver Gedächtnismuster im Umgang mit Zeit zu einer noch größeren Fragmentierung der Gegenwart. Die Krise der Zeiterfahrungen äußert sich nicht nur als Erfahrung von ständiger Hetze und dem wachsenden Bedürfnis nach Eigenzeit, sondern auch als Verlust einer bedeutenden alltagskonstituierenden Erfahrungs- und Deutungsebene: der Gestaltung und Erfahrung des Alltags als schlicht und selbstverständlich gegebenem Lebensbereich und der Erfahrung von Zeit als kulturelle Dimension von Sinn.

Moderne Pausenkultur: Zur Dialektik von Zwang und Freiheit im Alltag

Die paradoxe Ausgangslage der Pause als eine mit Handlung aufgefüllte Zeitspanne, in der Nicht-Handlung angestrebt wird, oder als Erfahrung einer außeralltäglichen oder nicht-zeitlichen Existenzform kann nur über kulturell vermittelte Deutungsmuster mit Sinn erfüllt werden. Gleichzeitig ist Pausenverhalten als Ausdruck einer verinnerlichten Selbstdisziplinierung dem zeitlichen Balancesystem des Kollektivs untergeordnet. Die alltagslogische Nutzung und Bewertung von Pausen und Zeitordnung bedingen sich daher gegenseitig.

Freiheit und Disziplin entziehen sich in gegenwartstypischen Arbeitspausen einer kollektiv gestalteten symbolischen Ausdrucksebene. Dahinter stehen weitgehend internalisierte Muster von Selbstzwang als Praxis und Zeitfreiheit als damit verbundene Deutungsmuster. Die materielle Ausstattung von pausentypischen Binnenwelten ist Ausdruck einer lebensweltlichen Sozialdifferenzierung der feinen Unterschiede im Sinne Bourdieus. Wochenhöhepunkte und Wochenrhythmen beziehen sich zunehmend auf selbstreferentielle Begründungsstrukturen mit gelebter Alltagspraxis als legitimierende Instanz. Die kollektiv geteilte Sinngebung von typisch modernen Festformen beschränkt sich weitgehend auf individualistische, freizeit- und konsumbezogene Motive ohne Funktion als »große Pausen« im Sinne einer kollektiv erlebten Regeneration.

Die Pause als Temporalmuster des Alltags

Die Pause als Teilphänomen der kollektiven wie individuellen Zeitordnung umfasst einen zeitlich begrenzten Raum der Entlastung innerhalb der Erfahrung von Zeitfluss und Gleichförmigkeit zwischen Alltag und Außeralltäglichkeit. Können die damit verbundenen spezifischen kulturellen Muster von Handlungen, Erfahrungen und Interpretationen in der jeweiligen Gesellschaft oder gesellschaftlichen Gruppe als positive Deutungsmuster (z.B. als erholsam, als eigenständig gestaltbarer Bereich, als Erfahrungen von Glück oder von kollektiver Ausgelassenheit, als erfolgreich überwundene Krisensituation) abgerufen werden, so lassen sich Pausen als in hohem Maße sinnstiftend für das »Ertragen des Alltags« und für die Erfahrung von Identität in der Gesellschaft bezeichnen. Im Falle einer desorganisierten zeitlichen Erfahrung und negativen oder fehlenden Deutungsmustern (z.B. Erfahrungen von Zeitstrukturkrisen und Stigmatisierung bei Arbeitslosigkeit oder eines bedrohten lebenszeitlichen Sinnhorizontes bei Krankheit) werden Pausen zu Erfahrungszeiträumen einer prekären Identität, in denen Ordnung und Ganzheit der zeitlichen Struktur wie auch des Subjektes durch nicht routinisierte praktische Handlungen und reflexive Prozesse wiederhergestellt werden müssen.

Die Pause als zeitlich begrenztes »Territorium des Selbst«

Wie Mead hervorgehoben hat, sind zeitliche Alltagserfahrungen an gemeinsame Praxen gebunden und entscheidend für die Erfahrung von Identität als Ergebnis ständiger rekonstruktiver Verarbeitung von Erfahrungen. Die *kulturelle Entwertung von Zeit und von Pausen* steht daher mit *Krisen der kollektiven wie individuellen Identität in Zusammenhang* und *nicht mit einer Entwertung des Zeitlichen* an sich. Der Verlust symbolischer Ausdrucksebenen bei Pausen weist auf einen Verlust von Sinnbezügen besonderer Zeitsphären hin, die der Regeneration und der Rekonstruktion kollektiver wie individueller Identitäten dienen, aber auch auf das Verschwinden kulturell geprägter Zeitrhythmen und damit auf eine Entwertung der Erfahrung von Lebenstakten, Zeitfluss, des Vergangenen und Zukünftigen.

Unter Berücksichtigung der in den vergangenen Kapiteln analysierten Betrachtungsebenen und theoretischen Ansätze betrachte ich die Pause im Sinne einer verallgemeinernden Schlusssynthese als zeitlich begrenztes »Territorium des Selbst«. Diese Konzeption schließt sowohl wissenschaftliche Kategorisierungen und Zuschreibungen als auch alltagsreflexive Zugriffe mit ein. Sie umfasst positiv konnotierte Vorstellungen wie das »Eigenzeit«- und »Eigensinn«-Konzept. Gleichzeitig schließt sie jedoch auch Verlusterfahrungen im Sinne der fehlenden Regenerationsfunktion kollektiver Feste, der abnehmenden kulturellen Absicherung von Alltagszeit als Orientierungssystem wie auch die Zurückgeworfenheit des Einzelnen auf das reflexive Selbst in einer Lebenskrise mit ein. Die kulturellen Muster im Umgang mit Pausen lassen daher Rückschlüsse auf gegenwartstypische Subjekts- und Identitätskonzeptionen und den »zeitlichen Ort des Selbst« in einer Gesellschaft zu. Nicht umsonst gelten Transiträume als

Metaphern für den Alltag einer mobilen Gesellschaft, in denen das Subjekt warten muss, bis es abgeholt wird. Die Dauer dieser Wartezeit wird zu einer als freiwillig oder unfreiwillig erlebten Pause im Alltag, die zwischen verkehrsbedingten Systemzeiten ausgleichen soll: Zu einer bedeutungslosen Dauer ohne gesellschaftlichen Ort in der Zeit.

Literatur

Achten, Udo: »...denn was uns fehlt ist Zeit.« Geschichte des arbeitsfreien Wochenendes. Köln 1988.
Adorno, Theodor W.: Freizeit. In: Ders.: Stichworte. Kritische Modelle. Frankfurt am Main 1969, 57-67.
Alheit, Peter: Alltagszeit und Lebenszeit. Über die Anstrengung, widersprüchliche Zeiterfahrungen »in Ordnung zu bringen«. In: Rainer Zoll (Hg.): Zerstörung und Wiederaneignung von Zeit. Frankfurt am Main 1988, 371-386.
Arendt, Hannah: Vita Activa oder Vom tätigen Leben. 8. Aufl. München 1996.
Ariès, Philippe: Zeit und Geschichte. Frankfurt am Main 1988.
Armanski, Gerhard: Die kostbarsten Tage des Jahres. Massentourismus – Ursachen, Formen, Folgen. Berlin 1978.
Assmann, Aleida: Zeit und Tradition. Kulturelle Strategien der Dauer. Köln 1999.
Attias-Donfut, Claudine: Die neuen Freizeitgenerationen. Empirische Grundlagen und theoretische Überlegungen zu einer neu entstehenden Freizeitkultur. In: Rosenmayr, Leopold, Franz Kolland (Hg.): Arbeit – Freizeit – Lebenszeit. Neue Übergänge im Lebenszyklus. Opladen 1988, 57-73.
Augé, Marc: Un ethnologue dans le métro. Hachette 1986.
Augé, Marc: Orte und Nicht-Orte. Vorüberlegungen zu einer Ethnologie der Einsamkeit. Frankfurt am Main 1994.
Aveni, Anthony: Rhythmen des Lebens. Eine Kulturgeschichte der Zeit. Stuttgart 1991 (Originalausgabe New York 1989).
Baeriswyl, Michel: Chillout. Wege in eine neue Zeitkultur. München 2000.
Bahrdt, Hans Paul: Grundformen sozialer Situationen. Eine kleine Grammatik des Alltagslebens. München 1996.
Baier, Lothar: Keine Zeit! 18 Versuche über die Beschleunigung. München 2000.
Baltes, Peter: Lebenstechnik. Eine kritische Theorie des Alltags. Darmstadt 1993.
Barthes, Roland: Der blaue Führer. In: Mythen des Alltags. Frankfurt am Main. 1964 (SV 92), 59-63.
Baumgart, Ralf, Volker Eichener: Norbert Elias zur Einführung. Hamburg 1991.
Bausinger, Hermann: Volkskultur in der technischen Welt. Stuttgart 1961.
Bausinger, Hermann: Volkskunde. Von der Altertumsforschung zur Kulturanalyse. Berlin und Darmstadt 1971.
Bausinger, Hermann: Feierabend. In: Aspekte der Freizeit. Hessische Blätter für Volks- und Kulturforschung. Bd. 7/8. Giessen 1978, 27-34.

Bausinger, Hermann: Alltägliche Herausforderungen und mediale Alltagsträume. In: Hermann-Josef Schmitz, Hella Tompert (Hg.): Alltagskultur in Fernsehserien. Stuttgart 1987, 9-29.

Bausinger, Hermann: Kultur für Kinder – Kultur der Kinder. In: Konrad Köstlin (Hg.): Kinderkultur: 25. Deutscher Volkskundekongress in Bremen vom 7. bis 12. Oktober 1985. Bremen 1987, 11-18.

Beck, Stefan: Nachmoderne Zeiten: Über Zeiterfahrungen und Zeitumgang bei flexibilisierter Schichtarbeit. Tübingen 1994.

Bellebaum, Alfred: Langeweile, Überdruss und Lebenssinn. Eine geistesgeschichtliche und kultursoziologische Untersuchung. Opladen 1990.

Bellebaum, Alfred: Abschiede. Trennungen im Leben. Wien 1992.

Belliger, Andrea, David J. Krieger: Ritualtheorien. Opladen/Wiesbaden 1998.

Belmont, Nicole: Temps continu, temps rompu, temps oublié. In: Pliures, coupures, césures du temps. Ethnologie française 1 (2000), 23-49.

Bendix, Reinhard: Max Webers Religionssoziologie, 153-176. In: Dirk Käsler (Hg.): Max Weber. Sein Werk und seine Wirkung. München 1972, 153-176.

Berdahl, Robert M., Alf Lüdtke, Hans Medick u.a.: Einleitung. In: Berdahl, Robert M., Alf Lüdtke, Hans Medick u.a. (Hg.): Klassen und Kultur. Sozialanthropologische Perspektiven in der Geschichtsschreibung. Frankfurt am Main 1982, 9-19.

Berger, Peter L., Thomas Luckmann: Die gesellschaftliche Konstruktion der Wirklichkeit. Eine Theorie der Wissenssoziologie. Frankfurt am Main 1969.

Bergmann, Werner: Die Zeitstrukturen sozialer Systeme. Eine systemtheoretische Analyse. Soziologische Schriften (Band 33). Berlin 1981.

Bergmann, Werner: Lebenswelt, Lebenswelt des Alltags oder Alltagswelt? In: Kölner Zeitschrift für Soziologie und Sozialpsychologie. Sonderheft 33 (1981), 50-72.

Bergmann, Werner: Das Problem der Zeit in der Soziologie – Ein Literaturüberblick zum Stand der zeitsoziologischen Theorie und Forschung. In: Kölner Zeitschrift für Soziologie und Sozialpsychologie (35), 1983, 462-499.

Bergson, Henri: Zeit und Freiheit. Frankfurt am Main 1989.

Bimmer, Andreas C.: Sonntag. Ein Wochentag und seine Rezeption in der Volkskunde. In: Siegfried Becker, Andreas C. Bimmer, Karl Braun, Jutta Buchner-Fuhs, Sabine Gieske, Christel Köhle-Hezinger (Hg.): Volkskundliche Tableaus. Eine Festschrift für Martin Scharfe zum 65. Geburtstag von Weggefährten, Freunden und Schülern. Münster, New York, München, Berlin 2001, 71-79.

Birkhäuser, Martin H.: Endokrinologie der Peri- und Postmenopause. In: Paul J. Keller (Hg.): Menopause. Bern 1995, 12-36.

Blessing, Werner K.: Fest und Vergnügen der »kleinen Leute«. In: Van Dülmen, Richard, Norbert Schindler (Hg.): Volkskultur. Zur Wiederentdeckung des vergessenen Alltags (16.-20. Jahrhundert). Frankfurt am Main 1984, 352-380.

Bosch, Gerhard, Michel Lallement: Die Rolle des Wochenendes in Frankreich. In: Rinderspacher, Jürgen P., Dietrich Henckel, Beate Hollbach (Hg.): Die Welt am Wochenende. Entwicklungsperspektiven der Wochenruhetage: Ein interkultureller Vergleich. Bochum 1994, 28-48.

Bourdieu, Pierre: Entwurf einer Theorie der Praxis auf der ethnologischen Grundlage der kabylischen Gesellschaft. Frankfurt am Main 1976.

Bourdieu, Pierre: Die feinen Unterschiede. Kritik der gesellschaftlichen Urteilskraft. Frankfurt am Main 1989. (Französisch erstmals 1979).
Braun, Rudolf: Industrialisierung und Volksleben. Göttingen 1979 (1. Aufl. 1960).
Braun, Rudolf: Sozialer und kultureller Wandel in einem ländlichen Industriegebiet im 19. und 20. Jahrhundert. Erlenbach, Zürich, Stuttgart 1965.
Braun, Rudolf: Probleme des sozio-kulturellen Wandels im 19. Jahrhundert. In: Wiegelmann, Günter (Hg.): Kultureller Wandel im 19. Jahrhundert. Verhandlungen des 18. Deutschen Volkskunde-Kongresses in Trier vom 13. Bis 18. September 1971. Göttingen 1973, 11-23.
Braun, Rudolf: Die Fabrik als Lebensform. In: Van Dülmen, Richard, Norbert Schindler (Hg.): Volkskultur. Frankfurt am Main 1984, 299-351.
Braun, Rudolf: Der gelehrige Körper als wirtschaftlich-industrieller Wachstumsfaktor. In: Jahrbuch 1989/90 des Wissenschaftskollegs zu Berlin. Berlin 1990, 201-226.
Breuer, Stefan: Die Evolution der Disziplin. Zum Verhältnis von Rationalität und Herrschaft in Max Webers Theorie der vorrationalen Welt. In Kölner Zeitschrift für Soziologie und Sozialpsychologie 30 (1978), 409-437.
Brose, Hanns-Georg, Monika Wohlrab-Sahr, Michael Corsten: Soziale Zeit und Biographie. Über die Gestaltung von Alltagszeit und Lebenszeit. Opladen 1993.
Bücher, Karl: Arbeit und Rhythmus. 5. Auflage. Leipzig 1919 [1896].
Burckhardt-Seebass, Christine, Elsbeth Liebl: Maturavergnügungen der Basler Schülerinnen. In: Schweizerisches Archiv für Volkskunde 60 (1964), 33-57.
Burckhardt-Seebass, Christine: Lücken in den Ritualen des Lebenslaufs. Vorläufige Gedanken zu den ›passages sans rites‹. In: Ethnologia Europea 10 (1990), 141-150.
Burckhardt-Seebass, Christine: Zwischen McDonald's und weissem Brautkleid. Brauch und Ritual in einer offenen, säkularisierten Gesellschaft. In: Österreichische Zeitschrift für Volkskunde 92 (1989), 97-110.
Caduff, Corina, Joanna Pfaff-Czarnecka: Rituale heute. Theorien – Kontroversen – Entwürfe. Berlin 1999.
Cantauw, Christiane (Hg.): Arbeit, Freizeit, Reisen: die feinen Unterschiede im Alltag. Münster/New York 1995.
Cattaneo, Claudia: Aktivitäten und Interaktionen auf dem Pausenplatz. Versuch zur Erfassung und Analyse des Pausenplatzgeschehens am Beispiel Schulhaus FELD in Kloten. Lizentiatsarbeit. Zürich 1977.
Centlivres, Pierre: Les rites de Passage: nouveaux espaces, nouveaux emblèmes. In: Naître, vivre et mourir. Actualité de Van Gennep. Neuchâtel 1981, 161-173.
Centlivres, Pierre: Die Übergangsriten heute. In: Paul Hugger (Hg.): Handbuch der Schweizerischen Volkskultur. Zürich 1992, Bd. 1, 223-232.
Cramer, Friedrich: Der Zeitbaum. Grundlegung einer allgemeinen Zeittheorie. Frankfurt am Main und Leipzig 1993.
Daniel, Ute: Kompendium Kulturgeschichte. Theorien, Praxis, Schlüsselwörter. Frankfurt am Main 2001.
Diamond, Jed: Male Menopause. Naperville 1997.
Dilthey, Wilhelm: Der Aufbau der geschichtlichen Welt in den Geisteswissenschaften. 5. Aufl. Frankfurt am Main 1997.
Dohrn-van Rossum, Gerhard: Die Geschichte der Stunde. Uhren und moderne Zeitordnungen. München 1995.

Dornheim, Jutta: Kranksein im dörflichen Alltag. Soziokulturelle Aspekte des Umgangs mit Krebs. Tübingen 1983.

Dornheim, Jutta: »Diese ungereinigten Faktoren im Leben«. Gesellschaftliche Aspekte in Interviews zu schwerer Krankheit. In: Utz Jeggle, Wolfgang Kaschuba, Gottfried Korff, Martin Scharfe und Bernd Jürgen Warneken (Hg.): Tübinger Beiträge zur Volkskultur. Untersuchungen des Ludwig-Uhland-Instituts der Universität Tübingen, Bd. 69. Tübingen 1986, 50-69.

Drescher, Hans-Georg: Arbeit zwischen Lebenssinn und Existenzerhaltung. In: Rapp, Friedrich (Hg.): Arbeit, Leistung, Freizeit. Lebenssinn in der postindustriellen Gesellschaft. Schriftenreihe der Universität Dortmund (Bd. 38). Dortmund 1996, 1-18.

Durkheim, Emile: Les formes élémentaires de la vie religieuse. Paris 1968.

Elias, Norbert: Grundlegung einer Theorie sozialer Prozesse. In: Zeitschrift für Soziologie 6 (1977), 127-149.

Elias, Norbert: Zum Begriff des Alltags. In: Kurt Hammerich, Michael Klein (Hg.): Materialien zur Soziologie des Alltags. Kölner Zeitschrift für Soziologie und Sozialpsychologie. Sonderheft 20 (1978), 22-29.

Elias, Norbert: Über die Zeit. Frankfurt am Main 1984.

Engeler, Margaret: Das Zürcher Konzertleben. Meinungen – Moden – Medien. Volkskundliche Aspekte der städtisch-bürgerlichen Kultur. Stäfa 1990.

Engelsing, Rolf: Die Arbeitszeit und Freizeit von Schülern. In: Gerhard Huck (Hg.): Sozialgeschichte der Freizeit. Untersuchungen zum Wandel der Alltagskultur in Deutschland. Wuppertal 1980, 51-76.

Enzensberger, Hans Magnus: Eine Theorie des Tourismus. In: Einzelheiten I. Frankfurt am Main 1971, 179-206.

Faulenbach, Bernd: »Inseln des Eigen-Sinns«. Spuren der Arbeitnehmer in »ihrem« Betrieb. In: Landschaftsverband Rheinland, Rheinisches Industriemuseum (Hg.): Arbeit Pause Eigen-Sinn. Solingen 1999, 19-29.

Fehr, Marianne, Stefan Keller, Jan Morgenthaler (Hg.): Leben, Lieben, Leiden im Büro. Reportagen, Analysen, Geschichten aus der sauberen Arbeitswelt. Zürich 1991.

Fischer-Homberger, Esther: »Krankheit Frau«. In: Arthur E. Imhof (Hg.): Leib und Leben in der Geschichte der Neuzeit. Berlin 1983, 215-229.

Foucault, Michel: Überwachen und Strafen. Die Geburt des Gefängnisses. Frankfurt am Main 1976.

Franke, Joachim: Optimierung von Arbeit und Erholung. Ein kompakter Überblick für die Praxis. Stuttgart 1998.

Fraser, Julius T.: Die Zeit: vertraut und fremd. Basel, Boston, Berlin 1988.

Fürstenberg, Friedrich, Irmgard Herrmann-Stojanov, Jürgen P. Rinderspacher (Hg.): Der Samstag. Über Entstehung und Wandel einer modernen Zeitinstitution. Berlin 1999.

Funder, Maria: Die (Dis-)Kontinuität weiblicher Lebensläufe – das Vereinbarkeitsdilemma zwischen betrieblicher und ausserbetrieblicher Lebenswelt. In: Raehlmann, Irene u.a. (Hg.): Alles unter einen Hut? – Arbeits- und Lebenszeit von Frauen in der Dienstleistungsgesellschaft. Hamburg 1992, 66-79.

Gebhardt, Winfried: Fest, Feier und Alltag. Über die gesellschaftliche Wirklichkeit des Menschen und ihre Deutung. Frankfurt am Main 1987.

Gebhardt, Winfried: Charisma als Lebensform. Zur Soziologie des alternativen Lebens. Berlin 1994.

Gebhardt, Winfried, Ronald Hitzler, Michaela Pfadenauer (Hg.): Events. Soziologie des Außergewöhnlichen. Opladen 2000.

Geertz, Clifford: Dichte Beschreibung. Beiträge zum Verstehen kultureller Systeme. 4. Aufl. Frankfurt am Main 1995.

Geissler, Karlheinz A.: Die Orientierung am Rhythmus. Das rechte Zeitmass in der Zeit der Flexibilisierung. In: Peter Rusterholz, Rupert Moser (Hg.): Zeit. Zeitverständnis in Wissenschaft und Lebenswelt (Kulturhistorische Vorlesungen; 1995/96). Bern 1997, 111-135.

Geissler, Karlheinz A.: Vom Tempo der Welt. Am Ende der Uhrzeit. Freiburg, Basel, Wien 1999.

Georg, Werner: Lebensstile in der Freizeitforschung – ein theoretischer Bezugsrahmen. In: Christine Cantauw (Hg.): Arbeit, Freizeit, Reisen: die feinen Unterschiede im Alltag. 3. Arbeitstagung der DGV-Kommission Tourismusforschung vom 23.-25. März 1994. Münster, New York 1995 (Beiträge zur Volkskultur in Nordwestdeutschland, 88), 13-20.

Gerndt, Helge: Studienskript Volkskunde. Eine Handreichung für Studierende. München 2001 (Münchner Beiträge zur Volkskunde, 12).

Gimmler, Antje, Mike Sandbothe, Walther Ch. Zimmerli (Hg.): Die Wiederentdeckung der Zeit. Reflexionen – Analysen – Konzepte. Darmstadt 1997.

Gimmler, Antje: Zeit und Institution. In: Mike Sandbothe, Walther Ch. Zimmerli (Hg.): Die Wiederentdeckung der Zeit. Reflexionen – Analysen – Konzepte. Darmstadt 1997, 178-196.

Giordano, Christian: La pensée ethnologique de Max Weber. In: Ethnologie française 4 (1997), 465-477.

Girtler, Roland: Kleidung als Symbol demonstrativen Müßiganges bei Sandlern, Zuhältern und Aristokraten. In: Klaus Beitl, Olaf Bockhorn (Hg.): Kleidung – Mode – Tracht. Referate der Österreichischen Volkskundetagung 1986 in Lienz (Osttirol). Wien 1987, 93-106.

Girtler, Roland: Die feinen Leute: Von der vornehmen Art, durchs Leben zu gehen. Frankfurt am Main 1989.

Glanz, Alexander: Männerzeit: Zeit für sich, Frauenzeit: Zeit für andere? In: Raehlmann, Irene u.a. (Hg.): Alles unter einen Hut? – Arbeits- und Lebenszeit von Frauen in der Dienstleistungsgesellschaft. Hamburg 1992, 80-93.

Glaser, Hermann: Maschinenwelt und Alltagsleben. Industriekultur in Deutschland vom Biedermeier bis zur Weimarer Republik. Reutlingen 1981.

Göttin, Thomas, Christoph Keller, Jean-Claude Rennwald, Jean Steinauer (Hg.): Schichtwechsel. Ein Tag in der Arbeitswelt der Schweiz. Zürich 1996.

Goffman, Erving: Wir alle spielen Theater. Die Selbstdarstellung im Alltag. München 1969.

Goffman, Erving: Interaktionsrituale. Über Verhalten in direkter Kommunikation. Frankfurt am Main 1971.

Goffman, Erving: Das Individuum im öffentlichen Austausch. Mikrostudien zur öffentlichen Ordnung. Frankfurt am Main 1982.

Gorz, André: Jenseits von Arbeitsutopie und Arbeitsmoral. In: Rainer Zoll (Hg.): Zerstörung und Wiederaneignung von Zeit. Frankfurt am Main 1988, 172-192.

Grenkowitz, Astrid, Helga Loest, Rainer Zoll: Die Zwanghaftigkeit von Zeitstrukturen im Alltag, in der Zwangsneurose und im Faschismus. In: Rainer Zoll (Hg.): Zerstörung und Wiederaneignung von Zeit. Frankfurt am Main 1988, 426-453.

Griessinger, Andreas: Das symbolische Kapital der Ehre. Streikbewegungen und kollektives Bewusstsein deutscher Handwerksgesellen im 18. Jahrhundert. Frankfurt am Main, Berlin, Wien 1981.

Gronemeyer, Marianne: Das Leben als letzte Gelegenheit. Sicherheitsbedürfnisse und Zeitknappheit. Darmstadt 1993.

Grosswinkelmann, Johannes, Jochem Putsch: ein weitererer Versuch zur Musealisierung von Alltagsgeschichte. In: Landschaftsverband Rheinland, Rheinisches Industriemuseum (Hg.): Arbeit Pause Eigen-Sinn. Solingen 1999, 9-17.

Guth, Klaus: Alltag und Fest. Aspekte und Probleme gegenwärtiger Festkulturforschung. In: Schweizerisches Archiv für Volkskunde 81 (1985), 59-78.

Gyr, Ueli: Touristenkultur und Reisealltag. Volkskundlicher Nachholbedarf in der Tourismusforschung. In: Zeitschrift für Volkskunde 84 (1988), 224-239.

Gyr, Ueli: Lektion fürs Leben. Welschlandaufenthalte als traditionelle Bildungs-, Erziehungs- und Übergangsmuster. Zürich 1989.

Gyr, Ueli: Unterwegs in organisierten Gruppen. Zum Reiseverhalten von Massentouristen. In: Menschen in Bewegung: Reise – Migration – Flucht. Redaktion: Gerhard Baer, Susanne Hammacher. Basel, Boston, Berlin 1990 (Mensch, Kultur, Umwelt, 4), 63-68.

Gyr, Ueli: Kultur für Touristen und Touristenkultur. Plädoyer für qualitative Analysen in der Reiseforschung. In: Dieter Kramer, Ronald Lutz (Hg.): Reisen und Alltag. Beiträge zur kulturwissenschaftlichen Tourismusforschung. Frankfurt am Main 1992 (Notizen, 39), 19-38.

Gyr, Ueli: Sightseeing, Shopping, Souvenirs und Spezialitäten. Symbole und Symbolkonsum in massentouristischer Sicht. In: Paul Michel (Hg.): Symbolik von Weg und Reise. Bern, Berlin, Frankfurt am Main 1992 (Schriften zur Symbolforschung, 8), 223-239.

Gyr, Ueli: Touristenverhalten und Symbolstrukturen. Zur Typik des organisierten Erlebniskonsums. In: Burkhard Pöttler, Ulrike Kammerhofer-Aggermann (Hg.): Tourismus und Regionalkultur. Referate der Österreichischen Volkskundetagung 1992 in Salzburg, 41-56.

Gyr, Ueli: Kulturale Alltäglichkeit in gesellschaftlichen Mikrobereichen. Standpunkte und Elemente zur Konsensdebatte. In: Christine Burckhardt-Seebass (Hg.): Zwischen den Stühlen fest im Sattel? Eine Diskussion um Zentrum, Perspektiven und Verbindungen des Faches Volkskunde. Hochschultagung der Deutschen Gesellschaft für Volkskunde. Basel, 31. Oktober – 2. November 1996. Göttingen 1997, 13-19.

Habermas, Jürgen: Soziologische Notizen zum Verhältnis von Arbeit und Freizeit. In: Gerhard Fuchs (Hg.): Konkrete Vernunft. Festschrift für Erich Rothacker. Bonn 1958, 105-122.

Habermas, Jürgen: Theorie des kommunikativen Handelns. Frankfurt am Main 1981.

Halbwachs, Maurice: Das kollektive Gedächtnis. Frankfurt am Main 1985.

Hall, Edward T.: La danse de la vie. Temps culturel, temps vécu. Paris 1984.

Hartmann, Georg Leonhard: Zur Volkskunde und Sittengeschichte St. Gallens. Mitgeteilt von Karl Schönenberger, St. Gallen. In: Schweizerisches Archiv für Volkskunde 46 (1950), 55-59.

Hartmann, Hans A., Rolf Haubl (Hg.): Freizeit in der Erlebnisgesellschaft. Amusement zwischen Selbstverwirklichung und Kommerz. Opladen 1996.

Hassard, John (Hg.): The Sociology of Time. London 1990.
Hegel, Georg Wilhelm Friedrich: Phänomenologie des Geistes. Frankfurt am Main 1998.
Heim, Walter: Volksbrauch im Kirchenjahr heute. Herausgegeben von der Schweizerischen Gesellschaft für Volkskunde. Basel 1983 (Schriften der Schweizerischen Gesellschaft für Volkskunde 67).
Heinemann, Klaus, Peter Ludes: Zeitbewusstsein und Kontrolle der Zeit. In: Kurt Hammerich, Michael Klein (Hg.): Materialien zur Soziologie des Alltags. Kölner Zeitschrift für Soziologie und Sozialpsychologie. Sonderheft 20 (1978), 220-243.
Heinemeier, Siegfried: Zeitstrukturkrisen. Biographische Interviews mit Arbeitslosen. Opladen 1991.
Helbling, Angela, Fabienne Rauber: Andere Umstände. Das mystifizierte Warten auf ein Kind. In: Heinz Schilling: Zeitlose Ziele. Versuch über das lange Warten. In: Schilling, Heinz (Hg.): Welche Farbe hat die Zeit? Recherchen zu einer Anthropologie des Wartens (Notizen, 69). Frankfurt am Main 2002, 45-78.
Henckel, Dietrich, Beate Hollbach. Die Stadt als Taktgeber? Auf dem Weg in die kontinuierliche Gesellschaft. In: Rinderspacher, Jürgen P., Dietrich Henckel, Beate Hollbach (Hg.): Die Welt am Wochenende. Entwicklungsperspektiven der Wochenruhetage: Ein interkultureller Vergleich. Bochum 1994, 283-306.
Hengartner, Thomas: Der Bahnhof als Fokus des städtischen Lebens? In: Schweizerisches Archiv für Volkskunde 90 (1994), 187-206.
Hengartner, Thomas, Johanna Rolshoven (Hg.): Technik – Kultur. Formen der Veralltäglichung von Technik – Technisches als Alltag. Zürich 1998.
Hengartner, Thomas: Zeit-Fragen. In: VOKUS. Volkskundlich-kulturwissenschaftliche Schriften. Sonderheft »Zeit« 1 (2000), 5-18.
Henkel, Matthias: Die Tasse ... Zur Trinkkultur am Arbeitsplatz. In: Rolf Wilhelm Brednich, Heinz Schmitt (Hg.): Symbole. Zur Bedeutung der Zeichen in der Kultur. 30. Deutscher Volkskundekongress in Karlsruhe vom 25. bis 29. September 1995, 226-239.
Hermann-Stojanov, Irmgard, Christo Stojanov: Zeit als Ordnungsprinzip des individuellen und gesellschaftlichen Lernprozesses. In: Friedrich Fürstenberg, Ingo Mörth (Hg.): Zeit als Strukturelement von Lebenswelt und Gesellschaft (Reihe Sozialwissenschaftliche Materialien). Linz 1986, 111-132.
Hesslinger, Eva: Betriebsfeiern als Spiegel des Betriebsalltags? In: Schweizerisches Archiv für Volkskunde 2 (1992), 137-168.
Hitzler, Ronald, Anne Honer (Hg.): Sozialwissenschaftliche Hermeneutik. Opladen 1997.
Hörning, Karl H., Daniela Ahrens, Annette Gerhard: Zeitpraktiken. Experimentierfelder der Spätmoderne. Frankfurt am Main 1997.
Hörz, Herbert: Philosophie der Zeit. Zeitverständnis in Geschichte und Gegenwart. Berlin 1989.
Hoffmann-Krayer, Eduard: Feste und Bräuche des Schweizervolkes. Neubearbeitung durch Paul Geiger. Mit einem Vorwort zur Neuauflage von Arnold Niederer. Zürich 1992.
Holenweger, Toni, Hanspeter Conrad (Hg.): Arbeit & Zeit. Neue Arbeitszeitmodelle aus der Praxis. Zürich 1998.
Honer, Anne: Einige Probleme lebensweltlicher Ethnographie. Zur Methodologie einer interpretativen Sozialforschung. In: Zeitschrift für Soziologie 4 (1989), 297-312.
Honer, Anne: Lebensweltliche Ethnographie. Wiesbaden 1993.

Honegger, Claudia: Die Ordnung der Geschlechter: Die Wissenschaft vom Menschen und das Weib 1750-1850. Frankfurt am Main 1991.

Horkheimer, Max, Theodor Adorno: Dialektik der Aufklärung. Philosophische Fragmente. Frankfurt am Main 1994.

Huck, Gerhard (Hg.): Sozialgeschichte der Freizeit. Untersuchungen zum Wandel der Alltagskultur in Deutschland. Wuppertal 1980.

Hülst, Dirk: Symbol und soziologische Symboltheorie. Untersuchungen zum Symbolbegriff in Geschichte, Sprachphilosophie, Psychologie und Soziologie. Opladen 1999.

Hugger, Paul, Walter Burkert, Ernst Lichtenhahn (Hg.): Stadt und Fest. Zu Geschichte und Gegenwart europäischer Festkultur. Unterägeri/Stuttgart 1987.

Husserl, Edmund: Vorlesungen zur Phänomenologie des inneren Zeitbewusstseins. Tübingen 1980 (1928).

Inhetveen, Heide: »Schöne Zeiten, schlimme Zeiten« – Zeiterfahrungen von Bäuerinnen. In: Rainer Zoll (Hg.): Zerstörung und Wiederaneignung von Zeit. Frankfurt am Main 1988, 193-217.

Jahoda, Marie, Paul F. Lazarsfeld, Hans Zeisel: Die Arbeitslosen von Marienthal. Ein soziographischer Versuch mit einem Anhang zur Geschichte der Soziographie. Allensbach und Bonn 1960 (1. Auflage Leipzig 1933).

Joas, Hans (Hg.): Praktische Intersubjektivität. Die Entwicklung des Werkes von G. H. Mead. Frankfurt am Main 1980. Daraus: 8. Kapitel: Zeitlichkeit und Intersubjektivität, 164-194.

Joas, Hans (Hg.): George H. Mead: Gesammelte Aufsätze. Bd. 1. Frankfurt am Main 1987.

Jeggle, Utz: Sitte und Brauch in der Schweiz. In: Paul Hugger (Hg.): Handbuch der schweizerischen Volkskultur. Zürich 1992, Bd. II, 603-628.

Kaschuba, Wolfgang: Lebenswelt und Kultur der unterbürgerlichen Schichten im 19. und 20. Jahrhundert. München 1990.

Kaschuba, Wolfgang: Arbeitskörper und Freizeitmensch: Der industrielle Habitus und seine postindustriellen Metamorphosen. In: Michael Dauskardt, Helge Gerndt (Hg.): Der industrialisierte Mensch. 28. Deutscher Volkskundekongress Hagen 1991. Münster 1993 (Forschungsbeiträge zu Handlung und Technik, 5), 45-60.

Keller, Paul Johannes (Hg.): Menopause. Bern 1995.

Kellmann, Michael: Die Wettkampfpause als integraler Bestandteil der Leistungsoptimierung im Sport: eine empirische psychologische Analyse. Schriften zur Sportwissenschaft 10. Hamburg 1997.

Kellner, Hansfried, Frank Heuberger: Die Einheit der Handlung als methodologisches Problem. Überlegungen zur Adäquanz wissenschaftlicher Modellbildung in der sinnverstehenden Soziologie. In: Elisabeth List, Ilja Srubar (Hg.): Alfred Schütz: neue Beiträge zur Rezeption seines Werkes. Amsterdam 1988, 257-284.

Kirchengast, Sylvia: Frauen in den Wechseljahren. Eine interkulturelle Studie. Frankfurt am Main 1999.

Klein, Gabriele: Electronic Vibration. Pop Kultur Theorie. Hamburg 1999.

Knebel, Hans-Joachim: Soziologische Strukturwandlungen im modernen Tourismus. Stuttgart 1962.

Knoblauch, Hubert: Das strategische Ritual der kollektiven Einsamkeit. Zur Begrifflichkeit und Theorie des Events. In: Gebhardt, Winfried, Ronald Hitzler, Michaela Pfadenauer (Hg.): Events. Soziologie des Aussergewöhnlichen. Opladen 2000, 33-50.

Kohli, Martin (Hg.): Soziologie des Lebenslaufs. Darmstadt und Neuwied 1978.
Kohli, Martin: Lebenslauf und Lebensalter als gesellschaftliche Konstruktionen: Elemente zu einem interkulturellen Vergleich. In: Elwert, Georg, Martin Kohli, Harald K. Müller (Hg.): Im Lauf der Zeit. Spektrum 25. Saarbrücken 1990, 11-23.
Köck, Christoph: Sehnsucht Abenteuer. Auf den Spuren der Erlebnisgesellschaft. Berlin 1990.
Kössler, Reinhart: Synchronität und kulturelle Hegemonie in der Weltgesellschaft. In: Rinderspacher, Jürgen P., Dietrich Henckel, Beate Hollbach (Hg.): Die Welt am Wochenende. Entwicklungsperspektiven der Wochenruhetage: Ein interkultureller Vergleich. Bochum 1994, 307-316.
Köstlin, Konrad: Wir sind alle Touristen – Gegenwelten als Alltag. In: Christine Cantauw (Hg.): Arbeit, Freizeit, Reisen: die feinen Unterschiede im Alltag. 3. Arbeitstagung der DGV-Kommission Tourismusforschung vom 23.-25. März 1994. Münster, New York 1995 (Beiträge zur Volkskultur in Nordwestdeutschland, 88), 1-12.
Komesaroff, Paul A., Philipa Rothfield, Jeanne Daly: Mapping Menopause: Objectivity or Multiplicity? In: Komesaroff, Paul A., Philipa Rothfield, Jeanne Daly (Hg.): Reinterpreting menopause: cultural and philosophical issues. New York & London 1997, 3-14.
Kramer, Dieter: Freizeit und Reproduktion der Arbeitskraft. 2. Aufl. Köln 1977.
Kramer, Dieter: Tourismus-Politik. Aufsätze aus 12 Jahren Tourismus-Diskussion. Münster 1990.
Kramer, Dieter: Kulturwissenschaftliche Tourismusforschung. In: Dieter Kramer und Ronald Lutz (Hg.): Reisen und Alltag. Beiträge zur kulturwissenschaftlichen Tourismusforschung. Frankfurt am Main 1992 (Notizen, 39), 11-18.
Kramer, Dieter und Ronald Lutz (Hg.): Tourismus-Kultur; Kultur-Tourismus. Münster, Hamburg 1993 (Kulturwissenschaftliche Horizonte, 2).
Kramer, Dieter: Die vollendete Inszenierung im synthetischen Tourismus-Utopia. In: Hermann Schrödter (Hg.): Das Verschwinden des Subjekts. Würzburg 1994, 59-74.
Krippendorf, Jost: Die Ferienmenschen. Für ein neues Verständnis von Freizeit und Reisen. Zürich, Schwäbisch Hall 1984.
Kubina, Eva-Maria: Irrwege – Fluchtburgen. Modelle und Dimensionen zur soziologischen Analyse des Phänomens Massentourismus. Frankfurt am Main, Bern, New York, Paris 1990 (Europäische Hochschulschriften, Reihe XII/Soziologie, Bd. 197).
Kuntz-Stahl, Andreas: Volkskundliche Reflexionen zum Thema »Zeit«. In: Ethnologia Europea XVI (1986), 173-182.
Kurz-Scherf, Ingrid: Zeit(t)räume per Tarifvertrag. Oder: Die Renaissance der betriebsnahen Tarifpolitik. In: Rainer Zoll (Hg.): Zerstörung und Wiederaneignung von Zeit. Frankfurt am Main 1988, 544-564.
Kuzmics, Helmut: Fragen an das Werk von Norbert Elias: Einige Kriterien zur kritischen Überprüfbarkeit der Zivilisationstheorie. In: Annette Treibel, Helmut Kuzmics, Reinhard Blomert (Hg.): Zivilisationstheorie in der Bilanz. Beiträge zum 100. Geburtstag von Norbert Elias. Opladen 2000, 261-284.
Laermann, Klaus: Alltags-Zeit. Bemerkungen über die unauffälligste Form sozialen Zwangs. In: Rainer Zoll (Hg.): Zerstörung und Wiederaneignung von Zeit. Frankfurt am Main 1988, 321-343.
Lalive d'Epinay, Christian: Die soziale Ambivalenz der Freizeit. In: Rainer Zoll (Hg.): Zerstörung und Wiederaneignung von Zeit. Frankfurt am Main 1988, 405-425.

Lamprecht, Markus, Hanspeter Stamm: Die soziale Ordnung der Freizeit. Soziale Unterschiede im Freizeitverhalten der Schweizer Wohnbevölkerung. Zürich 1994.

Lauterbach, Burkhart: Arbeitsalltag und Bürowelt. Einblicke in Ausschnitte deutscher Angestelltenkultur. In: Schweizerisches Archiv für Volkskunde 86 (1990), 44-61.

Lauterbach, Burkhart: Angestelltenkultur: »Beamten«-Vereine in deutschen Industrieunternehmen vor 1933. Münster, New York, München, Berlin 1998.

Le Goff, Jacques: Zeit der Kirche und Zeit des Händlers im Mittelalter. In: Claudia Honegger (Hg.): Schrift und Materie der Geschichte. Vorschläge zur systematischen Aneignung historischer Prozesse. Frankfurt am Main 1977, 393-414.

Lehmann, Albrecht: Rechtfertigungsgeschichten. In: Fabula. Zeitschrift für Erzählforschung. Bd. 21 (1980), 56-69.

Lehmann, Albrecht: Erzählstruktur und Lebenslauf. Autobiographische Untersuchungen. Frankfurt am Main, New York 1983.

Lehmann, Albrecht: Zur empirischen volkskundlichen Forschung. In: Christine Burckhardt-Seebass (Hg.): Zwischen den Stühlen fest im Sattel? Eine Diskussion um Zentrum, Perspektiven und Verbindungen des Faches Volkskunde. Hochschultagung der Deutschen Gesellschaft für Volkskunde. Basel, 31. Oktober – 2. November 1996. Göttingen 1997, 20-25.

Lehmann, Hartmut: Max Webers Protestantische Ethik. Göttingen 1996.

Leitner, Hartmann: Lebenslauf und Identität. Die kulturelle Konstruktion von Zeit in der Biografie. Frankfurt am Main, New York 1982.

Lenzen, Dieter: Alles kann jederzeit passieren. Zur Linearisierung des Lebenslaufs in der modernen Industriegesellschaft. In: Rosemarie Beier, Bettina Biedermann (Hg.): Lebensstationen in Deutschland 1900-1993. Giessen 1993, 241-249.

Levine, Robert: Eine Landkarte der Zeit. Wie Kulturen mit Zeit umgehen. München 1998.

Levy, René: Der Lebenslauf als Statusbiographie. Die weibliche Normalbiographie in makrosoziologischer Perspektive. Stuttgart 1977.

Lindner, Rolf: Zur kognitiven Identität der Volkskunde. In: Österreichische Zeitschrift für Volkskunde 90 (1987), 1-19.

Lipp, Carola: Der industrialisierte Mensch. Zum Wandel historischer Erfahrung und wissenschaftlicher Deutungsmuster. In: Michael Dauskardt, Helge Gerndt (Hg.): Der industrialisierte Mensch. 28. Deutscher Volkskundekongress Hagen 1991. Münster 1993 (Forschungsbeiträge zu Handlung und Technik, 5), 17-43.

Lipp, Carola: Alltagskulturforschung in der empirischen Kulturwissenschaft und Volkskunde. In: Berliner Geschichtswerkstatt (Hg.): Alltagskultur, Subjektivität und Geschichte. Zur Theorie und Praxis von Alltagsgeschichte. Münster 1994, 78-93.

Lipp, Wolfgang: Gesellschaft und Festkultur. Großstadtfeste der Moderne. In: Hugger, Paul in Zusammenarbeit mit Walter Burkert und Ernst Lichtenhahn (Hg.): Stadt und Fest. Zu Geschichte und Gegenwart europäischer Festkultur. Unterägeri/Stuttgart 1987, 231-249.

Löffler, Klara: Der lange Samstag. Eine Möglichkeitsform. In: Elisabeth Fendl, Renate Glaser, Klara Löffler (Hg.): ZEITspezifisches. Konrad Köstlin zum 8. Mai. Regensburg 1995, 15-28.

Lucke, Doris: Die Ehescheidung als Kristallisationskern geschlechtsspezifischer Ungleichheit. Das Beispiel einer verrechtlichten Statuspassage im weiblichen Lebenslauf. In: Peter A. Berger, Stefan Hradil (Hg.): Lebenslagen, Lebensläufe, Lebensstile. Göttingen 1990, 363-385.

Luckmann, Thomas: Lebensweltliche Zeitkategorien, Zeitstrukturen des Alltags und der Ort des historischen Bewusstseins. In: Bernard Cerquiglini, Hans Ulrich Gumbrecht (Hg.): Der Diskurs der Literatur- und Sprachhistorie. Frankfurt am Main 1983, 13-28.

Luckmann, Thomas: Zeit und Identität: Innere, soziale und historische Zeit. In: Friedrich Fürstenberg, Ingo Mörth (Hg.): Zeit als Strukturelement von Lebenswelt und Gesellschaft (Sozialwissenschaftliche Materialien, 9). Linz 1986, 135-174.

Lübbe, Hermann: Pünktlichkeit. Über den Ursprung der Freiheit aus der Zeit-Disziplin. In: Walter M. Sprondel (Hg.): Die Objektivität der Ordnungen und ihre kommunikative Konstruktion. Frankfurt am Main 1994, 56-69.

Lübbe, Hermann: Zivilisationsdynamik. Über die Aufdringlichkeit der Zeit im Fortschritt. In: Sandbothe, Mike, Walther Ch. Zimmerli (Hg.): Zeit – Medien – Wahrnehmung. Darmstadt 1994, 29-35.

Lüdtke, Alf: Arbeitsbeginn, Arbeitspausen, Arbeitsende. Skizzen zu Bedürfnisbefriedigung und Industriearbeit im 19. und frühen 20. Jahrhundert. In: Gerhard Huck (Hg.): Sozialgeschichte der Freizeit. Untersuchungen zum Wandel der Alltagskultur in Deutschland. Wuppertal 1980, 95-122.

Lüdtke, Alf: Eigen-Sinn. Fabrikalltag, Arbeitererfahrungen und Politik vom Kaiserreich bis in den Faschismus. Ergebnisse. Hamburg 1993.

Lüdtke, Hartmut: Zeitverwendung und Lebensstile. Empirische Analysen zu Freizeitverhalten, expressiver Ungleichheit und Lebensqualität in Westdeutschland. Marburg 1995.

Lüdtke, Hartmut: Freizeitsoziologie. Arbeiten über temporale Muster, Sport, Musik, Bildung und soziale Probleme. Münster 2001.

Luhmann, Niklas: Gesellschaftsstruktur und Semantik. Studien zur Wissenssoziologie der modernen Gesellschaft. Band 1. Frankfurt am Main 1981.

Maase, Kaspar: Spiel ohne Grenzen. Von der »Massenkultur« zur »Erlebnisgesellschaft«: Wandel im Umgang mit populärer Unterhaltung. In: Zeitschrift für Volkskunde 90 (1994), 13-36.

Maase, Kaspar: Grenzenloses Vergnügen. Der Aufstieg der Massenkultur 1850-1970. Frankfurt am Main 1997.

MacCannell, Dean: The tourist. A new theory of the leisure class. New York 1976.

Mainzer, Klaus: Von der Urzeit zur Computerzeit. München 1995.

Masüger, J.B.: Über Gemeinsames in alten Bewegungsspielen Nordeuropas und der Schweiz. In: Schweizerisches Archiv für Volkskunde 55 (1959), 258-278.

Mayr, Albert: Süßsaure Wochen, halbfrohe Feste. Das Wochenende in Italien. In: Rinderspacher, Jürgen P., Dietrich Henckel, Beate Hollbach (Hg.): Die Welt am Wochenende. Entwicklungsperspektiven der Wochenruhetage: Ein interkultureller Vergleich. Bochum 1994, 65-90.

Mead, George Herbert: Soziale Identität. In: Hans Joas (Hg.): George Herbert Mead: Gesammelte Aufsätze. Bd. 1. Frankfurt am Main 1987, 241-249.

Medick, Hans: Plebejische Kultur, plebejische Ökonomie. In: Berdahl, Robert M., Alf Lüdtke, Hans Medick u.a. (Hg.): Klassen und Kultur. Sozialanthropologische Perspektiven in der Geschichtsschreibung. Frankfurt am Main 1982, 157-196.

Messerli, Alfred: Auf- und absteigende Linien. Darstellungsformen und Darstellungsprobleme in autobiographischen Texten. In: Schweizerisches Archiv für Volkskunde 83 (1987), 104-110.

Messerli, Jakob: Gleichmässig. Pünktlich. Schnell. Zeiteinteilung und Zeitgebrauch in der Schweiz im 19. Jahrhundert. Zürich 1995.

Messerli, Jakob: Zeitvereinheitlichung in der Schweiz im 19. Jahrhundert. In: Peter Rusterholz, Rupert Moser (Hg.): Zeit. Zeitverständnis in Wissenschaft und Lebenswelt (Kulturhistorische Vorlesungen; 1995/96). Bern 1997, 47-73.

Meulemann, Heiner, Wilhelm Wiese: Zäsuren und Passagen. Die zeitliche Verteilung von Statusübergängen in einer Kohorte von 16jährigen Gymnasiasten bis zum 30. Lebensjahr. In: Alois Herlth, Klaus Peter Strohmeier (Hg.): Lebenslauf und Familienentwicklung. Opladen 1989, 39-65.

Michel-Alder, Elisabeth: Unterwegs ins 21. Jahrhundert: Neue Lebensentwürfe und Berufswege. In: Holenweger, Toni, Hanspeter Conrad (Hg.): Arbeit & Zeit. Neue Arbeitszeitmodelle aus der Praxis. Zürich 1998, 163-168.

Moser, Dietz-Rüdiger: Bräuche und Feste im christlichen Jahreslauf. Brauchformen der Gegenwart in kulturgeschichtlichen Zusammenhängen. Graz, Wien, Köln 1993.

Müller, Barbara: Das Zeitregiment der Bandarbeit oder: Das Menschliche ist die Pause. In: Rainer Zoll (Hg.): Zerstörung und Wiederaneignung von Zeit. Frankfurt am Main 1988, 223-234.

Müller, Gerhard: Alltag und Identität. Zur Theorie des modernen Alltagslebens. Frankfurt am Main, Bern, New York 1985 (Europäische Hochschulschriften Soziologie Bd. 109).

Müller-Wichmann, Christiane: Zeitnot. Untersuchungen zum ›Freizeitproblem‹ und seiner pädagogischen Zugänglichkeit. Weinheim und Basel 1984.

Mumford, Lewis: Mythos der Maschine. Wien 1974.

Muri, Gabriela: Das Kind und sein Fest. Traditionelle Formen und moderne Entwicklungen. In: Hugger, Paul (Hg.): Kindsein in der Schweiz. Zürich 1998, 241-254.

Muri, Gabriela: Aufbruch ins Wunderland? Ethnographische Recherchen in Zürcher Technoszenen 1988-1998. Zürich 1999 (Zürcher Beiträge zur Alltagskultur, Bd. 8).

Muri, Gabriela: Halloween – Halloweener – Hallowinner? Halloween zwischen Brauchverwaltung und Eventkultur in der Schweiz. In: Zeitschrift für Volkskunde 97 (2001), 260-272.

Nadolny, Stan: Die Entdeckung der Langsamkeit. München, Zürich 1983.

Nahrstedt, Wolfgang: Die Entstehung der Freizeit. Dargestellt am Beispiel Hamburg. Bielefeld 1988.

Nahrstedt, Wolfgang: Leben in freier Zeit. Grundlagen und Aufgaben der Freizeitpädagogik. Darmstadt 1990.

Negt, Oskar: Lebendige Arbeit, enteignete Zeit. Politische und kulturelle Dimensionen des Kampfes um die Arbeitszeit. Frankfurt am Main, New York 1984.

Neumann, Enno: Das Zeitmuster der protestantischen Ethik. In: Rainer Zoll (Hg.): Zerstörung und Wiederaneignung von Zeit. Frankfurt am Main 1988, 160-171.

Neumann, Thomas W.: Berührungspunkte von Oral History und Psychoanalyse. In: BIOS. Zeitschrift für Biograpieforschung und Oral History 2 (1998), 213-228.

Neverla, Irene: Zeitrationalität der Fernsehnutzung als Zwang und Emanzipation. In: Sandbothe, Mike, Walther Ch. Zimmerli (Hg.): Zeit – Medien – Wahrnehmung. Darmstadt 1994, 79-88.

Nowotny, Helga: Time Structuring and Time Measurement: On the Interrelation Between Timekeepers and Social Time. In: J.T. Fraser, N. Lawrence: The Study of Time II. Proceedings of the Second Conference of the International Society for the Study of Time. Lake Yamanaka – Japan. Berlin, Heidelberg, New York 1975, 325-342.

Nowotny, Helga: Das Sichtbare und das Unsichtbare: Die Zeitdimension in den Medien. In: Sandbothe, Mike, Walther Ch. Zimmerli (Hg.): Zeit – Medien – Wahrnehmung. Darmstadt 1994, 14-28.

Nowotny, Helga: Wer bestimmt die Zeit? Zeitkonflikte in der technologischen Gesellschaft zwischen industrialisierter und individualisierter Zeit. In: Kurt Weis (Hg.): Was ist Zeit? Zeit und Verantwortung in Wissenschaft, Technik und Religion. München 1994, 81-99.

Nowotny, Helga: Eigenzeit. Entstehung und Strukturierung eines Zeitgefühls. Frankfurt am Main 1995.

Opaschowski, Horst W.: Einführung in die Freizeitwissenschaft. 2. völlig neubearb. Auflage. Opladen 1994.

Opaschowski, Horst W.: Tourismus. Systematische Einführung – Analysen und Prognosen. 2., völlig neu bearbeitete Auflage. Opladen 1996.

Opaschowski, Horst: Feierabend? Von der Zukunft ohne Arbeit zur Arbeit mit Zukunft. Opladen 1998.

Paris, Rainer: Warten auf Amtsfluren. In: Kölner Zeitschrift für Soziologie und Sozialpsychologie 53 (2001), 705-733.

Pfrunder, Peter: Schweizer Festbräuche: Bilder und Botschaften. In: Hugger, Paul (Hg.): Handbuch der schweizerischen Volkskultur. Zürich 1992, Bd. II, 629-659.

Pieper, Josef: Zustimmung zur Welt. Eine Theorie des Festes. München 1963.

Prahl, Hans-Werner: Freizeit-Soziologie. Entwicklungen, Konzepte, Perspektiven. München 1977.

Prahl, Hans-Werner, Albrecht Steinecke: Der Millionen-Urlaub. Von der Bildungsreise zur totalen Freizeit. Darmstadt 1979.

Rammstedt, Otthein: Alltagsbewusstsein von Zeit. In: Kölner Zeitschrift für Soziologie und Sozialpsychologie 1 (1975), 47-63.

Rapp, Friedrich (Hg.): Arbeit, Leistung, Freizeit. Lebenssinn in der postindustriellen Gesellschaft. Dortmund 1996.

Reheis, Fritz: Die Kreativität der Langsamkeit. Neuer Wohlstand durch Entschleunigung. Darmstadt 1998.

Rehn, Marie-Elisabeth: »Besser als im Kohlenpott malochen?« Arbeitslosenalltag in Konstanz. Frankfurt am Main 1988.

Reid, Douglas A.: Der Kampf gegen den »Blauen Montag« 1766 bis 1876. In: Thompson, Edward P. (Hg.): Wahrnehmungsformen und Protestverhalten. Studien zur Lage der Unterschichten im 18. und 19. Jahrhundert. Frankfurt am Main 1979, 265-295.

Reulecke, Jürgen: Vom blauen Montag zum Arbeiterurlaub. Vorgeschichte und Entstehung des Erholungsurlaubs für Arbeiter vor dem Ersten Weltkrieg. In: Archiv für Sozialgeschichte 16 (1976), 206-248.

Rieken, Bernd: Freizeit, Zeitmangel und Mechanisierung. In: Österreichische Zeitschrift für Volkskunde LI (1997), 329-353.

Rinderspacher, Jürgen P.: Gesellschaft ohne Zeit. Individuelle Zeitverwendung und soziale Organisation der Arbeit. Frankfurt am Main, New York 1985.

Rinderspacher, Jürgen P.: Am Ende der Woche. Die soziale und kulturelle Bedeutung des Wochenendes. Bonn 1987.

Rinderspacher, Jürgen P., Dietrich Henckel, Beate Hollbach (Hg.): Die Welt am Wochenende. Entwicklungsperspektiven der Wochenruhetage: Ein interkultureller Vergleich. Bochum 1994.

Rinderspacher, Jürgen: Wochenruhetage im interkulturellen Vergleich. In: Rinderspacher, Jürgen P., Dietrich Henckel, Beate Hollbach (Hg.): Die Welt am Wochenende. Entwicklungsperspektiven der Wochenruhetage: Ein interkultureller Vergleich. Bochum 1994, 259-282.

Rogan, Bjarne: Material Culture, Meaning and Interpretation in Nordic Ethnological Research. From Functionalist to Phenomenological Approaches. In: Pro Ethnologia 4 (1996), 57-69.

Roland, Günter: Reisen ohne anzukommen oder reisen, um zu bleiben? Tourismuskritik und eine Utopie: Kulturanthropologisches Reisen. In: Christian Giordano et al. (Hg.): Kultur anthropologisch. Eine Festschrift für Ina-Maria Greverus. Frankfurt am Main 1989 (Notizen, 30), 75-111.

Rosenmayr, Leopold, Franz Kolland (Hg.): Arbeit – Freizeit – Lebenszeit. Neue Übergänge im Lebenszyklus. Opladen 1988.

Roth, Klaus: Zeit und interkulturelle Kommunikation. In: Rheinisches Jahrbuch für Volkskunde (1999/2000), 25-36.

Ruh, Hans: Entwurf eines veränderten Umgangs mit der Zeit. In: Peter Rusterholz, Rupert Moser (Hg.): Zeit. Zeitverständnis in Wissenschaft und Lebenswelt (Kulturhistorische Vorlesungen; 1995/96). Bern 1997, 97-109.

Rusterholz, Peter, Rupert Moser (Hg.): Zeit. Zeitverständnis in Wissenschaft und Lebenswelt (Kulturhistorische Vorlesungen; 1995/96). Bern 1997.

Rybczynski, Witold: Am Freitag fängt das Leben an. Eine Geschichte der Freizeit. Reinbek bei Hamburg 1993.

Sandbothe, Mike, Walther Ch. Zimmerli (Hg.): Zeit – Medien – Wahrnehmung. Darmstadt 1994.

Sandbothe, Mike: Mediale Zeiten. Zur Veränderung unserer Zeiterfahrung durch die elektronischen Medien. In: Eckhard Hammel (Hg.): Synthetische Welten. Kunst, Künstlichkeit und Kommunikationsmedien. Essen 1996, 133-156.

Sandbothe, Mike: Die Verzeitlichung der Zeit. Grundtendenzen der modernen Zeitdebatte in Philosophie und Wissenschaft. Darmstadt 1998.

Schilling, Heinz: Zeitlose Ziele. Versuch über das lange Warten. In: Schilling, Heinz (Hg.): Welche Farbe hat die Zeit? Recherchen zu einer Anthropologie des Wartens (Notizen, 69). Frankfurt am Main 2002, 245-310.

Schilling, Heinz: Normalzeit. In: kuckuck 17 (2002), 35-40.

Schluchter, Wolfgang: Max Webers Gesellschaftsgeschichte. In: Dirk Käsler (Hg.): Max Weber. Sein Werk und seine Wirkung. München 1972, 438-467.

Schmahl, Kurt: Industrielle Zeitstruktur und technisierte Lebensweise. In: Rainer Zoll (Hg.): Zerstörung und Wiederaneignung von Zeit. Frankfurt am Main 1988, S. 344-370.

Schöps, Martina: Zeit und Gesellschaft. Stuttgart 1980.

Schütz, Alfred, Thomas Luckmann: Strukturen der Lebenswelt. Neuwied und Darmstadt 1975.

Schütz, Alfred, Thomas Luckmann: Strukturen der Lebenswelt. Bd. 2. Frankfurt am Main 1984.

Seiffert, Helmut: Einführung in die Wissenschaftstheorie 2. München 1971.

Siebers, Ruth: Zwischen Normalbiographie und Individualisierungssuche. Empirische Grundlagen für eine Theorie der Biographisierung. Münster, New York 1996.

Simmel, Georg: Die Großstädte und das Geistesleben (erstmals 1903). In: Georg Simmel. Aufsätze und Abhandlungen 1901-1908, Band I. Frankfurt am Main 1995, 116-131.

Simsa, Ruth: Wem gehört die Zeit? Hierarchie und Zeit in Gesellschaft und Organisation. Frankfurt am Main, New York 1996.

Smith, Dennis: The Prisoner and the Fisherman: A Comparison between Michel Foucault and Norbert Elias. In: Annette Treibel, Helmut Kuzmics, Reinhard Blomert (Hg.): Zivilisationstheorie in der Bilanz. Beiträge zum 100. Geburtstag von Norbert Elias. Opladen 2000, 143-161.

Soeffner, Hans-Georg: Auslegung des Alltags – Der Alltag der Auslegung. Zur wissenssoziologischen Konzeption einer sozialwissenschaftlichen Hermeneutik. Frankfurt am Main 1989.

Soeffner, Hans-Georg: Die Ordnung der Rituale. Die Auslegung des Alltags 2. Frankfurt am Main 1992.

Sombart, Werner: Der moderne Kapitalismus. 2. Auflage. München 1921.

Sorokin, Pitrim, Robert K. Merton: Social Time. In: American Journal of Sociology 42 (March 1937), 615-629.

Sorokin, Pitrim: Sociocultural Causality, Space, Time. Durham 1943.

Sorokin, Pitrim, Robert K. Merton: On the practice of sociology. Chicago and London 1998. Darin Kap. 14: Social Time: A Methodological and Functional Analysis, 193-212.

Spamer, Adolf (1932): Die Volkskunde als Gegenwartswissenschaft. In: Wilhelm Heinrich Riehl, Adolf Spamer (Hg.): Die Volkskunde als Wissenschaft. Berlin/Leipzig 1935, 77-85.

Sperling, Hans Joachim: Pausen: Zur Innenansicht der Arbeitszeit. In: Rainer Zoll (Hg.): Zerstörung und Wiederaneignung von Zeit. Frankfurt am Main 1988, 565-579.

Spode, Hasso: »Reif für die Insel«. Prolegomena zu einer historischen Anthropologie des Tourismus. In: Christine Cantauw (Hg.): Arbeit, Freizeit, Reisen: die feinen Unterschiede im Alltag. 3. Arbeitstagung der DGV-Kommission Tourismusforschung vom 23.-25. März 1994. Münster, New York 1995 (Beiträge zur Volkskultur in Nordwestdeutschland, 88), 105-123.

Srubar, Ilja: Alfred Schütz' Konzeption der Sozialität des Handelns. In: Elisabeth List, Ilja Srubar (Hg.): Alfred Schütz: neue Beiträge zur Rezeption seines Werkes. Amsterdam 1988, 145-156.

Stanko, Lucia, Jürgen Ritsert: Zeit als Kategorie der Sozialwissenschaften. Münster 1994.

Strauss, Anselm L., Barney G.Glaser: The Discovery of Grounded Theory. Chicago 1974.

Tanner, Albert: Freizeitgestaltung und demonstrativer Müßiggang im Bürgertum. In: Ueli Gyr (Hg.): Soll und Haben. Alltag und Lebensformen bürgerlicher Kultur. Zürich 1995, 113-129.

Tanner, Jakob: Fabrikmahlzeit. Ernährungswissenschaft, Industriearbeit und Volksernährung in der Schweiz 1890-1950. Zürich 1999.

Tanzer, Georg: Spectacle müssen seyn. Die Freizeit der Wiener im 18. Jahrhundert. Wien, Köln, Weimar 1992.

Taylor, Frederick Winslow: Die Grundsätze wissenschaftlicher Betriebsführung (The Principles of Scientific Management). Deutsche autorisierte Übersetzung von Rudolf Roesler

(1913). Neu herausgegeben und eingeleitet von Walter Volpert und Richard Vahrenkamp. Weinheim und Basel 1977.

Thompson, Edward P.: Wahrnehmungsformen und Protestverhalten. Studien zur Lage der Unterschichten im 18. und 19. Jahrhundert. Frankfurt am Main 1979.

Thompson, Edward P.: Zeit, Arbeitsdisziplin und Industriekapitalismus. In: Ders. (Hg.): Plebeische Kultur und moralische Ökonomie. Aufsätze zur englischen Sozialgeschichte des 18. und 19. Jahrhunderts. Frankfurt am Main, Berlin, Wien 1980, 35-66.

Thompson, Edward P.: Die moralische Ökonomie der englischen Unterschichten im 18. Jahrhundert. In: Ders. (Hg.): Plebeische Kultur und moralische Ökonomie. Aufsätze zur englischen Sozialgeschichte des 18. und 19. Jahrhunderts. Frankfurt am Main, Berlin, Wien 1980, 66-129.

Thompson, Edward P. (Hg.): Volkskunde, Anthropologie und Sozialgeschichte. In: Ders.: Plebeische Kultur und moralische Ökonomie. Aufsätze zur englischen Sozialgeschichte des 18. und 19. Jahrhunderts. Frankfurt am Main, Berlin, Wien 1980, 290-318.

Thurn, Hans Peter: Grundprobleme eines sozialwissenschaftlichen Konzepts der Alltagskultur. In: Kölner Zeitschrift für Soziologie und Sozialpsychologie 30 (1978), 49-57.

Thurn, Hans Peter: Der Mensch im Alltag. Grundrisse einer Anthropologie des Alltagslebens. Stuttgart 1980.

Treiber, Hubert, Heinz Steinert: Die Fabrikation des zuverlässigen Menschen. Über die »Wahlverwandtschaft« von Kloster- und Fabrikdisziplin. München 1980.

Turner, Victor: Das Ritual. Struktur und Anti-Struktur. Frankfurt, New York 1989 (Theorie und Gesellschaft, Bd. 10).

Van Gennep, Arnold: Übergangsriten (Les rites de passage). Frankfurt am Main 1986.

Vester, Heinz-Günter: Zeitalter der Freizeit. Eine soziologische Bestandesaufnahme. Darmstadt 1988.

Voegelin, Eric: Max Weber zwischen Abschluss und Neubeginn. In: Dirk Käsler (Hg.): Max Weber. Sein Werk und seine Wirkung. München 1972, 338-345.

Vouga, Jean-Pierre, Paul Hugger (Hg.): Les Ages de Vie. Lausanne 1982. (Encyclopédie illustrée du Pays de Vaud, Vol. 10: La Vie quotidienne I).

Weber-Kellermann, Ingeborg: Saure Wochen. Frohe Feste. Fest und Alltag in der Sprache der Bräuche. München, Luzern 1985.

Weber, Max: Soziologische Grundbegriffe, 6. erneut durchgesehene Auflage. Tübingen 1984.

Weber, Max: Wirtschaftsgeschichte. 2. Auflage. München 1924.

Weber, Max: Askese und kapitalistischer Geist. In: Winckelmann, Johannes (Hg.): Die protestantische Ethik I. Eine Aufsatzsammlung. 8. durchges. Auflage. Hamburg 1991, 165-190.

Weber, Max: Die Entfaltung der kapitalistischen Gesinnung. In: Winckelmann, Johannes (Hg.): Die protestantische Ethik I. Eine Aufsatzsammlung. 8. durchges. Auflage. Hamburg 1991, 358-374.

Weigl, Julia: Das Warten. Zur Geschlechterspezifik einer unproduktiven Tätigkeit. In: Elisabeth Fendl, Renate Glaser, Klara Löffler (Hg.): ZEITspezifisches. Konrad Köstlin zum 8. Mai 1995. Regensburg 1995.

Weiss, Richard: Grundzüge einer protestantischen Volkskultur. In: Schweizerisches Archiv für Volkskunde 61-63 (1965-1967), 75-91.

Welz, Gisela: Moving Targets. Feldforschung unter Mobilitätsdruck. In: Zeitschrift für Volkskunde 94 (1998), 177-194.

Wendorff, Rudolf: Zeit und Kultur. Geschichte des Zeitbewusstseins in Europa. Opladen 1985.
Wendorff, Rudolf: Tag und Woche, Monat und Jahr. Opladen 1993.
Wendorff, Rudolf: Die Woche – ein kalendarischer Abriss. In: Rinderspacher, Jürgen P., Dietrich Henckel, Beate Hollbach (Hg.): Die Welt am Wochenende. Entwicklungsperspektiven der Wochenruhetage: Ein interkultureller Vergleich. Bochum 1994, 17-27.
Werlen, Iwar: Ritual und Sprache. Zum Verhältnis von Sprechen und Handeln in Ritualen. Tübingen 1984.
Whitrow, Gerald J.: Die Erfindung der Zeit. Hamburg 1991.
Wiens, Bernhard: Arbeitszeit – Wartezeit – Lebenszeit. Frankfurt am Main 1996.
Winckelmann, Johannes (Hg.): Weber, Max: Die protestantische Ethik I. Eine Aufsatzsammlung. 8. durchges. Auflage. Hamburg 1991.
Wirtz, Rainer (Hg.): Arbeit Pause Eigen-Sinn. Landschaftsverband Rheinland. Rheinisches Industriemuseum. Solingen 1999.
Wittel, Andreas: Belegschaftskultur im Schatten der Firmenideologie. Eine ethnographische Fallstudie. Berlin 1997.
Wolf, Anneke: Der Rhythmus der Stadt oder: Die U-Bahnstation als Wartesituation. In: VOKUS. Volkskundlich-kulturwissenschaftliche Schriften. Sonderheft »Zeit« 1 (2000), 19-23.
Zerwas, Hans-Jörg: Freiheit, Arbeit, Ehre. Männerbünde im Handwerk. In: Gisela Vögler, Karin v. Welck (Hg.): Männerbande und Männerbünde. Zur Rolle des Mannes im Kulturvergleich. Köln 1990, 33-44.
Zoll, Rainer (Hg.): Zerstörung und Wiederaneignung von Zeit. Frankfurt am Main 1988.
Zoll, Rainer: Krise der Zeiterfahrung. In: Rainer Zoll (Hg.): Zerstörung und Wiederaneignung von Zeit. Frankfurt am Main 1988, 9-33.

Nachschlagewerke

Hügli, Anton, Poul Lübcke (Hg.): Philosophie im 20. Jahrhundert. Band 1. Reinbek bei Hamburg 1992.
Hügli, Anton, Poul Lübcke: Philosophie-Lexikon. Personen und Begriffe der abendländischen Philosophie von der Antike bis zur Gegenwart. Reinbek bei Hamburg 1997.
Kluge, Friedrich: Etymologisches Wörterbuch der deutschen Sprache. 21. unveränderte Auflage. Berlin New York 1975.
Ritter, Joachim, Karlfried Gründer (Hg.): Historisches Wörterbuch der Philosophie. Bd. 7. Basel 1989.
Wuchterl, Kurt: Grundkurs: Geschichte der Philosophie. UTB 1390. Bern Stuttgart 1990.

Zeitungen und Zeitschriften

Brühl, Christine von: Wie lange dauert das? »Zeit-Reise«: Eine Ausstellung in Berlin erklärt neugierigen Kindern alles über Tempo, Rhythmen und Vergänglichkeit. In: DIE ZEIT Nr. 23, 31. Mai 2000, 80.

du. Die Zeitschrift der Kultur: Die Zeit. Nr. 10, Oktober 1997.

Klein, Stefan: Zeit: Die grosse Illusion. Die Entmachtung der Uhren. Sind Zeitreisen möglich? Forscher experimentieren mit Teilchen, schneller als das Licht, sie entdeckten genetisch programmierte Uhren, die dem Leben den Takt vorgeben, und zerstörten eine Illusion: Eine absolute Zeit gibt es nicht, die Zeit entsteht im Kopf. In: Der Spiegel Nr. 1, 29. Dezember 1997, 92-101.

Neidhart, Christoph: An der Datumsgrenze. In: Neue Zürcher Zeitung Nr. 6, 9./10. Januar 1999, 101-103.

Schnabel, Ulrich: Die Last der Hast. Alle klagen über Hetze, doch keine will die Uhr zurückdrehen. In: DIE ZEIT Nr. 20, 7. Mai 1998, 39-40.

Schnabel, Ulrich: Musse mit Humor. Wie ein professioneller Verzögerer die Zeitläufe ändern will. Interwiev mit dem Philosophieprofessor Peter Heintel, Vorsitzender des Vereins zur Verzögerung der Zeit. Universität Klagenfurt. In: DIE ZEIT Nr. 20, 7. Mai 1998, 40.

Schulleitung der ETH Zürich (Hg.): Zeitreisen. In: Bulletin. Magazin der Eidgenössischen Technischen Hochschule Zürich Nr. 272, Januar 1999.

Schwarz, Gerhard: Die beschleunigte Gesellschaft. Eröffnung des 30. ISC-Symposiums in St. Gallen. In: Neue Zürcher Zeitung Nr. 122, 26. Mai 2000, 21.

Weigel, Sigrid: Das Leben ist unberechenbar. Wie aus Datensalat die »Erbinformation« wurde. Über das Verhängnis der Bilder in der Wissenschaft. In: DIE ZEIT, Nr. 29, 11. Juli 2002, 31.

Willmann, Urs: Was ist Zeit? Immer schneller in die Ewigkeit. Seit dem Urknall gibt es auch die Zeit. Die Menschen versuchten sie zu zähmen – und sind durchgestartet. In: FACTS Nr. 51, 18. Dezember 1997, 102-112.

Kulturwissenschaften

Sabine Boomers
Reisen als Lebensform
Isabelle Eberhardt, Reinhold Messner
und Bruce Chatwin
2004. 360 Seiten · ISBN 3-593-37476-5

Rolf Lindner
Walks on the Wild Side
Eine Geschichte der Stadtforschung
2004. 240 Seiten · ISBN 3-593-37500-1

Brigitta Schmidt-Lauber
Gemütlichkeit
Eine kulturwissenschaftliche Annäherung
2003. 257 Seiten · ISBN 3-593-37363-7

Heinz Schilling
Kleinbürger
Mentalität und Lebensstil
2003. 252 Seiten · ISBN 3-593-37250-9

Nicole M. Wilk
Körpercodes
Die vielen Gesichter der Weiblichkeit in der Werbung
2002. 324 Seiten · ISBN 3-593-37085-9

Gerne schicken wir Ihnen unsere aktuellen Prospekte:
Campus Verlag · Kurfürstenstr. 49 · 60486 Frankfurt/M.
Tel.: 069/97 65 16-0 · Fax -78 · www.campus.de

campus
Frankfurt / New York

Frankfurter Beiträge zur Soziologie und Sozialphilosophie

Alain Ehrenberg
Das erschöpfte Selbst
Depression und Gesellschaft in der Gegenwart
Band 6. 2004. Ca. 350 Seiten
ISBN 3-593-37593-1

»In einer faszinierenden Zusammenführung von quantitativer Sozialforschung, Psychiatriegeschichte und Sozialpsychologie zeigt Ehrenberg, dass die Ausbreitung depressiver Erkrankungen die Folge einer institutionellen Überforderung der Subjekte ist.«
Axel Honneth

Eva Illouz
Der Konsum der Romantik
Liebe und die kulturellen Widersprüche des Kapitalismus
Band 4. 2003. 322 Seiten
ISBN 3-593-37201-0

»Ein melancholisch-kluges Buch über das Schicksal der Liebe. Gedankenreich, anregend, gut lesbar auch dort, wo der wissenschaftliche Charakter zutage tritt.«
Süddeutsche Zeitung

»Eine brillante Studie.«
Der Spiegel

»Ein theoriepolitisches Ereignis.«
Frankfurter Allgemeine

»Ein Glanzstück der Sozialforschung.«
Die Zeit

Gerne schicken wir Ihnen unsere aktuellen Prospekte:
Campus Verlag · Kurfürstenstr. 49 · 60486 Frankfurt/M.
Tel.: 069/97 65 16-0 · Fax -78 · www.campus.de

campus
Frankfurt / New York